Schutzpflichten im deutschen und französischen Recht

Europäische Hochschulschriften
Publications Universitaires Européennes
European University Studies

Reihe II
Rechtswissenschaft

Série II Series II
Droit
Law

Bd./Vol. 4140

PETER LANG
Frankfurt am Main · Berlin · Bern · Bruxelles · New York · Oxford · Wien

Vincent Mayr

Schutzpflichten im deutschen und französischen Recht

Eine rechtsvergleichende Untersuchung mit Einbeziehung der europäischen Rechtsharmonisierung

PETER LANG
Europäischer Verlag der Wissenschaften

Bibliografische Information Der Deutschen Bibliothek
Die Deutsche Bibliothek verzeichnet diese Publikation in der Deutschen Nationalbibliografie; detaillierte bibliografische Daten sind im Internet über <http://dnb.ddb.de> abrufbar.

Zugl.: München, Univ., Diss., 2004

D 19
ISSN 0531-7312
ISBN 3-631-53632-1

www.peterlang.de

Vorwort

Die Arbeit wurde von der Juristischen Fakultät der Ludwigs-Maximilians-Universität München im Herbst 2004 als Promotionsarbeit angenommen. Sie gibt in der Regel den Diskussionsstand von Anfang 2003 wieder; soweit dies möglich war, wurden spätere Veröffentlichungen berücksichtigt.

Zu besonderem Dank bin ich Prof. Dr. Dr. Hans-Jürgen Sonnenberger verpflichtet, der die Arbeit angeregt und betreut hat. Mein Dank gilt auch Prof. Dr. Stephan Lorenz für die Zweitkorrektur.

Wertvolle Hinweise zum französischen Recht verdanke ich Me Derek Elzein und Louis D'Avout von der Universität Paris II, Panthéon-Assas, sowie Georges Cavalier von der Universität Lyon III. Dank auch Florian Meßner für vielfache Hilfe bei der Bewältigung technischer Probleme.

Inhaltsverzeichnis

Einleitung

„Tort and Contract are like cheese and biscuits: different, but complementary“.[1] Dort, wo Vertragsrecht und Deliktsrecht zusammentreffen, ergibt sich ein besonderes Spannungsverhältnis: die zwei großen Prinzipien des Zivilrechts „pacta sunt servanda“ und „neminem laedere“ geraten hier miteinander in Konflikt. An dieser Stelle setzen die Schutzpflichten an. Seit ihrer „Entdeckung“ vor 100 Jahren faszinieren sie Rechtsprechung und Lehre. Nach anfänglicher Skepsis wurden sie von der Rechtsprechung mit offenen Armen aufgenommen. Diese hatte so ein Mittel zur Hand, ein veraltetes Deliktsrecht zu modernisieren und es von einer Verschuldenshaftung hin zu einer Risikohaftung zu orientieren. Die Lehre hatte und hat dabei oft Mühe, der Rechtsprechung zu folgen. Bis heute bezweifeln bedeutende Autoren, dass sich vertragliche Schutzpflichten überhaupt dogmatisch einwandfrei begründen lassen.

Im deutschen Recht hat der Siegeszug der Schutzpflichten seinen vorläufigen Höhepunkt in ihrer Kodifizierung im Rahmen der Schuldrechtsmodernisierung 2001 gefunden. Während man sich bislang bei den Schutzpflichten im Rahmen der positiven Vertragsverletzung oder der culpa in contrahendo mit einem pauschalen Hinweis auf §242 BGB begnügen konnte, der eine saubere Unterscheidung zwischen leistungs- und nichtleistungsbezogenen Nebenpflichten nicht erforderte, muss der Rechtsanwender nun wissen, wann §241 II und wann §242 BGB anzuwenden sind. Außerdem ist eine genaue Abgrenzung zwischen Vertragshaftung und Deliktshaftung erforderlich - ein Punkt, der im Rahmen der Schuldrechtsmodernisierung übrigens nicht berücksichtigt wurde.[2] Zur Erläuterung des §241 II BGB und der Haftung für Schutzpflichtverletzungen nach dem Schuldrechtsmodernisierungsgesetz vom 26.11.2001 soll diese Arbeit beitragen.
Auch in Frankreich wird die Schutzpflichten heftig diskutiert. Während die Rechtsprechung ohne erkennbare Systematik in Verträge eine obligation de sécurité hineinliest, ist die Lehre auf der Suche nach einer dogmatisch stimmigen Erklärung der höchstrichterlichen Entscheidungen. Ein roter Faden wurde bislang nicht gefunden. Dies hat nun einen Teil der Lehre dazu bewogen, für die Abschaffung der Vertragshaftung überhaupt zu plädieren. Die Diskussion um die obligation de sécurité, die obligation d'information und die Existenz einer Vertragshaftung soll im Rahmen dieser Arbeit dem deutschen Publikum näher gebracht werden.
Schließlich steht die Arbeit im Zusammenhang mit den Bemühungen um eine europäische Zivilrechtskodifikation, die von der europäischen Kommission vorgeschlagen wurde.[3] Es wird versucht, eine Konzeption der Schutzpflichten

---

[1] Holyoak, Tort and contract. Junior Books (83) 99 L.Q.R.604.
[2] S. Kritik bei Dauner-Lieb, Kodifikation, S. 323; Medicus, Probleme, S. 18: eine dogmatisch umfassende Klärung der Schutzpflichten steht noch aus.
[3] Mitteilung vom 11.07.00, ZEuP 01, S. 963-981.

herauszuarbeiten, die sowohl für das deutsche wie das französische Recht akzeptabel ist und damit als Anhaltspunkt für eine europäische Rechtsvereinheitlichung dienen kann.

I. Terminologie

In dem Bereich der vertraglichen Pflichten besteht im deutschen Recht keine einheitliche Terminologie. Deshalb ist zu Beginn der Arbeit die verwendete Terminologie zu erläutern. Außerdem bedarf die Übersetzung einiger französischer Fachtermini der Erläuterung.

1. Terminologische Erläuterungen

a) Informationspflicht
Die Begriffe „Informationspflicht" und „obligation d'information"[4] werden als Oberbegriff für alle vertraglichen Nebenpflichten verwendet, die den einen Vertragspartner verpflichten, dem anderen eine Information zu geben. Ausgeklammert wird die Auskunftspflicht zur Anspruchsdurchsetzung, auch wenn diese als vermögensschützende Schutzpflicht gedeutet werden könnte.

b) Sicherungspflicht
Unter Sicherungspflicht wird diejenige Pflicht verstanden, die den einen Vertragspartner dazu verpflichtet, den anderen im Rahmen der Vertragsdurchführung nicht zu schädigen. Im Gegensatz zur Informationspflicht erfordert die Sicherungspflicht sowohl ein Unterlassen der Schädigung als auch ein aktives Handeln des Schuldners zur Gefahrenabwehr, das über die Mitteilung der Gefahr hinausgeht.
Zum Teil wird eine Unterteilung der Sicherungspflicht je nach Schädiger vertreten. Eine Sicherungspflicht träfe den aufnehmenden Vertragsteil und eine Schonungspflicht den eindringenden.[5] Diese Differenzierung täuscht darüber hinweg, dass es in beiden Fällen um die gleiche Pflicht geht, nämlich den Vertragspartner vor Schaden zu bewahren. Außerdem schafft sie in der sowieso schon unklaren Terminologie durch die Kreation eines neuen Begriffs noch mehr Verwirrung. Ihr wird deshalb nicht gefolgt.

2. Erläuterungen zur Übersetzung

a) Responsabilité contractuelle
„Responsabilité contractuelle" wird mit „Vertragshaftung" übersetzt. In französischen Lehrbücher wird häufig in dem Kapitel „responsabilité contractuelle", anders als in deutschen Büchern, nicht nur die Vertragshaftung mit ihren Voraussetzungen und Folgen behandelt[6]; vielmehr findet man an dieser

---

[4] Derselbe Sprachgebrauch findet sich auch bei Terré/Simler/Lequette, n° 250; Mistretta, PA 5.6.98, 4ff.; Petit, JCl., fasc. 23, S. 3.
[5] Köpcke, S. 80; Anders, S. 320.
[6] Mazeaud, RTD civ. 29, S.614ff.; Constantinesco, S. 27f.

Stelle auch einen Abschnitt über diejenigen Pflichten, die aus einem Vertrag resultieren und deren Verletzung eine responsabilité contractuelle auslöst. Die Auseinandersetzung mit den vertraglichen Nebenpflichten findet in der französischen Lehre also als Unterpunkt der responsabilité contractuelle statt. Dies könnte zu der Annahme verleiten, dass im französischen Recht der Begriff „responsabilité contractuelle" nicht nur die Haftungsproblematik, sondern auch die Frage nach Inhalt und Ursprung der Vertragspflichten bezeichnen würde. Für das deutsche Recht gehört hingegen nur der erste Aspekt zur Vertragshaftung.

Die gemeinsame Behandlung der beiden Punkte erklärt sich dadurch, dass die französische Vertragshaftung ebenso wie die deutsche die Verletzung einer vertraglichen Pflicht voraussetzt. Dafür muss in einem ersten Schritt festgestellt werden, welche vertraglichen Pflichten es im konkreten Fall überhaupt gibt. Es mag aus Praktibilitäts- und Aufbaugründen durchaus sinnvoll sein, die beiden Fragen gemeinsam zu behandeln, ein wesentlich anderes Verständnis von Vertragshaftung liegt dieser Vorgehensweise nicht zugrunde. Auch im französischen Recht wird – zumindest theoretisch - unterschieden, ob es sich um Haftungsfragen oder um die Qualifikation einer Pflicht als Vertragspflicht handelt.[7] Deshalb ist m.E. die Übersetzung von „responsabilité contractuelle" mit „Vertragshaftung" zutreffend.

b) Obligation de sécurité

Die obligation de sécurité entspricht der deutschen Sicherungspflicht.[8] Sie wird ausschließlich unter ihrem privatrechtlichen Aspekt behandelt, auf ihre Existenz im öffentlichen Recht als „dette sociale" des Staates gegenüber den Bürgern wird nicht eingegangen.[9]

Die obligation de sécurité ist keine Schutzpflicht im Sinne der deutschen Lehre vom einheitlichen Schutzpflichtverhältnis, nach der die Schutzpflichten unabhängig von einem Vertrag bestehen.[10] Die obligation de sécurité setzt vielmehr i.d.R. einen Vertrag voraus und besteht daher nicht in dieser Form im vorvertraglichen Feld. Nur in wenigen Fällen wurde eine außervertragliche obligation de sécurité angenommen; so bezeichnet dieser Begriff z.B. die vertragsunabhängige Produzentenhaftung.[11]

---

[7] Mazeaud-Tunc, Bd. 1, n° 105: diese „Verwechslung muss vermieden werden". Ghestin/Jamin/Billiau, Rn. 47ff., behandeln die Nebenpflichten im Kapital „interprétation du contrat".

[8] Sonnenberger, FS Odersky, übersetzt teils mit „Sicherungspflicht", S. 716, teils mit „Sicherheitspflicht", S. 719. Eine unterschiedliche Bedeutung ist nicht ersichtlich.

[9] S. hierzu Cornu, Étude Comparé, S. 275.

[10] So Stoll, FS v. Hippel, S. 325, der die obligation de sécurité als „vertragliche Leistungspflicht" definiert. M.E. trifft dies aber z.B. für die obligation de sécurité im Kaufvertrag nicht zu.

[11] Dag. Durry, La distinction de la responsabilité contractuelle et de la responsabilité délictuelle, S. 125.

II. Abgrenzung

Da sich die Arbeit als rechtsvergleichender Kommentar zu der neuen Regelung der Schutzpflichten in §241 II BGB versteht, ist der zu behandelnde Gegenstand entsprechend dem Anwendungsbereich von §241 II BGB in dreifacher Hinsicht einzugrenzen:

1. Vertragliche Pflichten
Es geht ausschließlich um vertragliche Pflichten, auf die Problematik der vorvertraglichen und nachvertraglichen Pflichten wird nicht eingegangen. Schutzpflichten bestehen aber nach deutschem Recht auch im vorvertraglichen gem. §311 II BGB, der auf §241 II BGB verweist, und im nachvertraglichen[12] Stadium. In Frankreich sind das vorvertragliche wie das nachvertragliche Stadium dem Deliktsrecht als droit commun unterworfen;[13] lediglich bei der Bestimmung der faute délictuelle wird die vertragsähnliche Sonderverbindung als Tatsache berücksichtigt.[14] Die französischen Schutzpflichten sind dagegen auf das Vertragsstadium beschränkt.
Ausgeklammert wird auch der Bereich der Produkthaftung, da sie einen Vertrag zwischen dem Produzenten und dem Geschädigten nicht voraussetzt.

2. Wirksamer Vertrag
Ein weiteres Problem stellt sich angesichts einer ex tunc Nichtigkeit des Vertrages, z.B. nach einer Anfechtung gem. §142 BGB. Wandeln sich die vertraglichen Schutzpflichten rückwirkend in Deliktspflichten um? Die Arbeit konzentriert sich ausschließlich auf die Schutzpflichten im wirksamen Vertrag. Der Komplex der Schutzpflichten im nichtigen Vertrag wird ausgeklammert.

3. Vertragspartner
Es wird nur die Beziehung zwischen den Vertragspartner analysiert. Nicht eingegangen wird auf den Vertrag mit Schutzwirkung zugunsten Dritter[15] und auch nicht auf die Eigenhaftung des Vertreters nach §311 III BGB.

III. Vorläufige Definition

1. Allgemeines
Schutzpflichten haben die Funktion, Verhaltensregeln zum Schutz der Rechtsgüter der anderen Vertragspartei aufzustellen; sie korrespondieren dem vertraglichen Leistungsanspruch und geben im Fall ihrer Nichtbeachtung dem Geschädigten einen Schadensersatzanspruch. Es handelt sich um Pflichten, „deren Inhalt in der Wahrung der Rechte des anderen Vertragsteils und der

---

[12] S. hierzu v. Bar, AcP 179, S. 474.
[13] Cass, 2e, 19.11.64, JCP 65.II.14022: „Aucun contrat ne fait naître d'obligation de sécurité corporelle relativement aux circonstances qui en entourent la conclusion". Ausnahme CdA Paris, 1re ch. B, 11.07.00, GP 01, juris., S. 425, com. Pansier, hinsichtlich eines vertraglichen „suivi postopératoire".
[14] Sonnenberger, FS Odersky, S. 713.
[15] Für das fr. Recht siehe hierzu Brunet, GP 52, chron., S. 25; Le Tourneau/Cadiet, n° 236.

Rücksichtnahme auf seine wohlverstandenen Interessen besteht".[16] Die Schutzpflichten beinhalten damit sowohl das Verbot der aktiven Schädigung wie auch die Pflicht zum aktiven Schutz der Gegenseite. Sie „schützen" den Vertragspartner vor vertragsbedingten Gefährdungen, nicht aber vor sich selbst und dem allgemeinen Lebensrisiko. Die Schutzpflichten dürfen deshalb nicht mit der Verpflichtung zur positiven Fürsorge verwechselt werden. Sie sind außerdem zu unterscheiden von den Obhutspflichten; diesen liegt als sachbezogenen Pflichten eine vertraglich begründete und begrenzte Einwirkungsberechtigung im Rahmen des vertraglichen Gebrauchs zugrunde.[17]
Die Rechtsprechung kombiniert häufig die Schutzpflichten mit anderen Pflichten zu einem Pflichtenpaar: sie spricht von „Schutz- und Treuepflichten"[18], von „Schutz- und Verhaltenspflichten"[19] und von „Sorgfalts- und Schutzpflichten".[20]

Der Begriff „Schutzpflichten" wird im Rahmen dieser Arbeit als Bezeichnung der Pflicht, den Vertragspartner verstärkt zu schützen, verwendet. Damit wird nicht suggeriert, dass es sich um eine vertragliche Pflicht handelt. Der Begriff wird also neutral, unabhängig von einer vertraglichen oder deliktsrechtlichen Qualifikation verwendet.

2. Abgrenzung zu §241 I BGB
Der Vertragspartner muss unverletzt aus dem Vertrag wieder entlassen werden. Dabei ist zu differenzieren: Erfolgt die Schädigung gerade durch den Gegenstand der vertraglich geschuldeten Leistung, handelt es sich um einen Fall der Mängelgewährleistung bzw. der Verletzung einer vertraglichen Aufklärungspflicht. Eine Schutzpflicht betrifft nur die Schädigung anlässlich des Vertrages oder während der Vertragsdurchführung. Zwei Beispiele zur Verdeutlichung: Der Käufer erwirbt einen defekten Fernseher. Durch die Durchführung des Kaufvertrages wurde er in seinem Vermögen geschädigt, er hat nicht erhalten, für was er gezahlt hat. Oder die Bank hat dem Kunden zu einer vermögensschädigenden Anlage geraten. Da es in beiden Fällen letztendlich um eine Vermögensschädigung geht, ließe sich in wortgetreuer Anwendung des §241 II BGB eine Schutzpflichtverletzung bejahen. Diese Ansicht wäre aber verfehlt.[21] Denn in beiden Fällen geht es um eine Schädigung von Rechtsgütern, die Vertragsgegenstand waren. Der Mangel des Vertragsobjekts stellt hier den Schaden dar. Schutzpflichten hingegen schützen nur solche Rechte, Rechtsgüter und Interessen des Vertragspartners, die zwar mit dem Vertrag in Zusammenhang stehen, aber nicht selbst das Vertragsobjekt darstellen:[22] Der Käufer hat z.B. den Fernseher bereits ausgesucht und bezahlt, auf dem Weg zur Warenausgabe rutscht er auf einer herumliegenden Verpackungsfolie aus und

[16] BGHZ 119, 305.
[17] S. hierzu Frost, S. 190.
[18] BGH, JZ 87, 463.
[19] BGHZ 119, 305; BGH, NJW 93, 1704, „Verhaltens- und Schutzpflichten".
[20] BGH, NJW 1986, 2367.
[21] So auch Medicus in FS Kern, S. 318, mit dem Hinweis auf die alten §§463, 480 II BGB.
[22] Anders Rust, MDR 98, 948. Wie hier Canaris, JZ 65, 477; Thiele, JZ 67, 650.

verletzt sich. Hier ist allein der Kauf des mangelfreien Fernsehers Vertragsobjekt nach §433 I BGB, nicht aber die körperliche Unversehrtheit des Vertragspartners. Deshalb handelt es sich um die Verletzung einer Schutzpflicht. Diese Ansicht wird in §241 II BGB deutlich, der von „Rücksichtnahme“ spricht. Im Fall des mangelhaften Fernsehers oder der verfehlten Geldanlage wurde nämlich keine Rücksichtnahmepflicht verletzt, sondern eine Leistungspflicht. Ansatzpunkt für die Schutzpflichten ist also gerade nicht die Verletzung der Hauptleistungspflicht, z.B. der kaufrechtlichen Pflicht der Leistung einer mangelfreien Sache nach §433 I S. 2 BGB.

Laut Regierungsbegründung soll der Vertragspartner über §241 II BGB „etwa vor Körperverletzungen oder Vermögensfehldispositionen geschützt werden“.[23] Es wird also auch das reine Äquivalenzinteresse von den Schutzpflichten erfasst. Daraus ließe sich der Eindruck gewinnen, sämtliche Leistungsstörungen und Nebenpflichten sollen in die Kategorie der Schutzpflichten fallen. Denn sie wirken sich alle in irgendeiner Weise auf das Äquivalenzinteresse aus und ihre Verletzung führt zu einer Fehlinvestition.
Dabei wird aber die Dualität zwischen §241 I und §241 II BGB übersehen. Nach §433 I 2 BGB schuldet der Verkäufer eine Sache „frei von Sach- und Rechtsmängeln“. Die Mangelfreiheit ist damit Gegenstand seiner Leistungspflicht, sie wird von §241 I BGB erfasst und gehört zum Gewährleistungsrecht. Für §241 II BGB ist deshalb kein Raum mehr. Hieraus ergibt sich die Abgrenzung zwischen Schutzpflichtverletzung und Mangelfolgeschaden: Die Schutzpflicht beruht nicht – auch nicht indirekt – auf einem Mangel der vertraglich geschuldeten Hauptleistung.
Daraus folgt, dass Vermögensfehldispositionen nicht von §241 II BGB erfasst werden, soweit sie Folge einer Verletzung der Hauptpflicht des Vertrages sind. Vermögensfehldispositionen werden von §241 II BGB nur erfasst, wenn sie über das Vertragsobjekt an sich hinausgehen. Die Übergänge sind aber fließend, wie auch die Regierungsbegründung anerkennen muss.

3. Abgrenzung zu §242 BGB
In der Regierungsbegründung und zum Teil auch in der Lehre[24] werden die Vertragspflichten in Leistungs- und in Schutzpflichten eingeteilt. So stellt sich die Frage nach dem Verbleib der herkömmlichen Nebenpflichten. Die Regierungsbegründung ordnet aber die leistungsbezogenen Nebenpflichten bei den Leistungspflichten ein.[25] Der Begriff „Schutzpflicht“ ist nicht zum Oberbegriff für alle Vertragspflichten geworden, die keine Leistungspflichten sind. Schutzpflichten sind allein die nicht leistungsbezogene Pflichten. Die leistungsbezogenen Nebenpflichten sind weiterhin aus §242 BGB abzuleiten. Sie wurden von der Ausgliederung der Schutzpflichten nach §241 II BGB nicht betroffen.

---

[23] Regierungsbegründung zu §241.
[24] Z.B. Medicus, SchuldR I, Rn. 412, in Rn. 423 spricht er dagegen von Schutz- und ähnlichen Nebenpflichten.
[25] So z.B. Medicus, SchuldR I Rn. 415.

4. Abgrenzung zu anderen Rechtsgebieten
Der Begriff „Schutzpflicht" wird nicht nur im Vertragsrecht verwendet. Die „Schutzpflicht" im Strafrecht begründet eine Garantenstellung i.S.v. §13 StGB[26], die Staatsanwaltschaft hat eine Schutzpflicht gegenüber dem durch die Straftat Geschädigten[27] und im öffentlichen Recht ist anerkannt, dass die Grundrechte Schutzpflichten des Staates zugunsten des Bürgers enthalten können.[28] §909 BGB enthält eine sachenrechtliche Schutzpflicht[29] und es gibt eine deliktsrechtliche Schutzpflicht im Rahmen des §823 I BGB.[30]
Im Rahmen dieser Arbeit wird nur die zivilrechtliche Schutzpflicht im Bereich des Vertragsrechts behandelt.

IV. Gang der Arbeit

Im dem ersten Teil „Natur der Schutzpflichten" geht es darum, das Rechtsinstitut der Schutzpflichten vorzustellen, auf seine Besonderheiten zu untersuchen und das „régime" der Schutzpflichten darzustellen.
Hauptstreitpunkt bei den Schutzpflichten ist ihre Qualifikation als vertragliche oder deliktische Pflichten. Hintergrund der Qualifikation sind die verschiedenen Haftungssysteme, die vertragliche und die deliktische Haftung, die responsabilité contractuelle und die responsabilité délictuelle. Im französischen Recht ist auf diesem Gebiet die Lehre seit etwa 10 Jahren in Bewegung gekommen. Der Streit, ob eine responsabilité contractuelle überhaupt existiert, stellt einen weiteren Hauptpunkt im ersten Teil dar.

Der zweite Teil der Arbeit „Katalog der Schutzpflichten" gilt der Untersuchung der zwei Schutzpflichten, der Sicherungspflicht und der Informationspflicht. Nachdem im ersten Teil die Gemeinsamkeiten der Schutzpflichten untersucht wurden, geht es im zweiten Teil um die Besonderheiten der Sicherungspflicht und der Informationspflicht in ihrer konkreten Anwendung.

Den dritten Teil der Arbeit bildet die Frage, wie eine Rechtsvereinheitlichung in einem europäischen Einheitsprivatrecht die deutsche und die französische Schutzpflichtlehre sinnvoll erfassen könnte.

Da die Arbeit im Hinblick auf die europäische Rechtsvereinheitlichung geschrieben ist, beschränkt sie sich nicht auf die Untersuchung des deutschen und des französischen Rechts. Sie bezieht die Behandlung der Schutzpflichten in den Unidroit Prinzipien über internationale Handelsverträge (UP) und in den Europäischen Vertragsrechtsprinzipien, den principles of European contract law (PECL) in die Untersuchung mit ein.

[26] BGHSt 19, 167; BGH, NStZ 83, S. 117.
[27] BGH, NJW 96, S. 2373.
[28] BGH, NJW 97, S. 3024, bzgl. Art. 6 II und 2 I GG; BGHZ 102, 350, bzgl. Art. 14 GG.
[29] BGH, MDR 97, S. 1021.
[30] BGH, MDR 97, S. 1021; BGH, NJW 83, S. 2813.

1. Teil. Die Natur der Schutzpflichten

1. Kapitel. Die Stellung der Schutzpflichten im Schuldrecht

§1. Überblick

Die Schutzpflichten gehören in die Systematik des vertraglichen Schuldverhältnisses. Problematisch ist dabei nicht so sehr der Inhalt der einzelnen vertraglichen Pflichten, es fehlt vielmehr eine einheitliche Terminologie.

A. Deutsches Recht

Das Schuldverhältnis ist „das die einzelnen Leistungs-, Abwicklungs- und Verhaltenspflichten zusammenhaltende Band“.[31] Der BGH führt dazu aus: „Zur Erfüllung einer Vertragsverbindlichkeit gehört alles, was aus dem Vertrage vom Vertragspartner verlangt werden kann“.[32] Die Koexistenz von §§241 Abs. 1 und Abs. 2 und 242 BGB zeigt, dass aus einem Vertrag Pflichten von unterschiedlicher Intensität und Zielrichtung resultieren.

I. Die vertraglichen Pflichten
Vertragspflichten sind zunächst diejenigen Verpflichtungen, über die sich die Parteien in einem Vertrag explizit oder implizit geeinigt haben. Da aber nicht alle Konstellationen vorhersehbar sind, werden die Parteien nie alle Vertragspflichten regeln können und beschränken sich i.d.R. auf die Festlegung der Leistungspflichten. Damit das vertraglich vereinbarten Ziel vollständig erreicht wird, müssen aber außer den Leistungspflichten noch weitere Pflichten erfüllt werden.
Es gibt drei Typen von Vertragspflichten, die sich in ihrem Verhältnis zum vereinbarten Vertragsinhalt unterscheiden.

1. Die Haupt- und die Nebenpflichten
Das deutsche Recht ist geprägt von einer Dualität der vertraglichen Pflichten und folgt einer Einteilung, die auf das Gewicht der einzelnen Vertragspflichten für den Gläubiger und ihren Stellenwert im Schuldverhältnis abstellt[33]: den Hauptleistungspflichten stehen die Nebenpflichten[34] gegenüber.[35]

---

[31] Larenz, JZ 62, S. 108.
[32] BGHZ 11, 80 (83).
[33] Schlechtriem, Schuldrecht, Rn. 113, S. 64.
[34] Zu einem weiten Sprachgebrauch von „Nebenpflichten“ s. Schlechtriem, Schuldrecht, Rn. 115, S. 65; v. Bar, Nachwirkende Vertragspflichten, S. 464; Larenz spricht von „weiteren Verhaltenspflichten“, z.B. in JZ 62, S. 108.

Die Hauptleistungspflichten „halten zu einer Leistung an“[36], sie sind i.d.R. auf die „Durchführung einer Güterbewegung“[37] gerichtet; sie stellen einen Erwerbsanspruch des Gläubigers und damit eine Leistungspflicht des Schuldners dar. Es geht um die essentialia des Vertrages.[38] Diese Pflichten meint §241 I BGB, wenn von „Leistung“ die Rede ist.
Ihnen zur Seite steht die Gruppe der Nebenpflichten i.w.S. Es handelt sich dabei um eine heterogene Gruppe, in die alle vertraglichen Pflichten aufgenommen werden, die nicht Leistungspflichten sind. Sie werden von den Parteien nicht ausdrücklich vereinbart und beruhen auf der Überlegung, dass allein die Erbringung der versprochenen Leistung durch den Schuldner nicht ausreicht, damit der Leistungserfolg nach dem Vertragszweck eintritt und der Gläubiger nicht anderweitig Einbußen erfährt.

2. Die Nebenleistungspflichten
Eine Zwitterstellung haben die Nebenleistungspflichten: Sie sind von ihrem Inhalt her Nebenpflichten, wurden aber von den Vertragsparteien als so wesentlich erachtet, dass sie in den Vertrag durch Erweiterung des Leistungsprogramms aufgenommen werden. Sie lassen ein Erfüllungsinteresse erkennen und sind deshalb zwar als klagbare Ansprüche einzuordnen, stehen aber außerhalb des Synallagmas. Nebenpflichten und Nebenleistungspflichten unterscheiden sich damit nicht nach ihrem Inhalt, sondern „graduell nach der Art ihrer Entstehung und der Intensität ihrer Verbindlichkeit“.[39] Mit den Hauptleistungspflichten lassen sich die Nebenleistungspflichten zur Gruppe der Leistungspflichten zusammenfassen.[40]

II. Die Nebenpflichten i.w.S.

1. Die Einteilung der Nebenpflichten i.w.S.
Die sinn- und zweckgerichtete Leistungserbringung verlangt, dass die Parteien sich nicht nur leistungskonform verhalten und der Schuldner die Leistung erbringt, sondern beide müssen alles unterlassen und der Schuldner muss positiv alles tun, damit der vereinbarte Leistungserfolg eintreten kann. Die Verwirklichung des Vertragszwecks darf weder gefährdet noch beeinträchtigt werden. Aber auch sonst dürfen die Vertragsparteien durch den Vertragsschluss und die Vertragserfüllung keine ungewollten Schäden erleiden. All dies ist Inhalt der Schutzpflichten.
Die Vielzahl der Zielrichtungen zeigt, dass die Nebenpflichten i.w.S. keine homogene Gruppe darstellen und ihnen eine einheitliche Struktur fehlt.

---

[35] Ganz hM, z.B. Fikentscher, §8.3, S. 34; dag. nur Heck, S. 122, mit der Begründung, dass die Erfüllung der sog. Nebenpflichten für den Gläubiger ebenso wichtig sei wie die der vermeintlichen Hauptpflicht.
[36] Gernhuber, das Schuldverhältnis, S. 16.
[37] Kress, S. 2ff.
[38] Kuhlmann, S. 38; Anders, S. 154.
[39] V. Bar, nachwirkende Vertragspflichten, S. 464: eine phänomenologische Abgrenzung ist nicht möglich.
[40] So Gernhuber, das Schuldverhältnis, S. 16.

Die Einteilung der Nebenpflichten variiert von Autor zu Autor. Unterteilt wird in Schutz- und Loyalitätspflichten[41], in unselbständige und selbständige Nebenpflichten sowie Schutzpflichten[42], in Rücksichtnahmepflichten, Schutzpflichten und die Gruppe der Aufklärungs- und Auskunftspflichten[43], in leistungsbezogene und erhaltungsbezogene Nebenpflichten[44], in Erwerbsansprüche und Schutzansprüche[45], in andere Pflichten und weitere Verhaltenspflichten[46], in gegenstandsbezogene und personenbezogene Pflichten[47], in unselbständige, sekundäre und selbständige, ergänzende Pflichten.[48] Es wird auch von der Rechtsfolgenseite her zwischen Nebenpflichten i.e.S., deren Verletzung zu einem Erwartungsschaden führt, und Nebenpflichten i.w.S., deren Verletzung zu einem Begleitschaden führt, unterschieden.[49] Einigkeit besteht lediglich darüber, dass Nebenpflichten solche vertraglichen Pflichten sind, die von den Vertragsparteien nicht durch explizite Aufnahme in ihren Willen zu Leistungspflichten erhoben wurden.

Die Gruppe der Nebenpflichten wird vom BGB zweigeteilt: §241 II BGB regelt die nicht-leistungsbezogenen Pflichten im Schuldverhältnis, d.h. Pflichten, die nicht direkt dem vertraglich vereinbarten Leistungserfolg dienen. Daneben steht §242 BGB, der auf die „Leistung" Bezug nimmt. Er macht deutlich, dass es mit den Hauptleistungspflichten, die in §241 I BGB angesprochen sind, nicht getan ist, dass vielmehr weitere leistungsbezogene Pflichten zu beachten sind. So ergibt sich aus dem Nebeneinander von §241 II und §242 BGB die Unterteilung in leistungsbezogene und nicht-leistungsbezogene bzw. integritätsbezogene Nebenpflichten i.w.S.[50]
Um diese vom Gesetz vorgegebene Unterteilung der Nebenpflichten i.w.S. auch sprachlich zu verdeutlichen, werden die leistungsbezogenen Nebenpflichten i.w.S. als Nebenpflichten und die integritätsbezogenen Nebenpflichten i.w.S. als Schutzpflichten bezeichnet.[51] Es handelt sich bei letzteren um Pflichten, die zum

---

[41] V. Bar, nachwirkende Vertragspflichten, S. 464.
[42] Palandt/Heinrichs, §241, Rn. 6f.; Erman/Werner, §242, Rn. 54.
[43] MüKo/Roth, §242, Rn. 177.
[44] Kuhlmann, S. 111.
[45] Kress, S. 2ff.
[46] Gernhuber, das Schuldverhältnis, S. 18.
[47] Frost, S. 37.
[48] Enneccerus, S. 21.
[49] Bruns, S. 225.
[50] Gegen diese Unterteilung Kuhlmann, S. 109: Unterschiede bestünden nur im Schutzgut, ansonsten bestehe die gleiche Struktur.
[51] Diese Terminologie wird zum Teil in der Praxis schon vertreten, z.B. Erman/Werner, §242, Rn. 54. Anders, S. 155. Rechtslexikon „Nebenpflichten"; Regierungsbegründung zu §241 II. Im Ergebnis ebenso Westermann, BGB-Schuldrecht, §2/10, S. 24. Frick spricht von Erhaltungspflichten, S. 48ff. Dag. versteht Kuhlmann, S. 103, alle Nebenpflichten als Schutzpflichten mit dem Argument (S. 45), dass alle Nebenpflichten den Zweck haben, dass der Erwerb nicht durch Schuldnerhandeln geschmälert wird, und deshalb dem Schutz des Gläubigers dienen. Für Schutzpflichten im hier gebrauchten Sinn spricht er von „unentwickelte relative Schutzansprüche", S. 42. Die Multiplizierung der Adjektive dürfte die Verständlichkeit nicht leichter machen.

Schutz schon vorhandener Positionen des einen Vertragspartners, die dieser nicht in den vertraglichen Güteraustausch eingebracht hat, verpflichten[52].

Die Nebenpflichten stehen in strenger Abhängigkeit zu dem Vertrag, ihr Inhalt wird durch den Vertrag vorgegeben. Auf die Schutzpflichten trifft dies dagegen nicht zu, weil es nicht ihr Zweck ist, die Vertragserfüllung i.e.S. sicherzustellen, sondern die Rechtsgüter des Vertragspartners zu schützen. Dafür ist die Vertragsart, die Qualität der Vertragsparteien etc. unerheblich. Schutzpflichten sind vielmehr Bestandteil eines jeden Vertrages.

2. Die Unterteilung der Schutzpflichten

Die Schutzpflichten werden nach den Verhaltensanforderungen an den Schuldner unterteilt: er muss entweder durch sein Handeln die Gefahr direkt abwehren bzw. die Gefährdung unterlassen oder durch Unterrichtung des Gläubigers diesem die Gefahrenabwehr/-vermeidung ermöglichen.

Es gibt demnach zwei Arten von Schutzpflichten. Sicherungspflicht heißt die Pflicht, dafür zu sorgen, dass bei Vertragserfüllung der andere an seinem Körper, Gesundheit, Eigentum und Vermögen nicht geschädigt wird[53], d.h. die Pflicht, den anderen nicht zu verletzen und ihn vor Schädigungen von außen zu bewahren. Auch die vertraglichen Informationspflichten sind, soweit sie dem Erhaltungsinteresse dienen und den Vertragspartner vor Gefahren warnen, als Vorstufe der Sicherungspflicht Schutzpflichten.[54] Sie zeichnen sich dadurch aus, dass ihre Verletzung nicht zu einer unmittelbaren Schädigung des Vertragspartners führt.

Schutzpflichten können kraft Parteivereinbarung zum einzigen Inhalt eines Vertrages gemacht werden, z.B. im Bewachungs- oder Beratungsvertrag. Damit verlieren sie ihren Charakter als Nicht-Leistungspflichten und werden Hauptpflichten.[55]

Zusammenfassung: Die Schutzpflichten unterscheiden sich von den Leistungspflichten dadurch, dass sie nicht auf eine Veränderung der Güterwelt, sondern auf die Erhaltung der vorhandenen Güterwelt abzielen.[56] Sie unterscheiden sich von den Nebenpflichten dadurch, dass sie sich nicht an den Leistungspflichten orientieren, sondern auf das Integritätsinteresse ausgerichtet sind. Die Schutzpflichten unterteilen sich in die Sicherungspflichten und die Informationspflichten.

---

[52] Anders Huber, Vertragsverletzungen, S. 866, der den Begriff „Schutzpflichten" nur für Leistungspflichten verwendet, und ansonsten von allgemeinen Verkehrspflichten spricht. Gegen diesen Sprachgebrauch spricht v.a. die Vermischung mit dem Deliktsrecht.

[53] Staudinger/Löwisch, §242, Rn. 38, verwendet die gleiche Terminologie.

[54] MüKo/Roth, §242, Rn. 150. OLG München, 10.01.89, MDR 90, S. 547: „Eine Bank verletzt ihre Aufklärungs- und Schutzpflicht". S. a. BGH, 16.02.81, MDR 81, S. 647, der die Beratungs- und Auskunftspflichten als Schutzpflichten bezeichnet.

[55] BGHZ 131, 136(139), ablehnend bzgl. einer wunschgemäß erteilten Spielsperre. Regierungsbegründung zu §241 II BGB: es gibt „zwischen den Leistungs- und den Schutzpflichten nicht überall klare Grenzen".

[56] Medicus, SchuldR I, S.5.

B. Französisches Recht

I. Obligation principale – obligations accessoires

Das französische Recht unterteilt die vertraglichen Pflichten in Hauptpflichten, obligations principales, und Nebenpflichten, obligations accessoires.[57] Die Hauptpflichten sind unerlässliche Voraussetzung eines Vertrages und objet des Vertrages; die Nebenpflichten sind auf die convention bezogen, sie integrieren sich darin, haben aber keinen Einfluss auf den Vertragstyp.[58]
Die Einteilung der Vertragspflichten hat im Gegensatz zum deutschen Recht eine untergeordnete Bedeutung, die französische Lehre beschäftigt sich vielmehr mit den einzelnen Pflichten. So findet sich z.B. im Rechtslexikon Dalloz weder ein Stichwort „obligation accessoire" noch ein Eintrag „obligation principale". Auch unter „obligation" wird auf diese Unterteilung nicht eingegangen. Das Lexikon enthält aber Einträge zu „obligation de conseil", „obligation d'information", „obligation de sécurité".

Stellt man auf den Ursprung der Vertragspflichten ab, ergibt sich folgendes Bild[59]: Den Inhalt des Vertrages bestimmt primär der Wille der Vertragsparteien. Die Lücken werden durch sog. compléments de la volonté des parties ausgefüllt. Diese lassen sich in dispositive Zusätze, nämlich in dispositive Gesetzesnormen und die Bräuche, untergliedern. Ihnen gegenüber stehen die zwingenden Vertragsbestandteile, die den zwingenden Gesetzesvorgaben oder den sog. compléments d'équité, d.h. Regelungen nach dem Grundsatz der Billigkeit, entsprechen. In die letzte Kategorie gehören die Schutzpflichten.

II. Die obligations accessoires

Nebenpflicht ist die Pflicht, alle Vorsichtsmaßnahmen entsprechend den jeweiligen Umständen zu treffen, damit der Gläubiger den Erfolg erhält, den er erwartet.[60] Nach anderer Ansicht handelt es sich bei den obligations accessoires um auf die jeweilige Vertragssituation angepasste, objektive Verhaltenspflichten, die auch unter Personen gelten, die nicht durch einen Vertrag miteinander verbunden sind.[61]

Einige Nebenpflichten sind im Code civil ausdrücklich festgelegt[62], so in Art. 1721 al. 2 Cciv die Pflicht des Vermieters, den Mieter durch die Mietsache keiner Gefährdung auszusetzen, oder in Art. 1953 al. 1 Cciv die Obhutspflicht des Verwahrers.[63]

---

[57] Le Tourneau/Cadiet, n° 334s. Veaux, JCl. 15, S. 4, der von obligations tacites spricht. Pothier, Bd. I n° 5 unterteilt in « celles qui sont de l'essence du contrat, celles qui sont seulement de la nature et celles qui sont purement artificielles au contrat ».
[58] Gross, S. 47.
[59] Bénabent, les obligations, S. 197f.
[60] Esmein, FS Ripert, S. 106.
[61] Viney, Introduction, S. 286; Dubuisson, S. 9.
[62] S. Huet, Thèse, S. 382.
[63] Jedoch nur im Fall des dépôt nécessaire.

Die Rechtsprechung hat in Rechtsfortbildung weitere Nebenpflichten herausgearbeitet. Folgende Hauptkategorien sind von ihrem Inhalt her anerkannt, ohne dass eine einheitliche Einteilung in Rechtsprechung oder Lehre feststellbar wäre: die obligation de sécurité, die obligation d'information, die obligation de loyauté und die obligation de coopération.

III. Schutzpflichten

Der Begriff „Schutzpflichten" ist im französischen Recht unbekannt.[64] Dennoch werden in Rechtsprechung und Lehre zwei obligations accessoires anerkannt, die sich auf den Schutz des Vertragspartners beziehen: Ausschließlich dessen Schutz dient die obligation de sécurité. Sie wurde gerade zu diesem Zweck geschaffen. Außerdem beschränkt sich die obligation d'information nicht auf die Wirksamkeit der Willenserklärung des Vertragspartners und den Nutzen aus dem Vertrag. Sie erfasst auch die Aufklärung des Partners über Gefahren, die mit der Vertragsbeziehung in Zusammenhang stehen, und bezweckt damit seinen Schutz.[65]

Zusammenfassung: Das französische Recht unterteilt die Vertragpflichten in obligation principale und obligations accessoires. In die Gruppe der letzteren gehören die Schutzpflichten, die sich in obligation de sécurité und obligation d'information unterscheiden lassen.

C. Supranationales Recht

Zuerst wird untersucht, ob die Schutzpflichten überhaupt in den Anwendungsbereich der UP und der PECL fallen, anschließend wird auf ihre Pflichteneinteilung eingegangen.

Die UP sind ein Versuch der Wissenschaft, ein Einheitsrecht zu schaffen, dass den Anforderungen an das internationale Handelsrecht entspricht.[66] Die PECL sind ein Versuch der Lehre, die Grundsätze des allgemeinen Vertragsrechts für die Europäische Union in kodifikationsähnlicher Form niederzulegen.[67] Beide Instrumente sind damit kein geltendes Recht. Ihre Anwendung beruht auf ihrer Wahl durch die Parteien als anwendbares Recht.

Im UN-Kaufrecht, dem CISG, sind übrigens ausschließlich auf das Integritätsinteresse gerichtete Schutzpflichten im klassischen Sinne nicht anerkannt, da Art. 5 CISG das Übereinkommen auf die Haftung des Verkäufers für den durch die Ware verursachten Tod oder die Körperverletzung einer Person für nicht anwendbar erklärt.[68]

---

[64] Constantinesco, S. 98, übersetzt mit devoir de protection.

[65] Cass, 1re, 14.12.82, Bull.civ. I, n° 362, bzgl. Flugzeugunfall; Cass, 1re, 03.07.85, Bull.civ. I, n° 211, bzgl. Informationspflicht; Huet, les contrats spéciaux, S. 216; Fabre-Magnan, Thèse, n° 431.

[66] Basedow, FS Lüderitz, S. 3.

[67] Zur Bedeutung s. Zimmermann, ZEuP 1995, S. 731.

[68] Zur Diskussion s. Magnus, ZEuP 93, 95. Dag. Krebs, S. 585: Art. 5.2 (c) CISG rechtfertigt Schutzpflichten.

I. Anwendungsbereich

Die UP und die PECL erklären, dass sie ausschließlich das Vertragsrecht regeln wollen. Ihr Anwendung ist darauf beschränkt. Eine Definition des Vertragsrechts wird aber nicht gegeben und es wird auch nicht klar, wo die Grenzlinie zu verwandten Rechtsgebieten wie dem Deliktsrecht oder dem Sachenrecht gezogen werden soll.

1. Die Unidroit Prinzipien

Die UP erwähnen die Schutzpflichten nicht ausdrücklich. Art. 2.1 UP, der eine Geheimhaltungspflicht statuiert, lässt sich als vorvertragliche vermögensschützende Pflicht lesen. Sie bezweckt den Schutz der Betriebsgeheimnisse des Vertragspartners, die im Rahmen der Vertragsverhandlungen der anderen Partei bekannt wurden. Da der Schutz unabhängig davon gewährt wird, ob der beabsichtigte Vertrag gerade diese Betriebsgeheimnisse erfassen sollte, gewährt Art. 2.1. UP auch dem Integritätsinteresse des Verhandlungspartners Schutz. Insofern ist Art. 2.1. UP eine Schutzpflicht. Dennoch lässt sich aus der Existenz einer Schutzpflicht in den UP nicht generell auf die Ablehnung oder Anerkennung von Schutzpflichten in den UP schließen. Man kann nämlich sowohl argumentieren, Art. 2.1. UP zeige, dass die UP auch das Integritätsinteresse schützten, und diese Regelung sei verallgemeinerungsfähig. Ebenso lässt sich aber auch behaupten, Art. 2.1. UP sei eine Ausnahmeregelung und das Fehlen einer sonstigen Regelung über die Schutzpflichten beweise, dass die UP diese ablehnten. Die Frage, ob die UP Schutzpflichten kennen, ist deshalb auf anderem Weg zu lösen.

Der Anwendungsbereich der UP beschränkt sich laut der Präambel auf das internationale Vertragsrecht. Angesichts dessen erscheint zweifelhaft, ob vertragliche Schutzpflichten überhaupt erfasst werden.[69] Die UP gehen von einer engen Vertragskonzeption als Instrument des Güteraustausches aus, das der vollen Herrschaft der Parteien unterstellt ist. Dies ergibt sich aus dem Recht der Parteien in Art. 1.1. UP, den Vertragsinhalt frei zu bestimmen; diesem Grundsatz kommt eine exponierte Stellung in der ersten Regelung der UP überhaupt zu. Diese wirtschaftliche Vertragskonzeption kommt auch in Art. 4.1. UP, der den Parteiwillen zur wichtigsten Auslegungsregel erklärt, und in Art. 5.3. UP, der die Mitwirkungspflicht auf die Erfüllung der Vertragspflichten beschränkt, zum Ausdruck. Zum Vertragsrecht i.S. der UP gehört deshalb nur das Äquivalenzinteresse und nicht das reine Integritätsinteresse, da dessen Erfassung nicht mit der engen Vertragskonzeption vereinbar wäre. Es bleibt deshalb dem nationalen Deliktsrecht vorbehalten.[70] Diese Begrenzung ist im internationalen Recht genau zu beachten, da es ansonsten zu Konflikten mit anderen Konventionen kommen kann und u.U. die Anerkennung des

---

[69] Ablehnend Huber in v. Caemmerer/Schlechtriem, Art. 30 CISG, Rn. 25; Pellegrino, ZEuP 97, 54ff.

[70] Zustimmend Bonell, RIW 90, S. 693, der Schäden an Person und Sachen wegen ihres deliktsrechtlichen Charakters gänzlich ausschließen will. Cornu, Etude comparé, S. 8.

Urteils/Schiedsspruchs ausgeschlossen ist.[71] Darauf weist auch Art. 1.6 UP hin, demzufolge die UP unter Berücksichtigung ihres internationalen Charakters ausgelegt werden müssen.
Da die UP hinsichtlich etwaiger vertraglicher Schutzpflichten schweigen, ist auf das internationale Handelsrecht, als dessen Kodifikation sie sich verstehen, zurückzugreifen, vgl. Art. 1.6. II UP.[72]
„Dans le commerce international il est très important que les règles produisent des résultats prévisibles, répondent à l'attente des parties et prennent en compte les usages prédominants du marché international".[73] Von einem „résultat prévisible" kann bei den Schutzpflichten im klassischen Sinn – wie sich im Laufe der Arbeit noch zeigen wird - keine Rede sein und sie entsprechen so sicherlich nicht internationalen Handelsbräuchen. Vertragliche Schutzpflichten können deshalb nicht aus Art. 1.8 II UP, der auf die internationalen Handelsbräuche verweist, abgeleitet werden.
Bei der „exigence fondamentale de bonne foi" handelt es sich um ein Grundprinzip der lex mercatoria.[74] Es dient auch dazu, Pflichten aus dem Vertrag herauszulesen, die die Parteien nicht explizit festgelegt haben.[75] Eine Pflicht zur Mitwirkung zur Vertragszielerreichung und eine diesbezügliche Informationspflicht werden so aus dem Prinzip von Treu und Glauben abgeleitet. Eine Umschreibung der Mitwirkungspflicht lautet: „Chaque partie [a] l'obligation d'avoir à l'égard de l'autre un comportement qui ne puisse lui nuire".[76] Denkbar ist, dies als Ausdruck vertraglicher Schutzpflichten zu sehen. Ein ähnliches Verständnis klingt im Schiedsspruch „Norsolor" an: „La bonne foi traduit une exigence de comportement qui peut être rapprochée du principe général de responsabilité".[77] Jeder Vertragspartner muss zur Erfüllung seiner Pflichten eine „diligence raisonable" aufbringen;[78] dies könnte die Pflicht beinhalten, den Vertragspartner durch die Vertragserfüllung nicht zu schädigen. Auf diesem Weg lassen sich Schutzpflichten als Unterlassungspflichten in das internationale Handelsrecht einführen; entsprechende Urteile oder Schiedssprüche gibt es aber nicht.
Diese Grundsätze lassen sich auf die UP übertragen. Es ist aber darauf zu achten, dass ihr Anwendungsbereich weder auf das Deliktsrecht ausgedehnt noch die Freiheit der Parteien, den Vertragsinhalt zu bestimmen, als Grundprinzip des internationalen Handelsrechts eingeschränkt wird.[79] Im nationalen Recht kann sich dieses Problem des Anwendungsbereichs übrigens

---

[71] Ähnlich Huber in v. Caemmerer/Schlechtriem Art. 30, Rn. 25 zum CISG, das aber schon nach seinem Anwendungsbereich (Art. 5 CISG) keine Haftung für Körperschäden erfasst. Schlechtriem, Cornell Int. L. J., 88, S. 468.
[72] So auch Bérendo, JCP 95, 3842, S. 191.
[73] Schiedsspruch von 1995, nach cours „droit du commerce internatioal" von P. Fouchard, université Paris II, 1999.
[74] CCI, n° 5953, „Valenciana" JDI 1990, 1056; CCI, n° 9593, ICC International Court of Arbitration, Bulletin Vol. 10, n° 2 (1999), S. 109.
[75] Mayer, FS Lalive, S. 543ff.
[76] CCI, n° 2291 von 1975; CCI, n° 2443, JDI 1976, 991.
[77] CCI, 26.03.79, zitiert nach Alexandre, S. 566.
[78] Jarvin, S. 165.
[79] Bonnell, international Restatement, S. 108.

nicht stellen, da Vertrags- und Deliktsrecht dort Teile eines einheitlichen Rechtssystems sind. Deshalb ist es unerheblich, wodurch der erforderliche Schutz gewährt wird. Entscheidend ist im nationalen Recht allein, ob der gesetzgeberisch gewünschte Schutz gewährt wird.

Dies zeigt, dass die UP einerseits auf das Äquivalenzinteresse beschränkt sind, andererseits ihnen als Ausdruck der lex mercatoria eine Gefahrvermeidungspflicht nicht gänzlich fremd ist.
Aus diesem Grund können die Sicherungspflichten nur dann von dem Anwendungsbereich der UP erfasst werden, wenn sie sich auf das Äquivalenzinteresse beziehen. Die Informationspflicht ist dagegen ein wichtiger Bestandteil des internationalen Handelsrechts und damit der UP. Es besteht eine „obligation pour chaque partie de tout relever à son partenaire“.[80] Diese erstreckt sich auch auf die Gefahraufklärung, soweit die betreffenden Gefahren sich auf das Äquivalenzinteresse beziehen.[81]
Schutzpflichten im herkömmlichen Sinne gibt es nicht; Schutzpflichten sind nur in den Fällen zu bejahen, in denen das Integritätsinteresse mit dem Äquivalenzinteresse zusammenfällt.

2. Die PECL
Laut Art.1:101 I PECL handelt es sich bei ihnen um „general rules of contract law“. Dazu gehören nach deutscher wie französischer Auffassung an sich auch die vertraglichen Schutzpflichten. Zweifel an der Einbeziehung der Schutzpflichten ergeben sich aber bei der Lektüre von Art. 1:101 III a PECL. Dort wird nämlich deutlich, dass sich die PECL als „general principles of law“ sowie als Kodifizierung der „lex mercatoria“ verstehen. Art. 1:106 II PECL gebietet die Lückenfüllung durch Prinzipien des internationalen Handelsrechts. Schutzpflichten gehören der lex mercatoria aber nicht an, weil sie in einem für den internationalen Handelsverkehr unerträglichen Maß von Rechtsunsicherheit geprägt sind. Die Schutzpflichten entsprechen i.d.R. auch nicht dem Grundprinzip der PECL, Art. 1:102 II, dass die Parteien den Vertragsinhalt frei vereinbaren können. Dabei fällt auf, dass die Parteiautonomie in den UP und in den PECL anders bewertet wird. Zwar steht in beiden Regelwerken dieser Grundsatz zu Beginn der Regelungen; Art. 1:102 PECL schränkt ihn aber gleich wieder ein: Das Prinzip von Treu und Glauben und die zwingenden Vorschriften stehen nicht zur Parteidisposition. Diese Grenzen werden in Art. 1:103 II und 1:102 II PECL wiederholt. Art. 1.1 UP enthält dagegen keine Einschränkung, diese erfolgt erst in Art. 1.4 UP bezüglich der zwingenden Normen und in Art. 1.7. UP für Treu und Glauben. Durch diese Anordnung und Gewichtung der Grenzen, wird deutlich, dass die Privatautonomie in den UP einen höheren Stellenwert hat als in den PECL.

---

[80] CDI, 83, „Cameroun v. Klöckner“, Rev.Arb. 84, annuliert von Comité ad hoc, JDI 87, S. 163.
[81] In ähnlicher Weise wird aus Art. 55 CISG die Pflicht abgeleitet, den Käufer über die gefahrlose Benutzung der Kaufsache zu informieren, s. Huber, Vertragsverletzungen, S. 864.

Die PECL erwähnen die Schutzpflichten nicht, obwohl die Problematik zum Zeitpunkt der Ausarbeitung der PECL bekannt war. Art. 1:106 PECL, der für Lücken, die sich nach der lex mercatoria nicht lösen lassen, auf das nationale Internationale Privatrecht verweist, bringt zum Ausdruck, dass die PECL nicht den Anspruch erheben, die gesamte Vertragsbeziehung zu regieren.

Aus diesen Gründen muss für die PECL dieselbe Einschränkung wie für die UP gelten: Nur wenn Integritätsinteresse und Äquivalenzinteresse zusammenfallen, gibt es eine entsprechende vertragliche Schutzpflicht.[82]

II. Die Einteilung der Pflichten

Die UP trennen in Art. 5.1. zwischen ausdrücklichen und impliziten Vertragspflichten. Die Unterscheidung zwischen Haupt-, Nebenleistungs- und Nebenpflichten ist nicht bekannt. Die Prinzipien nennen zwei Nebenpflichten: in Art. 1.7. die obligation de se conformer aux exigences de la bonne foi und in Art. 5.3. le devoir de collaboration. Auf die Geheimhaltungspflicht in Art. 2.16 UP wurde bereits hingewiesen.

Die PECL unterschieden ebenfalls zwischen „express terms" und „implied terms". Im Gegensatz zu den UP ist diese Unterteilung aber nicht Gegenstand eines Vorschrift an exponierter Stelle ein, sondern sie ergibt sich aus Art. 6:102 „Implied Terms". Eine Mitwirkungspflicht findet sich in den PECL in Art. 1:202. Sie beinhaltet eine Informationspflicht im Sinne der Aufklärung über mit der Vertragsdurchführung verbundene Gefahren.[83] Die vorvertragliche Geheimhaltungspflicht findet sich in paralleler Regelung zu Art. 2:16 UP in Art. 2:302 PECL.

Da es Merkmal der Schutzpflichten, dass sie von den Parteien nicht ausdrücklich vereinbart werden, sind sie als implizite Vertragspflichten einzuordnen.

D. Rechtsvergleichung

Die vier untersuchten Rechtssysteme unterteilen die Vertragspflichten in zwei große Gruppen. Das deutsche und das französische Recht unterscheiden zwischen Haupt- und Nebenpflichten bzw. obligations principales und accessoires. Die UP und die PECL trennen zwischen expliziten und impliziten Vertragspflichten. Trotz der unterschiedlichen Terminologie ist die Gruppenbildung dieselbe: Pflichten, die die Leistung, um deretwillen der Vertrag geschlossen wurde, unmittelbar erfassen, d.h. die Hauptpflichten und die expliziten Pflichten, und Pflichten, die, ohne von den Parteien geregelt zu sein, sich auf eine ordnungsgemäße Vertragserfüllung beziehen, die Nebenpflichten bzw. implizite Vertragspflichten.

Im deutschen Recht nimmt die Unterteilung einen wichtigen Platz ein, die beiden Gruppen werden weiter aufgegliedert. Im französischen Recht hingegen hat der Begriff „obligation accessoire" wenig Aussagekraft; es wird nicht

---

[82] Dag. Krebs, S. 585: Art. 5.2 (c) rechtfertigt Schutzpflichten.

[83] Cornu, Etude comparé, S. 57.

zwischen Nebenpflichten und Nebenleistungspflichten, zwischen Nebenpflichten und Schutzpflichten differenziert. Man bezieht sich vielmehr auf die konkrete Pflicht und erreicht auf diesem Weg im Ergebnis dem deutschen Recht ähnliche Lösungen. Infolge des Verzichts auf eine feine Untergliederung der Vertragspflichten zeichnet sich das französische Recht im Gegensatz zum deutschen durch eine relativ einheitliche Terminologie aus. Die UP und die PECL erfassen nach ihrem auf das Vertragsrecht begrenzten Anwendungsbereich nur solche integritätsbezogenen Pflichten, die sich zumindest auch auf das Äquivalenzinteresse beziehen.

Die Schutzpflichten lassen sich in zwei Gruppen aufteilen: Die Sicherungspflicht oder obligation de sécurité und die Informationspflicht oder obligation d'information. Da die Unterscheidung auf das geforderte Verhalten des Schuldners abstellt, nämlich ob er aktiv durch schadensabwehrendes Tun oder durch präventive Unterrichtung über Gefahren den Vertragspartner schützen muss, kann sie auch auf die UP und die PECL übertragen werden.

§2. Die Schutzpflichten

In diesem Abschnitt werden die Schutzpflichten vorgestellt und ihre Besonderheiten im Vergleich zu den übrigen Nebenpflichten aufgezeigt. Ein rechtsgeschichtlicher Überblick wird zeigen, in welcher Situation und aus welchen Gründen die Schutzpflichten als besondere Vertragspflichten „entdeckt" wurden. Der zweite Punkt „Begründung" befasst sich mit der Frage, welche dogmatische Idee den Schutzpflichten zu Grunde liegt und in welches größere Konzept sie sich einreihen lassen. Von wesentlichem Interesse ist die im nächsten Punkt aufgeworfene Frage: Wen trifft die Schutzpflicht, wer ist ihr Schuldner? Abschließend geht es um die den Schutzpflichten charakteristischen Merkmale, die sie von den (anderen) Nebenpflichten unterscheiden.

A. Deutsches Recht

I. Entdeckung und Entwicklung der Schutzpflichten

1. Das historische BGB von 1900

Der historische Gesetzgeber hatte im BGB eine strenge Zweiteilung zwischen Vertrag und Delikt vorgenommen. Eine vertragliche Schutzpflicht fand sich als Ausnahmeregelung in §618 BGB.[84] Dadurch kam zum Ausdruck, dass der Integritätsschutz nicht als Aufgabe des Vertragsrechts verstanden wurde.[85] Daraus ließ sich eine einfache – heute überholte - Differenzierung zwischen vertraglichen und außervertraglichen Pflichten ableiten: die ersten erfassten den reinen Vermögensschaden, die letzteren Körper- und Eigentumsschäden.

---

[84] Mit der Parallelregelung in §62 HGB.

[85] Esser-Schmidt, S. 136.

Dahinter stand das Sozialmodell der liberalen Markt- und Vertragsgesellschaft mit Selbststeuerung der Wirtschaft über den Markt durch die privaten Entscheidungen einzelner.[86] Die Vertragspartner wurden als unabhängige, selbstverantwortliche und urteilsfähige Personen betrachtet, die sich selbst schützen und informieren können. Damit war ein spezifisch vertragliches Schutzsystem der Vertragspartner unnötig, das Deliktsrecht reichte aus.
In diesem Sinn hat das Reichsgericht Schutzpflichten zugunsten des Vertragspartners zunächst abgelehnt. Dies wurde entweder damit begründet, dass es eine vertragliche Pflicht zum Schutz der Integrität des Vertragspartners überhaupt nicht gäbe[87], oder mit dem Argument, dass jedenfalls der konkrete Unfall in keinem Zusammenhang mit den Vertragshandlungen stünde.[88]
Nach dem BGB in der Fassung von 1900 gab es also keine allgemeinen vertraglichen Schutzpflichten.

2. Fortentwicklung
Diese Ansicht war bald überholt. Hermann Staub entwickelte 1905 die Lehre von der positiven Vertragsverletzung. Damit sollten ursprünglich nur die Fälle der Schlechtleistung i.e.S. sachgerecht gelöst werden. Seine Theorie regte aber zu der Fragestellung an, was alles eine Schlechtleistung im Vertrag sein könne; es ging um die Konkretisierung des Vertragsinhalts. Man begann zu fragen, welche vertraglichen Pflichten der Schuldner außerhalb seiner Leistungspflicht noch zu erfüllen habe. Damit waren vertragliche Nebenpflichten entstanden. So wurden aus §242 BGB abgeleitete vertragliche Nebenpflichten zum ersten Mal 1921 in der deutschen Rechtsprechung anerkannt.[89]

Hugo Kress unterschied als erster zwischen den Erwerbs- und den Schutzansprüchen in einem Vertragsverhältnis. Diese Differenzierung wurde von Heinrich Stoll übernommen, der heutzutage gemeinhin als der Entdecker der Schutzpflichten gilt. Er leitete aus der Pflicht der Vertragsparteien zur Zusammenarbeit als Gegenstück Schutzpflichten ab. Sein „Reformentwurf für das Schuldrecht“ von 1936 sah dementsprechend folgenden §2 Abs. III vor: „Schuldner und Gläubiger müssen in wechselseitiger Rücksichtnahme dafür sorgen, dass keiner den anderen durch sein Wirken schädigt (gegenseitige Schutzpflicht).“[90]

---

[86] Brüggemeier, AcP 182, S. 417; s.a. Frick, S. 44.
[87] RGZ, 74, 124 „Metzgereifall“: keine Vertragshaftung des Metzgers über §278 BGB bei Sturz der Kundin beim Verlassen des Ladens nach dem Einkauf wegen mangelnder Beleuchtung im Gang, nachdem die im Laden mithelfende Tochter des Metzgers die dort stehende Kerze entfernt hatte.
[88] So RG, JW 1914, 759: Nach dem Einkauf fällt einer Kundin auf dem Weg in eine andere Abteilung des Kaufhauses eine Attrappe auf den Kopf. Das RG nahm nur eine deliktische Haftung an.
[89] OLG Hamburg, SeuffA 76, S. 218f. Nr. 136: Der Zedent einer schenkungsweise erfolgten Abtretung einer Hypothekenforderung ist verpflichtet, bei Verlust der alten eine neue Abtretungsurkunde auszustellen. S. Hoffmanns, S. 88.
[90] Stoll, Leistungsstörungen, S. 61.

Das Reichsgericht übernahm diese Lehre, suchte aber stets einen Anknüpfungspunkt im Vertrag durch Zugrundelegung stillschweigender und damit letztlich fingierter Willenserklärungen[91] oder in Anbetracht der Vertragsdauer.[92] So hieß es z.B. zur Begründung einer Schutzpflicht: „Eine solche Verpflichtung ist aus der sachgemäßen Auslegung des Werkvertrages i.V.m. §242 BGB herzuleiten".[93] Dabei ging das Reichsgericht von entgeltlichen vertraglichen Nebenpflichten aus, wobei das Entgelt in dem Preis für das Vertragsobjekt enthalten sein sollte. Diese Rechtsprechung setzte sich dem Vorwurf aus, dass nach Billigkeitsgesichtspunkten Schutzpflichten in einen Vertrag willkürlich hineingelesen wurden.[94]
Heinrich Stoll hatte eine gesonderte Behandlung der Schutzpflichten gefordert, da sie im Gegensatz zu den anderen Nebenpflichten nicht das Leistungsinteresse berühren. Sein Entwurf enthielt deshalb in §8 eine spezielle Regelung für die Verletzung einer Schutzpflicht. Damit konnte er sich aber nicht durchsetzten, das Reichsgericht beschränkte sich darauf, Schutzpflichten als gewöhnlicheVertragspflichten zu behandeln. Gehaftet wurde nach pVV bzw. cic.
Stärker als von Stolls Lehre von den Schutzpflichten hat sich das Reichsgericht bei der Anerkennung der Schutzpflichten wahrscheinlich von den praktischen Schwierigkeiten bei der Anwendung der §§823ff. BGB leiten lassen. Die Exkulpationsmöglichkeit des §831 BGB erschien den Geschädigten angesichts der unübersichtlichen Arbeitsaufteilung großer Unternehmen in unerträglichem Maße zu benachteiligen. Dem konnte das Vertragsrecht mit seiner strengen Gehilfenhaftung in §278 BGB abhelfen. Deshalb ließ sich das Reichsgericht wohl vor allem aus Mitleid mit den Geschädigten dazu bewegen, zahlreiche typische Deliktstatbestände in den Bereich der Vertragshaftung zu ziehen, d.h. neben der deliktischen Gefahrabwendungspflicht des §823 I BGB eine vertragliche Pflicht desselben Inhalts anzunehmen.[95]
Der BGH übernahm die Schutzpflichten als vertragliche Nebenpflichten und dehnte ihren Anwendungsbereich weiter aus. Die schuldhafte Schutzpflichtverletzung war ein Anwendungsfall der pVV. Dabei war eine Tendenz zur zunehmenden Verselbständigung der Schutzpflichten gegenüber den vertraglichen Leistungspflichten festzustellen, die in der Lehre vom gesetzlichen Schutzpflichtverhältnis ihren Höhepunkt fand.

---

[91] RG, LZ 29, Sp. 1463. Kunde im Fahrstuhl wird bei Aufprall auf Boden verletzt. Über Annahme einer stillschweigenden Willenserklärung kommt das RG zur Annahme einer Vertragspflicht des Kaufhauses und damit zur Vertragshaftung.
[92] RGZ 55, 335: Reisender stürzt nach Aussteigen aus dem Zug auf dem vereisten Bahnsteig. RG nimmt eine vertragliche Pflicht der Eisenbahngesellschaft an, für die Sicherheit der Zufahrtswege zu sorgen, mit der Begründung, dass der Reisender den Bahnsteig benutzen musste. Die Vertragspflicht der Bahn endet erst, wenn der Reisende die volle Bewegungsfreiheit wieder erlangt hat. Ebenso Cass, 1re, 17.05.61, D 61, juris., 532.
[93] RG, SeuffArch 88, 206 (207).
[94] Z.B. Hoffmanns, S. 35.
[95] So Caemmerer, FS 100 Jahre DJT, S. 56.

3. Die Schuldrechtsreform 2002

Das Schuldrechtsreformgesetz vom 26.11.2001[96], das am 01.01.2002. in Kraft trat, schrieb die vertraglichen[97] Schutzpflichten in dem neu eingefügten §241 II BGB fest. Ziel war die Kodifikation von Richterrecht, um ihm Legitimation, Transparenz und Rechtssicherheit zu verleihen.[98] §241 II BGB gebraucht den Ausdruck „Schutzpflichten" nicht, sondern spricht von einer Pflicht zur Rücksichtnahme. Die Regierungsbegründung stellt aber klar, dass damit die Schutzpflichten gemeint sind. Die Rechtsfolgen der Schutzpflichtverletzung sind speziell in §§280 I, 241 II, in §§282 III i.V.m. 282 und in §324 BGB geregelt, wo nach §325 BGB die Ausübung des Rücktrittsrecht den Schadensersatzanspruch nicht ausschließt. Die Begründung zum Regierungsentwurf führt dazu aus: „Die oben kurz umschriebene Lehre von den Schutzpflichten hat sich allgemein durchgesetzt. Daran soll nichts geändert werden. Dieses geltende Recht soll in einer Ergänzung des §241 in einem neuen Absatz 2 auch im Gesetzestext klargestellt werden". Es sollte also mit §241 II BGB einer Angleichung des Gesetzes an die Rechtswirklichkeit vorgenommen werden.[99] Dennoch kann auch diese Begründung nicht darüber hinwegtäuschen, dass allein schon durch ihre Aufnahme im Gesetz die Schutzpflichten eine viel größere Bedeutung erlangt haben, als ihnen als reines Richterrecht früher zukam. Der Begründungsaufwand zur Bejahung einer Schutzpflicht ist damit erheblich gesunken, ein mehr oder minder pauschaler Verweis auf §241 II BGB reicht aus.

Der neue §241 II BGB sieht sich sowohl hinsichtlich seiner sprachlichen Formulierung als auch seines Inhalts heftiger Kritik von Seiten der Lehre ausgesetzt: Statt deutlich von „Schutzpflichten" zu sprechen, ist von „Rücksichtnahme" die Rede, obwohl dieser Begriff in diesem Zusammenhang eher unüblich ist und niedrigere Anforderungen als der Begriff „Schutzpflicht" vermuten lässt. Dennoch wurde der Begriff der Rücksichtnahme bereits von Heinrich Stoll und dem BGH in diesem Zusammenhang verwendet.[100] Ferner erstaunt der Wortgebrauch „kann", der zur Annahme verleitet, es handle sich um eine Ausnahmevorschrift und solche Pflichten seien nicht allen Verträgen inhärent. Dennoch war bislang anerkannt, dass Schutzpflichten in allen Verträgen auftreten und nur in ihrer Intensität variieren.[101] Außerdem lässt sich der Inhalt von §241 II BGB nur mit Hilfe der Gesetzesbegründung verstehen.[102] Ein Hinweis auf die Voraussetzungen zur Annahme einer vertraglichen Schutzpflicht fehlt, ein Katalog der einzelnen Haftungstatbestände wurde wegen der

---

[96] BGBl. I, S. 3138.
[97] Für die vorvertraglichen Schutzpflichten verweist §311 II, III BGB auf §241 II BGB.
[98] Dauner-Lieb in Ernst/Zimmermann, S. 306.
[99] Kuhlmann, S. 166, spricht von „überfälliger Angleichung".
[100] BGHZ 119, 305: „weitere Schutz- und Verhaltenspflichten, deren Inhalt in der Wahrung der Rechte des anderen Vertragsteils und der Rücksichtnahme auf seine wohlverstandenen Interessen besteht". Auch der Reformentwurf von H. Stoll sprach von Rücksichtnahme (s.o.).
[101] MüKo/Emmerich, v. §275, Rn. 261; Dauner-Lieb in Ernst/Zimmermann, S. 313; Huber in Ernst /Zimmermann, S. 146.
[102] Dauner-Lieb in Ernst/Zimmermann, S. 313; Huber in Ernst/Zimmermann, S. 146; Dauner-Lieb, Fälle S. 191.

Gefahr seiner starren Kategorienbildung, die mit der dynamischen Natur der Schutzpflichten nicht vereinbar sei, abgelehnt.

4. Analyse

Nachdem die Etappen in der Entwicklung der Schutzpflichten nachgezeichnet wurden, gilt es nun, den Trend zu analysieren.

Grund für die ständig wachsende Bedeutung der Schutzpflichten ist ein ständig steigendes Misstrauen gegenüber dem Vertragspartner. Bei Entstehung des BGB wurden spezielle Schutzpflichten wie §618 BGB nur besonders schutzbedürftigen Vertragspartnern, die bei der Vertragserfüllung direkt dem Einfluss des anderen ausgesetzt sein müssen, nämlich den Arbeitnehmern, zugebilligt. Ansonsten verließ man sich auf das Deliktsrecht. Man ging davon aus, dass die allgemeinen deliktsrechtlichen Verhaltensregeln aus §§823ff. BGB – mit den ihnen eigenen Regelungen im Bereich des Vermögensschutzes und der Gehilfenhaftung, die heute als Nachteile angesehen werden - ausreichten, um einen gerechten Schutz des Vertragspartners zu gewährleisten. Die vertragliche Beziehung mußte deshalb keine weiteren Pflichten bezüglich des Integritätsinteresses schaffen, der Vertragspartner war in dieser Hinsicht nicht mehr oder weniger geschützt als jeder beliebige Dritte.

Heute hingegen treffen den Vertragspartner nicht nur die allgemeinen Verhaltenspflichten des Deliktsrechts, sondern daneben auch noch vertragliche Schutzpflichten. Die Multiplizierung der Pflichten zulasten des „stärkeren" Vertragspartners zeigt ein weitgehendes Misstrauen ihm gegenüber. Denn nur wer dem Partner misstraut und davon ausgeht, dass dieser keine Rücksicht auf das Integritätsinteresse des Gläubigers nimmt, muss ihm entsprechende Vertragspflichten auferlegen.

Die Kodifizierung der vertraglichen Schutzpflichten durch die Schuldrechtsmodernisierung 2002 hat endgültig zu einer Verschiebung des Haftungssystems von einer Verschuldenshaftung zu einer faktischen Gefährdungshaftung hin geführt. Der Schuldner haftet für die aus seinem Bereich stammenden Risiken, denen der Vertragspartner im Rahmen des Vertrages ausgesetzt ist. Nach §280 I 2 BGB wird bei einer Pflichtverletzung des Verschulden des Schuldners vemutet. Zwar kann er sich entlasten, aber in einem ersten Schritt wird von seiner Haftung ausgegangen. Dies kommt einer Risikohaftung mit Exkulpationsmöglichkeit gleich.

Durch diese Entwicklung wurde das Schadensersatzrecht des BGB Mittelpunkt einer sozialen Schutzpolitik. Die Schadensinternalisierung auf den Handelnden ist in den Vordergrund der judiziellen Praxis getreten. Funktion des modernen Schadensrechts auf der Grundlage der Schutzpflichten ist es, neben der Schadenswiedergutmachung „in einer hochorganisierten Wirtschaft und bei komplexem Interdependenzverhältnis von Staat und Wirtschaft in Arbeitsteilung mit dem entwickelten staatlichen System der sozialen Sicherung partielles Marktversagen zu kompensieren, vielfältigste soziale Ungleichgewichtslagen auszutarieren".[103]

---

[103] Brüggemeier, AcP 182, S. 446.

Es hat ferner eine Erweiterung des Vertragsbegriffs stattgefunden. Das Rechtsinstitut „Vertrag“ beschränkt sich heute nicht mehr auf den Austausch der Leistungen i.S.e. Güterbewegung, sondern erfasst das gesamte vertragliche Umfeld einschließlich des Integritätsinteresses des Vertragspartners.
Früher wurde davon ausgegangen, dass jeder sich jedermann gegenüber so zu verhalten hat, dass er dessen Integritätsinteresse nicht verletzt, und zwar unabhängig davon, ob es sich beim dem anderen um einen Vertragspartner handelt oder nicht.[104] Der Pflichtenmaßstab war immer der gleiche. Darin zeigte sich ein Vertrauen in einen hohen Sorgfaltsmaßstab des Bürgers. Wenn er schon nach Deliktsrecht einen hohen Sorgfaltsmaßstab anwenden muss, so ist es unnötig, diesen im Vertragsrecht durch entsprechende Schutzpflichten noch zu erhöhen. Die Entwicklung der Schutzpflichten führte nun dazu, dass der Pflichtenmaßstab nach Vertragsrecht im Ergebnis – wegen §278 BGB und der Beweislastregelung – höher ist als im Deliktsrecht. Die Pflicht, den anderen nicht zu verletzen, ist also unterschiedlich, je nachdem, ob der Betroffene Vertragspartner oder beliebiger Dritter ist. Damit hat sie ihren allgemeingültigen Charakter verloren, auch wenn das Deliktsrecht weiterhin in jedem Fall, d.h. gegenüber dem Vertragspartner wie gegenüber dem beliebigen Dritten, anwendbar bleibt. Betont wird nicht mehr so sehr, dass die Verhaltenspflicht „neminem laedere“ gegenüber jedermann gilt, sondern vielmehr, dass man auf den Vertragspartner mehr Rücksicht nehmen muss als auf Dritte. Bedeutet dies aber nicht im Umkehrschluss, dass man den beliebigen Dritten des Deliktsrechts ungestraft größeren Risiken aussetzen darf als den Vertragspartner?
Dieser doppelte Haftungsmaßstab entspricht nicht dem klassischen Grundgedanken der Haftung als – nach Nietzsche – außerordenlichem Privileg des Menschen. Dieser haftet, weil er einen Mitmenschen verletzt hat, und nicht, weil er einen Vertragspartner verletzt hat. Sozialgesellschaftlich spiegelt sich damit in der verbreiteten Annahme von Schutzpflichten folgender Gedanke wieder: Es gibt zwei Gruppen von Mitmenschen: den Vertragspartner, der per se schützenswert ist, und den deliktsrechtlichen Dritten, der seine Schutzbedürftigkeit erst nachweisen muss.
Ob diese Differenzierung gerechtfertigt ist, wird im Rahmen dieser Arbeit untersucht werden.

II. Begründung der Schutzpflichten

Jede Verhaltenspflicht zum Schutz des Mitmenschen, also auch die Schutzpflichten, lässt sich mit dem Gebot des „neminem laedere“ als Grundvoraussetzung für ein friedliches Zusammenleben begründen. Aber damit ist nicht erklärt, warum es Schutzpflichten als gesteigerte Verhaltenspflichten, die im Zusammenhang mit einem (potentiellen) Vertrag stehen, existieren. Dass es sie gibt, folgt aus §241 II BGB.
Zwei soziale Phänomene führen dazu, dass der Vertragspartner besonderen Schutz verdient. Treffen diese beiden Faktoren, auf die auch §311 II Nr. 1 und 2 BGB hinweist, zusammen, so ist eine Schutzpflicht anzunehmen.

---

[104] So auch Husson, S. 90.

Der eine Vertragspartner bringt dem anderen ein bestimmtes Vertrauen auf ein ihn nicht gefährdendes Verhalten entgegen (1). Darunter wird nicht Vertrauen im Sinne eines juristisches „Vertrauensverhältnisses“, wie es für die juristische Qualifikation der Schutzpflichten zum Teil herangezogen wird[105], verstanden, sondern der psychische Akt des von einem bestimmten Ergebnis Ausgehens. Außerdem muss zwischen dem Gläubiger und dem Schuldner ein enger sozialer Kontakt bestehen (2).[106]
Diese beiden Elemente als rein tatsächliche Begebenheiten, die ineinander übergehen, erklären, warum es Schutzpflichten in Form von gesteigerten Verhaltenspflichten überhaupt gibt. Nicht beantwortet ist damit die Frage, ob es sich dabei um Vertragspflichten handelt. Ebenso wie z.B. die Risikohaftung auf dem von einer Sache ausgehenden Risiko beruht, ohne dass damit die Qualifikation der Haftung präjudiziert wäre, ist der hinter dem Konstrukt der Schutzpflichten stehende Gedanke von der Frage zu trennen, ob man die Schutzpflichten als Vertragspflichten oder deliktsrechtliche Verkehrssicherungspflichten einordnet. Diese Frage ist Gegenstand des Abschnitts über die Qualifikation der Schutzpflichten.

1. Vertrauen

Vertrauen ist ein allgemeiner Grundsatz des menschlichen Verkehrs und „Ausdruck eines anerkannten rechtsethischen Prinzips“.[107] Jeder Vertragspartner vertraut darauf, dass ihm aus dem Vertrag kein nicht einkalkulierter Schaden im wirtschaftlichen Sinn erwächst. Er hofft, dass er das Vertragsobjekt oder die Vertragsleistung günstig erworben hat und dass seine Erwartungen diesbezüglich erfüllt werden. Er hofft auch, dass seine Rechtsgüter durch den Vertrag nicht verletzt werden, dass also weder das Vertragsobjekt noch die Vertragsausführung i.w.S. bei ihm zu einem Schaden an den ihm schon vor Vertragsschluss gehörenden Rechtsgütern führen, soweit dieser nicht durch das Vertragsziel vorgegeben ist. Sonst würde er den Vertrag nicht abschließen, sich vielmehr einen anderen Vertragspartner suchen.
Dies zeigt, dass durch den Umstand, jemanden als Vertragspartner zu akzeptieren, diesem ein gewisses Vertrauen entgegengebracht wird. Dabei

---

[105] Z.B. Canaris, JZ 65, S. 47f.; Lackum, S. 148. S.u. „Schutzpflichtverhältnis“. BGH, MDR 81, S. 647, zieht den „durch das Beratungsangebot und die Hervorhebung der besonderen Sachkunde hervorgerufenen Vertrauenstatbestand“ als Grundlage für vorvertragliche Beratungspflichten heran. Dabei geht es aber dem BGH nicht um Vertrauen des Vertragspartners als psychische Realität, sondern darum, auf das Vertrauen als abstrakte Größe gestützt eine Begründung für die vertragliche Qualifikation der vorvertraglichen Beratungspflicht zu liefern. Deshalb kann der BGH auch dann von Vertrauen sprechen, wenn der „vertrauende“ Teil gar nicht weiß, wer hinter dem Vertrag steht, wem er also Vertrauen schenkt; s. BGHZ 33, 302 und BGH, NJW 62, S. 31, wo ein Schadensanspruch gegen die Bank unter dem Hinweis auf „Vertrauen“ bejaht wird, obwohl der Verkäufer nach dem Sachverhalt ausschließlich für sich selbst „Vertrauen“ in Anspruch nahm. Kritisch Daum, NJW 68, S. 376.

[106] Anders die ärztliche Aufklärungspflicht, die sich direkt aus Art. 2 II GG ergibt, vgl. BGHSt 11, 111.

[107] Thiele, JZ 67, S. 651.

bezieht sich das Vertrauen auch auf nicht zum vereinbarten Vertragsinhalt zählende tatsächliche Umstände.[108]

Weiß der Kunde, dass im Laden auf dem schlecht geputzten und deshalb rutschigen Boden die Gefahr besteht, dass er hinfällt, oder dass der Maler mit seiner Leiter so unvorsichtig hantiert, dass das Fenster in Scherben geht, so wird er sich einen anderen, sorgfältigeren Vertragspartner suchen; oder er wird zumindest dieses Risiko in seine Abwägung über den Vertragsschluss einbeziehen und z.B. nur einen dementsprechend geringeren Preis zu zahlen bereit sein.[109] „L'irresponsabilité s'achète."[110] In jeden Fall vertraut jeder Vertragspartner - zumindest unbewusst - darauf, dass seine Erwartungen erfüllt werden. Dabei geht er ganz selbstverständlich davon aus, dass sein Integritätsinteresse trotz des gesteigerten Kontakts mit einer anderen Person nicht gefährdet wird – zumindest nicht in höherem Maße als zu erwarten war.[111]

Der andere Vertragspartner nimmt dieses Vertrauen in Anspruch, indem er sich zur Vertragserfüllung bereit erklärt und indem er „in seinem eigenen Interesse andere zu einem bestimmten Verhalten veranlasst, um daraus geschäftlichen Nutzen zu ziehen".[112] Dies zeigt, dass Vertrauen nicht ein einseitiger Akt ist, sondern dass es dafür auch eines Rezipienten bzw. eines Erregers bedarf.[113]

Der BGH formuliert, dass derjenige, der sich zum Zweck von Vertragsverhandlungen oder der Vertragsdurchführung in den Einflussbereich des anderen Teils begeben hat, „redlicherweise auf eine gesteigerte Sorgfalt seines Verhandlungspartners vertrauen kann"[114], er spricht von dem „Vertrauen auf das Unterbleiben einer Integritätsverletzung".[115] Der Schuldner darf sich und seiner Leistungserbringung nicht den trügerischen Anschein der Gefahrlosigkeit geben. Im Grunde genommen geht es also um eine Haftung für die eigene Rechtssphäre.[116]

Hinter den Schutzpflichten steht der Gedanke des Vertrauens in den Vertragspartner und die Erwartung, von diesem bei Vertragserfüllung weder gefährdet noch verletzt zu werden.[117]

---

108 Fikentscher, S. 134.

109 Ebenso Medicus, FS Kern, S. 329; Erman/Werner, §242, Rn. 63 bzgl. der Aufklärungspflichten.

110 Stark, D 74, chron., S. 32.

111 BGH, NJW 91, S. 921, bzgl. rutschender Stühle im Restaurant: „geht das sicher über das Maß dessen hinaus, womit jeder Gast in der konkreten Situation rechnen musste".

112 Daum, NJW 68, S. 376, am Beispiel des Besuchs eines Warenhauses, der aber trotz dieser Formulierung den Vertrauenstatbestand als Begründung für die Schutzpflichten ablehnt. Aber liegt in dem Akt des „zu einem bestimmten Verhalten Veranlassens" – so Daum - nicht gerade das Erregen-Wollen von Vertrauen?

113 S.a. Canaris, Vertrauenshaftung, S. 491.

114 BGHZ 66, 51.

115 BGH, NJW 76, S. 712.

116 Köpcke, S. 93.

117 Thiele, JZ 67, S. 651 wendet gegen die Herleitung der Schutzpflichten aus dem Vertrauen als psychologische Realität ein, dass sie in den Fällen bedenklich ist, in denen der andere Teil nicht vertraut, weil er die gefahrträchtigen Umstände kennt. Dagegen ist einzuwenden: Der „Kenner" vertraut in einem solchen Fall nicht mehr darauf, dass er sich durch das Eindringen in den fremden Rechtskreis keinen Gefahren aussetzt. Aber er vertraut doch sehr wohl darauf, dass sich die von ihm erkannten Gefahren nicht realisieren, bzw. dass sie sich nur in dem von ihm in Kauf genommenen Grad verwirklichen. Ein Vertrauen ist also durchaus gegeben. M.E.

Gegen die Heranziehung des Vertrauens als Grundlage für die Schutzpflichten wird vorgebracht, dass nicht jedes Vertrauen schutzwürdig sei.[118] Es ist aber zu bedenken, dass es sich um Pflichten zum Schutz des essentiellen Integritätsinteresses, vor allem des Körpers und des Eigentums, handelt. Deshalb ist es Aufgabe des Aufnehmenden, dieses übertriebene Vertrauen nicht entgegenzunehmen. Nimmt der Vertragspartner das übertriebene Vertrauen entgegen, so spricht nichts gegen die Annahme von Schutzpflichten. Vielmehr kann die Problematik des unberechtigen Vertrauens auf der Rechtsfolgenseite über die Annahme eines Mitverschuldens in geeigneter Weise gelöst werden.
Gerade im Verbraucherschutzrecht wird aber immer häufiger auch das blinde Vertrauen geschützt. Man denke nur an die Beweislastumkehr im Verbrauchsgüterkauf gem. §476 BGB.

In seltenen Fällen mag der Aufgenommene in den konkreten Umständen dem Aufnehmenden kein Vertrauen schenken und dennoch unter Inkaufnahme der Gefährdung der eigenen Person und Rechtsgüter in den fremden Rechtskreis eindringen. Diese Frage ist m.E. auf der Ebene der Einwilligung zu lösen. Der Eindringende, der das Risiko kennt, bedarf keiner Warnung. Er kann sich kraft seines Wissens um die Gefahr selbst schützen, und sei es, indem er sich nicht in den fremden Rechtskreis begibt. Der Schutz darf ihm nicht aufgedrängt werden. Kennt er das Risiko nicht und dringt trotzdem unbefugt aus eigenem Antrieb in einen fremden Rechtskreis ein, so ist m.E. von einem konkludenten Verzicht auf die Schutzpflichten auszugehen. Denn infolge der Untersagung des Eindringens ist dem Inhaber des Rechtskreises die Gefährung des Eindringenden nicht zurechenbar. Ist er doch durch das Verbot seiner Informationspflicht nachgekommen.
Dasselbe gilt, wenn die Gefahrenquelle offensichtlich ist. So bedarf es keiner entsprechenden Warnschilder, wenn für jeden Benutzer eines Bauwerks unschwer erkennbar ist, dass ein gewisser Teil noch im Bau befindlich und deshalb nicht betretbar ist.[119]

Eng verflochten ist das Vertrauen mit dem zweiten Begründungselement der Schutzpflichten, dem sozialen Kontakt zwischen den Parteien.

2. Sozialer Kontakt

Der soziale Kontakt führt zu einer Rechtskreisöffnung. Diese ist nicht auf den Vertrag beschränkt, sie setzt aber eine Sonderverbindung zwischen dem Schädiger und dem Geschädigten voraus.

---

werden auch in einem solchen Fall Schutzpflichten begründet. Das Erkennen der Gefahr ist vielmehr im Bereich des Einverständnisses in die Gefahr und damit die Herabsetzung der Schutzpflichten im konkreten Fall einzuordnen. Die Gretchenfrage ist also, ob das Wissen der Gefahrenquelle als Einverständnis in das Risiko zu deuten ist.

[118] Loges, S. 190.

[119] BGH, NJW 85, 1076. S.a. Larenz/Canaris, S. 414f. Für das fr. Recht Esmein, Méditations sur les conventions, S. 271ff. u. Angen, 12.04.62, D 62, juris., 589.

a) Rechtskreiseröffnung

Der Vertrag zielt regelmäßig auf eine Güterbewegung ab. Für diesen Transfer ist es nötig, dass der eine Vertragspartner seinen Rechtskreis[120] öffnet und das Vertragsobjekt aus ihm in den Rechtskreis des anderen Vertragspartners schafft; dieser nimmt das Vertragsobjekt dann in seinen eigenen Rechtskreis auf. Rechtskreis ist dabei diejenige Herrschaftssphäre, die einem Rechtssubjekt zuzuordnen und ihm untergeordnet ist. Möglich ist auch, dass der empfangende Vertragspartner das Vertragsobjekt aus dem Rechtskreis des Gebers holt. Dazu ein Beispiel: A kauft bei B einen Apfel. Die Güterbewegung ist folgende: Der Apfel des B wird der Apfel des A. Dazu ist erforderlich, dass A in den Laden des B kommt, den Apfel aus dem Regal nimmt, etc. Der Laden ist der Rechtskreis des B. A muss also für die Güterbewegung in den Rechtskreis des B eindringen. A nimmt dort den Apfel an sich und packt ihn nach dem Zahlen in seine Einkaufstasche. Damit ist der Apfel in dem Rechtskreis des A, in seiner Tasche, angekommen.

Es findet also eine tatsächliche Öffnung der eigenen Integritätssphäre in Reaktion auf die fremde Veranlassung statt. Ein Vergleich mit dem Mittelalter sei zur Illustration erlaubt: Der Burgherr öffnet sein Burgtor und lässt den fahrenden Ritter herein. Einmal in der Burg kann der Aufgenommene weit mehr Schaden anrichten als von außen. Die Schutzwehr des Burgherrn ist vermindert; die Einwirkungsgefahr des Aufgenommenen im Gegenzug erhöht.[121] Dieser freiwillige Verzicht auf die gewöhnliche Schutzwehr verlangt nun von dem Aufgenommenen besondere Vorsicht und Rücksichtnahme auf die Rechtsgüter des Aufnehmenden.[122] In gleicher Weise trifft den Burgherrn die Pflicht, für die Rechtsgüter des Aufgenommenen zu sorgen, denn dieser begibt sich in seine Obhut; er weiß nicht, wo Gefahren lauern noch wie er sich davor schützen kann. Dem Aufnehmenden als Herrn über seinen Rechtskreis sind die Gefahrenquellen bekannt, bzw. müssten es sein und er kann sie beherrschen bzw. muss es können. Durch das Öffnen des Burgtors und das Aufnehmen erklärt er nämlich, dass er den „Gast" vor Gefahren behüte.[123]

Schutzpflichten ergeben sich demzufolge aus „der durch die Sonderbeziehung begründete[n] soziale[n] Nähe der Beteiligten und der daraus folgenden Einwirkungsmöglichkeit auf die Rechtsgütersphäre des anderen".[124] Daraus erklärt sich auch, dass die Schutzpflichten umso stärker sind, je größer die Einwirkungsmöglichkeit ist.[125]

Dieses Ergebnis bestätigt auch das BGB: Die gesetzlich normierten Schutzpflichten, d.h. vor allem §§618, 694, 701 BGB, erfassen Fälle, in denen sich ein

---

120 Dölle, ZStW 103, S. 74ff. spricht von „Rechtssphäre".

121 MüKo/Roth, §242, Rn. 149.

122 Auch der BGH, WM 89, S. 1940 spricht in diesem Zusammenhang von dem Eingreifen „in den geschützen Rechtskreis der Beklagten". S.a. Kuhlmann, S. 67. Ähnlich auch Krebs, S. 212.

123 Stoll, AcP 176, S. 154.

124 Soergel/Teichmann, §242, Rn. 133. Teichmann trennt aber zwischen Schutzpflichten i.e.S., die auf der Sonderbeziehung beruhen, und den Informationspflichten, die sich auf das Vertrauen stützen.

125 Thiele, JZ 67, S. 653; Medicus, in Haas, S. 110.

Schutzbedürfnis des Aufgenommenen aus der verstärkten Einwirkungsmöglichkeit auf seine Rechtsgüter und Interessen ergibt.[126] Der Vertragspartner ist kraft des Vertrages zu einer intensiven Berührung des Rechtskreises des anderen gezwungen.

b) „Sonderverbindung"

Wie das erste Beispiel zeigt, ist diese Verpflichtung zur Gefahrenabwehr aber nicht an einen Vertrag, der nach §§145ff BGB geschlossen wird, gebunden. Denn A betritt den Laden schon vor Vertragsschluss; vielleicht hat B auch keine Äpfel und A geht wieder, ohne etwas gekauft zu haben. Die Lehre verwendet zur Bezeichnung des besonderen Verhältnisses zwischen A und B den Begriff „Sonderverbindung". Einigkeit besteht darüber, dass darunter ein längerer Zeitabschnitt als derjenige, der zur Erfüllung der Hauptleistungspflicht erforderlich ist, erfasst wird.[127] Ansonsten ist aber strittig, worauf sich diese „Sonderverbindung" stützt.[128] Teilweise wird darunter einfach der „soziale Kontakt" verstanden[129], eine andere, strenge Ansicht verlangt einen „geschäftlichen" bzw. organisierten oder finalen Kontakt.[130] Wiederum andere stellen auf das Vertrauen und den Gesichtspunkt des wirtschaftlichen Interesses ab.[131] Kurzum, eine einheitliche Definition der „Sonderverbindung" besteht nicht.[132] Dies hängt sicher auch damit zusammen, dass zuweilen zwei Aspekte vermischt werden: Zum einen geht es darum, die Begründung für die Schutzpflichten in den realen Begebenheiten zu finden; zum anderen geht es um die Frage, ob es sich bei den Schutzpflichten um vertragliche Pflichten handelt. Logisch zu trennen ist aber zwischen der Betrachtung des natürlichen Phänomens, das erklärt, warum es Schutzpflichten als gegenüber den allgemeinen Verhaltenspflichten intensiveren Pflichten überhaupt gibt und die sich daran anschließende rechtliche Qualifikation der Schutzpflichten. Erst diese beantwortet, welcher Beziehung es zu einem Vertrag bedarf, damit es sich um vertraglichen Pflichten handelt. Zu trennen sind Intensität und Vertragsnatur.

Stellt man auf die realen Erfordernisse ab, so erfordert die Annahme der Schutzpflichten einen Akt des Aufnehmens und des Aufgenommen-Werdens in den Rechtskreis eines anderen. Anders formuliert: Die Rechtsgüter der einen Partei müssen Einflüssen aus der Sphäre der anderen ausgesetzt sein.[133] Denn nur so kommt es zu der Gefährdungslage, „dem freiwilligen Öffnen des Burgtors", die von den Schutzpflichten erfasst werden soll. Ein räumlicher Kontakt zwischen den Vertragspartnern oder einem Vertragspartner und dem

---

126 Ähnlicher Ansatz auch bei Kuhlmann, S. 66.

127 Canaris, FS Larenz, S. 34; Palandt/Heinrichs, v. §241, Rn. 6.

128 Lehmann/Hübner, AT, §10 II 1: Sonderverbindung sind „durch Rechtsvorschriften geordnete Beziehungen von Personen zu anderen Personen". Dies hilft aber in der Praxis nicht weiter, denn die Annahme einer Sonderverbindung ist ja gerade die Voraussetzung für die Anwendung dieser Rechtsvorschriften.

129 Heng-Sub-Choi, S. 305; Krebs, S. 36.

130 Canaris, FS Larenz, S. 107.

131 S. Darstellung bei Medicus, Probleme, S. 20.

132 Nach Medicus, Probleme, S. 20, fehlt es überhaupt an einer überzeugenden Definition.

133 Hoffmanns, S. 55.

Vertragsobjekt des anderen ist dafür nicht erforderlich ist.[134] So kann gegen eine vermögenschützende Sicherungspflicht z.B. durch negative Äußerungen gegenüber Dritten verstoßen werden.

Das Kriterium der Sonderverbindung erklärt, warum die Schutzpflichten gem. §241 II BGB nur solche Schäden erfassen, die mit einem Vertrag in Zusammenhang stehen. Ein rein zufälliger Rechtskreiskontakt reicht nicht aus. Dieser Bereich wird unstreitig von dem deliktischen Gebot des „neminem laedere" erfasst.

Zusammenfassung: Vertrauen und Rechtskreisöffnung sind die Grundlagen für die Annahme von Schutzpflichten. Sie gehen ineinander über, denn ohne Vertrauen wird es kaum zu einer Rechtskreisöffnung kommen. Vereinfacht kann folgende juristische Gleichung aufgestellt werden:
(Vertrauen + Rechtskreisöffnung) x Vertragsbezogenheit = Schutzpflicht.

III. Schuldner der Schutzpflicht
Aus dem Ursprung ergibt sich eine weitere Eigenart der Schutzpflichten, die sie von den Nebenpflichten unterscheidet: Es kann zu einem Rollentausch in der Gläubiger- und Schuldnerstellung kommen.
Es wurde gezeigt, dass ein wesentlicher Begründungsansatz der Schutzpflichten in der Rechtskreisöffnung und Aufnahme des anderen Teils in den eigenen Rechtskreis liegt. Da mindestens zwei Personen von einem Vertrag – sei er einseitig oder zweiseitig - berührt werden, werden zumindest zwei Rechtskreises betroffen. Jeder Vertragspartner muss seinen Rechtskreis öffnen, um den anderen zur Vertragserfüllung „hineinzulassen". Folgendes Beispiel mag dies erläutern: A schließt mit B einen Werkvertrag über das Weißeln seiner Küche. B muss zu A kommen, um seine Verpflichtung erfüllen zu können. Indem er dessen Wohnung betritt, dringt er in den Rechtskreis des A ein (s.o.). Ihm ist es nun ein möglich, die berühmte „Ming-Vase" herunterzuwerfen, und er muss deshalb besondere Sorgfalt walten lassen. Er wird also nach dem oben Dargelegten Schuldner einer Schutzpflicht. Zugleich wird B aber durch das Betreten der fremden Wohnung den dort bestehenden Gefahren ausgesetzt. Er kann auf dem von A nicht geputzten Küchenboden ausrutschen, etc. B setzt also durch die Vertragserfüllung insbesondere seine körperliche Integrität der verstärkten Einflussmöglichkeit des A aus. Deshalb treffen auch A Schutzpflichten.[135]
Dies zeigt, dass die Verteilung von Gläubiger- und Schuldnerstellung nicht mehr der Rollenverteilung im Hinblick auf die Leistungspflicht entspricht. Die Schutzpflicht trifft vielmehr jeden Vertragspartner, in dessen Rechtskreis sich Gefahren für den anderen Teil ergeben. Aus diesem Grund spricht §241 II BGB auch von „jeden Teil" und „des anderen Teils", im Gegensatz zu Abs. I, der streng zwischen Gläubiger und Schuldner unterscheidet. Eindeutig ist auch die

---

[134] So aber Anders, S. 319.
[135] RG, 1933, RG SeuffArch 88, 206(208).

Gesetzesbegründung: „Die für den Vertrag geltende Rollenverteilung braucht nicht mit derjenigen bei den Schutzpflichten übereinstimmen".[136]

IV. Merkmale

Drei typische Merkmale der Schutzpflichten lassen sich aufzeigen: Die Orientierung am Integritätsinteresse, die fehlende Klagbarkeit und die Einzelfallbezogenheit.

1. Integritätsinteresse

Gem. §241 II BGB ist Inhalt der Schutzpflichten die Rücksichtnahme auf die „Rechte, Rechtsgüter und Interessen des anderen Teils". In dem Abschlußbericht der Schuldrechtskommission zu §241 II BGB werden die Schutzpflichten terminologisch und in ihren Funktion auf den Schutz vor Beeinträchtigung der gegenwärtigen Güterlage beschränkt.[137] Während die leistungsbezogenen Nebenpflichten der Sicherung und Förderung der Hauptleistungspflicht dienen, ist es Ziel der Schutzpflichten, das vom Leistungsaustausch unabhängige Erhaltungsinteresse vor den Gefahren des geschäftlichen Kontakts zu bewahren.[138] Im Gegensatz zu den Nebenpflichten sind sie also nicht auf das Vertragsobjekt, sondern – ähnlich dem Deliktsrecht - auf die Person des Vertragspartners einschließlich seiner Güter gerichtet. In dem Gesetzesentwurf war von „besonderer Rücksicht" die Rede. Dadurch wäre eine Verstärkung gegenüber den deliktischen Pflichten deutlich geworden. Der Zusatz „besondere" ist jedoch in der endgültigen Gesetzesfassung gestrichen worden, damit er nicht als einschränkende Voraussetzung verstanden wird.[139]

Als geschützte Rechtspositionen führt §241 II BGB „Rechte, Rechtsgüter und Interessen des anderen Teils" auf. Dazu die Begründung: „Durch die uneingeschränkte Erwähnung der ‚Rechtsgüter' neben den ‚Rechten' wird deutlich, dass über den insoweit begrenzten Schutzbereich von §823 I hinaus auch das bloße Vermögen geschützt sein kann".[140] Auch der Begriff „Interessen", der erst im Regierungsentwurf hinzugefügt wurde, soll dies klarstellen.[141] Das allgemeine Vermögensinteresse umfasst nach der Regierungsbegründung auch die Entscheidungsfreiheit[142] und stellt insofern eine Abkehr von der bisherigen Rechtsprechung des BGH dar.[143] Durch die

---

[136] Regierungsbegründung zu §241.

[137] Bericht, S. 113, zitiert nach Kuhlmann, S. 162. Kritisch Rust, MDR, S. 4: Schutzpflichten schützen auch das Äquivalenzinteresse, ohne weitere Begründung. Kuhlmann, S. 45, gegen die Beschränkung auf den Schutz von schon Vorhandenem. „Das zu schützende Interesse des Gläubigers [ist] nicht nur [auf] Bestandsschutz, sondern auch auf Bestandszuwachs [gerichtet], der durch ordnungsgemäße Erfüllung erlangt werden soll".

[138] MüKo/Roth, §242, Rn. 192.

[139] So Anwalts-Kommentar/Krebs, §241, Rn. 3.

[140] Geseztesbegründung zu §241. Kritisch v. Bar, Deliktsrecht, S. 466: es fehlt der Hinweis, worin die Abgrenzung zu den allg. Verkehrspflichten besteht. Krebs, S. 4, beschränkt Schutzpflichten auf den Vermögensschutz.

[141] Anwaltskommentar/Krebs, §241, Rn 8.

[142] RE Begründung zu §241 II, BT-Drucksache 14/6040, S. 126, li. Sp., zurückgehend auf Canaris, JZ 01, 519. Zur vorvertraglichen Entscheidungsfreiheit s. insb. Schur, S. 268ff.

[143] BGH, NJW 98, 302(304); BGH, NJW 98, S. 898. S.a. Krebs, S. 640.

Aufnahme der Entscheidungsfreiheit in den geschützten Kreis wird die Lücke im Rundumschutz geschlossen, die die vermögensschützenden Informationspflichten gelassen hatten. Denn es kommen hierfür nur Fälle in Betracht, in denen kein materieller Schaden entstanden ist; alle anderen Fälle werden nämlich bereits von den vermögensschützenden Informationspflichten erfaßt.
Bedenken begegnet die Erhöhung von „Interessen" zu einem geschützten Gut. Schutzpflichten im herkömmlichen Sinn erfassten diese nicht. Die normalen „Interessen" waren vielmehr von anderen Nebenpflichten, z.B. der Mitwirkungspflicht, der Treue- und Loyalitätspflicht erfasst. Zudem bleibt völlig offen, was mit „Interessen" gemeint ist und anhand welcher Kriterien sie zu bestimmen sind. Das Gesetz hat sich wohl an der Rechtsprechung des BGH orientiert, der von „der Wahrung der Rechte des anderen Vertragsteils und der Rücksichtnahme auf seine wohlverstandenen Interessen" sprach.[144] Diesbezüglich enthält §241 II BGB eine dogmatische Ungenauigkeit: §241 II BGB gewährt bestimmten Interessen den Schutz des Rechts. Nun gilt aber: „Das Recht ist rechtlich geschütztes Interesse", zumindest nach Jhering.[145] Wo aber liegt dann der Unterschied zwischen Rechten und Interessen?
Kritisch ist weiterhin die Tautologie von „Rechtsgut" und „Recht" zu beurteilen. Dieses Begriffspaar ist dem Deliktsrecht entlehnt. Der Begriff „Rechtsgut" gehört dem Deliktsrecht an[146] und bezeichnet die in §823 I BGB neben den „Rechten" konkret genannten Schutzobjekte. Außerhalb des Deliktsrechts ist vielmehr der Begriff „subjektives Recht", bzw. „Herrschaftsrecht" gebräuchlich.[147] Die Erwähnung von „Rechten" und „Interessen" hätte ausgereicht, wobei durch „Interessen" auch deutlich geworden wäre, dass ein Vermögensschutz ebenfalls beabsichtigt ist. Der Hinweis auf „Rechtsgüter" ist somit überflüssig, denn es wird dadurch nicht einmal klar, dass „Rechtsgüter" nur als Vermögen zu verstehen ist.[148] Die Verwendung einer dem Deliktsrecht eigenen Terminologie bringt nun die Gefahr einer Vermischung des Vertragsrechts und des Deliktsrechts mit sich und ist deshalb nicht zu begrüßen.

a. Die Sicherungspflicht

Bei den Sicherungspflichten geht es per definitionem nicht um das Erfüllungsinteresse[149], sondern ausschließlich um das Erhaltungs-[150], Bestands-[151] und Integritätsinteresse.[152] „Sie gehen nicht auf Mehrung der Güter, nicht auf Befriedigung, Erfüllung, sondern auf Abwendung der Verletzung schon erwor-

---

144 BGHZ 119, 305.
145 Jhering, Der Geist des Rechts. Bremen 65, S. 72, Zustimmend Demogue, RTD civ. 09, S. 618.
146 Creifelds, S. 1070 „Rechtsgut".
147 Creifelds, S. 1058, „Recht".
148 V. Bar, Deliktsrecht, S. 466; Kuhlmann, S. 154.
149 Folgt man jedoch der Lehre von dem gesetzlichen Schutzpflichtverhältnis (s.u.), so beziehen sich die Schutzpflichten auf das Erfüllungsinteresse dieses Schutzpflichtverhältnisses, s. Motzer, S. 886.
150 Gernhuber, Schuldverhältnis, S. 23.
151 V. Bar, Deliktsrecht, S. 410, S. 439.
152 Canaris, FS Larenz, S. 105.

bener Güter, also auf Vorbeugung“[153], sie beinhalten das „Verbot des Eingriffs in fremde Güter“.[154] Typische Beispiele sind das Umwerfen der Ming-Vase mit der Malerleiter oder das Ausrutschen auf dem Salatblatt im Kaufhaus. Daraus ergibt sich auch die Abgrenzung zur Gewährleistung[155]: Gewährleistung bezieht sich auf Schäden/Mängel an dem Vertragsobjekt selbst (sog. Mangel-schaden), Schutzpflichten dagegen auf Schäden, die an anderen Rechtsgütern als dem Vertragsobjekt entstanden sind. Auch die Mangelfolgeschäden gehören nicht zu den Schutzpflichtverletzungen. Denn bei ihnen liegt der dem Schuldner gemachte Vorwurf ausschließlich in der Verletzung der Hauptleistungspflicht, die zu einem Schaden auf andere Rechtsgüter des Gläubigers führte. Dabei können die Schutzpflichten auch das Äquivalenzinteresse erfassen, soweit dieses mit dem Integritätsinteresse zusammenfällt, z.B. die Verletzung im Transportvertrag.

Schutzobjekt der Sicherungspflichten ist auch das Vermögen des Vertragspartners an sich.[156] So besteht z.B. die Pflicht, dieses nicht durch den Verrat von Geschäfts- und Betriebsgeheimnissen zu schädigen oder kreditschädigende Mitteilungen an Dritte zu unterlassen.[157] Hierher gehört auch die Pflicht, Schutzvorkehrungen vor unbeabsichtigten Kosten, die dem Vertragspartner entstehen könnten, zu treffen[158], diesen vor Schadensansprüchen Dritter zu schützen und von einer Zwangsvollstreckung in sein Vermögen wegen Ansprüchen aus einem nichtigen Vertrag abzusehen.[159] Zu nennen ist ferner die vermögensschützende Schutzpflicht der Bank, bei der Geldabhebung vom Bankautonomat durch einen Nichtberechtigten diesem kein rechtsgeschäftliches Angebot zur Eigentumsübertragung zu machen.[160]

In der Lehre ist strittig, ob auch immaterielle Rechtsgüter von Schutzpflichten erfasst werden, z.B. die Beleidigung des Vertragspartners.[161] M.E. ist zwischen materiellen und immateriellen Rechtsgütern nicht zu unterscheiden. Regt doch §241 II BGB durch Nennung der Interessen als Schutzgut zu einem weiten Schutzbereich an. Dazu gehört auch die Ehre, da sie sowohl von Art. 2 I GG wie auch von §823 I BGB erfasst wird.

b. Die Informationspflicht

Die Informationspflichten haben ein doppeltes Schutzobjekt: einerseits dienen sie dem Leistungsinteresse und der Sicherung des Verwendungszwecks der Vertragsleistung, damit der Gläubiger in den vollen Genuss der vereinbarten Leistung kommt. Andererseits erfassen sie aber auch das Integritätsinteresse,

---

[153] Kress, S. 6.
[154] Kress, S. 2f.
[155] S. Schwark, AcP 179, S. 59.
[156] Dag. nur Schnur, S. 260ff.
[157] MüKo/Roth, §242, Rn. 154.
[158] LG Heidelberg, 17.05.2002, NJW 02, S. 2960f.
[159] BGH, NJW 1994, S. 2755.
[160] BGH, NJW 88, S. 979.
[161] Offengelassen von RGZ 146, 379; dafür LG Dortmund, WM 81, 280(282); ebenfalls eher zur Erfassung tendierend AnwaltsKom/Dauner-Lieb, §282, Rn. 4.

soweit es um die Verhütung von Gefährdungen des vorhandenen Güterbestandes geht, z.B. durch eine falsche Bedienung des Kaufgegenstandes.[162] Die zweifache Schutzrichtung der Informationspflichten ist auch vom BGH anerkannt worden.[163] Die Schuldrechtsreform hat sie in §241 II BGB übernommen. Die Begründung führt dazu am Beispiel der Anleitung über die richtige Bedienung einer Motorsäge aus: „Zweck dieser Aufklärung kann sowohl das Funktionieren der Säge sein als auch Verletzungen des Benutzers (oder auch bloß das Zerstörens der Säge) zu verhindern".[164]
Die vertragliche Informationspflicht erfasst problemlos den Schutz des Vermögens. So ergibt sich z.B. aus dem Geschäftsbesorgungsvertrag die Pflicht der Bank, einen Überweisungsauftrag nicht ohne vorherige Rückfrage auszuführen, wenn sie von dem unmittelbar bevorstehenden oder bereits eingetretenen Zusammenbruch des Zahlungsempfängers weiß.[165]

Erstes Merkmal der Schutzpflichten ist damit ihre Ausrichtung auf den Schutz des Integritätsinteresses.

2. Klagbarkeit

Während früher allgemein anerkannt war, dass Schutzpflichten nicht einklagbar sind, wird dies heute in Zweifel gezogen.
Die praktische Bedeutung der Frage ist im Bereich der Informationspflicht gering, denn der Gläubiger muss, um seinen Anspruch zu kennen, wissen, dass eine aufklärungsbedürftige Sachlage vorliegt. Weiß er aber, worüber er aufgeklärt werden muss, bedarf er der Aufklärung nicht mehr und er hat deshalb keinen entsprechenden Anspruch.[166]

a) Lehre vom unentwickelten Anspruch

Diese auf Hugo Kress zurückgehende Lehre schließt die Geltendmachung und Klagbarkeit der Schutzpflichten vollständig aus.[167] Die Schutzpflicht sei spontan zu erfüllen[168], der Schadensersatzanspruch im Fall ihrer Verletzung reiche aus. Begründet wird dies zum einen damit, dass das geschuldete Verhalten nicht – auch nicht teilweise - zum Leistungserfolg führt. Haftungsgrund sei damit nicht der Bruch des gegebenen Wortes, sondern ein Verstoß gegen die gebotene Sorgfalt. Ein Anspruch beschränkt sich dagegen auf eine versprochene Leistung.[169] Zum anderen habe der Schuldner der Schutzpflicht fast immer mehrere Möglichkeiten, um den Schutz des Vertragspartners sicherzustellen, er kann das Loch im Boden auffüllen, die Stelle abdecken, abzäunen, dem Partner den Zutritt in die Gefahrenzone versagen oder darauf hinweisen; was er im

---

[162] BGH, NJW 57, S. 826; Hoffmanns, S. 121; Kuhlmann, S. 10; Westermann, SchuldR, S. 44; Köpcke, S. 68; Rechtslexikon.
[163] BGH, 08.07.81, MDR 82, S. 212 für Aufklärungspflicht.
[164] Regierungsbegründung zu §241.
[165] BGHZ 87, 377.
[166] BGH, NJW 56 1106(1107); Medicus, in Haas, S. 125, Rn. 201; Medicus, Probleme, S. 15.
[167] S. Kuhlmann, S, 127.
[168] Köpcke, S. 114.
[169] Brüggemeier, AcP 182, S. 423.

konkreten Fall tue, liege letztlich in seinem Ermessen. Es fehle also an einer Konkretisierbarkeit der Schutzpflichten vor Schadenseintritt.[170] Außerdem wird vorgebracht, dass im Fall der Schutzpflichtverletzung oftmals aus tatsächlichen Gründen das geschuldete Verhalten auch im Klageweg nicht mehr nachzuholen sei. Dabei wird aber übersehen, dass es auch um die Verhinderung weiterer Schäden aus derselben Gefahrenquelle gehen kann.[171]
So sollen Geltendmachung und Durchsetzung der Schutzpflichten ausgeschlossen sein.[172] Einklagbar seien nur diejenigen Schutzpflichten, die durch die Parteivereinbarung zu Nebenleistungspflichten geworden sind.

b) Der Grundsatz der Durchsetzbarkeit jeder Schuldnerpflicht
Ein Teil der modernen Lehre tritt für die Durchsetzbarkeit jeder Schuldnerpflicht ein. Danach kann jede Schutzpflicht geltend gemacht und eingeklagt werden.[173]
Verwiesen wird zur Begründung auf die gesetzlich fixierten Schutzansprüche: §618 BGB und §62 HGB sind anerkanntermaßen einklagbare Schutzpflichten.[174] Der Hinweis auf diese Normen hilft aber i.E. nicht weiter, denn dem historischen Gesetzgeber war bei Schaffung dieser Regeln die Schutzpflichtproblematik unbekannt[175] und außerdem ist der Wortlaut in §618 „Der Dienstberechtigte hat“ und §241 II BGB „Das Schuldverhältnis kann“ unterschiedlich.
Als weiteres Argument wird angeführt, dass der Staat grundsätzlich Rechtsschutz gewährt, d.h. dass der ausnahmsweise Ausschluss dieser Möglichkeit bedarf der speziellen Anordnung; grundsätzlich gäbe es eine Vermutung für die Klagbarkeit.[176] Jeder Pflicht korrespondiere demnach ein durchsetzbarer Anspruch. Die mangelnde Konkretisierbarkeit und das Ermessen des Schuldners in der Auswahl der Abwehrmaßnahme seien lediglich praktische Hindernisse für die klageweise Durchsetzung, die sich ausschließlich im Rahmen des bestimmten Antrags und des Rechtsschutzbedürfnisses auswirkten[177]; sie hinderten aber nicht eine grundsätzliche Klagbarkeit der Schutzpflichten.
Ferner wird auf die Parallele zum Deliktsrecht verwiesen, das den vorbeugenden Unterlassungsanspruch kennt. Die Rechtsähnlichkeit der Schutzpflichten zu den Verkehrsicherungspflichten des Deliktsrechts rechtfertige einen einklagbaren Erfüllungs- und vorbeugenden Unterlassungsanspruch, falls sich die

---

[170] Anders, S. 114.
[171] S. Anders, S. 114.
[172] Zustimmend: Krebs, S. 6 u. 138; v. Bar, AcP 179, S. 464; Larenz, JZ 62, S. 109; Lackum, S. 148; Frost, S. 153; Schlechtriem, Schuldrecht, S. 66; Anders, S. 114 m.w.N. Zuletzt Kley, S. 64f.; Pohlmann, S. 25.
[173] Henkel, AcP 174, S. 111; Medicus, Bürgerliches Recht, Rn 208; Medicus, SchuldR I, Rn. 424; Köhler, AcP 190, 509; Staudinger/Löwisch v. §275, Rn 51; Soergel/Teichmann, §242, Rn. 85.
[174] Schlechtriem, Schuldrecht, n°117; Gernhuber, Schuldverhältnis, S. 24f.; MüKo/Roth, §242, Rn. 259.
[175] MüKo/Roth, §242, Rn. 259; Stürner, JZ 76, S. 384.
[176] Gernhuber, S. 24f.
[177] Staudinger/Löwisch, Rn. 57f.; Gernhuber, Schuldverhältnis, S. 24f.; Motzer, JZ 83, S. 886.

abzuwehrende Gefahr ausreichend konkretisiert habe.[178] Ansonsten würde dies zu dem abstrusen Ergebnis führen, „dass das auf Zufallskontakte zugeschnittene Deliktsrecht auch präventiven Rechtsgüterschutz vermittelt, während das Vertragsrecht, dass im Hinblick auf den gesteigerten sozialen Kontakt entwickelt wurde, hier vollkommen versagt."[179]
Der BGH hat sich, zumindest was die Informationspflicht betrifft, in einigen Urteilen für die Einklagbarkeit dieser Pflichten entscheiden.[180]

c) Vermittelnde Ansicht
Die differenzierende Meinung lehnt eine pauschale Beantwortung der Frage ab.[181] Entscheidend sei vor allem der Inhalt der Schutzpflicht und ihre Konkretisierung im konkreten Fall. Es komme darauf an, ob die Gefahr nur auf eine einzige Art und Weise zu beseitigen sei.[182] Eine vorbeugende Unterlassungsklage soll nur bei einem „besonderen Präventionsinteresse" zulässig sein, wenn ein Zuwarten und die Beschränkung auf den Schadensersatz unzumutbar seien und existenzgefährdende Schäden oder eine Verletzung der in §823 I BGB aufgezählten Rechtsgüter drohten.[183]

d) Eigene Ansicht
Die Klagbarkeit der Schutzpflichten ist m.E. abzulehnen. Der Wortlaut des §241 II BGB ist eindeutig, gerade wenn man ihn mit Abs. I „ist berechtigt" vergleicht. Die Schutzpflichten sind im voraus viel zu unbestimmt und umfassend, als dass sie auf eine einziges, bestimmtes und einklagbares Verhalten konkretisiert werden könnten. Schutzpflichten sind eben nicht eine Anzahl eindeutig bestimmter oder im voraus bestimmbarer Pflichten des Schuldners im Hinblick auf die Gefahrenabwehr. Sie gestalten sich vielmehr anhand der jeweiligen Gefahrenlagen, die während des Vertragsverhältnisses durchaus wechseln können. Ihre Besonderheit besteht in dieser Dynamik. Dieser Charakterzug der Schutzpflichten sollte nicht zugunsten der Klagbarkeit aufgegeben werden.
Außerdem ist anzumerken, dass eine vorbeugende Unterlassungsklage wegen einer Schutzpflicht i.d.R. nur zu Beugegeld und Beugehaft führen wird. Das Kundgeben der Gefahrquellen, die nur dem Schuldner bekannt sind, lässt sich nicht durchsetzen. Die Ablehnung der Klagbarkeit stellt den Gläubiger auch nicht schutzlos. Die deliktische vorbeugende Unterlassungsklage ist anwendbar und reicht zum Schutz des Schuldners aus.

---

178 MüKo/Roth, §242, Rn 259; Stürner JZ 76, S. 386.
179 Motzer, JZ 83, S. 886.
180 BGH, MDR 98, 208 (209), Bspr. Krieche: konkrete Informationspflicht als einklagbare selbständige Nebenpflicht, ohne weitere Erläuterung. BGH, NJW 95, 1284 (1285).
181 Hopt, FS. Gernhuber, S. 179; Anders, S. 175; Tilch/Arloth, Rechtslexikon; Kuhlmann, S. 126, 132.
182 Anders, S. 175; Stürner, JZ 76, 388, der als zusätzliches Kriterium die Unzumutbarkeit des Zuwartens für den Gläubiger fordert.
183 Anwalt-Kommentar/Krebs, §241 Rn. 12; Krebs, S. 551.

3. Einzelfalllösung
Der dritte, die Schutzpflichten von den übrigen Nebenpflichten unterscheidende Punkt ist ihre Einzelfallbezogenheit.[184] Umfang und Inhalt der Schutzpflichten bestimmen sich nach der Intensität der ihnen zugrunde liegenden Vertrauensbeziehung.[185] Es gibt keinen abschließenden Katalog, denn die im konkreten Fall vorliegenden Bedürfnisse des Vertragspartners und die Gefahrenquellen lassen sich nicht in einem starren Schema festhalten. Eine nähere Systematisierung der Schutzpflichten scheidet deshalb aus, sie bestimmen sich ausschließlich von ihrer Zielrichtung her.[186]
Daran hält auch §241 II BGB fest: „Das Schuldverhältnis kann nach seinem Inhalt ...". Dadurch wird die Einzelfallbezogenheit deutlich. Die Schuldrechtskommission hatte festgestellt, dass es unmöglich ist, „den Umfang und den Inhalt einer Schuldverbindlichkeit nach allen Richtungen und Nebenpunkten genau zu beschreiben".[187] Die Regierungsbegründung zum Gesetzesentwurf geht in dieselbe Richtung: „Die Bezugnahme auf „Inhalt und Natur" des Schuldverhältnisses im Vorschlag der Schuldrechtskommission sollte bedeuten, dass die Schutzpflichten letztlich nach der konkreten Situation zu bestimmen sind".[188] Daran hat sich auch durch die Streichung der Bezugnahme auf die „Natur" des Vertrages in der endgültigen Fassung nichts geändert.

Zusammenfassung: Die Schutzpflichten unterscheiden sich deutlich von den Nebenpflichten. Dem historischen BGB-Gesetzgeber unbekannt, wurden sie in den 30-iger Jahren entdeckt und haben seither ständig an Terrain gewonnen. Soziologisch lassen sie sich durch das dem Vertragspartner entgegengebrachte Vertrauen und die erhöhten Einwirkungsmöglichkeiten auf die Rechtsgüter des Vertragspartners begründen. Schuldner der Schutzpflichten ist jeder Vertragspartner, in dessen Rechtskreis eine Gefahrenquelle besteht. Die Schutzpflichten sind auf das Integritätsinteresse ausgerichtet, sie sind nicht einklagbar und nur für den konkreten Fall zu bestimmen.

B. Französisches Recht

I. Entdeckung der Schutzpflichten

Das französische Zivilrecht des 19. Jahrhunderts war geprägt von der théorie de l'autonomie, der Theorie der Willensfreiheit. Sie ging auf die Auffassung von Pothier zurück: „[le contrat] renferme le concours des volontés de deux personnes, dont l'une promet quelque chose à l'autre, et l'autre accepte la promesse qui lui est faite".[189] Danach war zur Bestimmung des Vertragsinhalts und der durch ihn geschaffenen Rechte und Pflichten der Wille der Vertrags-

---

[184] Medicus in Haas, S. 110; Gernhuber, Schuldverhältnis, S. 23; Strätz, S. 1012; Kuhlmann, S. 115; Köhler, AcP 190, S. 503; Dauner-Lieb, Fälle, S. 201: es ist auf die alte Rechtsprechung zurückzugreifen.
[185] Lackum, S. 148.
[186] Esser-Schmidt, S. 154.
[187] Mot II, S. 26ff., zitiert nach Kuhlmann, S. 69.
[188] Regierungsbegründung zu §241.
[189] Zitiert nach Kegel, Vertrag und Delikt, S. 22.

parteien das einzige zulässige Kriterium. „Qui dit contractuel, dit juste.“[190] Zwar musste dieser Wille nicht ausdrücklich formuliert worden sein, auch der stillschweigende Wille wurde im Rahmen einer subjektiven Auslegung anhand gesetzlicher Kriterien ermittelt. Die Annahme von dem absoluten Vorrang des Parteiwillens verbot aber die Heranziehung des Grundsatzes von Treu und Glauben aus Art. 1135 Cciv, um zusätzliche Vertragspflichten der Parteien zu begründen. Dies führte dazu, dass damals keine Neben- oder Schutzpflichten - wenn man von den wenigen im Code civil festgehaltenen absieht - bestanden.
Die technischen und wirtschaftlichen Fortschritte des ausgehenden 19. Jahrhundert zwangen zu einem Überdenken der théorie d'autonomie und der aus ihr folgenden grundsätzlichen Ablehnung von Vertragspflichten, die weder Leistungs- noch Nebenleistungspflichten sind. Die technische Entwicklung und die damit einhergehende Multiplizierung der Gefahren, deren Ursache sich nicht genau feststellen ließ, führte zur Bejahung einer vertraglichen Sicherungspflicht[191], der obligation de sécurité[192] (1); Anlass für die Informationspflichten war das wachsende Ungleichgewicht zwischen den Vertragspartnern (2).

1. Obligation de sécurité

a) Ablehnung für Arbeitsunfälle
Die Frage nach einer vertraglichen obligation de sécurité wurde zum erstenmal im Bereich der Arbeitsunfälle aufgeworfen. Angesichts der ständig steigenden Ursachen für Arbeitsunfälle erwies sich die Deliktshaftung der art. 1382 Cciv. ff. als unbefriedigend. Denn nach Art. 1382 Cciv. muss der Geschädigte beweisen, dass der Schädiger eine für den Schaden kausale faute begangen hat. Dies war gerade dem verletzten Arbeitgeber häufig mangels Einblick in die Struktur des Betriebes und vor allem mangels Kenntnis des genauen Ursprungs des Arbeitsunfalls nicht möglich. Zudem fehlten ihm i.d.R. auch die finanziellen Mittel für Nachforschungen zur Schadensursache. Des weiteren war der direkte Auslöser des Unfalls häufig eine Handlung des Arbeitnehmers. Außerdem hatte die Cour de Cassation zum damaligen Zeitpunkt die auf Art. 1384 Cciv. gestützte responsabilité sans faute, d.h. die verschuldensunabhängige Sachhalterhaftung, noch nicht entdeckt.[193] So ging der Arbeitnehmer in vielen Fällen leer aus, obwohl klar war, dass die Unfallursache aus dem Rechtskreis des Arbeitgebers kam.

Als Ausweg entwickelte ein Teil der Lehre[194] die obligation de sécurité als vertragliche Pflicht des Arbeitgebers: Der Arbeitsvertrag enthalte eine Pflicht,

---

[190] Fouillée, zitiert nach Hess-Fallon/Simon, S. 177.
[191] Lambert-Faivre, D 94 chron., S. 81; Huêt, Thèse, S. 384; Durand, AcP 152, S. 8; s.a. Belissant, S. 232ff.
[192] Nach Remy, RTD civ. 97, S. 338, hat Josserand diese Bezeichnung zum erstenmal verwendet.
[193] Cass, 16.06.1896, „Feffaine“, D 1891.1.433; Cass, ch. réunies, 13.02.30 „Jand'heur“, D 30.1.57. S. im Deutschen Schreiber, Albrecht, die Sachwalterhaftung des Art. 1384 Abs. I Cciv verglichen mit dem deutschen Recht. Diss. Mainz 1987.
[194] V.a. Marc Sauzet, z.B. Rev.crit. de légis. et. juris., 1883, S. 596; Lyon-Caen, in Carval, S. 100ff.

die den Arbeitgeber verpflichte, den Schutz des Arbeitnehmers bei Vertragserfüllung sicherzustellen. Da es sich um eine vertragliche Pflicht handle, hätte entsprechend der allgemeinen Regeln der Vertragshaftung nicht mehr der Arbeitnehmer eine faute des Arbeitgebers nachzuweisen, sondern dieser müsse sich entlasten. Eine Pflicht dieses Inhalts, die Arbeitnehmer vor Arbeitsunfällen zu schützen, wurde auch von der Rechtsprechung anerkannt.[195] Nur ordnete sie diese Pflicht deliktsrechtlich ein, so dass sich die Beweisnot des Arbeitnehmers ergab. Die „Entdeckung" der obligation de sécurité bestand also darin, die – allgemein anerkannte – Pflicht des Arbeitgebers zum Schutz des Arbeitnehmers nicht mehr deliktsrechtlich, sondern vertragsrechtlich zu begründen.

Die vertragliche obligation de sécurité fand ihre dogmatische Begründung in einer Analogie zu Artt. 1733 u. 1784 Cciv. und Art. 103 CCom, die vertragliche Nebenpflichten des Mieters und des Transporteurs von Sachen zum Schutz der dieser anvertrauten Sachen bestimmen.[196] Zudem wurde auf den rechtshistorischen Ursprung dieser Pflichten hingewiesen, die auch nach römischem Recht nicht der Lex Aquilia, d.h. dem allgemeinen Deliktsrecht, sondern dem speziellen Vertragsrecht unterstellt waren.[197] Dieser Ansatz hatte außerdem den Vorteil, die Problematik aus dem vom Gesetzgeber von 1804 nur stiefmütterlich behandelten Deliktsrecht heraus in das umfassend geregelte Vertragsrecht zu bringen.[198]

Während sich die belgische Cour de cassation dieser Lehre anschloss[199], lehnte die französische Rechtsprechung sie ab und wandte weiterhin ausschließlich Deliktsrecht an.[200] Der Streit erübrigte sich durch die Intervention des Gesetzgebers, der 1898 für Arbeitsunfälle eine Risikohaftung des Arbeitgebers einführte.[201]

b) Anerkennung im Transportrecht

Den Durchbruch schaffte die obligation de sécurité 1911, als sie von der Cour de cassation in dem Urteil „Zibi" – in Abkehr zu der früheren Rechtsprechung[202] - anerkannt wurde.[203] Ein Zugreisender war durch ein herunterfallendes Fass am

---

[195] Cass, 30.05.1874, S 1875, I, 204; Cass, 7.01.1878, S. 1878, I, 413. Besonders deutlich, CdA Dijon, 27.04.1877, abgedruckt unter Cass., 07.01.1878, S 1878, I, 413: "le patron a la stricte obligation de protéger l'ouvrier contre les dangers qui peuvent être la conséquence du travail auquel cet ouvrier est employé, … »

[196] Kritik bei Belissant, S. 254, Voraussetzung des Art. 1784 Cciv ist ein dépôt nécessaire und Reisende sind sicherlich kein solches.

[197] S. Sauzet, in: Carval, S. 94f.; Sarrut, D 1913, S. 255: « Etablie pour les choses par des textes spéciaux, l'obligation de sécurité existe, à plus forte faison, pour les personnes ».

[198] Radé, responsabilité, S.13.

[199] Cass. belge, 08.01.1886, D 1886.2.15. Aber ein Entlastungsbeweis ist im belgischen Recht einfacher als bei einer fr. obligation de sécurité; es genügt zu beweisen, dass alle Maßnahmen zur Gefahrenabwehr getroffen wurden und kein defektes Material verwendet wurde, vgl. T.civ. Bruxelles, 16.07.1906, S 1909.4.15 bzgl. des Transportvertrages.

[200] Cass Req., 2.12.1884, S 1886.1.367.

[201] Loi du 09.04.1898.

[202] Cass civ, 10.11.1884, S 1885.1.129

[203] Cass civ, 07.03.1911, D 1913.1.249, 1re esp.; S. 1912.1.73; ebenso Cass, civ., 21.04.19, D 19.1.255.

Fuß verletzt wurden. Gestritten wurde um die Wirksamkeit einer Gerichtsstandsklausel. Diese hing davon ab, ob das Eisenbahnunternehmen eine vertragliche oder eine deliktische Pflicht verletzt hatte. Die Cour de cassation führte dazu aus: « L'exécution du contrat de transport comporte, en effet, pour le transporteur, l'obligation de conduire le voyageur sain et sauf à destination ».[204]
Sie erkannte also die obligation de sécurité als Vertragspflicht an. Damit hatte der Geschädigte nur noch das Vorliegen eines Transportvertrages und einen während des Transports eingetretenen Schaden zu beweisen.[205] Das Wortpaar „sain et sauf"[206] zur Beschreibung des Inhalts der obligation de sécurité war übrigens von Sainctelette bereits 1884 verwendet worden.[207]
Gründe für dieses Umschwenken der Cour de cassation waren zum einen die hartnäckigen Bemühungen des procureur général Sarrut, zum anderen die Berücksichtigung der Rechtsprechung der Untergerichte[208], die bereits 1866[209], wenn nicht schon 1836[210], eine vertragliche Schutzpflicht für Transportschäden annahmen, und nicht zuletzt das Bestreben, einer exzessiven Ausweitung des Deliktsrechts über die Risikohaftung des Art. 1384 Cciv. vorzubeugen.[211]
Damit war die obligation de sécurité als Prototyp der vertraglichen Nebenpflicht, der obligation accessoire geboren.

c. Entwicklung

Die obligation de sécurité war als Erfolgspflicht, als obligation de résultat, geschaffen worden, sie hat seitdem ständig an Terrain gewonnen[212], als eine der letzten Bastionen ist 1989 das Kaufrecht gefallen, wo der Sicherheitsaspekt bislang in der garantie de vices cachés verankert war.[213] 1949 hat die Cour de cassation zum erstenmal hinsichtlich eines Skiliftes eine obligation de sécurité als Verhaltenspflicht, d.h. als obligation de moyens anerkannt.[214] Dadurch wurde die Möglichkeit für eine Einschränkung des absoluten Opferschutzes der

---

204 Noch deutlicher der Schlussvortrag des procureur général Sarrut, D 13.1.254: „La délivrance d'un billet à un voyageur comporte par elle-même, et sans qu'il soit besoin d'une stipulation expresse à cet égard, l'obligation, pour la compagnie de chemin de fer, de conduire ce voyageur sain et sauf à destination ».

205 Cass civ., 27.02.29, GP 29.1.553.

206 Kritik s. Esmein, FS Ripert, S. 103; Cocat, S. 50.

207 De la responsabilité et de la garantie, S. 92.

208 Cour d'appel de Paris, 23./27.07.1894, D 1895.2.63; Cour d'appel de Rouen, 03.12.1898, DP 1899.2.316.

209 Cour de Paris, 27.11.1866, zitiert nach Sainctelette, responsabilité et garantie, S. 95.

210 Cour royale de Paris, 20.06.1836, zitiert nach Halpérin, GP 97, chron., S. 1177: „que les entrepreneurs de messageries contractent avec les voyageurs l'engagement de garantie de sureté de leurs personnes de tous accidents, provenant, soit de la faute des préposés desdits entrepreneurs, soit d'un vice inhérent à leurs voitures". Nach Halpérin wurde damit bereits eine vertragliche obligation de sécurité im Ansatz anerkannt.

211 Halpérin, GP 97, 1179.

212 Die Rechtsprechung der Untergerichte nach der Bestätigung durch die Cass ist geradezu abenteuerlich, z.B. Tribunal civil de Clermont-Ferrand, 31.03.27, GP 28.2.784, wendet die Rechtsprechung der Cour de cassation zum Transportvertrag „par analogie" auf einen Erziehungsvertrag an.

213 Cass, 1re, 20.03.89, D 89, S. 381; Cass, 1re, 11.06.91, Bull. civ. I, n° 201. Dag. noch Cass, 1re, 7.11.61, D 62, 146; Cass, 2e, 19.11.64, D 65, 93.

214 Cass, com, 07.02.49, D 49, S. 377.

obligation de sécurité-résultat gefunden, da der Geschädigte in diesem Fall eine faute des Vertragspartners nachweisen muss. Grund für die Annahme einer obligation de sécurité de moyens war damit der Wille „d'introduire un certain équilibre entre parties au contrat".[215]
Die obligation de sécurité wurde nach anfänglichem Zögern[216] auf Sachen ausgeweitet[217], auch wenn nach wie vor ihr Schwerpunkt auf den Körperschäden liegt. Verwiesen wurde auf Artt. 1784 und 1952 Cciv, die die Pflicht zur Gefahrenabwehr des Frachtführers und des Gastwirts auf Sachen erstrecken.[218] Dagegen besteht eine obligation de sécurité wohl nicht für Tiere .[219]
Die Rechtsprechung hat sich der obligation de sécurité insbesondere bedient, um ein auf den Patientenschutz ausgerichtetes Arztrecht zu entwickeln.
Je mehr die Rechtsprechung auf die obligation de sécurité zurückgriff, umso heftiger wurde diese in der Lehre abgelehnt: „compassion pour les victimes d'atteinte corporelle" und nicht rechtliche Überlegungen bewögen die Cour de Cassation zu diesem Schritt[220]; von einer „obligation judiciaire sentimentale" ist die Rede.[221] Die Befürworter sprechen dagegen von einer Pflicht, die „la faiblesse de l'homme vulnérable devant des forces techniques susceptibles de porter atteinte à son intégrité physique" schütze. [222]
Seit 1998 hat die obligation de sécurité durch die loi Catala in Artt. 1386-1 bis 1386-7 Cciv als Produkthaftung und in Art. 121-1 Ccons als Verbraucherschutzregelung Eingang in das Gesetz gefunden. Auch wenn in der Lehre zum Teil die Substitution der richterrechtlichen obligation de sécurité durch die Regelung der Artt. 1386-1ff. Cciv gefordert wird[223], greift die Rechtsprechung ungebrochen auf die obligation de sécurité zurück.
Die französische Lehre glaubte zwar, in der modernen Rechtsprechung seit etwa 20 Jahren eine Berücksichtigung ihrer Kritik zu finden, und sprach bereits von einem Rückgang der obligation de sécurité.[224] Diese Hoffnung wurde aber enttäuscht; die Cour de cassation hat seitdem in zahlreichen Fällen eine

---

[215] Huêt, Thèse, zitiert nach D. Mazeaud, GP 97, chron., S. 1207.
[216] Req, 27.11.34, DH. 35, 51: Annahme eines stillschweigenden Verwahrungsvertrages.
[217] Cass, 1re, 20.03.89, Bull.civ. I, n° 137 „tout défaut de fabrication de nature à créer un danger pour les personnes ou pour les biens. Dag. Le Tourneau/Cadiet, Rn. 1552; Lambert-Faivre, D 94, chron., S. 84. Cass, 1re, 18.11.75, RTD civ. 76, 369, bzgl. Kleidern in der Restaurantgarderobe. Zuletzt Cass, com, „Vk Navigation c/Pétroles Shell", RTD civ. 04, S. 94, com. Jourdain: Den Transportunternehmer trifft eine Schutzpflicht bezüglich derjenigen Sachen des Geschäftsherrn, die nicht zu der zu transportierenden Ware gehören. Dem Urteil lag als Sachverhalt die Beschädigung eines Quais des Vertragspartners durch ein Schiff des Transporteurs zugrunde. Die Cour de cassation bejahte die Vertragshaftung auf Grundlage der Verletzung der obligation de sécurité.
[218] Mazeaud-Tunc; Richter, S. 71; Brunet, GP 52, 25. Dag. Strack/Roland/Bryer, S. 425; Delebecque, GP 97 chron., S. 1187.
[219] Dafür Cass, 22.11.50, JCP 50, S. 924, zu beschlagendes Pferd; dag. Cass, 1re, 31.03.92, RCA 92, n° 260.
[220] Mazeaud, PA 06.05.98, S.11.
[221] D. Mazeaud, GP 97, chron., S. 1201. Ebenso Maingy, D&P 98/12, S. 69, der den Ausspruch von D. Mazeaud, ebd., übernommen hat.
[222] Lambert-Faivre, D 94 chron., S. 81.
[223] Mainguy, D&P 98/12, S. 68.
[224] Remy, RTD civ. 97, S. 339; Terré/Simler/Lequette, n° 543; v. Bar, Deliktsrecht, S. 471; Le Tourneau, Responsabilité professionnelle, S. 65.

obligation de sécurité anerkannt. Die Fälle, in denen eine obligation de sécurité abgelehnt wurde, erfassen bei genauer Betrachtung nicht Vertragsbeziehungen, sondern die Situationen vor Vertragsschluss oder nach Beendigung der Vertragsbeziehung.

2. Obligation d'information

Die Entstehungsgeschichte der obligation d'information ist bei weiten nicht so spektakulär wie die der obligation de sécurité. Die Cour d'Appel de Bourges hat 1893 die Informationspflicht des Verkäufers über das Funktionieren des Kaufobjekts anerkannt.[225] Die erste gesetzlich den Vertragsparteien auferlegte Informationspflicht stammt von 1905.[226] Eine Informationspflicht hinsichtlich der Gefahren aus einer Sache wurde 1924 zum erstenmal höchstgerichtlich anerkannt.[227]

3. Analyse

Die Entwicklung der Schutzpflichten hat zu einer Verlagerung des Schwerpunkts der Haftung geführt: Es fand eine Bewegung von dem traditionellen Prinzip der Verteilung und Wiedergutmachung weg zu einem „impératif de précaution" statt.[228] Dies zeigt sich deutlich an Art. 1386-12 Cciv, der dem Unternehmer eine obligation de suivi, eine Produktbeobachtungspflicht auferlegt. Es geht heute weniger um die Haftung der Person als um die Haftung gegenüber der Person. Durch die obligation de sécurité hat die personne humaine einen hervorgehobenen Platz im Rechtssystem erhalten, während sie davor nur stiefmütterlich im Recht behandelt wurde.[229] Zudem hat sich der Ansatzpunkt für die Haftung verschoben. Die Haftung trifft nicht den unmittelbaren Verursacher, sondern den Organisator, dem der Vorwurf gemacht wird, die notwendigen Vorkehrungen nicht getroffen zu haben, z.B. der Arbeitnehmer verletzt sich durch eine eigene Handlung, aber der Arbeitgeber haftet. Deshalb führt die obligation de sécurité zu einer Risikohaftung des Vertragspartners, zumindest soweit es sich dabei um eine obligation de résultat handelt.[230] Ziel ist der bestmögliche Schutz der menschlichen Person. So führt die obligation de sécurité zusammen mit der Sachhalterhaftung nach Art. 1384 al. 1 Cciv zu einer „objectivation du système français de responsabilité civile".[231]

---

225 Cour Bourges, 27.06.1893, D 1894.2.573.

226 loi du 01.08.1905, heute L 213-1 CCons, bzgl. der Betrugsbekämpfung.

227 Req., 05.05.24, DH 24, S.433.

228 Monier, Droit et cultures 96, S. 67.

229 Ebd., S. 63f. Cass, 1re, 09.10.01, CCC 02, n° 22: „obligation d'information qui trouve son fondement dans l'exigence du respect de principe constituel de sauvegarde de la dignité de la personne humaine".

230 Monier, Droit et cultures 96, S. 59, spricht von einer Verstärkung des Verschuldens und der Risikohaftung.

231 Remy, Droit et cultures 96, S. 31; Lambert-Faivre, RTD civ. 86, 1ff: „L'évolution de la responsabilité civile d'une dette de responsabilité à une créance d'indemnisation".

II. Begründung der Schutzpflichten

Soweit sich die französische Lehre nicht mit einem pauschalen Hinweis auf die justice contractuelle[232], oder auf eine „règle ... socialement désirable“[233] beschränkt, um die Schutzpflichten zu begründen, werden zwei Elemente vorrangig angeführt: Das Vertrauen des einen Vertragspartners in den anderen und die soziale Schutzbedürftigkeit des einen Vertragspartners. Dagegen taucht der im deutschen Recht so wichtige Gedanke der Sonderverbindung nicht auf. Zwar wird zuweilen auf den „cadre contractuel“ verwiesen;[234] generell wird aber in Frankreich die culpa in contrahendo abgelehnt; stattdessen wird vermehrt ein Vorvertrag bzw. ein früher Zeitpunkt des Vertragsschlusses angenommen. Dadurch liefert der Vertrag selbst die Basis für die Schutzpflichten, die Konstruktion über eine „Sonderverbindung“ ist nicht erforderlich. Nur ein wirksamer Vertrag kann Schutzpflichten begründen.[235]

Hinter den Schutzpflichten steht letztendlich „le respect dû à l'intégrité de la personne humaine“, der in Art. 16-1 Cciv und in Art. 3 Déclaration de droits de l'homme von 1789 zum Ausdruck kommt.[236]

1. Vertrauen

Als Begründung für die Informationspflichten ist der Gedanke der confiance, die ein Vertragspartner dem anderen entgegenbringt, durchaus geläufig.[237] „Setzt der Vertrag ein gegenseitiges Vertrauen der Parteien voraus, so wird die Verpflichtung, den Vertragspartner richtig zu informieren, eine rechtliche Pflicht.“[238]

Die obligation de sécurité setzt eine besondere vertragsspezifische Möglichkeit des Schadenseintritts voraus.[239] Dahinter steht der Vertrauensschutzgedanke, dass der eine Vertragspartner den anderen vor diesem Schaden, soweit er aus seiner Rechtssphäre stammt, schützen muss. Ohne Vertrauen in den anderen würde man nämlich weder sich noch seine Güter dessen Einwirkungsmöglichkeit aussetzen.[240] Dennoch reicht – wie die Cour de Cassation ausdrück-

---

[232] Bénabent, Obligations, S. 199; Mistretta, PA 06.05.98, S. 67.

[233] Mazeaud-Tunc, S. 224.

[234] Cass. 1re, 30.10.62, JCP 1962.II.12924, note Savatier, betreffend den Arztvertrag.

[235] Cass. 1re, 7.11.61, D 62, juris., S.146. Ablehnung der Ansicht, daß « ... indépendamment du contrat de vente, le fait d'accueillir dans un but lucratif des clients dans des locaux, dont on a la garde constitute à lui seul un contrat susceptible de donner naissance à une obligation de sécurité. ». Dies zeigt deutlich, dass die Cour de cassation die von Medicus vertretene Theorie über die Sonderverbindung als wirtschaftliches Interesse ablehnen würde.

[236] S. Gesamtdarstellung bei Lambert-Faivre, Droit du domage corporel, S. 38; Mestre/Laud, S. 20. Vgl. CdA Toulouse, 09.06.92, GP, 92, IR, 264: „Le contrat de fourniture sanguin .. met à leur charge, en raison du respect dû à l'intégrité de la personne humaine, une obligation spéciale de sécurité“.

[237] Chirez, Thèse, S. 493; Chirez, D 76, juris., S. 515, bzgl. obligation de mise en garde; Mayer, S. 143, bzgl. obligation de conseil. Fabre-Magnan, Thèse, n° 255, bzgl. obligation d'information.

[238] Ripert, La règle morale, n° 48.

[239] Mayer, S. 143.

[240] Chirez, Thèse, S. 492.

lich betonte[241] – allein dieses Vertrauen nicht aus, um eine Schutzpflicht zu begründen. Aussagekräftiger erscheint der zweite Begründungsansatz.

2. Soziale Schutzbedürftigkeit

Die Schutzpflichten wurden im 19. Jh. entwickelt, um den Arbeitern als den gegenüber den mächtigen Gesellschaften sozial Schwächeren zu helfen. Heute sind nicht mehr die Arbeitnehmer, sondern vielmehr die Verbraucher zum Inbegriff des sozial Schwächeren geworden, deren Schutz es gegenüber den Unternehmern mit den Mitteln des Rechts durchzusetzen gilt. Als Auslöser der Schutzpflichten lässt sich deshalb „l'avènement du consumérisme et la recherche d'une justice contractuelle" bezeichnen.[242] Damit geht einher, dass die obligation de sécurité sich am finanziellen Gewinn anlehnt. Der Unternehmer erzielt durch die Verbreitung der gefährlichen Produkte bzw. das Anbieten gefährlicher Leistungen wirtschaftlichen Gewinn. Gegenstück zu diesem Gewinn ist die obligation de sécurité; der Gesetzgeber und vor allem der Richter wollen gewissermaßen den Handel moralischer machen.[243]

Es geht also zunächst darum, mit Hilfe der obligation de sécurité den Verbraucher in einer immer gefährlicher werdenden Gesellschaft zu schützen.[244]

Die Informationspflicht soll ergänzend das Gleichgewicht der Vertragspartner herstellen[245]; sie geht aber über diese Rolle hinaus und macht den „wissenden" Vertragspartner zu einer Art ‚Sozialamt', der das öffentliche Interesse wahren muss.[246]

Die Schutzpflichten finden danach ihre Begründung in der Überlegung, dass der sozial schwächere Vertragspartner geschützt werden muss. Das Ungleichgewicht zwischen den Vertragspartnern soll beseitigt oder zumindest vermindert werden. Dies bedeutet aber nicht, dass nur die professionnels, d.h. Unternehmer, Schuldner von Schutzpflichten sein können.[247] Es geht vielmehr darum, wer im konkreten Vertrag die überlegene Stellung innehat; in einem Verbrauchervertrag wird dies regelmäßig der Unternehmer sein.

Daraus wird zum Teil geschlossen, dass die Grundlage der Schutzpflichten nicht der geschlossene Vertrag sei, sondern vielmehr die Tatsache, dass es sich um einen Verbrauchervertrag handelt; es also nicht um Vertragsrecht, sondern um

---

241 Cass. 1re, 12.64.95, zitiert nach Jourdain, JCP 95, juris., S. 217. Aufhebung eines Urteils, das « se borne à énoncer qu'en raison de la confiance que le malade doit nécessairement lui faire" besteht Vertragspflicht.

242 So Mistretta, PA, 98, S. 67; s.a. Esmein, FS Ripert, S. 102. S.a.Ghestin, Vorwort Thèse Fabre-Magnan, S. XIV; Fabre-Magnan, Thèse, S. 31f.

243 So Raymond, S. 223.

244 Mazeaud-Tunc, S. 224. Die noch vor 40 Jahren von Esmein, D 62, juris., S. 148, vertretene Ansicht, dass der Kunde in das Risiko eines Unfalls im Laden einwilligt und auf sich selbst aufpassen muss, ist heute überholt.

245 Terré/Simler/Lequette, n° 250.

246 Demogue, RTD civ. 23, S. 648, spricht von « poste social où il ne doit pas heurter l'intérêt général »

247 Cass, 1re, 24.11.76, Bull.civ. I, n° 370: „celui qui traite avec un professionnel n'est pas dispensé de lui fournir les renseignement qui sont en sa posession et dont l'absence altère le consentement de son cocontractant".

Berufshaftungrecht gehe.[248] Die Rechtsprechung hat sich sicherlich der obligation de sécurité bedient, um die Berufshaftung zu verschärfen, z.B. im Arztrecht. Dennoch kann auch ein Verbraucher Schuldner einer obligation de sécurité sein. Es handelt sich zumindest nicht ausschließlich um Berufshaftung.[249]

III. Der Schuldner

Kennzeichnend für die Schutzpflichten ist weiterhin, dass die Rolle des Schuldners der Schutzpflichten nicht notwendigerweise mit der Rolle des Schuldners der Hauptpflicht übereinstimmt.[250] Wie im deutschen Recht ist ein Rollentausch möglich. Dies beruht darauf, dass nach ständiger Rechtsprechung das Prinzip der bonne foi bei Vertragserfüllung nicht auf eine Vertragspartei fixiert ist.[251] Gläubiger der Schutzpflicht ist also derjenige Vertragspartner, der in der konkreten Vertragssituation schutzwürdiger ist. So trifft z.B. den Gläubiger der Hauptleistungspflicht, der einen Fehler des Schuldners dieser Pflicht bemerkt, diesbezüglich eine Informationspflicht.[252]

Im Verbrauchervertrag ist dieser Rollentausch jedoch von geringer Bedeutung; die meisten Pflichten treffen den Unternehmer wegen seiner vermuteten Überlegenheit.[253]

IV. Merkmale

Auf drei Merkmale der obligation de sécurité und der obligation d'information soll näher eingegangen werden.

1. Integritätsinteresse

Die obligation de sécurité ist per definitionem am Integritätsinteresse orientiert, wobei der Schutz des Vertragspartners in seiner Person im Vordergrund steht.[254] So beschränkt Art. L 221 Ccons die Pflicht des Produzenten ausdrücklich auf „ne pas porter atteinte à la sécurité des personnes". Im Gegensatz zum deutschen Recht erfasst die obligation de sécurité nicht das Vermögen, zumindest gibt es keine entsprechenden Urteile und auch in der Lehre wird dies nicht vorgeschlagen. Auch die Informationspflichten orientieren sich am Integritätsinteresse, indem sie durch Aufklärung bewirken, dass die Person und die Rechtsgüter des Vertragspartners durch das Vertragsobjekt oder bei Vertragserfüllung nicht verletzt werden.[255] So ist die Informationspflicht nichts anderes als eine vorgezogene und vorbeugende Sicherungspflicht.

---

[248] Viney, Introduction, S. 331; Viney, JCP 93, chron. 3664, S. 146: Paisant, GP 97 chron., S. 1192.

[249] Zum deutschen Recht s. Larenz/Canaris, S. 409: Die Berufshaftung kann nicht alle Fälle erklären, es handelt sich nicht um ein pflichtenbegründendes, sondern um ein pflichtenverstärkendes Element.

[250] Cass, 1re, 17.03.69, D 69, S. 532 für obligation de renseignement.

[251] Soustelle, D 97, juris., S. 573.

[252] Cass, com, 23.01.96, D 97, juris., S. 574

[253] Vgl. LeTourneau, Responsabilité professionnelle, S. 616.

[254] Mainguy, D&P 98/12, S. 69; Le Tourneau/Cadiet, n° 1152.

[255] Radé, Responsabilité, S. 31.

2. Klagbarkeit

Die französische Lehre beschäftigt sich mit dieser Frage kaum. Es wird wohl von der fehlenden Klagbarkeit der Schutzpflichten, ausgegangen.[256]

Ein droit ist einklagbar, wenn es certain et exigible, d.h. bestimmt und durchsetzbar ist. An der Bestimmtheit der obligation de sécurité fehlt es aber, da der Schuldner im Regelfall aus mehreren Möglichkeiten der Beachtung der Pflicht wählen kann. Deshalb muss die Erfüllung der Schutzpflicht spontan erfolgen.[257] Die Schutzpflichten sind damit nicht einklagbar.

3. Einzelfallentscheidung

Es ist anerkannt, dass Schutzpflichten immer nur in concreto festgelegt werden können.[258] Die Rechtsprechung entscheidet je nach Vertrag, ob eine obligation de sécurité vorliegt. Dies lässt sich dadurch erklären, dass die gesetzliche Grundlage der Schutzpflichten - sei dies die bonne foi aus Art. 1134 Cciv oder die équité aus Art. 1135 al. 3 Cciv. – je nach den konkreten Umständen unterschiedliche Anforderungen stellt.[259] Ferner lässt sich auch die Schutzbedürftigkeit des Gläubigers der Schutzpflichten nicht generell bestimmen. So bestimmt sich z.B. der Umfang der Informationspflicht des Unternehmers nach dem Wissensstand des Verbrauchers = Vertragspartner.[260] Deshalb sind die Schutzpflichten einzelfallbezogen.

Zusammenfassung: Die obligation de sécurité wurde als vertragliche Pflicht erstmals 1911 im Transportrecht anerkannt; heute ist sie Bestandteil der meisten Verträge und erfasst auch Sachverletzungen. Die Informationspflicht als Schutzpflicht ist seit 1924 anerkannt. Die Schutzpflichten werden durch den Hinweis auf das Vertrauen der Vertragspartner zu einander und die soziale Schutzbedürftigkeit des einen Teils begründet. Es kann zu einem Tausch der Schuldner- und Gläubigerrolle im Vergleich mit den Hauptleistungspflichten kommen. Merkmale der Schutzpflichten sind ihre Ausrichtung auf das Integritätsinteresse, der Ausschluß ihrer Klagbarkeit und ihre Einzelfallbezogenheit.

C. Supranationales Recht

Die Frage nach der Entdeckung und Entwicklung der Schutzpflichten stellt sich für die UP und die PECL nicht, da sie zu einem Zeitpunkt ausgearbeitet wurden, als in den nationalen Rechten die Idee der Schutzpflichten bereits verankert war. Für die Begründung der Schutzpflichten kann auf oben verwiesen werden. Zudem hat diese Problematik bis heute weder in der Rechtsprechung noch in der Lehre Beachtung gefunden.

---

[256] Fabre-Magnan, These, n° 462; Lacombe, RTD civ. 63, S. 254, mit dem Argument, dass der Kunde kein Recht darauf hat, dass der Verkäufer seinen Laden anders einrichtet.

[257] Fabre-Magnan, Thèse, n° 461.

[258] Mayer, S. 88; Sonnenberger, FS Odersky, S. 716, bzgl. Informationspflichten.

[259] Sonnenberger, FS Odersky, S. 709.

[260] Demogue, RTD civ. 23, S. 648.

Als erstes Merkmal wurde die Orientierung am Integritätsinteresse festgestellt. Diese wird nach ihrem Anwendungsbereich von den UP und den PECL nur am Rande erfasst, nämlich soweit sich im konkreten Fall das Integritätsinteresse mit dem Äquivalenzinteresse deckt. Der Gläubiger hat mangels eindeutig konkretisierbaren Inhalts keinen Erfüllungsanspruch hinsichtlich der Schutzpflichten, deshalb scheidet ihre Klagbarkeit aus.[261] Die Einzelfallbezogenheit ist den Schutzpflichten inhärent und deshalb auch in den UP und den PECL für sie charakteristisch. Insgesamt kann hinsichtlich der Merkmale auf die Feststellungen oben verwiesen werden.

D. Rechtsvergleichung

Im deutschen wie im französischen Recht beruht die Anerkennung der Schutzpflichten auf einer Ausgestaltung des Deliktsrechts, die man als mit dem gewünschten Opferschutz für unvereinbar erachtet. Im französischen Recht war es die Beweislast des Geschädigten, der durch die Annahme von Vertragspflichten abgeholfen werden konnte, im deutschen Recht die Exkulpationsmöglichkeit nach §831 BGB, an deren Stelle im Vertragsrecht die Gehilfenhaftung nach §278 BGB tritt. Dennoch hätte sich der Rechtsstreit „Zibi" in Deutschland nicht stellen können, denn das von Savigny initiierte preußische Gesetz vom 03.11.1838, als Reichsgesetz vom 07.06.1871 übernommen, hatte eine Risikohaftung der Eisenbahnen geschaffen.

Die Schutzpflichten haben seither als Richterrecht ständig an Bedeutung gewonnen, inzwischen sind sie im französischen wie im deutschen Recht in Art. 121-1 Ccons bzw. §241 II BGB gesetzlich anerkannt worden. Dagegen werden sie weder in den UP noch in den PECL erwähnt. Mit Hilfe der Schutzpflichten, insbesondere der Sicherungspflicht/obligation de sécurité, konnten die Gerichte in Übereinstimmung mit dem Gesetzestext eine Modernisierung des Haftungsrechts vornehmen, um es an die Multiplizierung der Unfälle anzupassen.[262] Das Haftungsrecht bewegte sich von dem Ersatz für rechtswidrig verursachte Schäden zum Ersatz für rechtswidrig erlittene Schäden.[263] So kann man heute von einer vertraglichen Risikohaftung für den eigenen Rechtskreis mit Exkulpationsmöglichkeit sprechen. In Deutschland ist die Entwicklung an diesem Punkt stehen geblieben, in Frankreich kam es außerdem über Art. 1384 Cciv mit der verschuldensunabhängige Sachhalterhaftung zu einem Nachziehen des Deliktsrechts in der Modernisierung, so dass heutzutage das Deliktsrecht wenn nicht besser, so doch opferschutzbetonter Unfälle erfassen kann als das Vertragsrecht.

Diese Entwicklung führte im deutschen wie französischen Recht dazu, den Stellenwert der Sicherheit des Mitmenschen an sich zu verschlechtern. Vor hundert Jahren, hatte jeder Bürger Anspruch auf denselben Schutz, gleich ob er Vertragspartner war oder nicht. Der Schutz der Person und der Rechtsgüter

---

[261] So auch Huber in v. Caemmerer/Schlechtriem, Art. 46 CISG, Rn. 27

[262] H. Mazeaud, La responsabilité contractuelle, cours de droit civil approfondi, 46/47, S. 127, zitiert nach Huet, Thèse, S. 381.

[263] Belissant, S. 175. Zur Entwicklung insgesamt s. Truchet, Les transformations de la notion de responsabilité civile et pénale depuis 40 ans, GP 02, doctr. S. 1068ff.

wurde ausschließlich vom Deliktsrecht erfasst. Wenn es heute eines Vertrages bedarf, um die Sicherheit zu gewähren, bedeutet dies, dass außerhalb einer Vertragsbeziehung die Sicherheit eine geringere Einschätzung findet.[264] Ansonsten wäre es nämlich unnötig, die Sicherheit zu einer besonderen Vertragspflicht zu machen. Dadurch verfehlen die Schutzpflichten ihr eigentliches Ziel, der menschlichen Person insgesamt, also nicht nur dem Vertragspartner, den bestmöglichen Schutz zu gewährleisten. Je nachdem, ob ein Vertragspartner oder ein Dritter geschädigt wird, werden nämlich verschieden hohe Anforderungen an die Bejahung der Haftung gestellt.

Die dogmatische Begründung der Schutzpflichten bewegt in Deutschland seit ihrer Entdeckung die Lehre, während in Frankreich meist lapidar auf den Vertrauensschutz und den Verbraucherschutz als Begründung verwiesen wird. In Frankreich kann man noch weniger als in Deutschland von einer abschließenden dogmatischen Klärung der Schutzpflichten sprechen.[265]
In beiden Rechtsystemen ist anerkannt, dass es zu einem Tausch in der Gläubiger-Schuldner Rolle kommen kann. Merkmale der Schutzpflichten sind ihre Ausrichtung auf das Integritätsinteresse, ihre mangelnde Klagbarkeit und ihre Einzelfallbezogenheit. Im Gegensatz zum deutschen Recht erfassen die französische obligation de sécurité aber nicht das Vermögen, dieses wird ausschließlich von der obligation d'information geschützt.
Ihrem Wesen nach ist die Schutzpflicht auf die Zukunft gerichtet; es wird bereits bei Vertragsschluß vereinbart bzw. den Vertragspartnern die Pflicht auferlegt, dass die Sicherheit des anderen Teils im Laufe der sich entwickelnden Vertragsbeziehung gewahrt werden muss. Damit ist die Vorbeugung ein wesentlicher Aspekt der Vertragsbeziehung geworden. Das klassische Leistungsstörungsrecht war dagegen vergangenheitsorientiert, es stellte auf eine bereits eingetretene Leistungsstörung ab. Freilich darf nicht übersehen werden, dass im deutschen wie französischen Recht Schutzpflichten im nachhinein vom Richter in den Vertrag hineingelesen werden, d.h. die Betrachtung erfolgt letztlich doch retrospektiv.

---

[264] Zustimmend Belissant, S. 266; Bonnet, S. 435.
[265] S. Sonnenberger, FS Odersky, S. 717.

2. Kapitel. Rechtsnatur der Schutzpflichten

Drei wichtige Fragen stellen sich im Hinblick auf die Rechtsnatur der Schutzpflichten: Wo kommen sie her? Mit welcher Intensität verpflichten sie die Vertragsparteien? Wo sind sie einzuordnen?
Im französischen Recht wird darüber diskutiert, ob Ursprung der Schutzpflichten der Vertrag oder das Gesetz ist. Im deutschen Recht ist man sich nicht einig, ob die Schutzpflichten dem Gesetz oder einem neben dem Vertrag bestehenden Schuldverhältnis, dem sog. einheitlichen Schutzpflichtverhältnis, entstammen. Handelt es sich also bei den Schutzpflichten um gesetzliche oder vertragliche Pflichten? Dies wird im ersten Paragraphen dargestellt.
Die Frage nach der Abdingbarkeit der Schutzpflichten und dem Ausschluss der sich daraus ergebenden Haftung ist Gegenstand des zweiten Paragraphen.
Fast schon ein Schlachtfeld wird im dritten Paragraphen betreten: Sind Schutzpflichten vertragliche oder deliktische Pflichten? Medicus schreibt dazu: „Vor allem von Rechtsvergleichern werden die Schutzpflichten gern den deliktischen Verkehrssicherungspflichten an die Seite gestellt“.[266] Danach müsste, da es sich hier um eine rechtsvergleichende Arbeit handelt, das Ergebnis schon vorgegeben sein und zugunsten einer einheitliche deliktsrechtliche Qualifikation ausfallen. Es wird sich aber zeigen, dass auch diese Lösung nicht befriedigend ist.

§1. Vertragliche oder gesetzliche Pflichten: Der Ursprung der Schutzpflichten

„Im Auslegen seid frisch und munter, legt Ihrs nicht aus, so legt Ihrs unter“. Dieses Distichon Goethes beschreibt den Ursprung der Schutzpflichten. Im deutschen Recht legt man unter, während man im französischen Recht sich aufs Auslegen verlegt.

A. Deutsches Recht

Als Rechtsgrundlage der Schutzpflichten kommt der geschlossene Vertrag und seine Auslegung, die gesetzliche Anordnung oder das einheitliche Schutzpflichtverhältnis in Betracht.

I. Vertragsauslegung

Das RG leitete die Schutzpflichten über einer ergänzenden Vertragsauslegung aus dem Parteiwillen ab. „Eine solche Verpflichtung des Beklagten ist aus der sachgemäßen Auslegung des Werkvertrages i.V.m. §242 BGB herzuleiten“.[267]

---

[266] Medicus, Probleme, S. 16.
[267] RG, 1933, RG SeuffArch 88, 206(208). Ein Dachdecker bricht bei der Reparatur eines Blechdachs durch ein morsches Brett und wird verletzt. „Der Kläger musste, wie auch der Beklagte wusste, zur Ausführung und Vorbereitung des ihm übertragenen Werkes den oberen Boden der Scheune betreten. Daraus ergibt sich die Nebenverpflichtung des Beklagten als Besteller des Werkes, dass er dem Kläger die von ihm zu benutzenden Räume und Zugänge

Auch dem BGH ist diese Überlegung nicht fremd.[268] Die Feststellung der Schutzpflichten mittels Vertragsauslegung hatte den Vorteil, einer Verselbständigung der Schutzpflichten entgegenzuwirken. Ein gewisser Zusammenhang zwischen Schutzpflicht und Vertragsinhalt war sichergestellt.
Die Schwäche dieses Ansatzes liegt allerdings darin, dass nur etwas Vorhandenes, also im Vertrag explizit oder implizit Geregeltes, ausgelegt werden kann. Gerade im Hinblick auf die Schutzpflichten wird man aber selten eine auch nur implizite Vertragsregelung finden.[269] Die Parteien bedenken diese Problematik gar nicht; ihrem Verhalten würde ein Sinn beigelegt, der mit ihrer realen Intention nicht vereinbar ist.[270] So entspricht es sicher nicht dem Willen des potentiellen Schuldners der Schutzpflicht, diese zusätzliche Haftung auf sich zu nehmen. Die Auslegung wirkt damit häufig gekünstelt.
Gegen die Gewinnung der Schutzpflichten im Wege der Auslegung spricht auch die Stellung des §241 II BGB, der bei den Pflichten aus dem Schuldverhältnis und nicht bei der in §157 BGB regelten Vertragsauslegung steht.
Die Schutzpflichten können demnach nicht mit einer Vertragsauslegung gewonnen werden.

II. Gesetz
Einige Nebenpflichten sind im BGB direkt geregelt; ansonsten ist auf die Generalregelung des §241 II BGB zurückzugreifen

1. Einzelregelungen
Zu nennen sind hier vor allem die §§618, 694 und 701 BGB.[271] Auf die einzelnen Regeln wird unten eingegangen. Aus den Motiven wird deutlich, dass damit nicht eine abschließende Regelung für die Thematik der Schutzpflichten gewollt war.[272]

2. Generalklausel
Bis zur Schuldrechtsreform war §242 BGB die Rechtsgrundlage für die vertraglichen Schutzpflichten.[273] Seitdem haben sie in §241 II BGB eine autonome Regelung gefunden. Dadurch ist der Eigendynamik der

zu seiner Arbeitsstelle ... in verkehrssicherem Zustand zur Verfügung stellen musste". Zustimmend zum Weg der Auslegung Frick, S. 61.

268 BGH, 20.11.97, MDR 98, 208, Bspr. Riecke: „Auch wenn der Inhalt des Hausverwaltungsvertrages nicht sicher vorgetragen worden ist, ergibt sich aus ihm jedenfalls die Verpflichtung" zu einer Informationspflicht. Dag. Riecke, der auf §242 BGB verweist. S.a. BGH, VersR 91, 693.

269 MüKo/Roth, §242, Rn. 167.

270 Dölle, ZStW 103, S. 70.

271 MüKo/Roth, §242, Rn. 326, nennt daneben §§545, 550 BGB. Nach Medicus, Probleme, S. 16, ist nur §618 BGB gesetzliche Schutzpflicht. Nach Kress, S. 580: : §§374 II, 384 II, 548, 549, 583, 603, 618, 665 S. 2, 691 S. 1, 692 S. 2 BGB; Kuhlmann, S. 59, nennt außerdem §§444 S. 1, 447 II, 523 I, 524 I, 545, 675, 681, 694 BGB.

272 Kress, S. 580.

273 BGH 19.10.89, MDR 90, S. 518. Lackum, S. 158. Fikentscher, S. 131. Schlechtriem, Schuldrecht, S. 52, n° 92, der darauf hinweist, dass die Gerichte meistens §157 neben §242 BGB ohne genaue Abgrenzung zitieren.

Schutzpflichten praktisch keine Grenze mehr gesetzt; der Parteiwille als Eingrenzungs- und Steuerungselement ist völlig weggefallen.
Es handelt sich somit bei den Schutzpflichten um gesetzliche Pflichten, da sie nicht auf einer freiwilligen Unterwerfung beruhen. Sie sind aber „vertragsähnlich", da sie als Grundlage eines Vertrages oder einer vertragsähnlichen Beziehung bedürfen.[274]

III. Die Lehre vom einheitlichen Schutzpflichtverhältnis

Die Schuldrechtsreform hat die Frage offengelassen: „Der neue Absatz 2 verzichtet bewusst auf eine Regelung der Frage, ob das die Schutzpflichten erzeugende Schuldverhältnis in jedem Fall auf Gesetz beruht oder auch auf einem wirksamem Rechtsgeschäft beruhen kann."[275]
In einem ersten Schritt wird die Lehre vom einheitlichen Schutzpflichtverhältnis vorgestellt; danach wird auf die Kritik an ihr eingegangen

1. Darstellung der Lehre

Nach der von Heinrich Stoll begründeten und von Canaris weiterentwickelten Lehre vom einheitlichen Schutzpflichtverhältnis ergeben sich die Schutzpflichten aus einem neben dem Vertrag selbstständig bestehenden Schutzpflichtverhältnis.[276] Einheitlich ist es deshalb, weil es die gesamte Zeitspanne von Aufnahme der Vertragsverhandlungen bzw. des sozialen Kontakts[277] bis hin zur tatsächlichen Trennung der Parteien umfasst. Die Lehre entstand aus der Überlegung, es sei unbefriedigend und willkürlich, dass die Schutzpflichten mit Vertragsschluss ihre Rechtsnatur änderten und von gesetzlichen zu vertraglichen Pflichten würden.[278] Die Schutzpflichten blieben vielmehr die gleichen unabhängig vom Vertragsstadium, sie würden vom Vertragsinhalt nicht infiziert. Denn werden die Schutzpflichten ausdrücklich in den Parteiwillen aufgenommen, so werden sie Nebenleistungspflichten. Insbesondere im Fall eines sich im nachhinein als ex tunc nichtig herausstellenden Vertrages sei die Lage nach der herrschenden Ansicht völlig undurchsichtig. Die Schutzpflichtverletzungen seien bei der faktischen Durchführung eines Vertrages erfolgt und die anfängliche Nichtigkeit des Vertrages ließe den gesteigerten Sozialbezug und das gegenseitige Vertrauen zwischen den Parteien als Grundlage für die Schutzpflichten nicht im nachhinein entfallen.[279]
Die Lehre vom einheitlichen Schutzpflichtverhältnis kommt damit zu folgenden Ergebnissen: „Die Schutzpflichten bestehen unabhängig von der Vertrags-

---

[274] Anwalts-Kom/Krebs, §241, Rn. 3.
[275] Regierungsbegründung zu §241. Bericht der Kommission, S. 115.
[276] Heinrich Stoll, Leistungsstörungen, S. 29; Canaris, JZ 65, S. 475ff.; Thiele, JZ 67, S. 649ff.; Gerhardt, JZ 70, S. 6; Schmidt, Nachwort, S. 149; Schünemann, JuS 87, S. 6; Stürner, JZ 76, S. 383. Nach Canaris, 50 Jahre BGH, S. 174, soll die Lehre vom einheitlichen Schutzverhältnis seit langem der hM entsprechen. Dem kann nicht zugestimmt werden, zumal der BGH die Frage offengelassen hat, BGH, WM 94, 49(54). S. u. zur Kritik.
[277] Thiele, JZ 67, S. 653, spricht von „geschäftlichem Kontakt". Nach Huber, FS Caemmerer, S. 378 handelt es sich nur um eine andere Formulierung für die „fiktiven Verträge" des RG.
[278] Canaris, FS Larenz, S. 89; Canaris, VersR 65, S. 117.
[279] Esser-Schmidt, S. 140.

wirkung."[280] Sie „beruhen auf einem ‚gesetzlichen' Schuldverhältnis ohne primäre Leistungspflicht, das seine Rechtfertigung in der Inanspruchnahme und Gewährung von Vertrauen und seine positivrechtliche Grundlage in §242 hat."[281] Die Rolle des Vertragsschlusses erschöpft sich in der Erhöhung der Einwirkungsmöglichkeit auf die Rechtsgüter der anderen Partei.[282] Für die Begründung der Schutzpflichten kommt es hingegen ausschließlich auf die Realität eines Kontaktes, der über den deliktischen Zufallskontakt hinausgeht, an.
Strittig ist in der Lehre vom einheitlichen Schutzpflichtverhältnis, ob die Einheit des Schuldverhältnisses weiterhin zu bejahen ist[283] oder ob das Schutzpflichtverhältnis ein „durchaus selbständig erfassbares Rechtsverhältnis" ist.[284]

2. Kritik

Die Lehre vom einheitlichen Schutzpflichtverhältnis hat mannigfache Kritik hervorgerufen.
Kritisch wird die Aufspaltung des Schuldverhältnisses in ein Schutzpflichtverhältnis und ein Leistungsverhältnis beurteilt.[285] Es werde missachtet, dass das Schuldverhältnis ein einheitlicher Organismus sei, dass die sorgfältige, vertragsgemäße Leistung des Schuldners insgesamt – zumindest bis zur Schuldrechtsreform - von §242 BGB erfasst werde und eine homogene Erfüllungshandlung sei. Zumal man nicht übersehen dürfe, dass die Schutzpflicht durch die Leistungsbeziehung und die konkrete Leistungserbringung „gefärbt"[286] werde. Die Auslegung des Vertrages müsse nämlich zeigen, inwieweit Haftungsbeschränkungen sich auf eine Verletzung der Schutzpflichten erstrecken.[287] Deshalb seien zumindest bei Bestehen eines wirksamen Vertrages die Schutzpflichten auf diesen zu stützen.
Zudem verleite die Annahme eines gesetzlichen Schutzpflichtverhältnisses zu falschen Schlüssen bei der Eigenhaftung des Erfüllungsgehilfen[288], die der Geschäftsherrnhaftung nach §276 BGB widersprechen würden. Nach der Lehre vom einheitlichen Schutzpflichtverhältnis haftet der Erfüllungsgehilfe auch bei zustandegekommenem Vertrag, sobald der Vertragspartner ihm als Sachhalter vertraut. Dies gehe zu weit, sei doch dem Gläubiger klar, dass der Erfüllungsgehilfe nicht sein Vertragspartner werden solle. Für Ansprüche des Gläubigers direkt gegen den Erfüllungsgehilfen reiche das Deliktsrecht aus.[289]
Die angebliche Grundlage der Haftung, das entgegengebrachte Vertrauen, ruft weitere Bedenken hervor: Zum einen ist damit eine klare Abgrenzung zum

---

280 Heinrich Stoll, Leistungsstörungen, S. 29.
281 Canaris, JZ 65, S. 478.
282 Frick, S. 57.
283 So Canaris, JZ 65, S. 478.
284 So Thiele, JZ 67, S: 650.
285 Wolf, AcP 153, S. 111; Huber, FS Caemmerer, S. 378; Kuhlmann, S. 83.
286 Frost, S. 277.
287 Medicus, SchuldR I, S. 416; MüKo/Roth, §242, Rn. 168,
288 Staudinger/Löwisch, Rn. 32. Huber, FS Caemmerer, S. 378: es ist nun einmal nicht "vertragstypisch", dass der Gläubiger mit dem Anwalt seines Schuldners in „notwendig vertragsgleicher Beziehung" steht.
289 BGHZ 70, 337(342); Staudinger/Löwisch, Rn. 49; Palandt/Heinrichs, §278, Rn. 129.

Deliktsrecht nicht möglich, in dem ebenfalls Vertrauen gegeben sein kann.[290] Es wird die Begründung des Phänomens der Schutzpflichten, das wie oben gezeigt u.a. auf Vertrauen beruht, und die Qualifikation der Schutzpflichten vermischt. Zum anderen bestehen Schwierigkeiten in der Bestimmung, wann und ob im konkreten Fall Vertrauen vorliegt.[291] Dies führt dazu, dass die nach herkömmlicher Ansicht bestehenden Abgrenzungsschwierigkeiten zwischen gesetzlicher und vertraglicher Haftung nicht aufgehoben, sondern vielmehr auf die Ebene der Bejahung des Vertrauens verlegt werden. Der BGH wendet sich sogar expressis verbis gegen die Annahme, die Haftung aus pVV, die die Schutzpflichtverletzungen nach alten Recht einschloss, beruhe auf Vertrauen: „Die Haftung wegen pVV beruht nicht auf der Inanspruchnahme von Vertrauen, sondern auf der Verletzung von vertraglichen Pflichten."[292]
Überhaupt ist nicht verständlich, warum ein Wechsel von gesetzlichen zu vertraglichen Pflichten mit Vertragsschluss inakzeptabel sein soll.[293] Im ersten Fall ergibt sich die Haftung aus §§280 I, 311 II, 241 II BGB, im zweiten Fall aus §§280 I, 241 II BGB. Die Rechtsfolgen sind in beiden Fällen gleich. Da §311 II BGB auf §241 II BGB verweist, bestehen keine Unterschiede. Die Frage, ob gegen eine gesetzliche oder vertragliche Pflicht verstoßen wurde, hat seit der Schuldrechtsmodernisierung keine praktischen Auswirkungen mehr.

Die Schuldrechtsreform hat ihrer Begründung zufolge die Frage nach der Existenz eines einheitlichen Schutzpflichtverhältnisses nicht erfasst. Eine wörtliche Auslegung des Gesetzes spricht sich nun eindeutig gegen die Lehre vom einheitlichen Schutzpflichtverhältnis aus: Die vorvertraglichen und die vertraglichen Schutzpflichten sind nämlich nicht in einem Paragraphen, sondern mit §241 II und in §311 II, III BGB in verschiedenen Abschnitten des BGB geregelt. Wäre die Lehre vom einheitlichen Schutzpflichtverhältnis übernommen worden, so hätte man einen einzigen Paragraphen für alle Schutzpflichten schaffen müssen. Dem Gesetzgeber war dies übrigens bewusst und die Abgeordneten haben die Neuregelung als Ablehnung dieser Lehre aufgefasst.[294]
Wenn Canaris sagt, wichtigste Konsequenz aus der Annahme eines einheitlichen Schutzpflichtverhältnisses sei, dass die Rechtsfolgen einer Schutzpflichtverletzung vor und nach Vertragsschluss grundsätzlich die gleichen sein müssen, so kann man sagen, dass diese Lehre seit der Schuldrechtsreform überholt ist: In

---

[290] Kuhlmann, S. 83. S. auch oben.
[291] Pohlmann, S. 55: "Tatsächlich kann ich nämlich in jeder Situation auf alles oder nichts vertrauen". Pohlmann übersieht dabei aber die Bedeutung des blinden Vertrauens im Verbraucherschutzrecht.
[292] BGH, JZ 64, S. 654.
[293] S.a. Gernhuber, Schuldverhältnis, S. 26; Kuhlmann, S. 92.
[294] Abgeordneter v. Stetten, Stenographischer Bericht, 18760: „Für unlogisch halte ich, dass dem alten §241 ein Abs. II hinzugefügt wurde, der Schutzpflichten, sog. Nebenpflichten, regeln und auf diese Weise wohl das Institut der pVV ersetzen soll, während vorvertragliche Pflichten der cic im neuen §311 II u. III aufgenommen wurden. Besser und verständlicher wäre es gewesen, wenn man den guten alten §242 durch einen Abs. II so ergänzt hätte, dass sowohl die vertraglichen Nebenpflichten als auch die Pflichten im Vorfeld ... mit aufgenommen worden wären."

beiden Fällen bestimmt sich nämlich die Haftung nach §280 BGB und der Pflichteninhalt nach §241 II BGB.
Aus diesen Gründen ist der Lehre vom einheitlichen Schutzpflichtverhältnis nicht zu folgen.

Zusammenfassung: Die Schutzpflichten beruhen auf einer gesetzlicher Anordnung durch die Generalklausel des §241 II BGB. Sie bilden kein einheitliches Schutzpflichtverhältnis. Die entsprechende Lehre übersieht die Vertragsbindung der Schutzpflichten und ist seit der Schuldrechtsmodernisierung mit der Gesetzessystematik nicht mehr vereinbar.

B. Französisches Recht

Während bei Entdeckung der obligation de sécurité diese aus dem Vertrag im Wege der Auslegung gewonnen wurde, besteht heute Einigkeit darüber, dass sie dem Gesetz entspringt.

I. Vertragsauslegung

Nach der Lehre der autonomie de volonté, die den Vertrag ausschließlich für den Ausdruck des Parteiwillens hielt, hat die klassische Lehre die Schutzpflichten aus der „volonté tacite" der Vertragsparteien abgeleitet. So entschied die Cour d'Appel de Pau: „l'intention certaine des parties (tellement certaine qu'elle n'a pas besoin d'être exprimée) a été que le voyageur arriverait dans l'état de santé où il se trouvait au moment du départ ».[295] Eine gesetzliche Stütze hatte diese Methode in Art. 1602 Cciv.[296]: Den Verkäufer trifft eine Informationspflicht über die übernommenen Pflichten. Ist der Vertrag „obscur et ambigu", wird er zuungunsten des Verkäufers ausgelegt. Der Code spricht hier ausdrücklich von „s'interprète". Deshalb wird die Auslegung auch als Ursprung für die Informationspflicht in al. 1 herangezogen.

Unter den von Josserand geprägten Schlagworten „forçage du contrat" und „interprétation divinatoire" wurde diese Ansicht bekämpft.[297] Heute hat man vielmehr erkannt, dass die angebliche Auslegung nicht viel mit dem Parteiwillen zu tun hat. Die Parteien haben an die Schutzpflichten weder gedacht noch sie gewollt, zumindest, was den Schuldner der Schutzpflichten angeht; es handelt sich vielmehr um ein „forçage inavouée du contrat".[298] « Il n'est pas croyable que le transporteur ait entendu de gaieté de cœur assumer une obligation, étendue au point d'être irréalisable, et jouer ainsi le rôle de guillotiné par

---

[295] Cour d'appel de Pau, 02.02.1910, S. 1910.2.224 zitiert, nach Halpérin, GP 97, S. 1179.
[296] Starck/Roland/Boyer, S. 122.
[297] Josserand, DH, S. 90. Josserand spricht darin schon von „forçage", das Schlagwort geht aber wohl eher auf den Aufsatz von Leveneur, D&P 98/3, S. 69ff. „Le forçage du contrat" zurück. Aubert &Flour haben die Bezeichnung „interprétation divinatoire" geprägt, Josserand sprach von „volonté hypothètique et divinatoire", DH, S. 90.
[298] Leveneur, D&P, 98/03, S. 71.

persuasion ».[299] Hinsichtlich der obligation de sécurité hat sich die Cour de cassation übrigens nie auf den Parteiwillen berufen.[300]
Ganz herrschende Meinung ist es heute, dass die Schutzpflichten nicht dem Parteiwillen entstammen, sondern in richterrechtliche Rechtsfortbildung aus dem Gesetz abgeleitet werden.[301]

II. Gesetz
Heute ist allgemein anerkannt, dass die Schutzpflichten aus dem Gesetz abgeleitet werden.[302] Umstritten ist allerdings, ob sich die Schutzpflichten auf Art. 1134 al. 3 Cciv, bonne foi, oder auf Art. 1135 Cciv, équité, stützen.[303]
Die relativ neue Entdeckung[304] der bonne foi und der équité als Instrumente der Rechtsfortbildung mag erklären, warum nicht klar zwischen der bonne foi und der équité differenziert wird[305] und zur Annahme von Schutzpflichten gerne beide Elemente ohne eine genaue Abgrenzung herangezogen werden.[306] Die Vermischung von équité und bonne foi findet sich übrigens bereits bei Domat: « Il n'y a aucune espèce de convention où il ne soit entendu que l'on doit à l'autre la bonne foi avec tous les effets que l'équité peut y demander ».[307]

1. Die Einzelregelungen
Wichtigste gesetzliche Konkretisierung der Schutzpflichten ist Art. L 221-1 Ccons, der die obligation de sécurité des Unternehmers festlegt.[308] Dabei handelt es sich aber nicht um eine vertragliche Haftung, denn gehaftet wird auch gegenüber beliebigen Dritten. Im Code civil finden sich Schutzpflichten in Artt. 1721 al. 2, 1784, 1947 und 1952.

---

299 Josserand, Mélanges Gény, S. 345.
300 Cass, 07.03.1911, D 1913 I 249: „Attendu que l'exécution du contrat de transport comporte … pour le transporteur, l'obligation de conduire le voyaguer sain et sauf à destination », die Cour de cassation bezieht sich nicht auf einen vermuteten, impliziten Parteiwillen. S. Leveneur, D&P, 98/03, S. 72.
301 Terré/Simler/Lequette, n° 429, Bach, RTD civ. 77, S. 234.
302 Leveneur, D& P 98/03, S. 72 spricht von „forçage ostensible", da keine Anbindung an den Parteiwillen vorgeschoben wird. Dag. Brun, Thèse, S. 267, der von einem „acte d'autorité" spricht.
303 Esmein, FS Ripert, II, S. 103 wollte die Nebenpflichten mit einem Analogieschluß aus Art. 1136 Cciv begründen, den Schuldner einer obligation de donner träfe auch die Pflicht zur Aufbewahrung der geschuldeten Sache bis zur Lieferung. Zum einen hat sich diese Meinung nicht durchgesetzt, außerdem gibt Art. 1135 Cciv sicher nichts für die Schutzpflichten, die sich gerade nicht auf das Vertragsobjekt beziehen, her.
304 Bénabent, La bonne foi, S. 291; Ferid, S. 430, der bzgl. dieses Artikels von "totem Recht" spricht.
305 Z. B. für die Informationspflichten: Cass, 1re, 21.06.87; Cass, 3e, 30.06.92: Art. 1134 al. 3 Cciv. Cass, 1re, 28.02.89: Art. 1135 Cciv. Zitiert nach Petit, fasc. 23, 7. S.a. Picod, fasc. 11, der Artt. 1134 und 1135 Cciv zusammen behandelt. Das Gesetz n° 96-508 vom 1.07.96, das die ordonnance vom 1.12.86 modifiziert, hat den Titel „loyauté et équilibre des relations commerciales", es wird zwischen bonne foi et équité nicht unterschieden.
306 z.B. Malaurie/Aynès, S. 296, bzgl. Informationspflicht. S.a. Sonnenberger, FS Odersky, S. 709.
307 Domat, loi civile, livre I, art. XII
308 S. Mainguy, D&P 98/03, 71.

2. Art. 1134 al. 3 Cciv

Art. 1134 al. 3 Cciv lautet: « Elles [= Les conventions légalement formées] doivent être exécutées de bonne foi ».

Der Begriff « bonne foi » umfaßt zwei im deutschen Recht streng getrennte Begriffe, nämlich „Treu und Glauben“[309] und „guter Glaube“. Hier geht es nur um den ersten Aspekt. «Bonne foi » bezieht sich insofern sowohl auf das Verhalten des Schuldners bei der Vertragserfüllung als auch auf das Verhalten des Gläubigers beim Ausüben seiner Prärogativen.[310] „Die Vertragspartner führen einen Vertrag de bonne foi aus, wenn sie gegenseitig ihr Verhalten an den Geboten orientieren, die ein bon père de famille in der konkreten Situation befolgen würde.“[311] Art. 1134 al. 3 Cciv errichtet also ein Kooperationsverhältnis zwischen den Vertragsparteien.[312] Der Richter hat im Streitfall das Verhalten der Parteien während der Vertragsausführung zu bewerten und er muss überprüfen, ob der Vertragsinhalt mit der Kooperationsfunktion des Vertrages vereinbar ist, und diesen gegebenenfalls ergänzen.[313]

Aus diesem devoir de coopération, de loyauté et d'honneteté wird häufig die Informationspflicht abgeleitet[314]. « La première obligation qui découle de l'art. 1134 Cciv. est d'informer le cocontractant à sufficance pour lui épargner toute initiative et toute omission contraire à ses intérêts légitimes ».[315]

Es wird aber in der französischen Lehre nicht vertreten, aus Art. 1134 al. 3 Cciv. die obligation de sécurité abzuleiten.[316] Die bonne foi hat nämlich nach herrschender Meinung ausschließlich die Aufgabe, die vertragstreue Erfüllung einer Leistungspflicht sicherzustellen.[317]

In diesem Sinn wird gegen Art. 1134 al. 3 Cciv als Grundlage überhaupt für die Schutzpflichten eingewandt, dass sich die bonne foi im Sinne von Redlichkeit nur auf die Erfüllung vereinbarter und gewollter Vertragspflichten beziehe, sie aber nicht die Entdeckung neuer Pflichten begründen könne; die Schutzpflichten

---

309 Jourdain, in Association Henry Capitant, S. 121, spricht von „bonne foi-loyauté“.

310 Bénabent, La bonne foi, S. 291.

311 Sonnenberger, FS Odersky, S. 708.

312 Com, 23.01.96, D 97, 574.: « devoir de coopération ».

313 Picod, JCl. Fasc. 11, S. 5.

314 Com, 23.01.86, D 97, juris., S. 575. Paris, 21.11.75, D 76, som. 50; Chirez, D 76, juris., S. 515; Mistretta, PA 06.05. 98, S. 6f.; LeTourneau, Responsabilité des venduers et fabricants, S. 14; Terré/Simler/Lequette, n° 250; Dubuisson, S. 9. S.a. Sonnenberger, FS Odersky, S. 717.

315 Colmar, 11.10.68, GP 69.1.211.

316 Dag. Sonnenberger, FS Odersky, S. 719, der sich dafür ausspricht, auch die obligation de sécurité auf das Loyalitätsgebot zu stützen. Er nimmt eine obligation de sécurité an, wenn „die Art der Hauptleistung so beschaffen ist, dass sie für die Gläubiger nur bei gleichzeitiger Garantie seiner Unversehrtheit zu einem sinnvollen Ergebnis führt“. Durch Art. 1134 al. 3 Cciv würden die Schwierigkeiten der Abgrenzung von besondere Sorgfaltspflicht und rein erfolgsbezogener Sicherheitspflicht behoben, da die Anwendung des Art. 1134 al. 3 Cciv immer vertragsspezifisch ist. Sonnenberger weist aber darauf hin, dass es für eine solche Entscheidung zuerst der Erkenntnis bedürfte, dass die bonne foi nicht nur Redlichkeit, sondern auch die justice communative erfasst. Die Entscheidung hängt also wesentlich von der Definition der bonne foi ab.

317 Mayer, S. 102.

seien aber nun einmal keine Modalität der Vertragserfüllung und deshalb nicht auf die bonne foi zu stützen.[318]

3. Art. 1135 Cciv.

Art. 1135 Cciv bestimmt: « Les conventions obligent non seulement à ce qui y est exprimé, mais encore à toutes les suites que l'équité, l'usage ou la loi donnent à l'obligation d'après sa nature ». Da das französische Recht keine dem §241 II BGB vergleichbare Vorschrift kennt, kommt die dritte Alternative, das Gesetz, als Grundlage nicht in Betracht.

a) Usage

Erstens wird nur selten ein usage im Bereich der Schutzpflichten zu bejahen sein[319] und zweitens muss nach neuer Rechtsprechung die Geltung des Brauchs von den Parteien ausdrücklich vereinbart worden sein.[320] Dies ist gerade bei den Schutzpflichten nicht anzunehmen, ihr Schuldner wird sie nicht freiwillig auf sich nehmen. Für eine allgemeine Herleitung ist der Verweis auf einen Brauch deshalb nicht geeignet.[321]

b) Equité

Die équité ergänzt die bonne foi. Es geht nicht um objektive Auslegung, sondern darum, was nach dem Rechtsgefühl des streitentscheidenen Richters für das Vertragsverhältnis aus Gerechtigkeitsgründen als angemessen und gerecht erscheint.[322] Es geht also um die justice commutative[323], contractuelle[324], um „le juste objectif"[325]; der Richter beurteilt den Vertrag unter dem Gesichtspunkt des vertraglichen Gleichgewichts von außen, während er im Rahmen der bonne foi das Verhalten der Parteien zum Anhaltspunkt nehmen muss.[326] Deshalb stellt Art. 1135 Cciv die richtige Rechtsgrundlage für Pflichten dar, an die die Parteien nicht gedacht haben oder die sie sogar stillschweigend abbedungen haben.

Bei der Sicherungspflicht geht es nicht um eine Modalität der Hauptpflicht; sie beruht auf der Gerechtigkeitsüberlegung, dass der Aufnehmende besonders

---

318 Malaurie/Aynès, 224; Leveneur, D&P 98/03, S. 74; Sonnenberger, FS Odersky, S. 711.

319 Sainctelette verweist zur Begründung der obligation de sécurité im Transportvertrag auf „équité ou l'usage", S. 91.

320 Cass com., 08.10.91, CCC 1992, n° 1; Cass com, 08.12.92, Bull. Civ. IV, n° 399: « Méconnaît la loi du contrat la cour d'appel qui, sans constater que les parties ont entendu exprèssement adopter un usage, ... ». Leveneur, D&P 98/03, S. 74. Einzig Esmein, FS Ripert, S. 103 denkt die usages im Zusammenhang mit vertraglichen Nebenpflichten an , dass letztere „en raison de leur utilité" Gewohnheitsrecht geworden seien

321 Auch im deutschen Recht wird zuweilen zur Herleitung der Schutzpflichten auf die Verkehrssitte verwiesen, z.B. LG Heidelberg, 17.05.2002, NJW 02, 2960(2961).

322 Sonnenberger, FS Odersky, S. 710.

323 Picod, Devoir, S. 83.

324 Jourdain, GP 97 chron., S.1137.

325 Leveneur, D&P 98/03, S. 74.

326 Picod, JCl, Fasc. 1, 6.

geschützt werden muss. So stützt denn auch die ganz herrschende Meinung die obligation de sécurité auf Art. 1135, al. 3 Cciv.[327]
Auch die obligation d'information wird wohl überwiegend aus Art. 1135 al. 3 Cciv hergeleitet.[328]
Betrachtet man die obligation d'information unter ihrem Aspekt als Schutzpflicht, so ist Art. 1135 al. 3 Cciv der bonne foi vorzuziehen, denn insofern dient sie nicht einer Hauptpflicht, sondern hat vielmehr mit dem Integritätsinteresse der anderen Partei ein eigenes Schutzobjekt.

Die Berufung auf Art. 1135 al. 3 Cciv ist nicht frei von Kritik: Einerseits stellt auch die Deliktshaftung nach Art. 1382 Cciv „une de ces grandes règles d'équité"[329] dar. Es liegt somit die Gefahr eines Zirkelschlusses nahe, dass Art. 1135 al. 3 Cciv auf Art. 1382 Cciv verweist; dies trägt zu dem undurchschaubaren Verhältnis von Vertrags- und Deliktshaftung bei.[330]
Andererseits besteht Skepsis gegenüber der praktisch[331] unbegrenzten Macht des Richters, im Namen der équité zu leicht neue Vertragspflichten zu entdecken.[332]
Die équité scheint manchmal sowohl den Grund für die Schutzpflichten abzugeben als auch deren Inhalt zu bestimmen, sozusagen als règle générale.[333]
Ungeklärt ist, wo die Grenzen liegen „für solche Pflichten, wenn équité nicht nur über ihre Ausgestaltung, sondern auch darüber entscheidet, ob sie ohne Vereinbarung einem Partner aufzuerlegen sind."[334] Ein Schlagwort aus der französischen Revolution lebt damit wieder auf: „Dieu nous garde de l'équité des Parlements."
Deshalb wird zum Teil vorgebracht, die obligation de sécurité beruhe nicht auf der équité, sondern „sur le respect dû à l'intégrité de la personne humaine".[335]

3. Einheitliches Schutzpflichtverhältnis

Eine Lehre vom einheitlichen Schutzpflichtverhältnis ist in Frankreich unbekannt. Der Grund dafür liegt darin, dass die vorvertragliche Haftung ausschließlich auf das Deliktsrecht gestützt wird. Vor Vertragsschluss bestehen also überhaupt keine Schutzpflichten. Damit fehlt es an dem von dieser Lehre kritisierten Wechsel der Rechtsnatur der Schutzpflichten mit Vertragsschluss. Vereinzelt wird aber vertreten, dass auch die Verletzung einer vorvertraglichen

---

327 Cass, 1re, 17.01.95, zitiert nach Leveneur, D&P 98/03, S. 74; Cass, 20.03.89, zitiert nach Picod, D 89, chron., S. 382; Picod, JCl., Fasc. 11, 6; Mayer, S. 59; Mainguy, D&P 98/12, S. 69; Prieur, PA, 24.06.98, S. 31, der TGI Paris, 30.06.97, zitiert; Jourdain, GP 97 chron., S. 1197.
328 Cass, 1re, 28.02.89 „SA Percevant c/Office public d'HLM de Vauves et Guillermin", RTD civ. 90, S. 951, obs. Mestre; Terré//Simler/Lequette, n° 430; Cass, 1re, 14.12.82, Bull.civ.I, n° 362.
329 Mazeaud-Tunc, S. 16
330 vgl. Radé, D 98, chron., S. 301.
331 Theoretisch zumindest zieht die Cour de cassation die Grenze, dass der Vertragsinhalt nicht geändert werden darf, z.B. Cass, 3e, 01.03.89, RTD civ. 91, 113, obs. Mestre. Sie ist aber in ihrer Bewertung frei.
332 Leveneur, D&P 98/03, S. 77, der als Voraussetzung eine "criante inéquité" fordert.
333 S. Cass, 1re, 13.10.87, Bull. civ. 87 I, n° 262.
334 Sonnenberger, FS Odersky, S. 712.
335 CdA Toulouse, 09.06.92, D 92, I.R., S. 264; Mestre/Laud, S. 20.

Aufklärungspflicht der Vertragshaftung zu unterwerfen sei.[336] Dies geht in die Richtung der Lehre vom einheitlichen Schutzpflichtverhältnis, soweit mit dem Zeitpunkt der Vertragsschlusses kein Wechsel der Rechtsnatur angenommen wird. Es geht aber nicht um die Einführung einer neuen, neben Vertrag und Delikt eigenständigen, Grundlage für die Schutzpflichten, vielmehr wird der Anwendungsbereich des Vertragsrechts ausgeweitet.

C. Supranationales Recht

Die Schutzpflichten werden weder in den UP noch in den PECL ausdrücklich genannt.

I. Die Unidroit Prinzipien

Bei den Schutzpflichten handelt es sich um implizite Vertragspflichten.[337] Diese sind in Art. 5.2 und 5.3. UP geregelt, wobei Art. 5.3 als besondere Nebenpflicht den devoir de collaboration regelt. Die Schutzpflichten sind keine Ausformung der Mitwirkungspflicht, da sie sich in erster Linie nicht auf das Vertragsinteresse beziehen. Deshalb sind sie auf Art. 5.2 zu stützen, der eine Liste von vier Anhaltspunkten für die Nebenpflichten enthält. Buchstabe (a) spricht „du nature et du but du contrat“, (b) von « des pratiques établies entre les parties et les usages », (c) « de la bonne foi » und (d) « de ce qui est raisonable ». Die Vertragsnatur und das Vertragsziel scheint am besten geeignet, Schutzpflichten zu beherbergen, und zwar nicht nur wegen seiner Nennung an erstere Stelle. Es ist ein präziseres Kriterium als Treu und Glauben in Buchstabe (c) und hat außerdem den Vorteil, dem Rechtsanwender ein Hilfsmittel an die Hand zu geben, von welchen Kriterien er sich bei der Suche nach Schutzpflichten leiten lassen soll, nämlich dem Vertragsinhalt und dem Vertragszweck. Die eingeschränkten Schutzpflichten der UP lassen ist also aus Art. 5.2 (a) UP herleiten.

II. PECL

Die Mitwirkungspflicht aus Art 1:202 PECL kann die Schutzpflichten nicht begründen; es ginge zu weit, daraus eine Pflicht abzuleiten, den anderen in seinem Integritätsinteresse nicht zu schädigen. Bei den Schutzpflichten handelt es sich vielmehr um implied terms i.S.v. Art. 6:102 PECL. Als solche können sie sich aus dem Parteiwillen, der Natur und dem Zweck des Vertrages oder aus Treu und Glauben ergeben. Der Parteiwille wird in dieser Hinsicht i.d.R. unergiebig sein, eine Ableitung daraus würde zu den von den französischen Gerichten lange Zeit verfolgten „Hellsehereien“ führen. Die Vertragsnatur und der Vertragszweck sind der geeignete Anhaltspunkt für die Schutzpflichten, nicht nur, weil er der zweite Punkt, vor Treu und Glauben, ist.[338] Auf diese Weise wird nämlich zum einen klar, dass die PECL nach ihrem

---

[336] Le Tourneau, responsabilité des vendeurs, S. 17; Espagnon, JCl, S. 10 zitiert Cass com, 25.06.80, Bull.civ IV, n°276: Fabrikant hat Farbe für einen bestimmten Gebrauch angeboten – Mangel - Vertragshaftung.

[337] Denkbar wäre auch die Schutzpflichten aus Art. 4.8 UP abzuleiten; i.E. bestünde jedoch kein Unterschied, vgl. Bonell, int. restatement, Fn. 96.

[338] Dag. Krebs, S. 585, der auf Treu und Glauben ohne weitere Erörterung abstellt.

Anwendungsbereich nicht das gesamte Integritätsinteresse erfassen. Es muss vielmehr eine enge Verbindung zwischen Rechtsgüterschutz und Vertrag bestehen. Zum anderen wird so der Rückgriff auf die Generalklausel von Treu und Glauben vermieden. Damit wird der Freiheit der Richter/Schiedsrichter eine Schranke gesetzt und zur Rechtssicherheit beigetragen. Dem Anwender der PECL wird durch den Hinweis auf den Vertragsinhalt und den Vertragszweck wenigstens eine magere Hilfestellung gegeben, wann Schutzpflichten Vertragspflichten sind.

D. Rechtsvergleichung

Im deutschen Recht wurden nach anfänglichem Zögern des Reichsgerichts die Schutzpflichten sehr schnell aus §242 BGB abgeleitet. In Frankreich dagegen hielt man lange Zeit an der théorie de volonté fest und suchte einen Ansatzpunkt im Parteiwillen für die Schutzpflichten. Während die Rechtsprechung Artt. 1134 und 1135 Cciv großzügig anwendet, sind noch heute viele französische Autoren zurückhaltend, Schutzpflichten über Artt. 1134 oder 1135 Cciv. an einen Vertrag anzuheften. Dies erklärt, warum die Objektivierung des ursprünglich rein subjektiven Vertrages in Deutschland stärker fortgeschritten ist als in Frankreich.[339]

Weder §242 BGB noch Art. 1135 Cciv enthalten einen operativen Gehalt, die konkrete Anwendung wird dem Richter überlassen. Deshalb beruhen die Schutzpflichten vollständig auf Richterrecht. In Deutschland hat sich dies nun mit dem neuen §241 II BGB geändert, auch wenn inhaltlich die von der Rechtsprechung entwickelten Grundsätze weiter gelten sollen. Trotzdem wird es auch weiterhin weder in Deutschland noch in Frankreich für die Anerkennung einer Schutzpflicht darauf ankommen, ob eine entsprechende vertragliche Pflicht in Übereinstimmung mit dem Parteiwillen bzw. nach dem Vertragsinhalt besteht, sondern darauf „ob die Annahme einer solcher Pflicht im Interesse einer vernünftigen Risikoverteilung geboten ist“[340], ob dem Geschädigten über die Mängel des Deliktsrechts hinweg geholfen werden muss. Im Hinblick auf dieses Ergebnis wird eine vertragliche Schutzpflicht bejaht oder abgelehnt.

Etwas deutlicher sind die UP und die PECL, die die Schutzpflichten auf den Vertragszweck und den Vertragsinhalt stützen. Damit ist der Anwender nicht gänzlich der Willkür des Richters ausgeliefert.

§2. Zwingende oder abdingbare Pflichten

Stehen die Schutzpflichten zur Disposition der Vertragsparteien? Es geht darum, ob diese die Schutzpflichten ausschließen können, oder ob es sich dabei um zwingende Vorschriften handelt.

---

[339] Constantinesco, S. 151.
[340] Kötz/Flenner, S. 185.

A. Deutsches Recht

Nach der ganz herrschende Meinung sind die Schutzpflichten in dieser Hinsicht nicht anders zu behandeln als die gewöhnlichen Nebenpflichten. Sie stehen zur Disposition der Parteien und können damit nach den allgemeinen Regeln ausgeschlossen werden. Auch eine Freizeichnung von der Haftung für Schutzpflichtverletzungen ist möglich.[341] Eine Haftungsbeschränkung, die auch den Vorsatz umfasst, ist jedoch nach §276 III BGB in jedem Fall unzulässig. §619 untersagt jede Einschränkung der gesetzlich normierten Schutzpflicht des §618 BGB.
Eine Haftungsbeschränkung in allgemeinen Geschäftsbedingungen ist nach §309 Nr. 7 a BGB ausgeschlossen, soweit es um eine Verletzung von Leben, Körper oder Gesundheit geht. Ansonsten ist Buchstabe b) zu beachten, wonach ein Ausschluss der Schutzpflichten oder die Beschränkung der Haftung nur für den Fall leichter Fahrlässigkeit und Fahrlässigkeit zulässig ist. Auch können Schutzpflichten im konkreten Vertrag so unverzichtbar erscheinen, dass sie als Kardinalpflichten nach §307 II 2 BGB nicht in AGBs beschränkt werden dürfen.[342] Dies gilt für „grundlegende Verkehrssicherungspflichten“, mit deren Erfüllung der Vertragspartner rechnen kann.[343]

B. Französisches Recht

I. Grundsatz
Grundsätzlich sind vertragliche Haftungsbeschränkungen außer bei Vorliegen von dol oder faute lourde wirksam[344], zur Begründung wird auf Artt. 1152 und 1627 Cciv verweisen. Eine Ausnahme besteht: « La liberté contractuelle s'arrête quand on essaie d'échapper à l'observation de devoir de ne pas nuire à autrui ».[345] Diese Ansicht von Ripert ist heute herrschende Meinung in Frankreich.[346] Die Schutzpflichten gehörden zum ordre public und stehen deshalb nicht zur parteivertraglichen Disposition. Dies gilt sowohl für den Schutz der Person des Vertragspartners als auch für den Schutz seines Eigentums.[347] Das Verbot erfasst sowohl den Ausschluss der Schutzpflichten an sich, wie auch den Ausschluss oder die Begrenzung der Haftung.[348] Auch die

---

[341] MüKo/Roth, §242, Rn. 302; Krebs, S. 528; Larenz, SR Bd. I, S. 229 u. 553; Hoffmanns, S. 137; Staudinger/Löwisch, Rn. 32; dag. Esser-Schmidt, S. 146: Schutz, der nicht auf rechtsgeschäftlichen Erwägungen, sondern auf sozialem Kontakt beruht, steht nicht ohne weiteres zur Disposition der Parteien.
[342] MüKo/Roth, §242, Rn. 302; Wiedemann, S. 1273ff.
[343] BGH, WM 79, 554.
[344] Stark, D 74, chron., S. 159.
[345] Ripert, S. 56
[346] Cass, civ., 02.08.40, D 51.1.581; Cass, 1re, 2.12.97, Defrénois, 98 S. 330; Viney, Introduction, S. 329; Leveneur, D&P 98/03, S. 75; Bénabent, Obligations, S. 280f.; Veaux, JCl. Fasc. 15, 13, bzgl obligation de sécurité im Transportvertrag mit Argument, dass es sich um eine obligation essentielle handelt. Sarrut, D 1913.1.250: der procureur général des Verfahrens „Zibi“, 1911 (s.o.) lehnte den Haftungsausschluss ab, da die obligation de sécurité im Mittelpunkt des Transportvertrages stehe. Brunet, GP 52, S. 26; D. Mazeaud, GP 97, chron., S. 1207 bzgl. obligation de sécurité. Meller, S. 48 m.w.N; bereits Sainctelette, S. 103.
[347] Vgl. Gesetz vom 13.05.98 über die Produkthaftung, Art. 1385-15 Cciv.
[348] S. Bénabent, Obligations, S. 281f.

vertragliche Verschärfung der Beweisanforderungen ist – zumindest was Körperschäden anbelangt - ausgeschlossen.[349] Damit werden auf die Schutzpflichten dieselben Regeln wie auf das Deliktsrecht angewendet.[350]
Gesetzlich niedergelegt ist dieses Verbot in Art. 103 al. 3 Ccom für Warentransportverträge und für die Verbraucherverträge seit dem Dekret vom 24.03.78[351]: „Toute clause limitative ou élisive de responsabilité est prohibée dans les contrats de vente entre des professionnels et des non-professionnels.“. Eine gesetzliche Grundlage findet die Ablehnung der Abdingbarkeit der Schutzpflichten ferner in Art. 12 Produktshaftungsrichtlinie und hinsichtlich der clauses abusives in Nr. 1 a des Annex zu L 132-1 Ccons für Körperschäden. Die Cour de Cassation hingegen hat sich nie ausdrücklich gegen die Zulässigkeit solcher Klauseln ausgesprochen.

Zwei Argumente dienen der Begründung dieses Grundsatzes: Bei den Schutzpflichten handelt es sich um gesetzliche oder richterrechtliche Pflichten, die unabhängig vom Parteiwillen oktroyiert, die Vertragsgerechtigkeit verfolgen. Der Schadensersatz ist für den Geschädigten wegen des Eingriffs in seine essentiellen Rechtsgüter von besonderer Bedeutung, so dass ihm sogar ein verfassungsrechtlicher Rang zukommt.[352] Deshalb sind die Schutzpflichten per se, d.h. als Verwirklichung der Vertragsgerechtigkeit, essentieller Bestandteil des Vertrages und stehen nicht zur Disposition.[353]
Ferner stützt sich die herrschende Meinung für die obligation de sécurité quant à la personne auf Artt. 1126, 1128 Cciv, aus denen der Grundsatz abgeleitet wird, dass der menschlicher Körper nicht Vertragsgegenstand sein kann. Daraus wird abgeleitet, dass nicht nur die Verfügbarkeit der Person an sich, sondern schon die Verfügbarkeit potentieller auf der Verletzung einer Person beruhender Ansprüche ausgeschlossen ist.[354]

II. Ausnahmen und Kritik

Die Rechtsprechung lässt eine Beschränkung der Schutzpflichten zu, wenn Vertragspartner zwei „professionnels de même spécialité“ sind und die Hauptpflicht des Vertrages nicht entgegensteht.[355] Soll eine Informationspflicht eingeschränkt werden, so ist weiterhin erforderlich, dass der Gläubiger sich die Information selbst verschaffen kann.[356]

Ein Teil der Lehre spricht sich für die Zulässigkeit des Haftungsausschlusses und der Haftungsbeschränkung aus. Darauf deute zum einen die Regelung des Art. 98 Ccom hin. Die Schutzpflichten seien ferner keine zwingende Regel,

---

349 Sarrut, D 1913.1.250. Bénabent, Obligations, S. 281f.
350 Cass, 2e, 17.02.55, D 56.1.17, note Esmein: clauses limitatives de responsabilité délictuelle sind unwirksam.
351 Zum Gesetz 78-23 vom 10.01.78.
352 Viney, Effets, S. 377.
353 Argument bei D. Mazeaud, GP 97, chron., S. 1207 für die obligation de sécurité.
354 Meller, S. 48; Bénabent, Obligations, S. 101, Rn. 146; s.a. Art. 16-5 Cciv.
355 Cass, 3e, 30.10.78 und 6.11.78, JCP 79.II.19178.
356 Petit, JCl Fasc. 23, 16.

zumal sie vor nicht allzu langer Zeit entdeckt worden seien bzw. in einigen Verträgen neu entdeckt würden.[357] Darin zeige sich auch der Unterschied des Vertragsrechts zum Deliktsrecht, in dem eine solche Haftungsbeschränkung gerade nicht möglich ist.[358] Ebenso wenig sei die Annahme zutreffend, dass der Ausschluss der Schutzpflichten eine vertragliche Vereinbarung über den menschlichen Körper sei, der „hors de commerce“ ist, denn die Klauseln hätten nicht zum Zweck, dem Schuldner den Eingriff in die körperliche Integrität des Vertragspartners zu erlauben.[359] Hingewiesen wird auch auf die gesetzlichen Regelungen im Transportrecht, die eine Ersatzobergrenze vorsehen und damit zu erkennen gäben, dass auch Körperschäden nicht in jedem Umfang ersetzt würden.[360]
Deswegen sei wegen der ihnen zukommenden Bedeutung für Körperschäden der Haftungsausschluss zu untersagen, als Eingriff in das wichtigste Rechtsgut überhaupt; hinsichtlich der Verletzung der sonstigen Rechtsgüter solle dagegen aus Gründen der Vertragsfreiheit dem Haftungsausschluss volle Geltung zukommen.[361]

Die Rechtsprechung hat sich zuweilen von diesen Kritikpunkten beeinflussen lassen und eine Haftungseinschränkung für wirksam erklärt. Sie bediente sich dabei des Rechtsinstituts der Einwilligung in das Risiko. Voraussetzung war aber stets, dass der Schaden nicht – in Analogie zu Art. 1150 Cciv - durch eine „faute intentionnelle“ oder „faute lourde“, d.h. Vorsatz oder grobe Fahrlässigkeit des Schuldners verursacht worden war.[362]

C. Supranationales Recht

Grundprinzip der UP und der PECL ist gem. Art. 1.1. UP und Art. 1:102 PECL die Vertragsfreiheit. Den Vertragspartnern wird ausdrücklich das Recht eingeräumt, den Vertragsinhalt zu regeln. Grenze sind die zwingenden Regeln und der Grundsatz von Treu und Glauben. Da die Verfasser der UP und der PECL die Schutzpflichten nicht für so wichtig erachtet haben, sie explizit zu regeln, handelt es sich dabei wohl nicht um zwingende Normen. Dies entspricht auch der Vorrangstellung, die der Parteiautonomie eingeräumt wird. Eine bewußte Einschränkung der Schutzpflichten macht außerdem deutlich, dass sich die Parteien dieser Problematik bewußt waren und damit auch das Gefahrenpotenial der Vertragsbeziehung abgewogen haben. Gerade im

[357] Josserand, Cumul, S.109; Mazeaud-Tunc. D. Mazeaud, GP 97, chron., S. 1208.
[358] Cass, 2e, 17.02.55, JCP 56, 17, note Esmein; Sainctelette in Carval, S. 133. Stark, D 74, chron., S. 159, vertritt dagegen die Ansicht, dass die Klauseln im Deliktsrecht wirksam sind, aber sich auf eine Beweislastumkehr beschränken.
[359] D. Mazeaud, GP 97, chron., S. 1208.
[360] L 322-3 Code de l'aviation civile, Art. 40 L 18 juin 66 concernant le transport maritime.
[361] So D. Mazeaud, GP 97, chron., S. 1209.
[362] Cass, 1re, 28.06.89, Bull.civ. I, n° 265: Teilnehmer an einer Regatta klagt gegen Veranstalter auf Schadensersatz wegen Körperschaden. Die Cour de cassation erklärt die Haftungsklausel für wirksam, da der Gläubiger nicht den Beweis für eine „faute lourde“ des Schuldners beigebracht habe. Cass com., 09.03.90, RCA 90, n° 277: faute intentionnelle; s. Veaux, JCl. 15, 13.

internationalen Vertragsverkehr, den die UP und die PECL erfassen, ist den Parteien zuzumuten, sich über die Folgen der Einschränkungen von Vertragspflichten im klaren zu sein. Die Vertragsparteien können demnach Schutzpflichten nach dem Vertragsinhalt beschränken. Ein umfassender Ausschluss der Schutzpflichten würde aber gegen Treu und Glauben verstoßen. So bleibt in jedem Fall der Vertragspartner verpflichtet, den anderen Teil zu warnen, wenn er erkennt, dass dieser offensichtlich erheblichen und schwerwiegenden Gefahren ausgesetzt ist, die der Gefährdete nicht kennt noch erkennen kann, während sie für den Verpflichteten evident und dem anderen leicht mitteilbar sind.
Nach Art. 8:109 PECL sind Haftungseinschränkungsklauseln ausdrücklich erlaubt. Dabei handelt es sich um Klauseln, die die benachteiligte Partei im Ergebnis daran hindert, den gewöhnlichen Rechtsbehelf auszuüben.[363] Nicht unterschieden wird zwischen Klauseln, die die Haftung ausschließen, und solchen, die sie beschränken. Grenze ist ein Verstoß gegen Treu und Glauben. Diese ist z.B. bei einer vorsätzlichen oder wissentlichen Schädigung überschritten, sofern die Parteien nicht mit einer solchen Schädigung rechnen mussten.[364] In die Prüfung soll ebenfalls eingehen, welcher Vertragspartner das Risiko leichter versichern kann.[365] Nicht individuell ausgehandelte Klauseln werden außerdem der Prüfung nach Art. 4:118 PECL unterzogen.
Die UP enthalten keine Spezialregelung zu Haftungsbeschränkungen. Art. 1.5 UP bestimmt dass die aufgestellten Prinzipien generell dispositiv sind. Grenze ist Treu und Glauben, Art. 1.7. II UP. Deshalb gilt die für die PECL entwickelte Einschränkung auch hier.

Die UP und die PECL gehen damit von einer weitgehenden Zulässigkeit einer vertraglichen Haftungsfreizeichnung aus, solange diese im Hinblick auf den Vertragszweck nicht grossly unfair ist.[366] Die Schutzpflichten stehen damit grundsätzlich zur Parteidisposition. Dies widerspricht den Bestimmungen des internationalen Transportrechts[367], das Haftungsbeschränkungen untersagt.

D. Rechtsvergleichung

Das deutsche Recht erlaubt Haftungsfreizeichnungsklauseln hinsichtlich der Schutzpflichten. Das französische Recht lehnt diese hingegen mit dem Hinweis ab, dass die Schutzpflichten imperative Pflichten seinen. Die beiden Ansichten erklären sich durch die jeweilige Beziehung des Vertragsrechts zum Deliktsrecht. Da im deutschen Recht zwischen Vertrags- und Deliktsrecht Anspruchskonkurrenz besteht, ist es unschädlich, vertragliche Haftungsklauseln zuzulassen, die wichtigen Rechtsgüter werden nämlich in jedem Fall über das Deliktsrecht, §823 I BGB, geschützt. §823 BGB ist zwar durch Parteivereinkunft

---

363 v. Bar/Zimmermann, S. 466.
364 v. Bar/Zimmermann, S. 468.
365 v. Bar/Zimmermann, S. 468.
366 Ernst, in Ernst/Zimmermann, S. 139.
367 Z.B. Art. 10 convention de Berne sur les transports internationaux de voyageurs, Art. 23 Warschauer Abkommen.

barung in Grenzen abdingbar, jedoch muss seine Beschränkung gesondert geprüft werden. Im französischen Recht hingegen ist dieser Weg wegen des principe de non - cumul, d.h. der Anspruchsverdrängung des Deliktsrechts, ausgeschlossen. Der gesamte Schutz ist vom Vertragsrecht zu liefern. Das supranationale Recht befasst sich mit dieser Problematik nicht, da es auf das Vertragsrecht beschränkt ist. Es lässt Haftungseinschränkungen bezüglich der Schutzpflichten weitgehend zu.

§3. Vertragliche oder deliktrechtliche Pflichten

Die Schutzpflichten beziehen sich auf die Verletzung von Rechtsgütern und Vermögensinteressen, die dem Geschädigten bereits vor und damit unabhängig von einem Vertrag zustehen. Dies bedeutet, dass die Vertragshaftung hinweggedacht werden könnte, ohne dass sich am Verletzungstatbestand etwas ändern würde, das Deliktsrecht wäre anwendbar. Schutzpflichten wie Deliktspflichten haben nämlich den Rechtsgüterschutz zum Gegenstand. Angesichts dieser verzwickten Konstellation ist die Frage berechtigt, wo die Grenze zwischen Vertragspflichten und deliktischen Pflichten zu ziehen ist. Jede der beiden Haftungsarten hat die Tendenz, einen so großen Kreis wie möglich seiner Herrschaft zu unterwerfen. Es widerstreiten auf dem Gebiet der Schutzpflichten die zwei großen Prinzipien des Zivilrechts: „neminem laedere“ und „pacta sunt servanda“; die beide Allgemeingeltung beanspruchen.

Bereits das römische Recht hatte sich mit der Frage vertraglicher Schutzpflichten auseinandergesetzt: So bejaht Paulus eine vertragliche Informationspflicht des Verleihers, wenn der geliehene Sklave bei dem Leihnehmer einen Diebstahl begeht und der Verleiher von der kleptomanischen Anlage des Sklaven wußte.[368]

In der heutigen Lehre ist einerseits von dem „death of contract“ und seiner Absorption durch das Deliktsrecht[369], andererseits von einer Hypertrophie des Vertrags-rechts die Rede. Auch die Bildung einer neuen Gruppe von Pflichten, der sog. „contorts“, wurde vorgeschlagen.[370] Ein amerikanisches Urteil von 1907 beschreibt in heute noch gültiger Weise die Lage: „The dividing line between breaches of contract and torts is often dim and uncertain. There is no definition of either class of defaults which is universally accurate or acceptable.“[371]

Nach deutscher wie französischer Rechtsprechung sind die Schutzpflichten vertragliche Pflichten. Angesichts der Aushebelung des Deliktsrechts durch die

---

[368] D. 13, 6, 22 (Paulus 22 ad ed.): „Si servus, quem tibi commodaverim, furtum fecerit, utrum sufficiat contraria commodati actio (quemadmodum competit, si quid in curationem servi impendisti) an furti agendum sit, quaeritur, et furti quidam noxalem habere qui commodatum rogavit procul dubio est, contrario autrem commodati tunc eum teneri, cum sciens talem esse servum ignoranti commodavit.“

[369] G. Gilmore „The Death of Contract“, 1974, S. 87.

[370] Gilmore, Death of Contract, 1974, S. 90.

[371] Busch v. Interborough Rapid Transit Co., 187 N.Y. 388, 80 N.E. 197 (1907), zitiert nach Summers, S. 146.

Ausuferung der Schutzpflichten und der zum Teil willkürlich erscheinenden Entdeckung von Vertragspflichten ist diese Ansicht auf ihre dogmatische Konsistenz zu hinterfragen. Es muss eine klare Trennlinie gefunden werden, um das Gleichgewicht zwischen Vertrags- und Deliktsrecht wiederherzustellen. Dies ist umso wichtiger, als die gegenwärtigen Situation im deutschen wie im französischen Recht von einer case-law-artigen, jedenfalls unüberschaubaren Rechtsprechung geprägt ist, die zu erheblicher Rechtsunsicherheit führt.

Diese Frage ist zu trennen von der im französischen Recht vorherrschenden Frage nach der Existenz einer Vertragshaftung überhaupt. In diesem Abschnitt geht es ausschließlich um darum, ob die Schutzpflichten ihrer Natur nach vertragsrechtlich oder deliktsrechtlich zu qualifizieren sind.

A. Deutsches Recht

Der Streit um die Qualifikation der Schutzpflichten ist aus dem vorvertraglichen Bereich bekannt. Bezüglich der Phase nach Vertragsschluss wird diese Problematik kaum behandelt[372], nur vereinzelt wird Kritik an der herrrschenden vertraglichen Qualifikation, insbesondere im Hinblick auf den Mangelfolgeschaden, geübt.[373]
Die Lehre hat bislang keine überzeugende Unterscheidung zwischen der vertraglichen Schadenshaftung und der allgemeinen deliktsrechtlichen Einstandspflicht gefunden. Angesichts dessen war im Gutachten für die Schuldrechtsreform zu lesen: „Die Zuordnung ist dabei Sache des Gesetzgebers, nicht aus einem vorgegebenen Recht höherer Ordnung abzuleiten".[374] Auch dem BGH ist die Problematik der Abgrenzung bewusst. Er verlangte früher für die Annahme von vertraglichen Schutzpflichten „eine Beschränkung auf eng begrenzte Fälle"[375], „um nicht die vom Gesetzgeber getroffene unterschiedliche Ausgestaltung von vertraglicher und deliktischer Haftung auszuhebeln oder auch nur zu verwischen".[376] Diese Einschränkung wurde aber aufgegeben und es wurde anerkannt, dass Schutzpflichten Bestandteil eines jeden Vertrages sind.[377]
Mit §241 II BGB hat die Abgrenzung wieder an Bedeutung gewonnen, da §241 II BGB integritätsbezogene Pflichten ausdrücklich zu vertraglichen Pflichten erklärt. Nun fordert §241 II BGB dazu auf, eine Grenzlinie zu suchen, denn aus der überaus vorsichtigen Formulierung „kann nach seinem Inhalt" wird deutlich, dass nicht alle Schutzpflichten vertragliche Pflichten sind.
§241 II und §823 I BGB stehen sich gleichwertig gegenüber. Die Regelung des §823 I BGB mit der Beschränkung der geschützten Rechtsgüter darf nicht durch den übermäßigen Gebrauch des §241 II BGB umgangen werden. Diese Gefahr besteht umso mehr, da die Gerichte durch die Konstruktion einer vertragsähnlichen Beziehung i.S.v. §311 II BGB den fehlenden Vermögens-

[372] S. Medicus, FS Keller, S.207; Frost, S. 16.
[373] Z.B. v. Bar, JuS 82, 644.
[374] Schlechtriem, Gutachten, S. 1608.
[375] BGHZ 66, 51(56).
[376] Gelder, WM 95, S. 1255. Der Autor ist Richter am BGH.
[377] BGH 2. Senat 28.02.77, zitiert nach Gelder, WM 95, 1255.

schutz des §823 I BGB, der vielfach als Fehler empfunden wird, beheben könnten.

Im ersten Punkt werden die Folgen erläutert, die eine vertragliche oder eine deliktsrechtliche Qualifikation nach sich zieht; es geht also um die Unterschiede der Vertrags- und der Deliktshaftung. Anschließend wird die vertragliche und die deliktische Pflicht theoretisch definiert, bevor zuerst die Sicherungspflicht und dann die Informationspflicht auf ihre Qualifikation untersucht werden.

I. Die Ausgangssituation

Welche Konsequenzen zieht es nach sich, wenn man eine vertragsrechtliche oder eine deliktsrechtliche Qualifikation der Schutzpflichten bejaht?[378]
Dabei kommt es nur auf die Vorteile der Vertragshaftung gegenüber der Deliktshaftung an, denn im deutschen Recht ist die Anspruchskonkurrenz zwischen Vertrags- und Deliktshaftung anerkannt, d.h. die Anwendbarkeit des Deliktsrechts steht von vornherein fest.
In sechs Punkten unterscheiden sich die Voraussetzungen der Vertragshaftung und der Deliktshaftung. Diese Unterschiede werden dargelegt und auf ihre Relevanz untersucht.

1. Gehilfenhaftung

Während die Vertragshaftung in §278 BGB eine pauschale Einstandspflicht für den Erfüllungsgehilfen unabhängig von dem Eigenverhalten des Geschäftsherrn und der Selbständigkeit des Gehilfen kennt, kommt es für die Haftung für Verrichtungsgehilfen nach §831 BGB auf ein persönliches Verschulden des Geschäftsherrn an. §278 BGB ist wie §831 BGB bei Fahrlässigkeit wie bei Vorsatz des Gehilfen anwendbar.[379] Des weiteren wird der „unabhängige" Gehilfe von §278 BGB, nicht aber von §831 BGB erfasst.
In der Praxis ist die Einschränkung des §831 BGB mit der Verankerung unmittelbarer geschäftsherr-, sachhalter-, betriebsinhaberbezogener Aufsichts- und Organisationspflichten in §823 I BGB und einer weiten Organhaftung nach §§30f. BGB weitgehend ausgehebelt worden.[380]

2. Schutzobjekt

Die Deliktshaftung des §823 I BGB bezieht sich auf die dort aufgezählten Rechtsgüter und gewährt damit keinen Ersatz für primäre Vermögensschäden. Ein solcher wird nur in den Fällen des §823 II BGB i.V.m. einem vermögensschützenden Schutzgesetz und des §826 BGB gewährt.[381] Im

---

[378] Nach v. Bar, Deliktsrecht, S. 445, ist die Bedeutung gering, nach Krebs, S. 33, dagegen „erheblich".

[379] RGZ 63, 344 hatte noch entschieden, dass auf eine vorsätzliche Pflichtverletzung nur bei Gelegenheit der Erfüllung §278 BGB nicht anwendbar wäre. Diese Rspr. wurde in BGH, VersR 56, 367 (368) aufgegeben.

[380] S. Brüggemeier, AcP 182, S. 419; kritisch Krebs, S. 78: unzulässige Rechtsfortbildung contra legem.

[381] Das allgemeine Persönlichkeitsrecht erfasst keinen primären Vermögensschaden, sondern die Verletzung der Persönlichkeit. Auch §824 BGB hat nicht das Vermögen, sondern den

Vertragsrecht besteht dagegen nach §280 BGB eine Haftung für reine Vermögensschäden und zwar grundsätzlich unabhängig vom Grad des Verschuldens.
Die von §823 I BGB vorgegebene Beschränkung wird aber nicht konsequent durchgeführt. Seit der Anerkennung des Rechts am eingerichteten und ausgeübten Gewerbebetrieb[382] werden von §823 I BGB mit gewissen Einschränkungen auch primäre Vermögensschäden erfasst.

3. Pflichtenintensität
Die Definition der Fahrlässigkeit in §276 II BGB ist auch für das Deliktsrecht gültig.[383] Dennoch darf nicht übersehen werden, dass §276 II BGB von der „im Verkehr erforderlichen Sorgfalt" spricht. Der Sorgfaltsmaßstab ist demnach abhängig von den jeweiligen Umständen. Während im Deliktsrecht auf den allgemeinen mitmenschlichen Verkehr als Bezugspunkt abzustellen ist, gibt im Vertragsrecht die jeweilige Vertragssituation, die per se enger ist als die Zufallsbeziehung nach §§823ff. BGB und damit höhere Sorgfalt erfordert (s.o.), den Maßstab vor. Hinzu kommt, dass die Intensität der Vertragspflichten nach §242 BGB noch verstärkt ist. Dies kann insbesondere in den Fällen des Unterlassens zu einer Haftungsverschärfung führen.[384]

4. Verjährung
Durch die Schuldrechtsreform vom 01.01.02 wurden die Verjährungsfristen im Vertrags- und im Deliktsrecht angeglichen. Die Verjährung des Schadenanspruchanspruchs wegen Schutzpflichtverletzung bestimmt sich nach §§195, 199 BGB. Handelt es sich um die Verletzung einer Sicherungspflicht und wurde der Körper oder die Gesundheit des Schuldners verletzt, so verjährt der Anspruch gem. §195 BGB nach der Regelverjährung von drei Jahren.[385] Ihr Beginn hängt von der Kenntnis der anspruchsbegründenden Umstände ab und richtet sich nach §199 I BGB. Eine Begrenzung durch kenntnisunabhängige, absolute Höchstfristen findet sich in §199 II – IV BGB.
Dieselben Fristen gelten auch für einen Anspruch nach §§823ff. BGB.

5. Der Beweis
Während vor der Schuldrechtsreform die Anwendung der Beweislastumkehr aus §282 a.F. auf die Schutzpflichtverletzung umstritten war, stellt §280 I 2 BGB nun klar, dass auch bei jeder Pflichtverletzung der Schuldner den Entlastungsbeweis trägt.
Eine parallele Regelung fehlt im Deliktsrecht; der Geschädigte trägt grundsätzlich die volle Beweislast. Die Rechtsprechung lässt aber weitgehend den

---

Kredit und den guten Ruf des Betroffenen zum Schutzobjekt. Deshalb stellen diese beiden Regeln keine Ausnahme zur kleinen Deliktsklausel ohne allgemeinen Vermögensschutz dar.
[382] RGZ 51, 66.
[383] Picker, AcP 183, S. 417; Palandt/Thomas, §823, Rn. 55; Brüggemeier, AcP 182, S. 419.
[384] Vgl. Canaris, FS Larenz, S. 34.
[385] Für einige Verträge zwar gelten kürzere Verjährungsfristen, diese beziehen sich aber nicht auf die Schutzpflichtverletzungen (s.u.).

Anscheinsbeweis für Kausalität und Verschulden zu[386], bzw. nimmt eine Beweislastverteilung nach Gefahrenbereichen vor[387], wenn dem Geschädigten infolge mangelnden Einblicks in die Organisationsstruktur des Schädigers der Beweis nicht möglich ist. Der Beweis des erstens Anscheins gewährt in den meisten Fällen einen ausreichenden Opferschutz. Vertrags- und Deliktsrecht haben sich damit im Hinblick auf den Beweis weitgehend angenähert.[388]

6. Gerichtsstand
Neben dem allgemeinen Gerichtsstand aus §13 ZPO, kommt bei Vertragsverletzung der besondere Gerichtsstand des Erfüllungsortes gem. §29 ZPO und bei Deliktshaftung der derjenige der unerlaubten Handlung gem. §32 ZPO in Betracht. Auf die Schutzpflichtverletzung übertragen bedeutet dies: §32 ZPO führt zum Ort der Schutzpflichtverletzung, §29 ZPO zum Erfüllungsort der Hauptverpflichtung[389], da sich der Erfüllungsort der Nebenpflichten nach dem der Hauptpflicht richtet.

7. Ergebnis
Die Qualifikation der Schutzpflichten als vertragliche oder als deliktische Pflichten entbehrt nicht der praktischen Relevanz: Erhebliche Unterschiede bestehen im Bereich der geschützten Güter sowie des Gerichtsstandes. Geringe Unterschiede bestehen im Bereich der Pflichtenintensität und der Beweislast. Keine Unterschiede bestehen hinsichtlich der Regelverjährung und auch – zumindest in der Praxis – bezüglich der Gehilfenhaftung.

II. Definition der vertraglichen Pflichten
Eine vertragliche Pflicht ist eine Pflicht, die ihren Ursprung im Vertrag findet. Eine solche Definition hilft aber nicht weiter, denn über §242 und §241 II BGB können beliebige Pflichten, d.h. auch genuin deliktsrechtliche, zu Vertragspflichten erklärt werden. §241 II BGB enthält diesbezüglich keine Einschränkung
Deshalb ist eine Definition ex contrario, vom Deliktsrecht her, zu suchen. Der Anwendungsbereich des Deliktsrecht ist deutlich: „Deliktische Verkehrspflichten haben freilich nicht ... zum Inhalt, auf den Erwerb einer mangelfreien Kaufsache gerichtete Vertragserwartungen insbesondere Nutzungs- und Werterwartungen zu schützen (das Nutzungs- und Äquivalenzinteresse). Sie sind vielmehr auf das Interesse gerichtet, das der Rechtsverkehr daran hat, durch die von dem Hersteller in Verkehr gegebene Sache nicht in seinem Eigentum und

---

386 BGH, NJW 62, 31(32). Insbesondere bei §823 II BGB, vgl. Brüggemeier, AcP 182, S. 419.
387 BGH, 9.12.76, BGHZ 67, 383 (387).
388 S. Wagner, Schuldrechtsreform und Deliktsrecht, S. 219ff.; Schlechtriem, Vertragsordnung, S. 306, der von einer „eher theoretischen Divergenz" spricht und auf das Fehlen eines Urteils hinweist, in der unterschiedliche Beweisanforderungen für Delikts- und Vertragsansprüche dazu geführt hätten, nur die vertragliche Haftung anzunehmen. Canaris, FS Larenz, S. 34 kommt zu dem Schluss, dass das Deliktsrecht inzwischen weitgehend mit dem Vertragsrecht gleichgezogen hat. Zustimmend Schur, S. 210f.
389 Zöller/Vollkommer, §29, Rn. 25 für die Informationspflichten.

Besitz verletzt zu werden (das Integritätsinteresse).“[390] Das Deliktsrecht hat also den Zweck, das schon Vorhandene vor unerlaubter Beschädigung durch Dritte zu schützen. Dabei ist seine privatstrafrechtliche Herkunft prägend.[391] Die deliktischen Pflichten, die auf das Prinzip „neminem laedere“ zurückzuführen sind und einen „conduct which is socially unreasonable“[392] sanktionieren, bestehen gegenüber jedermann, ohne beson-deren Geltungsgrund. Damit daraus ein Anspruch entstehen kann, bedarf es zuerst einer inhaltlichen Konkretisierung und der Feststellung, dass ein Dritter gefährdet wird. Die Vertragspflichten existieren dagegen aufgrund des Vertrages und beziehen aus diesem ihren Verhaltensmaßstab. Sie sind von vornherein auf den Vertragspartner (bzw. den einbezogenen Dritten) konkretisiert[393], der Anspruchsgegner und der Anspruchsinhalt steht von vornherein, d.h. bereits vor der Schädigung, fest. Sie sind relative Pflichten.
Der Vertrag geht über die vom Deliktsrecht erfasste allgemeine Rechts- und Güterverteilung hinaus, er stellt weitere von den Vertragsparteien zu befolgende Verhaltensregeln auf. Der Grund dafür liegt darin, dass es infolge des Vertrages als Sonderverbindung und der durch ihn bewirkten Güterbewegung und – zuordnung zu einem Konflikt zwischen den Parteien kommen kann.[394] Vertragspflichten bezwecken also den Ausgleich derjenigen Interessen, die von dem konkreten Parteienkontakt und der Güterbewegung berührt werden.
Die Vertragspartner verpflichten sich im Vertrag zu bestimmten Leistungen. Ein Vertrag wäre aber überflüssig, wenn sie sich nur über die ihnen sowieso obliegenden, gesetzlichen Pflichten einigen wollten. Auch eine Ableitung solch allgemeiner Pflichten aus dem Vertrag über §241 II oder §242 BGB ist nicht möglich, denn §241 II und §242 BGB sprechen von „Schuldverhältnis“ bzw „Leistung“; sie nehmen also gerade keinen Bezug auf allgemeine, gegenüber jedermann bestehende Pflichten, sondern sie erfassen wie oben dargestellt die relativen Vertragsflichten. Dies spricht gegen eine Verdoppelung der allgemeinen Verhaltenspflichten durch ihre Aufnahme in das Vertragsrecht. Da das Deliktsrecht parallel zum Vertrag anwendbar ist, entsteht auch keine Schutzlücke. Deliktsrecht und Vertragsrecht sind nämlich beide Teile desselben Rechtssystems, dass in seiner Gesamtheit Anwendung auf die Vertragsbeziehung findet.[395] Eine Verviel-fachung der Pflichten gleichen Inhalts ist dabei nicht nur überflüssig, sondern auch schädlich, da sie den Blick auf das Rechtssystem als Einheit nimmt.

Daraus lässt sich folgende Definition für die Vertragspflichten ableiten: Vertragspflichten sind (nur) diejenigen Pflichten, die aufgrund des Vertrages gegenüber dem Vertragspartner gelten und nicht gegenüber einem beliebigen

---

[390] BGH,18.01.83, DB 83, S. 649f. Kritik gegen diese zu pauschale Einordnung bei Steinmeyer, DB 89, S. 2157ff.
[391] S. Krebs, S. 561.
[392] Prosser/Keeton, zitiert nach Summers, S. 146.
[393] Forst, S. 116. Ähnlich Stürner, JZ 76, S. 386.
[394] S.a. Frost, S. 39.
[395] So wie auch niemand auf die Idee kommen würde, sachenrechtliche Regeln gegen den Willen der Parteien in den Vertrag aufzunehmen.

Dritten bestehen. Ansonsten handelt es sich um deliktsrechtliche Pflichten. Abzustellen ist also auf den geschützten Personenkreis.[396]

III. Die Qualifikation

Unter 1 wird die Sicherungspflicht untersucht, anhand derer die Problematik erläutert wird. Im Punkt 2 wird auf die Besonderheiten der Informationspflicht eingegangen.

1. Die Sicherungspflicht

Zuerst werden die Argumente für eine vertragliche Qualifikation der Sicherungspflicht dargelegt. Anschließend werden die Kritikpunkte erläutert. Zuletzt werden die in der Lehre vorgebrachten Lösungsvorschläge, einschließlich eines eigenen Lösungsvorschlags dargestellt.

a) Vertragsrechtliche Qualifikation

„Let contract flowers bloom rather than allow the tort elephant to trample them down".[397] Die herrschende Meinung folgt der vertragsrechtlichen Qualifikation der Sicherungspflicht. Danach ist jede Verletzung der Integrität bereits vor Vertragsschluss vorhandener Rechts- und Vermögenspositionen des Vertragspartners, die im Rahmen der Vertragsdurchführung geschieht, die Verletzung einer vertraglichen Schutzpflicht.

Als Argumente werden vorgebracht: diese Lösung sei durch das Gesetz vorgegeben; die vertragliche Sonderverbindung zwischen den Vertragsparteien sei der entscheidende Pflichtverstärkungsfaktor und das Deliktsrecht sei zur adäquaten Lösung dieser Problematik nicht geeignet.

i. Anhaltspunkte im Gesetz

Das BGB spricht von der Sicherungspflicht in §241 II und in einigen Spezialnormen.

(1) §241 II BGB

Die Lektüre des §241 II BGB mag zur Annahme verleiten, die Diskussion um die Qualifikation der Schutzpflichten sei durch die gesetzliche Regelung überholt und alle Schutzpflichten seien fortan vertragsrechtlich zu qualifizieren.[398] Dabei wird aber übersehen, dass §241 II BGB auf das „Schuldverhältnis" Bezug nimmt, also nicht diejenigen Pflichten erfasst, die mit dem Schuldverhältnis nichts zu tun haben. Außerdem wird auf den Inhalt des Schuldverhältnisses verwiesen. Dies zeigt, dass keine pauschale Einteilung vorgenommen werden soll, sondern dass vielmehr das Schuldverhältnis und

---

[396] Die Abstellung auf den geschützten Personenkreis findet sich auch bei Motzer, S. 888, jedoch nicht im Zusammenhang mit der Qualifikation der Pflichten, sondern bzgl. der Abgrenzung Vertrags- und Deliktshaftung. Motzer will diese ersetzen durch eine Haftung wegen „einer jedermann gegenüber obliegenden Verpflichtung" und eine Haftung „wegen Verletzung einer im Rahmen einer Sonderbeziehung bestimmten Personen gegenüber bestehenden Pflicht".

[397] Kötz, 10 Tel Aviv University Studies in Law 195, 212 (1990).

[398] So Kuhlmann, S. 155.

damit auch die entsprechende Schutzpflicht bestimmte Kriterien aufweisen müssen, damit sie von §241 II BGB erfasst werden. Wäre eine generelle Entscheidung zugunsten der vertragsrechtrechtlichen Qualifikation gewollt gewesen, so hätte es des Zusatzes „nach seinem Inhalt" nicht bedurft. Unverständlich wäre dann auch die Formulierung „kann ... verpflichten". Um eine durchgehende Qualifizierung der Schutzpflichten als Vertragspflichten zu erhalten, wäre - parallel zur Regelung in Abs. I „ist ... berechtigt" - die Formulierung „ist ... verpflichtet" gewählt worden.
Ferner soll laut Gesetzesbegründung an der alten Rechtslage nichts geändert werden, d.h. die alte Diskussion um die Grenzlinie zwischen Vertrags- und Deliktsrecht ist nach dme Willen des Gesetzgebers weiterzuführen.
Die Qualifikationsfrage ist damit durch §241 II BGB nicht beantwortet. Aus seinem Wortlaut ergibt sich vielmehr im Umkehrschluss, ass nicht alle Schutzpflichten vertragliche Pflichten sind. Daraus wird auch deutlich, dass die Schutzpflicht bestimmte Kriterien aufweisen muss, um eine vertragliche Pflicht zu sein; §241 II BGB verlangt also ein brauchbares Abgrenzungskriterium.

(2) Sondervorschriften
Auch aus den Einzelregelungen, allen voran §618 BGB, der eine vertragliche Schutzpflicht – dies wird deutlich durch Abs. III, der von „entsprechender Anwendung" des Deliktsrechts spricht[399] - zugunsten des Dienstleistenden statuiert, lässt sich keine eindeutige Entscheidung des Gesetzgebers zugunsten einer vertraglichen Qualifikation aller Schutzpflichten ableiten. Es lässt sich nämlich in zweifacher Hinsicht argumentieren: Entweder man sieht §618 BGB als eine Sonderregelung im Bereich des Arbeitsrechts und lehnt die Analogiefähigkeit der Norm ab. Oder man betrachtet §618 BGB als Einfalltor für die Schutzpflichten, denn der historische BGB-Gesetzgeber hat in Unkenntnis der Problematik der Schutzpflichten §618 BGB nicht als abschließende Spezialregelung konzepiert, so dass §618 BGB sehr wohl analogiefähig ist. Anhand des Gesetzestextes lässt sich dies Qualifkation der Schutzpflichten nicht zweifelsfrei entscheiden.

ii. Positiver Grund
Als das Reichsgericht im Linoleumrollenfall zum erstenmal vertragliche Schutzpflichten anerkannte, führte es zu dieser Problematik lapidar aus: Es ist „anerkannt, dass sich aus einem Vertrags- oder Schuldverhältnis Sorgfaltspflichten für Leben und Eigentum des Gegners ergeben können, die mit der rechtlichen Natur des Verhältnisses i.e.S. nichts zu tun haben, jedoch aus seiner tatsächlichen Gestaltung notwendig folgen".[400]

Schließt jemand einen Vertrag, so beabsichtigt er damit, eine Güterbewegung herbeizuführen. Wie oben dargestellt, findet deshalb im Rahmen der Vertragsdurchführung und gerade wegen des Vertrages regelmäßig eine freiwillige Rechtskreisöffnung statt. Ohne die vertragliche Beziehung wäre es zu

---

[399] S. Canaris, 2. FS Larenz, S. 85.
[400] RGZ 78, 239.

der Rechtskreisöffnung und damit zur Gefährdung gar nicht gekommen.[401] Dem Schuldner der Sicherungspflicht ist es nun wegen des Abbaus der Schutzbarrieren und des Verzichts auf mögliche Selbstschutzmaßnahmen leichter möglich als einem beliebigen Dritten, die Rechtsgütern des Gläubigers zu schädigen. Dies ist ihm auch bewusst. Wegen dieser erhöhten Einwirkungsmöglichkeit muss ihn eine besondere Sorgfaltspflicht treffen.[402] Dem entspricht „die Vorstellung vom vertrauensvollen Miteinander in der Sonderverbindung anstelle des Gegeneinanders im nur deliktsrechtlich geschützten Bereich".[403] Die Schutzpflicht ist das Gegenstück zur freiwilligen Öffnung des eigenen Rechtskreises aufgrund der Vertragsvereinbarung. Da die Rechtskreisöffnung unstreitig aufgrund des Vertrages erfolgt, ist es nur billig, dass auch die Schutzpflicht als Gegenstück eine vertragliche Pflicht ist.[404]
So ist Funktion der Schutzpflichten nicht nur, den Vertragspartner zu schützen, sondern auch, die Gesamtdurchführung des Vertrages sicherzustellen.[405] Das Schädigungsverbot bezweckt nämlich auch ein vertrauensvolles Miteinander der Vertragsparteien im Rahmen der gesamten Vertragsbeziehung.
Aber das Argument, die Schutzpflicht sei das Gegenstück der freiwilligen Rechtskreisöffnung aufgrund des Vertrages, sieht sich Kritik ausgesetzt: Man kann nämlich auch umgekehrt argumentieren, dass aus der Freiwilligkeit der Rechtskreisöffnung die Übernahme des damit verbundenen Risikos erfolge.[406]

Die vertragliche Qualifikation der Schutzpflichten lässt sich des weiteren mit einer weiten Definition des Schuldverhältnisses begründen: das Schuldverhältnis umfasst alle zwischen den Vertragsparteien bestehenden Rechtsbeziehungen und somit auch die Pflicht, den Vertragspartner nicht zu schädigen.[407] Folgt man dieser Ansicht, so müsste man in konsequenter Weise die Anspruchskonkurrenz zwischen Vertrag und Delikt verneinen. Denn wenn das Schuldverhältnis alle Rechtsbeziehungen zwischen den Parteien umfasst, kann es außerhalb von ihm keine Rechtsbeziehung, d.h. auch keine deliktische geben. Dies würde zur französischen Lösung des non - cumul führen. Ein solches Verhältnis der Spezialität der Vertragshaftung zur Deliktshaftung ist aber im BGB nicht angelegt.

Ferner wird angeführt, dass die Schutzpflichten über das Verbot, den Vertragspartner durch eigenes Handeln zu schädigen, hinausgingen. Sie „enthalten auch aktive Pflichten zum Schutz der Gegenseite vor von Dritten oder der Umwelt ausgehenden Gefahren", die sich, „sofern keine allgemeine Verkehrsöffnung vorliegt, kaum deliktisch begründen lassen".[408] So trifft z.B.

---

[401] Schmidt, AcP 170, S. 508.
[402] Heinrich Stoll, AcP 136, S. 389; Frick, S. 52; Schmidt, Nachwort, S. 137; MüKo/Roth, §242, Rn. 255. Hoffmanns, S. 310; Dölle, ZstW 103, S. 74.
[403] Krebs, S. 207.
[404] Schur, S. 224, spricht diesbezüglich von der Personalität des Schuldverhältnisses.
[405] Schmidt, Nachwort, S. 141; Krebs, S. 485.
[406] Picker, AcP 183, S. 415.
[407] Frost, S. 218; Schur, S. 222.
[408] Krebs, S. 618.

den Telefondiensteanbieter die vermögensschützende Schutzpflicht, zur Vermeidung unbeabsichtiger Kosten eine Einrichtung zur automatischen Abschaltung der Telephonverbindung nach einer Stunde zu unterhalten.[409] Eine solche Pflicht ließe sich deliktsrechtlich nicht begründen.

iii. Negativer Grund

Da wohl viele Autoren an der Überzeugungskraft des positiven Arguments für die Pflichtverstärkungsfaktoren zweifeln, wird zumeist ein zweites, negatives Argument hinzugefügt: Das deutsche Deliktsrecht sei nicht geeignet, den rechtspolitisch im Vertrag für erforderlich gehaltenen Opferschutz zu gewähren; diese „Unzulänglichkeiten des deutschen Deliktsrechts“[410] müssten durch die Einbeziehung gewisser deliktischer Pflichten als Schutzpflichten in das Vertragsrecht behoben werden. Insbesondere wird auf das Fehlen einer Ersatzvorschrift für fahrlässige Vermögensschädigungen und die Möglichkeit des Entlastungsbeweises in §831 BGB verwiesen.[411]

Man könnte von einer Flucht ins Vertragsrecht vor den Mängeln des Deliktsrechts sprechen. Es handelt sich auf jeden Fall um eine „Fortentwicklung des Deliktsrechts“ – vom Ergebnis her - auf dem Terrain des Vertragsrechts unter der Maske des Vertrages.[412]

Anzumerken ist, dass es auch einen umgekehrten Trend gab, eigentlich vertragliche Pflichten deliktsrechtlich zu qualifizieren, um den Geschädigten in den Genuss eines Schmerzensgeldes zu bringen.[413] Angesichts des neuen §253 II BGB dürfte diese Bewegung heute überholt sein.

Die hM zieht zur Begründung somit sowohl die vertragsspezifische Gefährdungslage heran, wie auch die Mängel des Deliktsrechts.

---

[409] LG Heidelberg, 17.05.02, NJW 02, S. 2960. M.E. verfehlt, das LG setzt am falschen Punkt an: Problem war, dass eine gehaltene Telephonverbindung lange Zeit unerkannt bliebt, weil sie auf das Fax-Gerät umgeleitet wurde, wobei der Benutzer dies nicht erkennen konnte. Eigentlicher Schadensverursacher war demnach war nicht das Telephonieren, sondern das „Sich-Verstecken“ des Telephonats. Deshalb bezieht sich die Schutzpflicht darauf, solches Verstecken unmöglich zu machen oder den Benutzer in solchen Fällen zu warnen, sie besteht aber nicht darin, die Telephonier- und Kommunikationsfreiheit einzuschränken. Wie LG Heidelberg auch OLG Hamm, 05.11.2002, NJW 03, S. 760, das aber einschränkt: Diese Schutzpflicht besteht nur gegenüber Kunden, die die Dienste eines 0190-Serviceanbieters wahrnehmen. Diesen sei im Hinblick auf die besonders hohen Gebühren eines solchen Anbieters zuzumuten, sich in diesen Service erneut einzuwählen.

[410] OLG Köln, 17.09.93, RIW 93, S. 1023f.

[411] Medicus, Probleme, S. 19; Staudinger/Löwisch, Rn. 29; Regierungsbegründung zu §241; Schmidt, Nachwort, S. 135; MüKo/Emmerich, v. §275, Rn. 261; Helm, AcP 166, S. 406; Hoffmanns, S. 129; Krebs, S. 211; Stoll, FS. v. Caemmerer, S. 452; Dauner-Lieb in Ernst/Zimmermann, S. 312; Staub, S. 217. Seit der Schuldrechtsreform, die eine Angleichung der Verjährungsfristen mit sich brachte, kann auf die im Vergleich zur vertraglichen kürzere Verjährungsfrist der Deliktsansprüche nicht mehr verwiesen werden.

[412] So Stoll, FS v. Hippel, S. 27.

[413] Z.B. AG Frankfurt a.M., 25. 04. 02, NJW 02, S. 2253f., in dem eine eindeutige Sicherungspflicht ohne Probleme als Deliktspflicht umqualifiziert wird, damit Schmerzensgeld gewährt werden kann. Dies hat sich durch nunmehr §253 II BGB erübrigt.

b) Kritik

Die Kritik an der vertraglichen Qualifikation kommt aus zwei Richtungen: Zum einen handle es sich um genuin deliktsrechtliche Pflichten; zum anderen, führe die Aufnahme der Schutzpflichten in den Vertrag zu einer Hypertrophie des Vertrages.

i. Deliktsrechtliche Pflichten

Gegen die vertragsrechtliche Qualifkation lässt sich vorbringen, dass die Schutzpflichten nach ihrem Inhalt, fremde Güter nicht zu schädigen, genuine deliktsrechtliche Pflichten seien.[414] Der Schutz absoluter Rechtsgüter sei die spezifische Aufgabe des Deliktsrechts.[415] Das Schädigungsverbot sei nicht auf den Vertragspartner beschränkt, sondern obliege jedermann gegenüber jedermann. Die Schutzpflichten dürften deshalb dem Deliktsrecht nicht entzogen werden. Die Einschränkungen des Deliktsrechts im Rechtsgüterschutz seien zu respektieren. Der Vertrag habe mit dem allgemeinen Interesse an der Integrität der Person und der Rechtsgüter nichts zu tun. Das Erhaltungsinteresse sei Bestandeil des Allgemeinwohls, es habe nichts Vertragliches an sich.

Nach der Konzeption des BGB ist der Schutz der Erhaltungsinteressen dem Deliktsrecht zugeteilt worden. Es ist der richtige Ort für „Knochenbrüche und Tote als Tragödien“.[416] Dies zeigt sich daran, dass die vertraglichen Schutzpflichten keinen anderen Inhalt haben als die deliktischen Verkehrspflichten, d.h. bei Schutzpflichtverletzungen werden regelmäßig auch allgemeine Sorgfaltspflichten verletzt, soweit es um ein deliktisch geschütztes Rechtsgut geht.[417] Selbst Heinrich Stoll, einer der Väter der Schutzpflichten, erklärte: „Dagegen haben die Schutzpflichten mit dem Vertragsinhalt nichts zu tun“.[418] Der deliktsrechtliche Charakter der Schutzpflichten wird verdeutlicht durch den Umstand, dass die vertraglichen Haftungserleichterungen nicht auf sie anwendbar sind[419] und dass die vertragsspezifischen Verjährungsfristen für sie nicht gelten.[420] Die Tatsache, dass es sich bei den Schutzpflichten um Deliktsrecht handelt, wird außerdem durch den Umstand belegt, dass eine freiwillige Verpflichtung zum Schutz des anderen – wie sie eine vertragliche Pflicht voraussetzen würde – gar nicht möglich ist. Der Schuldner ist nämlich bereits nach §823 BGB verpflichtet, den anderen nicht zu schädigen.[421] Ein entsprechender Vertrag hätte deshalb, wenn er nicht die Modalitäten des Schadensersatzes regelt, gar keinen Inhalt. Auch der allgemeine Sprachgebrauch

---

[414] Huber, Gutachten, S. 737; Huber, Vertragsverletzungen, S. 866; Westermann/Vydlinski, §10 II 4, S. 123; Larenz, FS Ballerstedt, S. 403; Larenz, MDR 54, S. 516; Katzenmeier, S. 189.

[415] S. v. Bar, Verkehrspflichten, S. 312ff.

[416] V. Bar, Verkehrspflichten, S. 312, der den berühmten Ausspruch von Carbonnier, droit civil, t. 4, n° 295. übernimmt.

[417] Dennoch sind Schutz- und Verkehrspflichten nicht identisch, da die Schutzpflichten im Gegensatz zu den Verkehrspflichten auf einen Gläubiger konkretisiert sind, vgl. Anders, S. 171.

[418] Stoll, Leistungsstörungen, S. 28.

[419] BGH 20.11.84, MDR 85, S. 389, für §521 BGB a.F.; BGHZ 46, 313, für §708 BGB

[420] BGHZ 47, 312(319).

[421] Ähnlich Stoll, AcP 136, S. 298.

deutet auf den deliktsrechtlichen Charakter der Schutzpflichten hin: Im Gegensatz zu den anderen Vertragspflichten werden diese nämlich nicht „nicht erfüllt“, sondern „verletzt“. Der Begriff „Verletzung“ ist nun aber dem Deliktsrecht entlehnt. Selbst der BGH verwendet die Begriffe „Schutzpflichten“ und „Verkehrspflichten“ zuweilen synonym.[422]
Die Schutzpflichten sind deshalb in das Vertragsgewand gekleidete Verkehrssicherungs-pflichten. Die Verkleidung ist im Sinne einer stringenten Dogmatik nicht zu begrüßen.

Die Argumente der vertragsrechtlichen Lehre liefern außerdem keine wirklich positive Begründung der vertragsrechtlichen Qualifikation[423], sondern lediglich die Begründung für einen erhöhten Sorgfaltsmaßstab. Denn die erforderliche erhöhte Sorgfaltspflicht kann theoretisch auch durch das Deliktsrecht mittels einer „starken Verkehrspflicht“ gewährt werden.[424] Die Qualität des schadenstiftenden Verhaltens bleibt die gleiche, unabhängig von der Einwirkungsmöglichkeit[425], die Tatsache, dass es bei engem Kontakt leichter zu Verletzungen kommt, ist nicht auf die Vertragsbeziehung beschränkt. Der enge Kontakt besteht sowohl gegenüber dem Maler, der bei Vertragsausführung die Ming-Vase umwirft, wie auch gegenüber dem Freund, der zum Abendessen eingeladen dasselbe tut. Dennoch soll der erste nach Deliktsrecht und der zweite nach Vertragsrecht haften.

Abzulehnen ist ferner die durch den vertraglichen Charakter der Schutzpflichten herbeigeführte Ungleichbehandlung: warum soll der Patient oder der Fahrgast, der einen Vertrag geschlossen hat, anders und besser geschützt werden als ein Dritter, der dieselben Leistungen ohne Vertrag in Anspruch nimmt. Beide sind den gleichen Risiken ausgesetzt, die Verletzungshandlung ist in beiden Fällen die gleiche, die Pflichten, gegen die verstoßen wird, haben den gleichen Inhalt. Bei einem Schwarzfahrer ist einzusehen, dass er wegen seiner unrechtmäßigen Inanspruchnahme der Transportleistung schlechter gestellt ist, nicht aber bei einem Freund oder Arbeitskollegen, der im Auto mitgenommen wird.

Erster Nachteil der durchgehenden vertraglichen Qualifikation der Schutzpflichten ist also, dass sie zum Teil von den Deliktspflichten nicht abzugrenzen sind.

ii. Hypertrophie des Vertragsrechts

Als zweites Argument spricht gegen die vertragliche Qualifizierung der Schutzpflichten, dass dadurch eine Überbelastung des Vertrages geschaffen wird.[426] Der Vertrag absorbiert die deliktischen Pflichten, sobald sie mit ihm in Berührung kommen. Im Gesetz jedoch ist kein Rangverhältnis zwischen den

---

[422] Z.B. NJW 91, S. 921.
[423] MüKo/Roth, §242, Rn. 255.
[424] So auch Picker, JZ 87, S. 1045.
[425] Picker, AcP 183, S. 416.
[426] Picker, AcP 183, S. 393; Lieb, AcP 183, S. 334; Kreuzer, JZ 76, S. 778.

Vertrags- und den Deliktspflichten vorgegeben[427], wie sich auch aus der Anspruchskonkurrenz zwischen dem Vertrags- und dem Deliktsanspruchs ergibt. Die Schutzpflichten haben nicht immer einen logisch zwingenden Zusammenhang mit den Hauptleistungspflichten und dem Vertragszweck.[428] Deshalb kann mit Recht bezweifelt werden, ob die Integrität der Rechtsgüter überhaupt von dem schuldrechtlichen Schutzzweck des Vertrages als Instrument des Austausches gedeckt wird.[429] Der Vertrag ist Gegenstand der Privatautonomie, sein Inhalt ist – zumindest theoretisch – der privaten Ausgestaltung überlassen. Die Parteien einigen sich im Vertrag über eine Verteilung ihrer individuellen Vermögenssphären. Deshalb ist Haftungsgrund für die Vertragshaftung der „Bruch des gegebenen Wortes" und nicht die das Deliktsrecht kennzeichnende pflicht- bzw. rechtswidrige Tat.[430] Bei den Schutzpflichtverletzungen geht es aber um letztere.
Durch die Aufnahme der Schutzpflichten wird der Vertrag damit als Instrument des Güteraustausches überbelastet; dies führt dazu, dass in einigen Verträgen Schutzpflichten gekünstelt erscheinen.

Die Gefahr der Hyperthrophie des Vertragsrechts hat sich durch die Schuldrechtsmodernisierung noch verstärkt: Im Hinblick auf §311 II Nr. 3 BGB, der §241 II BGB für den Bereich „ähnliche[r] geschäftliche[r] Kontakte"[431] anwendbar erklärt, liegt die Versuchung nahe, durch eine weite Auslegung den fehlenden Vermögensschutz in §823 I BGB zu überwinden. Bei Mängeln des Deliktsrecht ist aber nicht auf das Vertragsrecht auszuweichen, vielmehr muss „im Interesse der Begründungsehrlichkeit" das Deliktsrecht korrigiert werden.[432]

c) Vorschläge
Die Darstellung der Kritikpunkte hat gezeigt, dass die vertragliche Qualifikation nicht durchgehend befriedigend ist. Die Schutzpflichten haben nämlich einerseits einen starken deliktsähnlichen Charakter, andererseits weisen sie nicht immer eine enge Beziehung zu dem Vertragszweck/-inhalt auf. Deshalb wurden verschiedene Vorschläge gemacht, um die „Grauzone"[433] der Schutzpflichten besser einzuordnen.
Vorgeschlagen wurden die einheitliche deliktsrechtliche Qualifikation (i), die Lehre vom Vertrauensverhältnis (ii) und die Einheitslehre (iii).

---

[427] Gernhuber, FS Nikisch, S. 252.
[428] Dennoch ist Frost nicht zuzustimmen, wenn sie sagt, dass eine Schutzpflichtverletzung nicht zu einem Missverhältnis von Leistung und Gegenleistung führt, S. 167. Der Gläubiger geht naturgemäß davon aus, dass der Schuldner seine Pflichten erfüllt, d.h. u.a. nicht gegen die Schutzpflicht verstößt. Dafür ist er bereit eine höhere Gegenleistung zu erbringen. Er kauft also die Sicherheit mit. Dies zeigt sich deutlich am Beispiel der Haftungsklauseln: Wurde die Haftung des Schuldners für Schutzpflichtverletzungen – soweit dies möglich ist – ausgeschlossen, so wird er im Gegenzug eine geringere Gegenleistung erhalten.
[429] Kreuzer, JZ 76, S. 780; Loges, S. 190.
[430] Brüggemeier, AcP 182, S. 423.
[431] Laut Regierungsbegründung zu §311, „Kontakte, bei denen z.B. noch kein Vertrag angebahnt, ein solcher aber vorbereitet wird".
[432] Medicus, FS Kern, S. 327.
[433] Zimmermann in Ernst/Zimmermann, S. 12

i. Lehre von der ausschließlich deliktsrechtlichen Qualifikation

Die Lehre von der deliktsrechtlichen Qualifikation wird erläutert und anschließend bewertet. Dabei wird nicht auf die Forderung der Umwandlung des §823 I BGB in eine deliktische Generalklausel im Rahmen einer Gesetzesänderung eingegangen[434], da eine solche in näherer Zukunft nicht zu erwarten ist.

(1) Darstellung der Theorie

Nach dieser Theorie sind die Schutzpflichten durchgehend deliktsrechtlich zu qualifizieren, denn das Deliktsrecht könne auf geeignetere Weise mit seinen Verkehrssicherungspflichten den Komplex der Verletzung des Vertragspartners erfassen. Alle Pflichten, die gegenüber jedermann gelten, seien Deliktspflichten, die Vertragspflichten zeichneten sich durch ihre Relativität aus. Da die Schutzpflichten ihrem Inhalt und Ziel nach, niemanden zu schädigen, gegenüber jedermann gelten, müsse es sich bei ihnen um Deliktspflichten handeln.[435] Nach der einheitlichen deliktsrechtlichen Qualifikation ergibt sich eine strenge Dichotomie der Schadenshaftung: die Vertragshaftung erfasst die Verletzung leistungsbezogener, erfüllungsorientierter Interessen, ausschließlich die Deliktshaftung erfasst die Verletzung von Integritätsinteressen. Wesentlicher Vorteil der deliktsrechtlichen Qualifikation ist es somit, klare Entscheidungen zu ermöglichen und damit zur Rechtssicherheit beizutragen.[436] Auch würde dadurch die gleiche Qualifikation im materiellen Recht und im Internationalen Privatrecht erreicht, wo die Schutzpflichtverletzungen zum Deliktsstatut gehören.[437]

Es wurde bereits festgestellt, dass die Schutzpflichten einen deliktsrechtlichen Inhalt haben und nicht in allen Fällen zum Vertrag i.S.e. Güteraustausches gehören. Da das Deliktsrecht auf die Haftung für Integritätsverletzungen zugeschnitten ist, stellen sich keine dogmatischen Probleme, entsprechende Verkehrssicherungspflichten anzunehmen. Zudem ermöglicht die Annahme von Verkehrssicherungspflichten den Verzicht auf Vertrauens- und Erklärungsfiktion zur Ableitung von Schutzpflichten aus dem Vertrag.[438]
Außerdem sind die dem Deliktsrecht vorgeworfenen Mängel in Anbetracht seiner Entwicklung zum Teil nur scheinbare, die anderen sind durch Rechtsfortbildung des Deliktsrechts zu beheben. Dies wird insbesondere dadurch bewiesen, dass der bereits erwähnte Linoleumrollenfall heutzutage ohne weiteres über das Deliktsrecht eine angemessene Lösung finden könnte[439] und dass auch der BGH inzwischen dieser deliktsrechtlichen Lösung folgt.[440] Wie oben

---

[434] S. Hübner, NJW 82, S. 2642.
[435] Dag. Canaris, 2. FS Larenz, S. 85, mit dem Verweis, dass z.B. §823 II BGB i.V.m. §266 StGB auf den Schutz einer Person, des Treugebers, zugeschnitten ist, Deliktspflichten also nicht gegenüber jedermann gelten.
[436] Medicus, FS Kern, S. 330.
[437] Huber, Vertragsverletzungen, S. 865; Bernstein, RabelsZ 41, S. 281.
[438] Katzenmeier, S. 38.
[439] Dauner-Lieb in Ernst/Zimmermann, S. 318.
[440] BGH, NJW 87, S. 2671.

dargestellt, sind die Mängel des §831 I BGB durch die Annahme von Organisationsverschulden im Bereich des §823 I BGB ausgemerzt. Ferner ist nach §831 S. 2 BGB das Handeln mit gefährlichen Waren durch einen Gehilfen von dem Geschäftsherrn in seiner Ausführung zu überwachen. Zusätzlich ist bei den Verkehrssicherungspflichten als Voraussetzung die Schaffung einer Gefahrenquelle anerkannt".[441] Auch wird vorgeschlagen, die Delegierbarkeit der Verkehrspflichten in haftungsbefreiender Weise auszuschließen.[442]
Die Beweislastverteilung im Deliktsrecht ist zwar nach dem Gesetzeswortlaut für den Geschädigten ungünstiger als im Vertragsrecht, in der Praxis reicht aber der Anscheinsbeweis und die Beweislastverteilung nach Gefahrenbereichen zum ausreichenden Schutz des Geschädigten aus.[443]
Hinsichtlich des eingeschränkten Rechtsgüterschutzes in §823 I BGB wird vorschlagen, Verkehrspflichten zum Schutz fremden Vermögens anzunehmen[444] und diese bei §823 II BGB einzuordnen. Damit könnte das Deliktsrecht auch Vermögensschäden erfassen.[445]

(2) Bewertung
Fragwürdig ist insbesondere die Verankerung der Verkehrspflichten zum Schutz des Vermögens bei §823 II BGB: die Beschränkung der deliktisch geschützten Rechtsgüter in §823 Abs. I BGB wird damit praktisch aufgehoben. Weiter spricht Abs. II von „Gesetz". Nach der Definition von Art. 2 EGBGB ist damit jede Rechtsnorm gemeint. Es wird also dem Gesetzgeber und nicht der Willkür des einzelnen Richters die Entscheidung vorbehalten.[446] Die Verkehrspflichten werden aber vom Richter fixiert und im Gegensatz zum Gesetz fehlt ihnen die Vorhersehbarkeit. Außerdem hat §823 II BGB den Zweck, den Verstoß gegen außerdeliktische Normen zu sanktionieren, auf die Verkehrspflichten als genuines Deliktsrecht passt er nicht.[447] Aus diesem Grund ist die Einbeziehung der Verkehrspflichten in Abs. II mangels Vereinbarkeit mit dem Gesetzestext abzulehnen.[448]

---

[441] Medicus, FS Kern, S. 328.
[442] V. Bar, JZ 79, S. 729.
[443] Hohloch, JuS 77, S. 305.
[444] S. v. Bar, JZ 79, S. 729.
[445] Nach der Lehre vom neminem laedere in der Sonderverbindung von E. Picker, JZ 87, S. 1053, dient die Rechtsgüterbeschränkung in §823 I BGB dazu, die Zahl der potentiellen Gläubiger zu beschränken. Daraus folgt, dass auch der primäre Vermögensschaden zu ersetzen ist, „sobald die Anerkennung seiner Ersatzfähigkeit nicht mehr die Gefahr einer Potenzierung der Gläubigerzahl zur Folge hat". Bei Schutzpflichten im Vertrag ist das potentielle Opfer bekannt; deshalb erfasst das Deliktsrecht hier auch den Vermögensschaden. Kritik bei Loges, S. 76; Canaris, 2. FS Larenz, S. 85. Die Lehre scheint mir mit §241 II BGB nicht vereinbar zu sein. Der Bezug auf das Vermögen als Schutzobjekt der Schutzpflichten wäre unnötig, wenn in solchen Fällen bereits das Deliktsrecht einen Vermögensschutz gewähren würde. Außerdem bezieht sich die Gesetzesbegründung auf den fehlenden Vermögensschutz im Deliktsrecht.
[446] Picker, JZ 87, S. 1046. Für Differenzierung BGH, WM 96, 436 (437) bzgl. der Rückwirkung, die er für richterliche Rechtsfortbildung ausdrücklich ablehnt. Dag. Canaris, FS Larenz, S. 45.
[447] Larenz/Canaris, S. 405.
[448] S. vor allem Larenz/Canaris, S. 406, der sich generell für Verkehrspflichten zum Schutz des Vermögens ausspricht, aber ihre Berücksichtigung nur ihm Rahmen des

Hauptkritik ist aber folgende: Die Lehre von der deliktsrechtlichen Qualifikation folgt derselben Methode wie die herrschende Lehre von der vertraglichen Qualifikation. Sie unterstellt nämlich pauschal alle Schutzpflichten einem Rechtsgebiet. Dadurch wird einseitig ein Aspekt des hybriden Charakters der Schutzpflichten hervorgehoben. Dabei wird übersehen, dass einige der Pflichten, die gewöhnlich als Schutzpflichten bezeichnet werden, in so engem Bezug zu dem Vertrag stehen, dass hier die deliktsrechtliche Qualifikation willkürlich erscheinen würde, so z.B. im Transportvertrag, wo die Schutzpflicht unstreitig Vertragsinhalt ist. Ebenfalls mißachtet wird, dass ein Charakter der Schutzpflichten darin besteht, den Vertragspartner vor Schäden von außerhalb der Vertragsbeziehung, d.h. durch Dritte oder durch Natureinwirkung, zu schützen. Das Deliktsrecht kann einen solchen Schutz vor Dritten aber nicht gewähren, da es nur dem Schädiger zurechenbares Handeln/Unterlassen erfasst.

Insgesamt ist die deliktsrechtliche Qualifikation der Schutzpflichten damit genau so unbefriedigend wie die vertragliche Qualifikation.[449] „Les extrêmes se touchent".

ii. Lehre von der Vertrauenshaftung

Die Lehre von der Vertrauenshaftung ist die haftungsrechtliche Fortsetzung der Lehre vom einheitlichen Schutzpflichtverhältnis.[450] Danach haben Schutzpflichten ihren Grund in dem Vertrauen der Parteien zueinander. Die Inanspruchnahme dieses Vertrauens verpflichtet den Schuldner zum Einstehen für ein Enttäuschen dieses Vertrauens. Dabei handelt es sich um eine dritte Haftungsart neben der Vertrags- und der Deliktshaftung. Dies ermöglicht die Klarstellung der Eigenständigkeit der Schutzpflichtverletzungen.[451]

Die Vertrauenshaftung folgt den Regeln über die Vertragshaftung und erklärt die §§842 – 846 BGB mit dem Hinweis, dass auch §618 BGB darauf verweist, für anwendbar.[452]

Wie bereits oben erläutert, basiert diese Lehre auf dem problematischen Begriff des „Vertrauens", dessen Konsistenz unklar bleibt. Geht es um tatsächliches Vertrauen i.S.e. aktuellen seelischen Zustandes oder um Vertrauen-Dürfen i.S.e. sozial-psychologischen Faktors[453] - und was ist mit dem blinden Vertrauen? Ferner liegt ein Vertrauensmoment allen Haftungsarten zugrunde und ist somit

---

vermögensschützenden Deliktsnormen (z.B. §826 BGB) anerkennt. I.E ist er also auch gegen eine Ausweitung des Vermögensschutzes. Zur Frage, ob §241 II BGB als Schutzgesetz i.S.v. §823 II BGB gedeutet werden kann, s.u.

449 Soergel/Teichmann, §242, Rn. 180.

450 S. Canaris, 50 Jahre BGH, der aber bezüglich der Schutzpflichten einschränkt, S. 176, wenn ihr Schwerpunkt im Deliktsrecht liegt. Dazu Kritik von Picker, AcP 183, S. 478: Das Vertrauen hat je nach Zweckmäßigkeit eine unterschiedliche Bedeutung.

451 Canaris, 2. FS Larenz, S. 103; Thiele, JZ 67, S. 657.

452 Canaris, 2. FS Larenz, S. 108. Nach Anders, S. 172, sind ausschließlich Vertragsregeln anwendbar.

453 Picker, AcP 183, S. 478; Medicus, Probleme.

nicht Spezifikum einer Haftungsart.[454] Auch geht das BGB eindeutig von zwei Haftungsarten aus. Des weiteren kann die Anwendung der §§842ff. BGB, soweit man sie für nötig erachtet, durch eine analoge Anwendung des §618 BGB begründet werden, ohne dass es des Umwegs über eine dritte Haftungsart bedürfte.
Deshalb ist diese Lehre abzulehnen.

iii. Einheitslehre
Die Einheits- oder Unitätslehre geht von der Feststellung aus, dass eine Schutzpflichtverletzung sowohl den Vertrag als auch das Gesetz verletzt.[455] In einem Einheitsanspruch werden deshalb Elemente der vertraglichen wie der deliktischen Haftung zu einem der jeweiligen rechtspolitischen Zielsetzung entsprechenden einzigen Anspruch verbunden.[456]

Von der Rechtsprechung wurde die Einheitstheorie ausdrücklich und zu Recht abgelehnt.[457] Einen gesetzlichen Anhaltspunkt für sie gibt es nicht. Sie setzt sich nämlich über die vorgegebenen Haftungsarten und damit über das Gesetz hinweg.[458]

Zusammenfassung: Keiner der vier vorgeschlagenen Wege, sei es eine pauschale vertragliche oder deliktische Qualifikation, die Kreation eines dritten Weges oder die Vermischung von Vertrags- und Deliktsrecht, werden der hybriden Natur der Schutzpflichten wirklich gerecht. Die Einheitstheorie ist mit dem Gesetzeswortlaut nicht vereinbar, die Vertrauenshaftung basiert auf einer beweglichen Grundlage, die ausschließlich vertragliche wie auch die ausschließlich deliktsrechtliche Qualifikation leiden an ihrer Starrheit, die zur Unterdrückung wesentlicher Aspekte der Schutzpflichten führt.
Es bietet sich somit an, ein flexibles Schema für die Qualifikationsfrage anzuwenden, das es erlaubt, eine Schutzpflicht nach ihrem dominanten Charakterzug dem Vertrags- oder dem Deliktsrecht zuzuschlagen.

d) Eigener Vorschlag

i. Darstellung der Ausgangslage
Die Entscheidung der Streitfrage hängt von der Vertragskonzeption ab, der man folgt. Sieht man den Vertrag als die gesamte Sonderverbindung zwischen den Vertragsparteien, so liegt die Annahme einer begleitenden vertraglichen Integritätshaftung auf der Hand. Denn die Integritätsverletzung findet ja irgendwo im Rahmen der Sonderverbindung statt, sei es aus Anlass oder bei Gelegenheit. Folgt man dagegen einer engen Konzeption des Vertrages als

---

[454] Picker, JZ 87, S. 1045. Auch Canaris, 2. FS Larenz, S. 107, gibt zu, „dass die Einordnung in die Vertrauenshaftung dort abnimmt, wo es ... Erhaltungspflichten zum Schutz von Leben, Gesundheit und Eigentum geht".
[455] Frick, S. 130.
[456] V. Tuhr, nach Schlechtriem, Vertragsordnung, S. 343.
[457] BGH, 22.,12.64, ZMR 66, S. 77.
[458] Zur ähnlichen Lehre von der Anspruchsnormkonkurrenz s.u.

Instrument der Güterbewegung und des Güteraustausches zwischen den Vertragsparteien, steht man der pauschalen vertraglichen Qualifikation der Schutzpflichten skeptisch gegenüber; die Güterbewegung wird mit Haftungsfragen belastet, die mit ihr nichts im Grunde genommen zu tun haben.
Die Lösung muss in der Mitte liegen: der Vertrag ist ein Instrument für den wirtschaftlichen Verkehr, für die Güterbewegung. Insoweit wird die enge Konzeption geteilt. Dennoch darf nicht übersehen werden, dass einige Verträge sich kraft ihres Inhalts und ihres Vertragszwecks direkt auf bestimmte Integritätsinteressen beziehen oder diese berühren. Im Bewachungsvertrag ist ausschließlicher Inhalt der Hauptleistungspflicht das Integritätsinteresse; der Werkleistungsvertrag über eine Autoreparatur beinhaltet bei natürlicher Betrachtung nicht nur die Verpflichtung des Mechanikers, den Schaden am Auto zu beheben, sondern vielmehr, dass Auto in dem Zustand vor der Reparatur minus dem angezeigten und behobenen Schaden zurückzugeben.[459] Der Vertrag wäre nämlich gerade als wirtschaftliches Instrument völlig sinnlos, wenn die Autowerkstatt nur dazu verpflichtet wäre, den angezeigten Schaden zu beheben, sie daneben aber dem Wagen bei der Reparatur weitere Schäden zufügen könnte und es dennoch zu einer Vertragserfüllung käme. In diesem Fall wäre das Äquivalenzinteresse nicht erfüllt. Wird also bei Behebung des angezeigten Schadens dem Auto ein neuer Schaden zugefügt, z.B. ein bislang funktionierendes Kabel abschnitten, so ist davon das Integritätsinteresse wie auch ein Vertragspflicht betroffen. Der Kunde erhält letztendlich nicht das, weswegen er den Vertrag geschlossen hat, nämlich ein funktionierendes Auto. Ein weiteres Beispiel: Der Personentransportvertrag verpflichtet zum Transport von Personen. Der Passagier schließt den Transportvertrag, um an Zielort seinen Tätigkeiten nachzugehen. Ihm ist nicht damit gedient, dort wegen Gesundheitsschäden nicht einsatzfähig zu sein. Deshalb ist der Schutz des Integritätsinteresses nicht wegzudenkender Bestandteil des Transportvertrages. Der Transport von Leichen kann nicht mehr als Personentransport bezeichnet werden.[460] Dagegen ist z. B. beim Kaufvertrag das Integritätsinteresse nicht immer Vertragsinhalt[461], denn Inhalt des Kaufvertrages ist der Gütererwerb, der z.B. von einem Sturz im Laden nicht betroffen ist, im Fall eines Mangelfolgeschadens jedoch schon.
Das Integritätsinteresse ist bei natürlicher Betrachtung Gegenstand einiger Verträge. Es kann aus ihnen nicht hinweggedacht werden. Außerdem ist zu unterscheiden: Das Umstoßen der Ming-Vase durch das unvorsichtige Hantieren des Malers mit seiner Leiter hat einen anderen Charakter als das Zerbrechen der Fensterscheibe durch den Fensterputzer. Im ersten Fall bleibt der Vertrag als Güteraustausch auch weiterhin sinnvoll, z.B. die Küche kann weiter geweisselt werden; im zweiten Fall hingegen, ist die Erreichung des Vertragszwecks unmöglich geworden, die zerbrochene Fensterscheibe kann mangels ihrer Existenz nicht mehr geputzt werden. Die Beispiele belegen, dass eine pauschale,

---

[459] I.E. zustimmend Brüggemeier, AcP 182, S. 448. So auch Cass, 1re, 17.03.93, RCA 93, chron. 35.
[460] Mazeaud-Tunc, vol I, n° 149.
[461] V. Bar, Verkehrspflichten, S. 314.

einheitliche Qualifikation der Schutzpflichten verfehlt ist.[462] Sie zeigen, dass das Integritätsinteresse weder ausschließlich vom Deliktsrecht erfasst wird noch sein Schutz Bestandteil eines jeden Vertrages ist. Man muss vielmehr abgrenzen.[463]

ii. Lösung

Dies zeigt, dass man auf den Inhalt des Vertrages und den Vertragszweck abstellen muss. Damit eine vertragliche Schutzpflicht angenommen werden kann, muss ein bestimmtes Integritätsinteresse zum wesentlichen Inhalt des Vertrages gehören.[464] Der Vertragszweck kann in diesen Fällen nur unter Beachtung dieses bestimmten Integritätsinteresses erreicht werden. Vertragszweck ist die Vertragsleistung, derentwillen die Parteien den Vertrag geschlossen haben. Es geht also um das Äquivalenzinteresse, das bei Verletzung der Schutzpflicht nicht erfüllt werden kann. Handelt es sich um eine Integritätsverletzung, die vom Vertragszweck nicht erfasst wird und das Äquivalenzinteresse unberührt lässt, so liegt ausschließlich eine deliktsrechtliche Pflichtverletzung vor.

Dies bedeutet aber nicht, dass das Integritätsinteresse mit dem Äquivalenzinteresse deckungsgleich sein muss, damit eine vertragliche Sicherungspflicht vorliegt, wie es z.B. im Überwachungsvertrag oder Arztvertrag der Fall ist. Es reicht aus, wenn das Integritätsinteresse Inhalt einer von mehreren Pflichten ist, deren Nichterfüllung das Äquivalenzinteresse entfallen lässt. Ähnlich wie bei der Lehre vom Schutzzweck ist zu fragen, vor welchen Schäden der Vertrag schützen soll.

Die hier vorgeschlagene Lösung greift auf Elemente zurück, die bereits für Abgrenzung von Vertrags- und Deliktsrecht verwendet werden. Für die Anwendung des Deliktsrechts auf Sachmängel kommt es darauf an, ob der Fehler an einem funktionell abgrenzbaren Teil geeignet ist, die Kaufsache zu zerstören oder zu beschädigen.[465] Geht es also um das Integritätsinteresse, so ist das Deliktsrecht anwendbar, das reine Äquivalenzinteresse untersteht ausschließlich dem Vertragsrecht.[466] Zur Abgrenzung im Bereich der Schutzpflichten wird nun der umgekehrte Schluss gezogen: es muss um das Äquivalenzinteresse gehen, damit Vertragsrecht anwendbar ist. Das reine Integritätsinteresse wird vom Vertragsrecht nicht erfasst. Nur der Bereich, in dem sich Integritätsinteresse und Äquivalenzinteresse überschneiden, wird dem Vertragsrecht zugerechnet. Die Schutzpflicht im klassischen Sinn, deren

---

[462] Deshalb kann Canaris, FS Larenz, S. 85, zugestimmt werden, wenn er sich gegen die Suche nach dem „wahren Charakter“ der Schutzpflichten wendet.

[463] S.a. Abgrenzung von Esser-Schmidt, S. 138. M.E. zu kompliziert.

[464] V. Bar, Verkehrspflichten, S. 314 spricht davon, dass die Fürsorge für den anderen „bei vernünftiger Auslegung“ eine Stütze im Vertrag finden muss (dag. Picker, AcP 183, S. 404: nicht praktikabel). I.E. bestehen wohl keine Unterschiede. M.E. ist aber die Bezugnahme auf den Inhalt (der natürlich wieder ausgelegt werden muss) vorzugswürdig. Denn „Auslegung“ lässt an die hellseherische Suche der französischen Gerichte nach Schutzpflichten denken. Die Differenzen liegen also auf terminologischer Ebene. Ähnlich wie hier Sonnenberger, FS Odersky, S. 719 (für das fr. Recht).

[465] BGHZ 86, 256.

[466] BGH NJW 85, S. 2420.

Verletzung die Durchführung und den Zweck des Vertrages gänzlich unberührt lässt[467], wird damit aufgegeben. Es muss vielmehr der Vertragszweck berührt werden, damit es zur Vertragshaftung kommen kann.

iii. Begründung

Die vorgeschlagene Lösung entspricht dem Wortlaut des §241 II BGB. Dieser nennt den Inhalt des Schuldverhältnisses als Basis für die vertragliche Sicherungspflicht, „Das Schuldverhältnis kann nach seinem Inhalt ...". Danach muss sich die vertragliche Sicherungspflicht aus dem Inhalt des konkreten Vertrages und nicht bloß aus dem Schuldverhältnis i.S.e. Organismus ergeben. Der Unterschied ist beachtlich. Bis zur Schuldrechtsmodernisierung 2002 wurden die Schutzpflichten gem. §242 BGB aus dem Schuldverhältnis an sich gewonnen, wobei §242 BGB nicht den Inhalt des Schuldverhältnisses, sondern die Leistungsbewirkung betrifft und insofern weiter ist. Dieser Weg ist mit dem eindeutigen Wortlaut von §241 II BGB nicht mehr vereinbar.
Deshalb zieht die am Äquivalenzinteresse orientierte Lösung, die im folgenden als Äquivalenzlösung bezeichnet wird, den Vertragsinhalt als Kriterium für die Annahme von vertraglichen Schutzpflichten heran. Außerdem erklärt sich auf diese Weise die Einschränkung „kann" in §241 II BGB: die Äquivalenzlösung bewirkt, dass nicht alle Verträge vertragliche Schutzpflichten enthalten, vertragliche Schutzpflichten vielmehr der Ausnahmefall sind.

Die hier vorgeschlagene Lösung klingt in der Rechtsprechung zur Abgrenzung von Vertrags- und Deliktsrecht in anderem Zusammenhang in Ansätzen bereits an: So bezieht sich nach der Rechtsprechung des BGH eine vertragliche Informationspflicht v.a. auf Umstände, die den Vertragszweck zu vereiteln drohen.[468] Ebenso wird in der Rechtsprechung der Untergerichte der Vertragszweck gelegentlich als einer von mehreren Auslösern der Schutzpflichten aufgeführt. „Ob und gegebenenfalls in welchem Umfang derartige vertragliche Schutzpflichten bestehen, hängt vom Vertragszweck, der Verkehrssitte und den Anforderungen an den redlichen Geschäftsverkehr ab".[469] Ferner ist für die Einbeziehung eines Dritten in den Schutzbereich eines Vertrages anerkannt, „dass der Vertrag nach seinem Inhalt und Zweck gerade auch auf den Schutz der geltend gemachten Interessen dieses Dritten angelegt ist".[470] Es besteht kein vernünftiger Grund, diese Überlegung des Schutzzwecks nicht auch auf den Vertragspartner zu übertragen.
Durch den Rückgriff auf eine bereits bekannte Abgrenzungsmethode passt sich die Äquivalenzmethode ausgezeichnet in die vorhandenen Rechtsstrukturen ein, ein wesentliches Umdenken ist nicht nötig.

Eine am Vertragszweck orientierte Qualifikation entspricht am besten der Erwartung der Parteien, die oben analysiert wurde. Sie können den

---

[467] Vgl. Kriechbaum, JZ 93, S. 647.
[468] BGH, ZIP 95, S. 574.
[469] LG Heidelberg, 17.05.02, NJW 02, 2960(2961).
[470] BGH, NJW 94, S. 2417.

Vertragszweck innerhalb des gesetzlichen Rahmens frei vereinbaren und sie müssen sich deshalb an ihm auch festhalten lassen. Der Verkäufer, Unternehmer, etc., der naturgemäß gar nicht haften will, muss sich festhalten lassen, weil er sich zu der Vertragsleistung verpflichtet hat und daraus Gewinn schlägt. Ebenso ist auch der Käufer, Besteller, etc. gebunden, denn er hat den Vertragszweck vorgegeben und sich auf den Vertrag eingelassen. Naturgemäß wollen die Parteien sich aber so wenig Zwängen wie möglich unterwerfen und deshalb ihre Vertragsbeziehung auf einem Minimum halten. Dieses Ansinnen respektiert die Äquivalenztheorie. Insgesamt gibt sie den Parteien die Herrschaft über ihren Vertrag zurück und schränkt die Gestaltungsfreiheit des Richters erheblich ein; denn durch die Bestimmung des Vertragszweck haben die Parteien die Möglichkeit die vertraglichen Schutzpflichten ihres Vertrages zu definieren.

Die Äquivalenzlösung hat zur Folge, dass die vertragliche Sicherungspflicht erheblich zurückgedrängt wird; nur soweit sie sich am vertraglichen Leistungsaustausch orientiert, besteht sie fort. Die übrigen Sicherungspflichten, d.h. der Sturz beim Einkauf, der Umwerfen der Ming-Vase, etc., werden dem Deliktsrecht zugerechnet, wo inhaltsgleiche Verkehrssicherungspflichten weitgehend bestehen. Das Deliktsrecht ist zu einer geeigneten Lösung dieser Fälle fähig. Den Verursacher einer Gefahrenquelle trifft eine Erfolgsverhinderungspflicht bezüglich unmittelbarer Eingriffe und eine Gefahrverhinderungspflicht bezüglich mittelbarer.[471] Der Schuldner haftet somit deliktsrechtlich für seinen räumlich-gegenständlichen Herrschaftsbereich. Seine Verkehrssicherungspflichten ergeben sich des weiteren aus einer übernommene Tätigkeit und der Eröffnung und Duldung eines Verkehrs.[472] Damit kann das Deliktsrecht alle Fälle der Schutzpflichtverletzungen erfassen.
Weder die Gehilfenhaftung noch die Beweislast stellen – wie oben erläutert – unüberwindbare Probleme dar. Wie oben erläutert ist die Existenz der Schutzpflicht als einer gegenüber den allgemeinbestehenden Anforderungen verstärkten Verhaltenspflicht gerechtfertigt. Das Deliktsrecht kann auf dieses Erfordernis der Pflichtverstärkung in geeigneter Weise reagieren: Der tatsächlich bestehende enge Kontakt zwischen Schädiger und Geschädigtem führt zu einer Verstärkung der Verkehrssicherungspflichten. Damit wird sichergestellt, dass die ausschließliche Anwendung des Deliktsrechts auf reine Integritätsverletzungen nicht zu einer Herabsenkung der Sorgfaltsanforderungen an die Vertragspartner führt. Hinsichtlich des verstärkten Schutzes des Vertragspartners ändert sich also durch eine deliktsrechtliche Qualifkation der Schutzpflichten nichts.
Einzig der fehlende Vermögensschutz im Deliktsrecht könnte stören.

iv. Problem: Vermögensschutz
Wegfallen wird durch die Äquivalenzlösung der umfassende Schutz des Vermögens, der vom positiven Deliktsrecht nicht gewährleistet werden kann.

---

[471] Larenz/Canaris, S. 366.
[472] Larenz/Canaris, S. 400.

Die vertragliche Sicherungspflicht wird nämlich nur dann das Vermögen erfassen, wenn dessen Schädigung den Vertragszweck vereiteln würde.
Eine Einschränkung des Vermögensschutzes ist bereits vom BGB vorgegeben. §823 I BGB schließt den Ersatz eines reinen Vermögensschadens aus. Dem BGB-Gesetzgeber ist die Problematik bewusst gewesen, er hat sich dennoch für diese Lösung entschieden und hat bislang seine Meinung trotz vielfacher Stimmen aus der Literatur beibehalten. Der eingeschränkte Vermögensschutz entspricht damit dem Gesetz, ein Umgehen dieser Regelung über eine vertragsrechtliche Lösung ist abzulehnen.
Allgemeine Äußerungen darüber, in welchen Fällen es zu einem Wegfall des Vermögenersatzes kommen wird, lassen sich pauschal nicht treffen. Dies hängt vielmehr vom Vertragszweck und vom Vertragsinhalt im konkreten Fall ab.[473]

v. Vorteile der Äquivalenzlösung
Die Pflichtenverdoppelung im Vertrag, die Zweispurigkeit des Güterschutzes fällt weg. Sie ist methodisch unnötig, da das Zivilrecht eine Einheit darstellt, in dem Vertrag und Delikt zusammen wirken.[474] Auch in der Rechtsprechung des BGH finden sich Ansätze, bei ausreichendem Schutz durch ein Rechtsgebiet einen parallelen Schutz durch ein anderes abzulehnen.[475]

Außerdem wird durch die ausschließlich deliktsrechtliche Erfassung derjenigen Fälle, in denen die Integritätsverletzung die Hauptleistung des Vertrages nicht berührt, die jetzt bestehende Ungleichbehandlung beseitigt, die darin liegt, ob eine Sonderverbindung angenommen wird oder nicht. Das Vorliegen einer Sonderverbindung kann nämlich durchaus vom Zufall abhängen: Der Besuch einer Einkaufspassage zur Ladenöffnungszeit stellt eine Sonderverbindung dar; derjenige nach Ladenschluss nicht. Dennoch handelt es sich um das gleiche Vertrauensverhältnis, um die gleichen Gefahrenquellen. Und was, wenn der Käufer bei Betreten der Passage annimmt, dass der Laden noch offen ist? Eine Ungleichbehandlung dieser Fälle ist m.E. nicht gerechtfertigt und wird durch die hier vorgeschlagene Lösung, nach der in diesen Fällen immer das Deliktsrecht anwendbar ist, vermieden.

Am wichtigsten ist aber der Zuwachs an Rechtssicherheit der durch die Äquivalenzlösung erreicht wird. Denn die hier entwickelte Lösung ist klar und einfach, die Bestimmung des Äquivalenzinteresses reicht aus. Der Richter wird dadurch in seiner Auslegungsfreiheit beschränkt, der Vertragsinhalt entscheidet über das Vorliegen vertraglicher Schutzpflichten.

---

[473] So bleibt z.B. im erläuterten Telefonfall die vermögensschützende Schutzpflicht bestehen. Denn Vertragzweck des Dienstvertrages mit dem Telefonanbieter ist nicht nur die Bereitsstellung der Leitung, sondern auch die Möglichkei zu telefonieren t, wann und wie lange man will. Telefoniert nun die Anlage alleine, so telefoniert der Benutzer nicht solange, wie er will. Der Vertragszweck ist damit betroffen.

[474] Bar, Deliktsrecht, S. 409, spricht im Hinblick auf das Qualifkationsproblem davon, wie sich die Teilrechtsordnungen „ergänzen".

[475] So lehnt der BGH §823 II BGB i.V.m. einem Schutzgesetz ab, wenn ein ausreichender vertraglicher Schutz besteht, s. BGHZ 84, 312(314) u. BGHZ 110, 3342(360).

2. Die Informationspflicht

Bezüglich der Informationspflicht ist die vertragliche Qualifikation allgemein anerkannt.[476] Eine allgemeine Informationspflicht gegenüber jedermann – wie die allgemeine Pflicht des neminem laedere - besteht nicht.[477] Es bedarf vielmehr einer Sonderverbindung, um eine Informationspflicht zur Entstehung zu bringen und die Anforderungen an ihren Inhalt vorzugeben. Dies bedeutet, dass anders als bei der Sicherungspflicht keine ständige Überschneidung von Vertrags- und Deliktsrecht gegeben ist.

Die Informationspflicht betrifft das Äquivalenzinteresse des Vertrages, sie sorgt dafür, dass der Vertragspartner in den vollen Genuss der Vertragsleistung kommt, dass er also u.a. nicht durch die Vertragsleistung geschädigt wird. Hierunter fällt auch die von der Regierungsbegründung angesprochene Vermögensfehldisposition. Danach kann die Informationspflicht als vorgelagerte Sicherungspflicht auftreten und Schutz durch präventive Aufklärung gewähren.

Eine Begrenzung muss vorgenommen werden; es muss nämlich verhindert werden, dass es durch die Annahme einer Informationspflichtverletzung indirekt zum Ersatz für eine solche Sicherungspflichtverletzung kommt, die oben dem Deliktsrecht zugeordnet wurde. Ansonsten wäre nämlich die Abgrenzung bei der Sicherungspflicht sinnlos. Z.B. darf der von der deliktischen Sicherungspflicht erfasste Tatbestand des Ausrutschens auf der Banane nicht in den Verstoß gegen die Informationspflicht, den Kunden vor der herumliegenden Bananenschalen zu warnen, umgedeutet werden. Des weiteren bestehen im Bereich des Vermögensschutzes Informationspflichten, denen keine Sicherungspflicht korrespondiert. Dies ist der Fall, wenn die Schädigung auf einem Verhalten des Geschädigten beruht, das der Schuldner der Informationspflicht veranlasst hat.

M.E. besteht kein Grund, die schützende Informationspflicht anders als die Sicherungspflicht zu behandeln. Beide sind Schutzpflichten, beide zielen auf die Abwehr von Gefahren und sind insofern Anwendungsfälle des neminem-laedere Grundsatzes. Es macht keinen Unterschied, ob die Gefahrenabwehr durch Mitteilung darüber oder durch anderweitiges Handeln bewirkt wird. Für den potentiell Gefährdeten kommt es ausschließlich darauf an, dass sich keine unvermutete Gefahr verwirklicht. Deshalb wird auch für die Informationspflicht als vorgelagerte Sicherungspflicht die Äquivalenztheorie vorgeschlagen.
Zwar führt dies zu einer Einschränkung des Vermögensschutzes, deren praktische Relevanz aber nicht überschätzt werden sollte. Bereits nach heutigem positiven Recht beziehen sich die vermögensschützenden Informationspflichten nämlich in der Regel zumindest auch auf das Äquivalenzinteresse, z.B. in allen Verträgen, die ein Beratungselement enthalten oder die Aufklärung über Eigenschaften und den sicheren Umgang mit dem Vertragsobjekt.

---

[476] Bereits Ihering, S. 24; Frick, S.133; Loges, S. 172.
[477] Medicus, SchuldR I, S. 63, Rn. 108

Zusammenfassung: Sicherungspflicht und Informationspflicht sind nur dann vertragliche Pflichten, wenn sie so mit dem Vertragsinhalt und Zweck verwoben sind, dass bei ihrer Verletzung das Äquivalenzinteresse des Vertrages gestört wäre; in allen anderen Fällen handelt es sich um deliktsrechtliche Pflichten.

B. Französisches Recht

Das französische Recht hat sich mit der Frage nach der Qualifikation der Schutzpflichten nicht so intensiv beschäftig wie das deutsche. Ein großer Teil der französischen Lehre stimmt zwar der von den Gerichten vorgenommenen vertraglichen Qualifikation der obligation de sécurité nicht zu. Dennoch wird in vielen Fällen nicht die Qualifikation, sondern die Vertragshaftung als ganzes angegriffen. Diese beiden Aspekte sind aber logisch zu trennen. Die Qualifikationsfrage ist der Frage nach der Haftungsart vorgelagert.
Die Cour de Cassation betrachtet die Qualifikation übrigens als question de droit und überprüft deshalb ihre Richtigkeit[478], sie kassiert aber auch bei Anwendung der falschen Haftungsart nicht, solange sich dies nicht auf das Ergebnis ausgewirkt hat.[479]

Nach der Darstellung der Unterschiede zwischen Vertragshaftung und Deliktshaftung nach positivem Recht, wird auf die französische Konzeption der Vertragspflicht eingegangen. Anschließend werden die obligation de sécurité und die obligation d'information qualifiziert.

I. Les enjeux

Wegen des Nichtkumulierungsgrundsatzes führt im französischen Recht die Anwendbarkeit des Vertragsrechts zur Unanwendbarkeit des Deliktsrechts. Die Anwort auf die Qualifikationsfrage stellt sich somit als tatsächliche Entscheidung zwischen Vertrags- oder Deliktshaftung dar. Deshalb ist – anders als bei der Analyse des deutschen Rechts – auf die Vor- und Nachteile sowohl des Vertragesrechts wie auch des Deliktsrechts einzugehen.

1. La charge de preuve

Im Deliktsrecht muss der Geschädigte prinzipiell die faute des Schädigers nachweisen. Im Vertragsrecht hängt die Beweislastverteilung vom Charakter der verletzten Pflicht ab. Handelt es sich um eine obligation de résultat, also eine Schuld, die auf ein bestimmtes Ergebnis gerichtet ist, hat der Schuldner den Entlastungsbeweis zu erbringen. Bei einer obligation de moyens hingegen, bei der ein bestimmtes Verhalten versprochen wurde, muss der Gläubiger den Beweis einer faute des Schuldners erbringen. Damit war das Vertragsrecht mit der Annahme einer obligation de résultat dem Geschädigten lange Zeit günstiger als das Deliktsrecht. Durch die richterliche Weiterentwicklung der Artt. 1384 al. 1 und 1385 Cciv zur verschuldensunabhängigen Sachhalterhaftung hat sich die Lage aber geändert. Dies führt dazu, dass das Deliktsrecht heute u.U. geringere

---

[478] Cass civ., 02.07.31, DH 31, S.506.
[479] Z.B. Cass, civ., 09.01.40, D 40.1.49: Das Untergericht hatte fälschlicherweise eine Deliktshaftung bejaht, obwohl Vertragshaftung richtig gewesen wäre.

Anforderungen an den Geschädigten hinsichtlich des Beweises stellt, als es das Vertragsrecht im Fall einer obligation de moyens tut. Eine allgemeine Feststellung ist aber nicht möglich, die Beweislastverteilung hängt letztlich vom Einzelfall ab.

2. Der Verschuldensmaßstab

Für die Deliktshaftung der Art. 1382 ff. Cciv reicht jede Art von Verschulden, einschließlich leichter Fahrlässigkeit aus. Dagegen bestand im Vertragsrecht früher die Tendenz, als Richtlinie für ein Verschulden unter Anwendung des Art.1137 Cciv auf den „bon père de famille" abzustellen, und auch diesem können „imprudences ou maladresses légères" unterlaufen.[480] Heute ist anerkannt, dass auch die faute légère Auslöser der Vertragshaftung sein kann, mit Ausnahme der contrats de bienfaisance. Dort haftet unter Hinweis auf des Art. 1891 Cciv der Schuldner bei einer faute légère nicht.

3. Ersatzfähiger Schaden

Gem. Art. 1150 Cciv erfasst der vertragliche Schadensersatz nur den bei Vertragsschluss vorhersehbaren Schaden, wobei sich die Vorhersehbarkeit nicht auf die Höhe des Schadens, sondern auf das Ausmaß des möglichen Schadens beziehen muss.[481] Der Grund für diese Begrenzung liegt darin, dass der Vertragsschuldner nur im Rahmen seiner vertraglichen Verpflichtungen haftbar ist. War der Schaden nicht vorhersehbar, so wird angenommen, dass er nicht in die Vertragsverpflichtung einbezogen wurde.[482] Das deutsche Recht kennt eine solche Beschränkung nicht, jedoch kann die Unterlassung des Geschädigten, den Schuldner über mögliche Schäden, die über das Erkennbare hinausgehen können, zu informieren, im Rahmen des §254 II BGB Beachtung finden.[483]
Im Deliktsrecht ist dagegen jeder Schaden zu ersetzen.

4. Verjährung

Der deliktische Anspruch verjährt in 10 Jahren, Art. 2270 Cciv. Im Vertragsrecht ist die Verjährung unterschiedlich geregelt, die Regelverjährung beträgt 30 Jahre, Art. 2262 Cciv.

5. Mehrere Schuldner

Mehrere Schuldner haften nach Vertragsrecht als Teilschuldner.[484] Mehrere Deliktstäter haften dagegen in solidum, d.h. als Gesamtschuldner.[485]

---

480 Husson, S. 96.
481 Belissant, S. 44.
482 Veaux, JCl fasc. 15, S. 12.
483 S. Schwenzer, JZ 88, S. 528.
484 So die hM, vgl. Meller, S. 341, Mazeaud-Chabas, S. 371. Dag. Cass, 1re, 14.10.38, Bull. civ. I, 430, nimmt condamnation in solidum an. Ausnahme im Handelsrecht, wo Gemeinschaft der Schuldner vermutet wird.
485 Cass, civ., 4.21.39, D 41, juris., S. 124.

6. Gerichtsstand
Im Deliktsrecht ist örtlich zuständig das Gericht des Wohnsitzes des Schädigers und das Gericht am Ort des Schadensverursachung, Art. 46. al. 3 NCPC. Für die Vertragsansprüche ist zuständig das Gericht am Wohnsitz des Vertragspartners oder das Gericht am Ort der „livraison effective" bzw. das Gericht am Ort der Ausführung der Dienstleistung, art. 46. al. 2 NCPC.

7. Haftungsklauseln
Grundsätzlich sind die clauses d'irresponsabilité im Vertragsrecht erlaubt, im Deliktsrecht dagegen – im Gegensatz zum deutschen Recht[486] - ohne Wirkung. Da es sich bei den Schutzpflichten aber um Pflichten mit ordre public Charakter handelt (s.o.), können sie weder ausgeschlossen noch beschränkt werden. In diesem Punkt bestehen also keine Unterschiede zwischen Vertrags- und Deliktsrecht.

8. Mise en demeure
Im Gegensatz zum Deliktsrecht ist für die Durchsetzung eines Vertragsanspruchs gem. Art. 1146 Cciv zuerst eine mise en demeure, eine Mahnung, erforderlich. Da infolge der Schutzpflichtverletzung regelmäßig der Schaden bereits eingetreten sein wird und die Pflicht nicht nachgeholt werden kann, passt eine mise en demeure für den Schadensersatzanspruch wegen Schutzpflichtverletzung nicht. Sie ist deshalb entbehrlich.[487]

9. Verschuldensfähigkeit
Eine Verschuldensunfähigkeit ist im Deliktsrecht nicht anerkannt. Für eine vertragliche Verpflichtung ist hingegen im Regelfall die „capacité" des Schuldners erforderlich.[488]

Dort wo das deutsche Recht wesentliche Unterschiede zwischen Vertrags- und Deliktsrecht kennt, nämlich im Bereich der Gehilfenhaftung und der geschützten Rechtspositionen, haben im französischen Recht das Vertrags- und das Deliktsrecht die gleiche Lösung: In beiden Fällen besteht eine umfassende Gehilfenhaftung und das Vermögen wird als Schutzobjekt erfasst.
Die Darstellung zeigt, dass erhebliche Unterschiede zwischen der Vertrags- und der Deliktshaftung bestehen, nämlich im Bereich der Beweislastverteilung, der Höhe des Schadenersatzes, der Schuldnermehrheit und des Gerichtsstandes. Die Qualifikation hat also eine große praktische Relevanz, und zwar eine viel größere als in Deutschland.

II. Definition der Vertragspflichten
Die Vertragspflicht ist ein Rechtsband zwischen zwei Personen, das die eine zur Schuldnerin der anderen macht, weil beide Parteien es so gewollt haben.[489] Die

---

[486] BGHZ 9, 306: Abdingbarkeit deliktischer Haftung durch AGBs möglich.
[487] Ebenso Malaurie/Aynès, n° 848; Le Tourneau/Cadiet, n° 232.
[488] S. Flour/Aubert, S. 120.
[489] Mazeaud-Tunc, S. 109.

Vertragspflicht findet ihren Ursprung demnach im Parteiwillen.[490] Sie ergibt sich sowohl aus den Vertragsklauseln, als auch aus dem Gesetz, das dem Vertrag eine bestimmte Wirkung beimisst.[491]
Der Vertrag ist demnach eine Situation mit ihr eigenen Pflichten. Diese Pflichten existieren nicht zwischen Unbeteiligten.[492] Obliegt dagegen eine Pflicht in einer bestimmten Situation jedermann gegenüber jedermann, d.h. unabhängig vom Vorliegen einer Vertragsbeziehung, so handelt es sich um eine Deliktspflicht. Sie betrifft einen Verstoß gegen eine allgemeine Verhaltenpflicht, deren Beachtung die Gesellschaft von ihren Bürgern erwartet. „Typiquement la responsabilité délictuelle pèse sur des gens qui ont détérioré la situation, la responsabilité contractuelle sur des gens qui ne l'ont pas amélioré".[493]

III. Die Qualifikation

Zuerst wird die obligation de sécurité und dann die obligation d'information behandelt.

1. Die obligation de sécurité

Herrschend ist eine ausschließlich vertragliche Qualifikation der obligation de sécurité (i).Sie wird insbesondere von den Gerichten vorgenommen. In der Lehre ist sie auf starke Ablehnung gestoßen (ii). Deshalb wurden von dieser alternative Lösungsvorschläge erarbeitet (iii).

a) Vertragsrechtliche Qualifikation

Die Rechtsprechung ordnet die obligation de sécurité als Vertragspflicht ein[494] und nimmt sie mittlerweile in fast allen Verträgen an. Inzwischen hat sich die obligation de sécurité teilweise vom Vertrag gelöst und existiert im Verbraucherschutzrecht auch ohne Vertrag gem. Art. 121-1 Ccons.

i. Positiver Grund

Einer der Väter der vertraglichen obligation de sécurité war Marc Sauzet. Er lieferte folgende Begründung: „Ich weigere mich, Haftungsfragen zwischen zwei Personen, die durch einen Vertrag verbunden sind, der die eine in ein Abhängigkeitsverhältnis zur anderen setzt, ebenso zu behandeln wie Haftungsfragen zwischen zwei Personen ohne jegliche vertragliche Verbindung – wenn die schadensstiftenden Ereignisse sich bei Gelegenheit der Vertragserfüllung ereignen, Annex zu dieser Erfüllung sind."[495]
Die Integritätsverletzung sei gerade wegen des Vertrages und der damit verbundenen Rechtskreisberührung eingetreten.[496] In diesen Fällen dürfe von

---

490 Constantinesco, S.134.
491 Demogue, RTD civ. 23, 657; Esmein, FS Ripert, S. 103.
492 Starck/Simler/Lequette, S. 705.
493 Tunc, responsabilité contractuelle internationale, S. 44.
494 Cass, 1re, 21.02.95, RCA 95, com n° 129 spricht von « obligation contractuelle de sécurité ». Jourdain, GP 97, chron., S. 1196; Mazeaud-Chabas, S.366; Lambert-Faivre, D 94, chron., S. 81, die sogar von einer obligation contractuelle de sécurité « généralement approuvée par la doctrine » spricht.
495 Sauzet, Carval, S. 97.
496 Esmein, D 65, juris., S.94. Mazeaud-Chabas, S. 379; Vasiliu, S. 24.

der einheitliche Vertragsbeziehung kein Teil abgetrennt werden, um ihn nach Deliktsrecht zu beurteilen.[497] Weiterhin gewähre die obligation de sécurité einen Schutz des Vertragspartners, der dem deliktischen Schutz überlegen sei. „La loi ne nous charge pas d'un rôle actif dans l'intérêt des autres; ... la charge de conserver des biens d'une personne, d'y veiller à la place de maître, peut être assumée par convention ».[498] Dem Vertragspartner gegenüber sei demnach eine besondere Sorgfalt geboten, die im Deliktsrecht unbekannt ist.[499] Zuweilen wird auch auf den Rechtsgedanken des Art. 1625 Cciv verwiesen, der im Kaufvertrag den Verkäufer zum Ersatz des Mangelfolgeschadens verpflichtet. Daraus lasse sich ableiten, dass eine Verletzung des Integritätsinteresses im Rahmen der Vertragserfüllung eine vertragliche Haftung nach sich ziehe. Deshalb müsse die verletzte Pflicht eine vertragliche Pflicht gewesen sein.[500] Der Integritätsschutz sei ferner in gewissen Verträgen, z.B dem Transportvertrag oder dem Arztvertrag, Teil der „essence" des Vertrages; er könne nicht weggedacht werden, ohne dass der Nutzen des Vertrages entfalle. Da es also um die „utilité" des Vertrages geht, müsse es sich um eine Vertragspflicht handeln.[501]
Zuletzt wird angeführt, dass es bei der Haftung nicht nur um die Zuordnung des Schadens, sondern auch um die funktionnelle Einordnung von Personen gehe. Da der Vertragspartner im Rahmen des Vertrages verletzt worden sei, müsse der Schädiger auch in seiner Qualität als Vertragspartner beurteilt werden. Deshalb muss er eine vertragliche Pflicht verletzt haben.[502]

ii. Negativer Grund
1911 war die obligation de sécurité anerkannt worden, um dem Geschädigten den im Deliktsrecht erforderlichen Beweis einer faute des Schädigers zu ersparen.[503] Durch die Anerkennung der verschuldensunabhängigen Sachhalterhaftung in Art. 1384 al. 1 Cciv ist dieser „Mangel" des Deliktsrechts aber weggefallen.[504]Das Deliktsrecht wäre für den Geschädigten regelmäßig günstiger, sofern eine obligation de sécurité - moyens angenommen wird.
Auf Mängel des Deliktsrechts kann also zur Begründung der vertraglichen Einordnung der obligation de sécurité nicht verwiesen werden.

b) Kritik
Die Entdeckung der obligation de sécurité als Vertragspflicht war von heftigen Diskussionen begleitet. Heute ist weitgehend anerkannt, dass ein Vertrag zum Schutz der Integrität des Vertragspartners und seines Eigentums verpflichten kann. Die Kritikpunkte beziehen sich deshalb auf die unreflektierte Ausdehnung der vertraglichen obligation de sécurité auf sämtliche Vertragsarten (i), die zu

---

497 Esmein, FS Ripert, S. 104.
498 Planiol, in Carval, S. 146.
499 Jourdain, GP 97, chron., S. 1197.
500 Rodière/Mercadel, Droit de Transport, n° 347.
501 Larroumet, S. 551.
502 Garapon, Droit et cultures 96, S. 119.
503 Terré/Simler/Lequette, n° 429; Malaurie/Aynès, S. 225; Mazeaud-Chabas, S. 373.
504 S. Cass, 2e, 13.03.2003 „Grillet c/SNCF", JCP 03, IV 1829: Unfälle des Personentransports, hier um Lift eines Bahnhofes, werden heutzutage deliktsrechtlich beurteilt.

einer ungerechtfertigten Einschränkung des Deliktsrechts führt (ii) und eine Benachteiligung des geschädigten Vertragspartners nach sich zieht (iii).

i. Le forçage contractuel

Unter dem Schlagwort „forçage du contrat“[505] wird die Ausdehnung des Vertragsinhalts auf Pflichten erfaßt, die mit dem Vertrag gar nichts zu tun haben. Die Richter entnähmen mit der obligation de sécurité dem Vertrag eine Bindung der Parteien, an die diese niemals gedacht hätten. Dies führe zu einer „hyperthrophie du contenu obligatoire“ des Vertrages.[506] Durch einen Akt richterlicher „Hellseherei“ würden die Verträge zu „des opérations à contenu essentiellement variable“[507] und damit zu einem Faktor der Rechtsunsicherheit. Der Vertrag sei damit nicht mehr das Kind der Parteien, sondern eine „ménage à trois“.[508]

Auch wenn diese Kritik von der théorie de volonté des 19. Jh. geprägt war, so ist sie immer noch aktuell angesichts der Einfügung der obligation de sécurité in Verträge, die bei objektiver Betrachtung keinen unmittelbaren Integritätsschutz beinhalten, wie z.B. im Kaufvertrag.

Im französischen Recht gewährt das Deliktsrecht unstreitig umfassenden Integritätsschutz. Das Gebot des neminem laedere ist eine gesetzliche Pflicht. Die obligation de sécurité erfasse nun dasselbe Verhaltensgebot, jedoch im Rahmen eines Vertrages. Eine gesetzliche Pflicht werde nun aber nicht dadurch zu einer vertraglichen, dass sie die Parteien in ihren Vertrag aufnehmen.[509] Deshalb könne die obligation de sécurité keine Vertragspflicht sein. Belegt wird die These von der gesetzlichen Pflicht mit dem Hinweis auf die herrschende Meinung, der zufolge die obligation de sécurité dem ordre public angehört und deshalb vertraglich nicht abbedungen oder eingeschränkt werden kann. Dies zeige, dass es sich um eine gesetzliche Pflicht handele, die auf der Idee der Risikohaftung basiere.[510] Bestätigt wird dieser Befund auch durch die höchstrichterliche Rechtsprechung zum principe de non-cumul (s.u.): Geht es um gesetzliche Pflichten im Rahmen der gesetzlich geregelten Berufe, z.B. des Notars[511] oder des Huissier[512], so ist ausschließlich Deliktsrecht anwendbar, unabhängig von einem Vertrag mit dem Geschädigten. Auch nach der Cour de cassation werden also gesetzliche Pflichten nicht zu Vertragspflichten, wenn sie im Rahmen einer Vertragsbeziehung eine Rolle spielen. Unverständlich sei deshalb, weshalb die gesetzliche Pflicht des neminem laedere mit Vertragsschluß zu einer vertraglichen Pflicht werden soll.

---

505 Geprägt von Leveneurs gleichnamigem Artikel, der sich von Josserand „forçage du contenu contractuel“, Recueil Geny, S.339, inspirieren ließ.

506 Josserand, DH 33, S. 90. Josserand ist aber nicht konsequent, denn in Recueil Geny, S. 334, spricht er von einer „hypertrophie du droit délictuel“.

507 Josserand, Recueil Geny, S. 339; zustimmend Leturmy, RTD civ. 98, S. 861.

508 Mazeaud, PA 06.05.98, S. 8.

509 Planion, traité, S. 645; Planiol, in Carval, S. 146; Remy, RTD civ. 98 S. 333.

510 Salailles, zitiert nach Monier, Droit et cultures 96, S. 66

511 Z.B. Cass, 1re, 18.06.96, Bull. civ. I, n° 260.

512 Z.B. Cass, 1re, 02.03.66, JCP 66.II.14622.

ii. Deliktsrechtliche Pflicht
Der zweite Kritikpunkt zielt darauf, dass die obligation de sécurité im Grunde genommen eine deliktsrechtliche Pflicht, der devoir général de diligence et de prudence, sei, und damit einzig vom Deliktsrecht geregelt werden sollte.

Im Fall der Verletzung der obligation de sécurité, trägt der Geschädigte nicht vor, dass er die erwartete Vertragsleistung nicht erhalten hat, sondern dass seine Person oder seine Güter verletzt wurden. Die Pflicht, den anderen nicht zu verletzen, ist aber eine allgemeine Pflicht, sie hat nichts vertragsspezifisches, sondern besteht gegenüber jedermann. Damit fehle der obligation de sécurité das „plus contractuel".[513] Der Vertrag regle nämlich die Interessen der Parteien, nicht aber ihr Verhalten.[514] „C'est d'artifice de faire entrer là-dedans des bras cassés et des morts d'hommes; les tragédies sont de la compétence des a. 1382 s. ».[515] Die obligation de sécurité sollte deshalb als „hors contrat" ausschließlich von Artt. 1382 ff. Cciv erfasst werden.[516] Eine dementsprechende vertragliche Pflicht anzunehmen sei überflüssig, denn der Schuldner ist zu entsprechender Sorgfalt bereits durch das Gesetz verpflichtet.[517] Eine solche Annahme führe dazu, den allgemein gültigen Charakter der Pflicht „neminem laedere" zu verschleiern.
Die Pflicht, den Partner nicht zu verletzen, besteht anerkanntermaßen bereits während der Vertragsverhandlungen vor Vertragsschluss. In diesem Stadium ist sie als gesetzliche Verhaltensregel dem Deliktsrecht unterworfen, eine vertragliche Haftung kommt mangels Vertrag nicht in Betracht. Mit Vertragsschluss wird automatisch die deliktische in eine vertragliche Pflicht umgewandelt werden. Dies zeige, dass die vertragliche Pflicht nur eine Übersetzung der deliktischen Pflichten in das Vertragsrecht sei[518], man es aber im Grunde genommen mit einer deliktsrechtlichen Pflicht zu tun habe.

Die Cour de cassation hat durch ihren Sprachgebrauch dazu beigetragen, den deliktsrechtlichen Charakter der obligation de sécurité zu stärken: anstelle von obligation de sécurité - moyens spricht sie von „obligation générale de prudence et de diligence"[519], die sich leicht mit dem deliktsrechtlichen „devoir de prudence et diligence" verwechseln lässt. Auch inhaltlich trägt die Cour de Cassation zu Missverständnissen bei, indem sie Vertragsverletzungen zugunsten eines dritten Geschädigten ohne weitere Anforderungen als faute délictuelle

---

[513] Terré/Simler/Lequette, n° 542.
[514] Viney, Introduction, S.284.
[515] Carbonnier, droit civil, t. 4, Rn. 295
[516] Jourdain, reflexion, S. 74; Jourdain, GP 97, S. 1198; Radé, responsabilité, S. 12. Malaurie/Aynès, S. 323. Dejean in Aubry&Rau, n°94; Espagnon, JCl. Fasc. 10-1, S. 6; Belissant, S. 340; Brun, thèse, S. 203ff. Einschränkend Mazeaud, PA 05.06.98, S.12, der diese Feststellung auf « eine große Zahl der Fälle der obligation de sécurité" beschränkt.
[517] Jourdain, GP 97, S. 1199, außer Fall, dass Art. 1384 Cciv nicht einschlägig ist , weil Schädiger die schadensverursachende Sache nicht mehr besitzt, z.B. Mangelfolgeschaden beim Kauf. Hier greift Art. 1625 Cciv.
[518] Viney, Introduction, S. 288. Leturmy, RTD civ. 98, S. 865.
[519] Z.B. Cass, 1re, 21.07.70, zitiert nach Abadir, D 70 juris., S. 768.

einordnet.[520] Damit erhält derselbe Tatbestand eine unterschiedliche Qualifikation, je nachdem wer Anspruchsteller ist.

Die obligation de sécurité ist nach der Cour de Cassation nicht auf den Schutz des Vertragspartners beschränkt. Anlässlich eines Kaufvertrages über ein fehlerhaftes Produkt führte das hohe Gericht aus: „Le vendeur professionnel est tenu de livrer des produits exempts de tout vice ou de tout défaut de fabrication de nature à venir au danger pour les personnes ou des biens; qu'il en est responsable tant à l'égard de tiers que de son acquéreur ».[521] Die obligation de sécurité wurde also – zumindest im Kaufrecht – vom Vertrag gelöst. Nicht mehr der Vertrag, sondern die gefährliche Sache selbst ist nunmehr Träger der Haftung. Eine Pflicht, die sowohl den Vertragspartner wie den Dritten schützen soll, kann aber schlecht eine Vertragspflicht, die per definitionem auf den Vertragspartner beschränkt ist, sein.[522] Angesichts dessen fragt sich, warum man dann den Umweg über die obligation de sécurité geht und nicht direkt Art. 1384 al. 1 Cciv als Anspruchsgrundlage heranzieht.

Es sprechen somit gewichtige Argumente dafür, die obligation de sécurité nicht als Vertragspflicht, sondern als deliktsrechtliche Pflicht einzuordnen.

iii. Benachteiligung des Vertragspartners

Ein weiterer Schwachpunkt der vertraglichen obligation de sécurité liegt darin, dass sie zu einer Benachteiligung des geschädigten Vertragspartners führen kann, obwohl sie ursprünglich ausschließlich zu seinen Gunsten geschaffen worden war.

So kommt es zu einer Benachteiligung, sobald nicht nur der Vertragspartner von dem Schaden betroffen ist.[523] Die Ablehnung der Anspruchskonkurrenz zwischen Vertrags- und Deliktsrecht führt nämlich dazu, dass sich der Vertragspartner nicht auf die verschuldensunabhängige Sachhalterhaftung des Art. 1384 al. 1 Cciv berufen kann, der Dritte aber schon; dessen Schadensersatz ist z.B. nicht nach Art. 1150 Cciv auf den vorhersehbaren Schaden beschränkt. Dies kann zu seltsamen Ergebnis führen: im Fall der freiwilligen Leistung wird stärker gehaftet als bei vertraglicher Leistungserbringung, der Freiwillige haftet nämlich ausschließlich nach Deliktsrecht.[524] Und der sich eine Leistung Erschleichende hat u.U. einen besseren, weil deliktsrechtlichen Ersatzanspruch als der Vertragspartner.[525] Eine Schlechterstellung des Vertragspartners gegenüber

---

[520] Cass, 1re, 18.07.00, RTD civ. 01, S. 146; Cass, 1re, 13.02.01, D 01, som., S. 233.

[521] Cass, 1re, 17.01.95, D 95, juris., S. 350, sog. arrêt de cérceaux. Für eine Darstellung der Thematik auf Deutsch s. Hübner, FS Lüderitz, S. 319.

[522] Savaux, RTD civ. 99, S. 12; Jourdain, Bspr. Cass, 17.01.95, RTD civ. 95, S. 353.

[523] Cass, 1re, 03.03.98. Esmein, JCP 56.I.1321; Leduc, D 96, chron., 168; Josserand, in Carval, S.111 nimmt als Beispiel die Explosion des Heizkessels einer Lokomotive im Bahnhof und kommt zu drei anwendbaren Haftungstypen.

[524] Cass, ch. mixte, 20.12.68, D 69, juris., S. 37. Zur Problematik s. Espagnon, JCl. 16-1, S. 12.

[525] Z.B. wer sich in eine Sportveranstaltung einschleicht, ohne ein Ticket zu kaufen, profitiert von einem deliktischen Ersatzanspruch, während sich der reguläre Besucher = Vertragspartner mit einer obligation de sécurité-moyens, zufrieden geben muss (s.u.).

dem unbeteiligten Dritten widerspricht aber dem Sinn der obligation de sécurité und ist auch sonst gerechtfertigt. Die Cour de cassation hat durch die erwähnte Einbeziehung Dritter in den Schutzbereich der obligation de sécurité auf diesen Vorwurf reagiert.

Ferner stellt sich die Frage, warum vor Vertragsschluss die Rechtslage eine andere ist als bei Vertragserfüllung.[526] Wie erläutert ist der Pflichteninhalt in beiden Fällen unabhängig von der Rechtsnatur der Pflicht der gleiche, die Natur der verletzten Pflicht wechselt aber.

Außerdem findet sich der Geschädigte im Fall einer obligation de sécurité – moyens in einer schlechteren Situation, als ihm nach Deliktsrecht zukommen würde. Die obligation de sécurité - moyens verpflichtet nämlich den Schuldner dazu, alles zu tun, um den Partner zu schützen; er ist aber nicht zu einem bestimmten Erfolg gehalten, den Vertragspartner „sain et sauf“ aus dem Vertrag zu entlassen. Da in einem solchen Fall, der Schadenseintritt nicht unbedingt auf einen Verhaltensfehler des Schuldners zurückzuführen ist, muss der Geschädigte die faute des Schuldners nachweisen. Im Deliktsrecht hingegen würde ein Verschulden des Schuldners gem. Art. 1384 al. 1 Cciv vermutet. Der Ersatz des Schadens ist damit stark vom Zufall geprägt. Die obligation de sécurité verfehlt so ihr ursprüngliches Ziel, den Opferschutz zu erhöhen; im Gegenteil benachteiligt sie im Fall einer obligation de moyens den Geschädigten.[527]

c) Vorschläge

Von der Lehre sind mehrere Vorschläge gemacht worden, um den aufgezeigten Mängeln der vertraglichen Schutzpflichten abzuhelfen.

i. Deliktsrechtliche Qualifikation

Eine weit verbreitete Meinung, die auf Josserand zurückgeht[528], spricht sich für die Abschaffung der vertraglichen obligation de sécurité und die ausschließliche Anwendung des Deliktsrechts aus.[529]

Es wurde bereits dargestellt, dass die obligation de sécurité mit guten Gründen als deliktsrechtliche Pflicht betrachtet werden kann, wurden doch bis 1911 die entsprechenden Fälle über das Deliktsrecht gelöst. Das Deliktsrecht kann heute die Fälle der Schutzpflichtverletzung ausreichend erfassen, es gibt keine Konstellationen, in denen das Vertragsrecht Schadensersatz gewähren würde und das Deliktsrecht nicht.

Deshalb sei nur – auch wenn Huêt darauf verweist, dass dies dogmatisch nicht ausschlaggebend sein darf[530] - auf den praktischen Vorteil einer deliktsrechtlichen Qualifikation der obligation de sécurité hingewiesen. Sie trägt zur Rechtssicherheit bei, denn es würde die zum Teil unverständliche und damit willkürlich erscheinende Unterscheidung zwischen Verträgen mit ohne Verträgen ohne eine obligation de sécurité sowie zwischen der obligation de sécurité -

---

[526] Esmein, D 65, juris., S. 94.

[527] Lambert-Faivre, D 94 chron., S. 83; Leturmy, RTD civ. 98, S. 869; Jourdain, JCP 95, 22461, S. 290; D Mazeaud, GP 97, doctr., S. 1204.

[528] Josserand, in Carval, S. 112.

[529] Malaurie/Aynès, Cours de droit civil, Bd. VI, n° 633; Durry, RCA 01, hors série, S. 24.

[530] Huêt, Thèse, S. 305.

résultat und der obligation de sécurité - moyens wegfallen. Dies spielt insbesondere für eine effektive Versicherbarkeit des Risikos eine wichtige Rolle.[531]

Die deliktsrechtliche Theorie hat aber einen großen Nachteil: das Beweislastproblem, das die Entdeckung der obligation de sécurité nötig machte, lebt dadurch wieder auf. Art. 1384 al. 1 Cciv und seine verschuldensunabhängige Haftung ist nämlich nur auf den Sachhalter anwendbar.

ii. Die théorie du fondement unique

Die Théorie du fondement unique geht ähnlich der deutschen Einheitstheorie von der Überzeugung aus, dass die Qualifikationsfrage nicht zu lösen ist und dass die summa divisio Vertragshaftung – Deliktshaftung überholt ist. Das Herunterwerfen der Ming-Vase kann mit ebenso guten Gründen als Vertragsverletzung wie als Verletzung einer deliktischen Pflicht beurteilt werden.[532] Die Abgrenzungsversuche seien eine „valse-hésitation“, die zu einer „jurisprudence chaotique“ geführt habe.[533] Die Lösung liege in der Annahme einer „obligation de sécurité ... univoque, générale et indivisible“[534], die eine eigene Haftungsart darstelle.[535] Die Haftung basiere auf der „obligation naturelle de respect de l'intégrité physique d'autrui“, sie beziehe sich auf jedermann, sei er Vertragspartner oder Dritter. Der Schädiger muss sich entlasten, der Geschädigte habe nur einen „défaut de sécurité“ zu beweisen.[536]
Zum Teil wird das Einheitssystem als eine Form der Berufshaftung betrachtet.[537]
Die Théorie verweist auf das positive Recht, in dem eine Tendenz zur Vereinheitlichung der Haftung auszumachen ist. Wie bereits erläutert hat die Cour de cassation im Kaufrecht diesen Schritt vollzogen.[538] Sowohl Art. 121-1 Ccons wie auch das Gesetz vom 5.07.85 über die Entschädigung von Autounfallopfern folgen dem Einheitssystem.

Gegen die théorie de fondement unique spricht, dass sie in der Praxis auf eine der Deliktshaftung fast gleiche Haftung hinausläuft. Anstelle die Qualifikationsfrage zu lösen, wird der Ausweg in eine neue Haftungsart gesucht. Dadurch wird das Qualifkationsproblem letztlich vergrößert, da nun zwischen drei Haftungstypen abzugrenzen ist. Außerdem können die gleichen Ergebnisse

---

[531] Viney, introduction, S. 446; Mainguy, D&P 98/12 S. 72.
[532] Esmein, FS Ripert, S. 105.
[533] Lambert-Faivre, D 94, chron., S. 81.
[534] Lambert-Faivre, D 94, chron., S. 81.
[535] Viney, GP 97, S. 1215; Maigny, D&P 98/12, S. 73, der einen neuen Titel im CC in Art. 1386 anregt. Dag. kommt Lambert-Faivre, D 94, chron., S. 83, trotz Annahme des autonomen Charakters der obligation de sécurité in der Praxis zur Anwendung des Deliktsrechts. Viney, La responsabilité conditions, S. 283, befürwortete eine möglichst weite Annährung von Delikts- und Vertragshaftung in diesem Bereich.
[536] Stark/Roland/Boyer, S. 440; Jourdain, GP 93, chron. 11313.
[537] Viney, Introduction, S. 442. S. ausführlich Schmidt, Risikostrukturen, S. 20ff. Der Gedanke der Berufshaftung klingt auch bei Josserand, in Carval, S. 112, an.
[538] Cass, 1re, 17.01.95, D 95, juris., S. 350; GP 95, 2. pan. 138, n° 250. Davor bereits einheitliche Produkthaftung durch Art. 1, loi Lalumière vom 21.07.84.

mit einer deliktsrechtlichen Qualifikation der obligation de sécurité erzielt werden.

iii. Abschaffung der obligation de sécurité - moyens

Eine verbreitete Ansicht spricht sich für die Abschaffung der obligation de sécurité - moyens aus.[539] So würde die gröbste Benachteiligung des Geschädigten, nämlich ihn der verschuldensunabhängigen Haftung des Sachhalters nach Art. 1384 al. 1 Cciv zu berauben und ihn damit schlechter zu stellen als den unbeteiligten Dritten, beseitigt. Diese Benachteiligung widerspräche dem Zweck der obligation de sécurité, der nicht sei, den Art. 1384 a.l 1 Cciv zurückzudrängen, sondern nach ihrer Entstehungsgeschichte einzig darin liege, die Rechtsstellung des Geschädigten zu verbessern. Der Vertragspartner wolle durch den Vertragsschluß sicher nicht auf den größeren gesetzlichen Schutz des Deliktsrechts verzichten. Hinzu komme, dass die Sicherheit keine verschiedenen Stufen kennt. Entweder sie werde geschützt, dann müsse sie auch erreicht werden, oder der Schuldner verpflichte sich nur zu einem Verhalten, nicht aber zur Sicherheitsgewährung.[540] Logisch sei deshalb die obligation de sécurité nur als obligation de résultat denkbar.
Außerdem widerspräche die Annahme einer obligation de sécurité - moyens der herrschenden Ansicht, dass das Deliktsrecht dem ordre public angehöre und deshalb durch das Vertragsrecht nicht eingeschränkt werden könne. Denn im Fall der obligation de moyens werde die deliktsrechtliche verschuldensunabhängige Sachwalterhaftung zugunsten einer schwächeren Vertragshaftung verdrängt.

Es bleibt aber das Problem, den Anwendungsbereich der obligation de sécurité - résultat zu definieren. In welchen Verträgen besteht sie? Die Abschaffung der obligation de sécurité - moyens löst also nicht alle Schwierigkeiten, sie stellt nur eine Mindestlösung dar. Als solche wäre sie begrüßenswert, da sie die Schlechterstellung des Vertragspartners gegenüber unbeteiligten Dritten beseitigt und den überragenden Wert der sécurité betont.

iv. Wahlrecht des Geschädigten

Die Lockerung des principe de non - cumul, das die Anwendung von Deliktsrecht in Fällen, in denen Vertragsrecht anwendbar ist, ausschließt, wird ebenfalls als Lösung vorgeschlagen.[541] Danach würden die aufgezeigten Benachteiligungen des geschädigten Vertragspartners gegenüber dem Dritten wegfallen. Außerdem wäre die Cour de Cassation nicht mehr genötigt, aus Respekt des principe de non - cumul den deliktsrechtlichen Pflichten inhaltsgleiche Vertragspflichten zu schaffen.

---

[539] Viney, Introduction, S. 436. Viney, GP 78, doctr., S. 1217; Jourdain, GP 97, chron., S. 1198; Jourdain, GP 93, chron., S. 1176; Le Tourneau/Cadiet, n° 1502.
[540] Jourdain, GP 97, chron., S. 1198.
[541] Jourdain, GP 97, chron., S. 1198; Viney, Introduction, S. 436; Hassler, PA 12.02.97, S. 19; Espagnon, S. 192, 196.

Diese Theorie führt zwar zur Beseitigung der festgestellten Schlechterstellung des Vertragspartners. Um eine dogmatische Erklärung der Qualifikation der obligation de sécurité bemüht sie sich aber nicht.

v. Die Abgrenzungstheorie

Die Abgrenzungstheorie sucht bestimmte Kriterien, anhand derer festgestellt werden kann, ob die obligation de sécurité eine vertragliche oder eine deliktische Pflicht ist. Ihr liegt die Annahme zugrunde, dass nicht jedem Vertrag eine obligation de sécurité inhärent ist, dass vielmehr das Deliktsrecht das régime commun ist.[542]
Jérôme Huet, der Begründer dieser Theorie, schlägt folgende Abgrenzung vor: für die Vertragshaftung, und damit für die Annahme einer vertraglichen Pflicht, ist Voraussetzung, „que le fait d'être partie au contrat a créé une situation spécifique, à laquelle les tiers n'auraient, eux, pas pu se trouver confrontés"[543], „lorsque les parties se trouvent dans une situation originale qui les distingue des simples tiers".[544] Gretchenfrage ist demnach, ob ein Dritter in gleichen Umständen einen ähnlichen Schaden erleiden könne. Ist dies der Fall, so ist Deliktsrecht anwendbar, ansonsten handelt es sich um eine Vertragspflichtverletzung.[545] Es geht also um die adäquate Kausalität zwischen Vertrag und Schadensverursachung und damit um ein objektives Kriterium im Gegensatz zum subjektiven, d.h. personenbezogenen Kriterium der herrschenden Meinung, die auf die Eigenschaft als Vertragspartner abstellt. Dieses Kriterium klingt auch in der Rechtsprechung der Cour de Cassation an: „[l'accident] a eu lieu ... comme conséquence du contrat de transport"[546] im Gegensatz zu Unfällen, die „survenu à l'occasion d'un contrat"[547] sind.
Nach der Abgrenzungstheorie sind z.B. die Mangelfolgeschäden der Vertragshaftung zuzuordnen, wie dies auch Art. 1721 Cciv für die Mangelfolgeschäden einer gemieteten Sache bestimmt. Es geht nämlich um die versprochene Leistung, die nur die Vertragspartner betrifft. Ebenso unterstehen Transportschäden der Vertragshaftung, da die Sicherheit hier „en quelque sorte le prolongement naturel et l'accessoire indissociable du déplacement" ist.[548] Verletzungen, die hingegen auf dem Weg zum oder vom Transportmittel eingetreten sind, fallen dagegen unter das Deliktsrecht, da auch ein beliebiger Dritter z.B. auf dem Bahnsteig hätte stürzen können.[549] Gänzlich aus dem Vertragsrecht werden die Stürze im Kaufhaus genommen, da sie ebenso gut

---

542 Brun, in Carval, S. 152.
543 Huet, Thèse, zitiert nach D. Mazeaud, GP 97, chron., S. 1205.
544 Huet, Thèse, S. 334. So bereits Perroud, S. 1911.1.105; zustimmend Esmein, D 65, juris., S. 93, Abadir, S. 769; Larroument, Pour responsabilité, S. 554.
545 So noch Cass, 2e, 19.11.64, D 65, juris., S. 93, heute überholt.
546 Cass, 1re, 17.05.61, D 61, juris, S. 532.
547 CdA Paris, 14.01.62, JCP 64, juris. 13749 bis.
548 Jourdain, GP 97, chron., S. 1199. Zustimmend Mazeaud, RTD civ. 29, S. 616; Huet, Thèse, S. 382.
549 Cass, 1re, „Valverde", 07.04.89, GP 89.2.632.

Personen, die im Kaufhaus unterstehen oder sich aufwärmen, passieren können.[550]
Anhaltspunkte für die Bestimmung einer vertraglichen obligation de sécurité sind, ob der Vertrag den Gläubiger einem bestimmten Risiko aussetzt[551] oder ob Vertragsgegenstand die Person des Vertragspartners ist, wie z.B. im Arzt.- oder Transportvertrag.[552] Die obligation de sécurité wird deshalb z.B. bei dem Theaterbesuch, im Cafe, im Hotel oder Restaurant, in der Autowerkstatt abgelehnt.[553]

Das Kriterium des vertragsspezifischen Bezugs hat den Vorteil der einfachen Anwendbarkeit. Es beendet die ungleiche Behandlung von Vertragspartnern und unbeteiligten Dritten in der gleichen Situation. Außerdem entspricht es der Einstellung der Vertragsparteien, da sie ihre Beziehung nur insoweit vertraglich regeln wollen, soweit sich ihre Verbindung von der unter unbeteiligten Dritten unterscheidet.[554]

Kritikpunkt ist, dass in der Praxis oftmals nicht genau feststellbar ist, ob es sich um eine vertragsspezifische Situation handelt. Für öffentlich zugängliche Örtlichkeiten schließt die Abgrenzungstheorie die Vertragshaftung aus. Bei Schädigung während der Vertragserfüllung in den privaten Räumlichkeiten des Gläubigers, z.B. der Maler wirft die Ming-Vase um, lässt sich sowohl argumentieren, es handle sich um eine vertragsspezifische Situation, weil der Maler ohne Vertrag nicht in die Wohnung hineingelassen worden wäre, als auch, die Situation sei allgemein, da jeder, der in die Wohnung komme, die Vase umwerfen könne. Wie ist zu entscheiden? Ebenso problematisch ist der Personenschaden während der Eisenbahnfahrt: Die Schwarzfahrer befinden sich in derselben Lage wie die Vertragspartner. Hier ließe sich theoretisch mit einer stillschweigenden Annahmeerklärung durch das Einsteigen nach dem Grundsatz des „venire factum proprium" helfen. Das französische Recht geht aber durchgehend von Deliktsrecht aus. Bei einem Minderjährigen lässt sich auch kein Vertrag konstruieren.[555] Soll nun eine andere Haftungsart zum Zug kommen für Volljährige und für Minderjährige oder für einen Passagier mit Fahrkarte und einen Schwarzfahrer? Hier zeigen sich die Schwächen der Lehre vom vertragsspezifischen Bezug.[556]

---

550 Cass, 2e, 05.06.94, Bull.civ. , n° 176 Unfall im „grand magasin"; Cass, 1re, 20.05.96, Bull.civ. I n° 227, Unfall beim Metzger.
551 Mazeaud-Lamy, 175-19.
552 Sainctelette, S. 88.
553 So. Mazeaud-Lamy, Resp. 175-10, der auch die obligation de sécurité des Friseurs ablehnt. Dem ist nicht zuzustimmen, wenn man z.B. an Verbrennungen beim Legen der Dauerwelle denkt.
554 Huet, Thèse, S. 335.
555 Sonnenberger/Autexier, S. 79.
556 Dieses Problem der Schwarzfahrer hat auch Huet, Thèse, S. 336, gesehen. „Mais ce n'est généralement pas le cas et, si l'on ne conçoit pas les choses de cette façon, la responsabilité contractuelle risque de se vider de tout son contenu ».

vi. Stellungnahme

Ein weiteres vorgeschlagenes Abgrenzungskriterium ist der Bezug zu den essentialia negotii[557]. Nur auf diese sollen sich vertragliche Schutzpflichten beziehen. Eine vertragliche obligation de sécurité besteht daher nicht, wenn „le besoin de sécurité n'est pas inhérent à l'activité déployée par le cocontractant".[558] Sie setzt vielmehr voraus, dass der eine Vertragspartner dem anderen, zusätzlich zu einer Hauptleistungspflicht, seine Sicherheit anvertraut.

Diese Lösung entspricht i.E. der oben für das deutsche Recht vorschlagenen Äquivalenzlösung. Eine Abgrenzung muss vorgenommen werden, die Abgrenzungstheorie von Huet ist aber einerseits zu weit, andererseits zu unklar in der praktischen Anwendung. Klarer und einfacher ist es, wenn man auf den Vertragszweck abstellt: muss durch den Vertrag die Person oder das Eigentum des Vertragspartners gefährdet werden um das Vertragsziel zu erreichen, so liegt eine vertragliche obligation de sécurité vor. In diesem Fall ist das Integritätsinteresse vom Äquivalenzinteresse umfasst; und eine Verletzung des Äquivalenzinteresses ist Voraussetzung für die Anwendung der Vertragshaftung ist. Ähnliche Überlegungen finden sich auch in der französischen Lehre; so will Patrice Jourdain eine vertragliche obligation de sécurité nur anerkennen, „lorsque la sécurité corporelle paraît étroitement liée à la prestation elle-même".[559]

Der Unterschied der Äquivalenztheorie zur Abgrenzungstheorie von Huet besteht darin, dass sie objektiv und nicht subjektiv ist, d.h. auf den Inhalt des Vertrages und nicht auf die Beteiligten am Vertrag abstellt. In der Praxis stimmen übrigens die Ergebnisse der Abgrenzungstheorie von Huet und der Äquivalenztheorie weitgehend überein.

Als Ergebnis kann festgehalten werden, dass im Hinblick auf die obligation de sécurité die vorgeschlagene Äquivalenztheorie anwendbar und vorzuziehen ist.

2. Die obligation d'information

Die herrschende Meinung qualifiziert die obligation d'information vertragsrechtlich mit dem Argument, dass sie Auswirkungen auf die Vertragsausführung habe.[560] Sie betrifft damit das nach der hier vorgetragenen Ansicht entscheidende Äquivalenzinteresse bzw. besteht gerade nicht unter beliebigen Dritten. Ferner entspricht sie der Parteierwartung und dem Parteiwillen, da nur so der Vertrag auch den versprochenen Nutzen bringen kann.

Der Schutzaspekt der obligation d'information kommt in der obligation de conseil zum Ausdruck (s.u.). Ihre vertragliche Qualifkation wird – anders als bei der obligation de sécurité - von der Lehre nicht kritisiert. Dies mag damit zusammenhängen, dass sich Schutzobjekt und –umfang aus dem konkreten Vertrag ergeben müssen. Die obligation d'information verlangt ein aktives Handeln des Schuldners, nämlich die präventive Mitteilung, und geht damit über

---

[557] Belissant, S. 63; CdA Paris, 14.01.62, JCP 64, juris. 13749 bis; Veaux, JCl, fasc. 15, S. 13.

[558] Hassler, PA 12.02.97, S. 18.

[559] Jourdain, RTD civ. 97, S. 142. S.a. Jourdain, GP 93, chron., S. 1172 „idée d'exposition du créancier aux risques inhérents à l'exécution du contrat".

[560] Fabre-Magnan, Thèse, n° 411; zustimmend Terré/Simler/Lequette, n° 548; Josserand, Recueil Geny, S. 345.

das deliktsrechtliche, rein negative Schädigungsverbot hinaus. Der Vertragszusammenhang ist dadurch deutlicher als bei der obligation de sécurité.

In jüngster Zeit hat die vertragliche Qualifikation Kritik erfahren. Die obligation d'information sei nicht immer Vertragspflicht, sondern häufig eine Berufspflicht.[561] So haben z.B. der Arzt und der Notar eine obligation d'information gegenüber jedermann, nicht nur gegenüber ihrem Vertragspartner. Verletzt der Notar diese Pflicht gegenüber seinem Vertragspartner, so haftet er dennoch nach Deliktsrecht.[562] In diesen Fällen besteht die obligation d'information als Berufspflicht.[563]
M.E. gilt aus denselben Gründen wie für die obligation de sécurité auch für die vertragliche obligation d'information die Äquivalenztheorie. Sie muss dem Vertragsinhalt entnommen werden können, um als Vertragspflicht gerechtfertigt zu sein. Die Anwendbarkeit der Äquivalenztheorie folgt daraus, dass die obligation d'information als Schutzpflicht denselben Charakter hat wie die obligation de sécurité; sie ist im Grunde nicht anderes als eine Variante derselben. Deshalb gilt das oben Erläuterte auch für die obligation d'information. Ebenso verlangt die Cour de cassation, dass die obligation d'information die „suite raisonable et équitable" des Vertrages sein muss.[564] Mit der Äquivalenztheorie werden Kriterien dafür aufgestellt, wann dies der Fall ist.

Zusammenfassung: Die obligation de sécurité ist nach der Rechtsprechung eine Vertragspflicht, die in fast allen Verträgen besteht. Dies führt zu einer übermäßigen Zurückdrängung des Deliktsrechts wie in gewissen Fällen zu einer Benachteiligung des geschädigten Vertragspartners gegenüber dem unbeteiligten Opfer. Zur Behebung dieser Mängel ist die obligation de sécurité - moyens abzuschaffen und die obligation de sécurité - résultat nur in solchen Fällen anzunehmen, in denen das Äquivalenzinteresse das Integritätsinteresse mitumfasst. Auch die vertragliche obligation d'information ist nach der Äquivalenztheorie zu bestimmen.

C. Supranationales Recht

Die Qualifikationsfrage stellt sich bei den UP und den PECL so nicht, denn beide Instrumente erfassen nur die Vertragshaftung, d.h. zu einer Abwägung zwischen Vertragshaftung und Deliktshaftung kann es nicht kommen.
Dennoch ist die Qualifikationsfrage an anderer Stelle von entscheidender Bedeutung: sie ist bereits im Rahmen des Anwendungsbereichs der UP und der PECL zu beantworten. Da nämlich nur das Vertragsrecht erfasst wird, fallen deliktsrechtliche Pflichten nicht in den materiellen Anwendungsbereich der beiden Regelwerke.
Auf die Qualifkationsfrage wurde also bereits oben in dem Punkt „Anwendungsbereich" geantwortet. Die UP und die PECL erfassen danach nur

[561] Viney, Introduction, S. 288; Jourdain, reflexion, S. 74.
[562] Cass, 1re, 13.11.97, GP 15.01.98, S. 24.
[563] Welche konkreten Folgen dies hat, lassen die Vertreter dieser Ansicht offen.
[564] Cass, com. 09.10.90, D 90, juris., S. 113; Terré/Simler/Lequette, S. 420.

solche Schutzpflichten, die das Integritätsinteresse als Bestandteil des Äquivalenzinteresses schützen.

D. Rechtsvergleichung

Die Qualifikationsfrage beschäftigt das deutsche wie das französische Recht in hohem Maße, in der Diskussion finden sich ähnliche Argumente. Die Schwierigkeit einer Lösung geht auf den hybriden Charakter der Schutzpflichten zurück, die einerseits wie das Deliktsrecht das Integritätsinteresse erfassen, andererseits zum Teil untrennbar mit dem Vertrag verbunden sind. Tunc bezeichnet deshalb die Schutzpflichten als „Hermaphroditen".[565]
Herrschend ist jeweils die durchgehend vertragliche Qualifikation, die sich auf die Sonderverbindung der Vertragspartner, die erhöhte Einwirkungsmöglichkeit und das Vertrauen der Vertragspartner zueinander stützt. Im deutschen Recht kann außerdem auf Mängel des Deliktsrechts verwiesen werden. Im französischen Recht ist dies seit der Entwicklung von Art. 1384 al 1 Cciv nur noch eingeschränkt möglich.
Von einem großen Teil der deutschen wie französischen Lehre wird diese pauschale Entscheidung für das Vertragsrecht kritisiert, wobei die Kritik in Frankreich stärker ist. Bei der Frage nach der Qualifikation handelt es sich nicht so sehr um eine Frage der Gerechtigkeit und der dogmatisch sauberen Begründung, sondern allein um die Ergebnisrelevanz: Der vom Richter beabsichtigte Schutz der Person und ihrer Rechtsgüter wird auf dem bestmöglichen Weg durchgesetzt. Demgegenüber stehen die Interessen des potentiellen Schädigers hintan, die von §823 II BGB im Gegensatz zu Art. 1382 CC berücksichtigt werden. Dies führt zu einem Verschleifen der Grenze zwischen Vertrags- und Deliktsrecht.[566]
Im deutschen Recht ist eine vertragliche Schutzpflicht jedem Vertrag inhärent. Das französische Recht beschäftigt sich dagegen mit der Frage, in welchen Verträgen eine obligation de sécurité anzunehmen ist. Insgesamt ist dadurch für das deutsche Recht eine stärkere Tendenz festzustellen, das Vertragsrecht möglichst weitgehend auf die gesamten Beziehung zwischen den Vertragspartner anzuwenden. Der ähnliche Trend in Frankreich[567] beruht nicht auf einem als unzureichend erachteten Deliktsrecht, sondern auf dem übermäßigen Respekt des principe de non - cumul, das die Gerichte angesichts einer Vertragsbeziehung davor zurückschrecken lässt, Deliktsrecht auf die Verletzung eines Vertragspartners durch den anderen anzuwenden.

Die einheitlich vertragliche Qualifikation überzeugt nicht, da sie den genuin deliktischen Charakter vieler Schutzpflichten missachtet und zu einer einseitigen Überbelastung des Vertragsrechts führt. Die Lehre hat verschiedene Lösungsvorschläge unterbreitet, die sich im französischen und deutschen Recht – abgesehen von der Abschaffung der obligation de sécurité - moyens und der Einführung des Wahlrechts, die beide auf Besonderheiten des französischen

---

565 Responsabilité contractuelle internationale, S. 32.
566 V. Bar, Deliktsrecht, S. 416
567 Huet, Thèse, S. 397.

Rechts zurückgehen - weitgehend ähneln. Sie vermögen aber letztlich alle nicht zu überzeugen.
Deshalb wurde eine Lösung herausgearbeitet, die sich an dem Vertragsinhalt orientiert. Sie greift mit dem Vertragsinhalt auf ein Element zurück, das in anderer Hinsicht bereits zur Abgrenzung von Vertrag und Delikt verwendet wird, auch wenn im französischen Recht die Unterscheidung von Äquivalenzinteresse und Integritätsinteresse nicht geläufig ist.
Die hier vorgeschlagene Äquivalenzlösung passt damit sowohl für das deutsche wie das französische Recht, sie würde den Mängeln einer durchgehend vertraglichen Qualifikation im deutschen und im französischen Recht abhelfen.

Kapitel 3. Die Haftung für Schutzpflichtverletzungen

Nach dem Ergebnis der Qualifikation der Schutzpflichten sind die Voraussetzungen sowohl der Vertrags- als auch der Deliktshaftung im Fall einer Schutzpflichtverletzung darzustellen.[568]

Dabei wird zuerst auf die Haftungsart und dann auf die Beweislast eingegangen.

§1. Die Art der Haftung

A. Deutsches Recht

I. Die Vertragshaftung

Die deutsche Vertragshaftung ist eine Verschuldenshaftung, die auf den Gedanken eines differenzierten Unrechtsgeschehens, des Zurechnungsprinzips und der Sonderverbindung beruht.[569] Sie ist streng von der deliktischen Haftung zu unterscheiden, die anders als die Vertragshaftung nicht auf dem Parteiwillen, sondern auf dem Geltungsanspruch des Gesetzes basiert. Die Vertragshaftung ist dagegen eine Modalität der Erfüllungspflicht.[570]

Durch die Schuldrechtsreform hat die Schutzpflichtverletzung Einzug in das BGB gefunden. Drei verschiedene Konstellationen sind nun ausdrücklich geregelt: der allgemeine Anspruch auf Schadensersatz gem. §280 I BGB, der Anspruch auf Schadensersatz statt der Leistung gem. §282 i.V.m. §280 BGB und der Rücktritt gem. §324 BGB. Sie sind nebeneinander anwendbar, §325 BGB.

Mit einer Schutzpflicht kann man übrigens nicht in Verzug geraten, da die Verzögerung entweder bereits zu einem Schaden geführt hat und damit eine Pflichtverletzung ist oder aber noch kein Schaden eingetreten und die Verzögerung deshalb unbeachtlich ist.

1. §280 I BGB

Aus §280 I BGB hat der Gläubiger im Fall der Pflichtverletzung einen Anspruch auf Schadensersatz. Da es sich gem. §241 II BGB bei den Schutzpflichten um vertragliche Pflichten handelt, besteht ein Anspruch nach §280 I BGB im Fall einer Schutzpflichtverletzung.

Der Anspruch setzt ein Verschulden des Schädigers voraus, dieses wird aber – abgesehen von der Sonderregelung des §619 BGB für den Arbeitsvertrag - gem. §280 I 2 BGB vermutet. Da die Schutzpflichten konkrete Verhaltensanforderun-

---

[568] Die nur dem deutschen Recht bekannte Vertrauenshaftung ist bereits oben angesprochen worden. Sie war jedoch für die Schutzpflichtverletzungen als nicht ergiebig gekennzeichnet und wird daher hier nicht mehr angesprochen.

[569] Canaris, FS Larenz, S. 30.

[570] Vgl. Frick, S. 138; Larenz, SR Bd. I §27, S. 425, spricht von „Rechtsfortsetzungsgedanken“.

gen aufstellen, stellt ihre Verletzung immer auch eine Sorgfaltswidrigkeit i.S.v. §276 II BGB dar. Die vom Gesetz für einige Verträge vorgesehenen Haftungserleichterungen erstrecken sich nicht auf die Schutzpflichtverletzungen, sondern nur auf das spezielle Leistungsinteresse.[571] §254 BGB ist anwendbar.
Während vor der Schuldrechtsreform 2002 umstritten war, ob der Anspruch aus positiver Forderungsverletzung wegen der Schutzpflichtverletzung beim Kauf nach §477 BGB alt oder nach §196 BGB alt verjährt,[572] verjährt der Anspruch aus §280 BGB nach der Regelverjährung des §199 BGB. Soweit es um eine Körper- oder Gesundheitsverletzung geht, beträgt die Verjährung nach §199 II BGB 30 Jahre. Noch nicht geklärt ist, ob kürzere Verjährungsfristen des jeweiligen Vertrages, in das die Schutzpflichten eingebunden sind, umfassend, d.h. auch für Schutzpflichten geltend.[573]

§280 BGB war als der allgemeine Schadensersatzanspruch für sämtliche Vertragspflichten konzipiert. Für die Schutzpflichtverletzungen bedurfte es jedoch zusätzlicher Sonderregeln für die Lösung vom Vertrag.

2. §282 i.V.m. §280 III BGB

§280 I BGB erfasst den Normalfall, dass mit dem Schadensersatz das Interesse des Gläubigers befriedigt wird und die Hauptleistung unberührt bleibt. Infolge der Schutzpflichtverletzung kann der Geschädigte aber das Interesse an dem gesamten Vertrag verloren haben. Es geht um Fälle, in denen die Hauptleistungspflicht ordnungsgemäß erbracht wird oder werden kann, aber in für den Gläubiger unerträglichen Umständen. Er will also Schadensersatz statt der Leistung. Diese Konstellation erfasst §§280 III, 282 BGB, der sich auf den Schaden infolge der Abstandnahme vom Vertrag beschränkt, z.B. die Mehrkosten für einen neu zu schließenden Vertrag. Die bereits eingetretenen Schäden werden dagegen ausschließlich von §280 I BGB erfasst.
Um §282 BGB neben §281 BGB, der den Schadensersatz statt der Leistung regelt, wenn der Schuldner „die fällige Leistung nicht oder nicht wie geschuldet erbringt“, eine eigenständige Bedeutung zu verleihen, ist zwischen den Haupt- und Nebenleistungspflichten einerseits und den Schutzpflichten andererseits streng zu trennen. §281 BGB erfasst nur erstere, während die Schutzpflichten §282 BGB vorbehalten sind.[574]
Voraussetzung des §282 BGB ist, dass dem Gläubiger „die Leistung durch den Schuldner nicht mehr zuzumuten ist“. Das Festhalten am Vertrag muss ihm unzumutbar sein; dabei ist auf die zukünftige Vertragsdurchführung abzustellen, da die bereits eingetretenen Schäden nach §280 BGB ausreichend kompensiert

---

[571] BGH, 20.11.84, MDR 85, S. 389, bzgl. §521 BGB (alt); BGH 20.12.66, BGHZ 46, 313, bzgl. §708 BGB; Frost, S. 234; Esser-Schmidt, S. 141. Dag. Gerhardt, JZ 70, S. 603, der die Haftungserleichterungen für anwendbar erklärt, soweit das Erhaltungsinteresse mit dem Leistungsinteresse verknüpft ist, z.B. für Mangelfolgeschäden. Schmidt, Nachwort, S. 156. S.a. Krebs, S. 516, der auf den konkreten Normzweck der haftungsregelnden Norm abstellt.
[572] So die hM, s. MüKo/Emmerich, v. §275, Rn. 299; BGHZ 47, 312 (319).
[573] S. Wagner, JZ 2002, S. 479ff.; Canaris, Karlsruher Forum 2002, 5(98).
[574] S. Palandt/Heinrichs, der auch die Schutzpflichten weitgehend von §281 BGB erfaßt sieht und zu dem Ergebnis kommen muss, dass „für §282 neben §281 kaum ein Bedürfnis besteht“.

werden und im Rahmen des §282 BGB nur mehr Indizfunktion haben.[575] Unzumutbarkeit ist i.d.R. zu bejahen, wenn für die Zukunft weitere Schutzpflichtverletzungen zu befürchten sind oder wenn das Vertrauen des Gläubigers in den Schuldner unwiederbringlich zerstört ist. Abzustellen ist auf die Schwere und die Häufigkeit der Pflichtverletzung, den Verschuldensgrad und den zeitlichen Zusammenhang mit der Geltendmachung des Schadensersatzes; ein einmaliger Ausrutscher ohne gravierende Folgen wird i.d.R. nicht ausreichen.[576] Aus dem Vergleich mit §281 I 3 BGB wird deutlich, dass unerhebliche Pflichtverletzungen generell nicht zum Schadensersatz statt der Leistung berechtigen. Zwar enthält §282 BGB eine entsprechende Regelung nicht, die Unerheblichkeit ist aber ein Abwägungskriterium im Rahmen der Zumutbarkeit für das Festhalten am Vertrag. Es geht bei §282 BGB immer um eine konkrete Beurteilung des Einzelfalls; die Unzumutbarkeit ist vom Gläubiger darzulegen und zu beweisen.

Als ungeschriebene Voraussetzung wird zuweilen eine Abmahnung gefordert, der Schuldner müsse darauf aufmerksam gemacht worden sein, dass sein Verhalten dem Gläubiger unzumutbar sei.[577] Ein solcher Gedanke findet im Rahmen des Verhältnismäßigkeitsprinzips bei der Abwägung der Unzumutbarkeit Beachtung. Man sollte aber nicht vergessen, dass die Sicherungspflicht vor allem die wichtigsten Rechtspositionen des Gläubigers schützt, nämlich sein Leben und seine Gesundheit. Bei einer Gesundheitsgefährdung ist das Erfordernis einer Abmahnung verfehlt, schon die Gefahr einer weiterer Gesundheitsgefährdung muss ausgeschlossen werden. Auch ist mit der Verletzung der Schutzpflicht der Schaden bereits eingetreten, ein Nachholen der Pflichterfüllung ist nicht mehr möglich. Im Gegensatz zu §281 BGB, der abgesehen von den Sonderfällen in Abs. II prinzipiell eine vorherige Fristsetzung erfordert, verlangt §282 BGB nach seinem Wortlaut eine Abmahnung nicht. Deshalb ist auf eine Abmahnung zu verzichten. Im Rahmen der Zumutbarkeitsprüfung ist aber zu berücksichtigen, ob die Schwere der Schutzpflichtverletzung eine sofortige Geltendmachung des Schadensersatzanspruchs statt der Leistung erforderlich macht.
Einer Erklärung bedarf der Übergang vom Erfüllungs- zum Schadensersatzanspruch. Da §282 BGB hierzu keine Regelung enthält, ist die Parallelregelung des §281 IV BGB analog anzuwenden. Der Gläubiger hat bei Vorliegen der Voraussetzung des §282 i.V.m. §280 III BGB ein Wahlrecht zwischen Leistungs- und Schadensersatzanspruch. Es erlischt mit der Geltendmachung des Schadensersatzes. Es fällt außerdem weg, wenn infolge des Zeitablaufs seit der Schutzpflichtverletzung die weitere Leistungserbringung wegen des Zuwartens nicht mehr als dem Gläubiger unzumutbar angesehen werden kann.
§282 BGB gewährt Schadensersatz statt der nicht erhaltenen Leistung. Bereits erbrachte Leistungen werden durch die spätere Schutzpflichtverletzung nicht berührt und damit normalerweise auch nicht entwertet. Dennoch ist es möglich, dass der Gläubiger an diesen kein Interesse mehr hat, z.B. wenn das

---

[575] Huber/Faust, S. 133.
[576] Huber/Faust, S. 133, Rn. 174.
[577] so z.B. Huber/Faust, S. 134; Amann, S. 62.

mehrbändige Lexikon bereits zum Teil geliefert ist. In diesem Fall kann er nach §281 I 2 BGB analog die schon erhaltene Leistung zurückgeben und den großen Schadensersatz verlangen.
Ergänzt wird §282 BGB durch die Rücktrittsregelung in §324 BGB.

3. §324 BGB
§324 BGB regelt den Rücktritt wegen Schutzpflichtverletzung in einem gegenseitigen Vertrag. In ihrer Ausgangssituation - „Gefährdung der Vertrauensgrundlage durch schwere Unzuverlässigkeit“[578] - und in den Voraussetzungen entsprechen sich §§324 und 282 BGB. Ist dem Schuldner infolge der Schutzpflichtverletzung ein Festhalten am gegenseitigen Vertrag nicht mehr zuzumuten, so kann er vom Vertrag zurücktreten. Der Fall einer Schlechtleistung, die zu Mangelfolgeschäden führt, ist in §323 BGB geregelt, §324 BGB ist insoweit nicht anwendbar.[579] Auf §325 BGB wurde bereits hingewiesen.

II. Die Deliktshaftung
Dass der Tatbestand der Schutzpflichtverletzung vom Deliktsrecht erfasst wird, setzt voraus, dass die Schutzpflicht auch eine deliktische Pflicht ist. Dies lässt sich problemlos bejahen, soweit §826 BGB erfüllt ist oder ein in §823 I BGB aufgezähltes Rechtsgut verletzt ist. Letzteres ist bei Verletzung von Person und Eigentum regelmäßig der Fall, jedoch nicht hinsichtlich des Vermögens. Dessen Schutz wird nur über §823 II BGB i.V.m. einem Schutzgesetz und §826 BGB gewährt.
Da die Schutzpflichten eine Gefahrenlage voraussetzen, bestehen stets entsprechende deliktische Verkehrssicherungspflichten.[580] Die entsprechenden deliktsrechtlichen Gefahrverminderungs- und Gefahrabwendungspflichten ergeben sich aus der Verantwortung für einen räumlich-gegenständlichen Herrschaftsbereich oder aus einer übernommenen Tätigkeit.[581] Wesentlich ist also die Schaffung oder das Dulden einer Gefahr, z.B. durch die Eröffnung oder das Zulassen eines Verkehrs.[582]
Die Nichterfüllung einer Vertragspflicht für sich allein stellt dagegen noch kein deliktsrechtlich relevantes Unterlassen dar,[583] und der Grundsatz „pacta sunt servanda“ ist mangels Konkretisierung kein Schutzgesetz i.S.v. §823 II BGB; dennoch besteht in der Rechtsprechung eine Tendenz, im Rahmen des §823 I BGB aus der vertraglichen Übernahme von Schutzpflichten auf die Existenz einer Verkehrssicherungspflicht zu schließen. „Für die deliktische Haftung des Reiseveranstalters wegen Verletzung seiner Verkehrssicherungspflichten ist ... maßgeblich, welche vertraglichen Pflichten er gegenüber dem Reisenden hat.“[584]

---

[578] Dauner-Lieb/Anwaltskommentar, §324, Rn. 3.
[579] Dauner-Lieb/Anwaltskommentar, §324, Rn. 6.
[580] Für eine deliktische Informationspflicht s. z.B. BGH, NJW 81, 633: eine ärztliche Aufklärungspflicht wird im Hinblick auf einen Schmerzensgeldanspruch als Deliktspflicht qualifiziert.
[581] RGZ 102, 372 „Milzbrandfall“; Larenz/Canaris, S. 408ff. Z.B. BGH, NJW 91, 362(363): Haftung des Architekten für Verletzung Dritter.
[582] RTZ 52, 373; Larenz/Canaris, S. 407f.
[583] KG, 12.02.98, MDR 98, S. 897.
[584] OLG Düsseldorf, 5.11.92, NJW-RR 93, S. 315.

Die Verletzung der rein vermögensschützenden Informationspflicht führt – abgesehen von §826 BGB - nicht zu einem deliktischen Anspruch. Eine deliktsrechtliche Informationspflicht oder eine Verkehrssicherungspflicht, den anderen über sämtliche bestehende Gefahren zu informieren, besteht deswegen nicht, weil das Deliktsrecht primär auf die Schadenswiedergutmachung und nicht auf die Schadensabwehr gerichtet ist.[585] §823 I BGG schützt ferner nicht vor Vermögensschäden. Vorgeschlagen wird aber, Verkehrspflichten aus der Schaffung einer intellektuellen Gefahrenlage abzuleiten.[586] Dagegen spricht jedoch, dass die Schaffung einer intellektuellen Gefahrenlage nur schwer erfassbar und bestimmbar ist. Für die Informationspflicht als Schutzpflicht ist dagegen bezeichnend, dass sie durch die Vertragsbeziehung bestimmbar ist.

Zuletzt ist auf die Frage einzugehen, ob ein deliktischer Vermögensschutz über §241 II als Schutzgesetz i.S.v. §823 II BGB erreicht werden könnte. Voraussetzung dafür wäre, das es sich bei §241 II BGB um eine Norm i.S.v. §2 EGBGB handelt, die nicht nur den Schutz der Allgemeinheit, sondern zumindest auch den des konkret Geschädigten bezweckt.[587] Denn Schutzgesetz ist jede Rechtsnorm, die ein bestimmtes Verhalten ge- oder verbietet und damit bestimmte Interessen oder Rechtsgüter des Geschädigten schützt.
Aus zwei Gründen ist eine Einordnung des §241 II BGB als Schutzgesetz ausgeschlossen: Zum einen hat der BGH die Regel aufgestellt, dass dann, wenn die Belange des Geschädigten „anderweit ausreichend abgesichert sind“, daneben ein deliktischer Schutz derselben Interessen nach §823 II BGB entbehrlich ist.[588] Der Schutz der Vermögensinteressen des Vertragspartners ist durch das Leistungsstörungsrecht sichergestellt, ein paralleler Schutz durch das Deliktsrecht scheidet deshalb aus. Zum anderen enthält §241 II BGB nach seinem eindeutigen Wortlaut („kann“) weder ein Ge- noch ein Verbot. Deshalb ist §241 II BGB kein Schutzgesetz i.S.v. §823 II BGB.

III. Das Verhältnis von Vertrags- und Deliktsanspruch

Das Verhältnis von Vertrags- und Deliktsrecht ist von dem Grundsatz der Anspruchskonkurrenz geprägt. In einigen Ausnahmefällen setzt jedoch sich die vertragliche Regelung durch.

1. Grundsatz

Grundsatz ist eine echte Anspruchskonkurrenz zwischen dem vertraglichen und dem deliktischen Schadensersatzanspruch. Konkurrierende vertragliche und deliktische Ansprüche beeinflussen sich prinzipiell nicht.[589] Die Deliktspflichten

---

[585] BGH, 19.06.86, WM 86, S. 1442, der Schadensersatz wegen fehlender Aufklärung nur nach pVV gewährt, obwohl auch §823 BGB angesprochen wurde.
[586] So Stoll, FS Lorenz, S. 287ff.
[587] Larenz/Canaris, S. 433; Medicus, SR II, Rn. 825.
[588] BGHZ 84, 312(314); BGHZ 110, 342(360).
[589] RG, 13.02.08, JW 1908, S. 236; BGHZ 9, 302 und st.Rspr. Zur neuen Lehre der Anspruchsnormkonkurrenz, die einen einzigen materiellrechtlichen Anspruch mit mehrfacher Begründung anerkennt, s. Larenz-Wolf, AT §18, Rn. 36ff. Dag. Medicus, SR I, Rn. 357 mit dem Hinweis auf die materiellrechtlichen Unterschiede zwischen Vertrags- und Deliktsanspruch.

sind generelle Bürgerpflichten, die durch Individualvereinbarung nicht geändert werden können.[590] Dadurch ist die gleichzeitige Geltendmachung der beiden Ansprüche vor Gericht möglich.

2. Ausnahmen

Nach dem Grundsatz „lex specialis derogat generali“ verdrängt die vertragliche Regelung die deliktische, wenn die spezielle vertragliche Risikobewertung durch die allgemeinen Verantwortungsregeln ausgehebelt würde.[591]

a) Verjährung

Die Verjährung des Schadensersatzanspruchs bestimmt sich in allen Fällen nach §§195 und 199 I-IV BGB. Diese Regelung gilt ohne Ansehen des Ursprungs der Haftung.

Jedoch gilt die kürzere vertragliche Verjährungsfrist auch im Deliktsrecht, wenn das durch §823 BGB geschützte Integritätsinteresse mit dem durch die vertragliche Mängelhaftung geschützten Äquivalenzinteresse völlig deckungsgleich ist.[592] Dies dürfte aber bezogen auf die Schutzpflichtverletzung keine Auswirkungen haben, da diese – nach der herrschenden Konzeption gerade auch das über das Äquivalenzinteresse hinausgehende Integritätsinteresse des Vertragspartners erfassen.

b) Haftungsmaßstab

Auch im Bereich des Haftungsmaßstabs setzt sich die vertragliche Regelung durch. Die gesetzlichen Haftungseinschränkungen sind auch für den deliktischen Anspruch zu beachten[593]; vertragliche Haftungseinschränkungen gelten im Deliktsrecht, wenn dies von den Parteien gewollt ist. Dies ist anzunehmen, wenn ansonsten die Milderung nur geringe Bedeutung hätte.[594] Jedoch bestehen zahlreiche Ausnahmen, auf die hier nicht eingegangen werden kann.[595]

Zusammenfassung: Im Fall einer Schutzpflichtverletzung hat der Geschädigte einen vertraglichen Schadensersatzanspruch nach §§280 I i.V.m. 241 II BGB. Bei Unzumutbarkeit des Festhaltens am Vertrag kann er außerdem gem. §§282 i.V.m. §280 III BGB Schadensersatz statt der Leistung verlangen und nach §§324, 325 BGB parallel dazu vom Vertrag zurücktreten. Das Deliktsrecht gewährt einen Schadensersatzanspruch, wenn eine Verkehrssicherungspflicht verletzt wurde. Zwischen Vertrags- und Deliktsansprüchen besteht Anspruchskonkurrenz.

---

[590] RGZ 88, 433 (435); Deutsch, FS Michaelis, S. 26; Schwark, AcP 179, S. 64

[591] Schlechtriem, Gutachten, S. 1598.

[592] Palandt/Heinrichs, §195, Rn. 9.

[593] BGHZ 46, 140 (141).

[594] Medicus, SR I, Rn. 360.

[595] S. von Bar, Deliktsrecht, S. 45; Schwark, AcP 179, S. 83.

B. Französisches Recht

André Tunc spricht in Bezug auf die Einteilung der responsabilité civile in Vertrags- und Deliktshaftung von einer „délimitation délicate".[596] Euphemistischer lässt sich dieses Problem, das seit langem die Lehre in aller Heftigkeit bewegt und dessen Lösung in weiter Ferne steht, kaum beschreiben. Zutreffender ist es, von „désordre et (...) obscurité" zu sprechen.[597]
Zuerst soll die responsabilité contractuelle behandelt werden, anschließend die responsabilité délictuelle und zuletzt das principe de non - cumul, das das Verhältnis von den beiden Haftungsarten zueinander regelt.

I. Responsabilité contractuelle

Im französischen Recht ist umstritten, ob es eine responsabilité contractuelle überhaupt gibt und welche Funktionen sie hat. Diese Frage muss geklärt werden, bevor auf die Eigenarten der Vertragshaftung im Fall der Schutzpflichtverletzung eingegangen werden kann.

1. Existenz der responsabilité contractuelle

Die Vertragshaftung ist diejenige Haftung, die aus der Verletzung einer Vertragspflicht resultiert; die Deliktshaftung entsteht durch eine unerlaubte Handlung.[598] So lautet die klassische Abgrenzung. Ausgehend von dieser Basis, die von der herrschenden Meinung geteilt wird, verfolgt fast jeder Autor ein anderes Modell.[599] Dennoch soll versucht werden, die wesentlichen Züge, die in diesem „pays de sirènes et des centaures"[600] allgemein anerkannt sind, darzulegen (a).
Die Vertragshaftung als eigenständige Haftungsart war schon immer heftiger Kritik ausgesetzt. Diese Kritik hat angesichts der immer mehr Verträge infizierenden obligation de sécurité mit ihrem rein deliktischen Inhalt zugenommen (b).

Die Abgrenzung zwischen Vertrags- und Deliktshaftung wird zusätzlich dadurch kompliziert, dass die Cour de cassation den Untergerichten die Festlegung auf eine Haftungsart erlässt, soweit keine praktischen Unterschiede davon abhängen.[601] In solchen Fällen ist auch die Bezugnahme auf den falsche Haftungstyp unschädlich.[602] Die Lehre hat sich davon „anstecken" lassen; so werden z.B. in der Urteilsübersicht der RTD civ. die responsabilité délictuelle und die responsabilité contractuelle zusammen unter der Überschrift „responsabilité civile" behandelt.

---

[596] Tunc, Responsabilité civile, n° 5.
[597] S. Remy, Droit et Cultures 96, S. 31.
[598] Mazeaud-Chabas, S. 350.
[599] S. Tallon, RTD civ. 94, S. 223; zustimmend Jourdain, principes, S. 23.
[600] Esmein, JCP 55, juris., 8793.
[601] Cass, 14.03.38, GP 38, juris., S. 849.
[602] Cass, 09.01.40, S 1948.1.3; Cass, 1re, 04.01.95, Bull. civ. I, n° 10.

a) Die Dualitätstheorie

Zunächst soll der Inhalt der herrschenden Ansicht dargestellt werden, anschließend auf ihre Begründung eingegangen werden.

i) Inhalt

Die Dualitätstheorie betrachtet die Delikts- und die Vertragshaftung als zwei verschiedene Haftungsarten[603], wobei die Deliktshaftung die normale Haftungsart ist. Sie erfasst diejenigen Schadensfälle, in denen zwischen dem Schädiger und dem Geschädigten keine Rechtsverbindung besteht, so dass sich die Verpflichtung zum Schadensersatz allein aus dem Gesetz ergibt. Die Vertragshaftung stellt eine Spezialregelung für den Fall dar, dass ein Vertragspartner in dieser Funktion eine Vertragspflicht nicht erfüllt hat.[604] Das französische Recht folgt insofern dem römischen Recht: „Quorum summa divisio in duas species diducitur: omnis enim obligatio vel ex contractu nascitur vel ex delicto.“[605]

Innerhalb der Dualitätstheorie ist die Beziehung der beiden Haftungsarten zueinander umstritten. Während früher von zwei streng zu unterscheidenden Kategorien ausgegangen wurde, ist heute eine Annäherung erfolgt.

(1) Die strenge Dualitätstheorie

Die Theorie der klassischen Dualität[606] ging von einem natürlichen Unterschied zwischen den beiden Haftungssystemen aus. Eine Pflicht entstehe entweder durch Gesetzesanordnung oder durch eine private, d.h. vertragliche, Verpflichtung. Diese Zweiteilung führe notwendigerweise zu einem dualen Haftungssystem: die Vertragshaftung habe ihren Ursprung in dem Parteiwillen und im Vertrag, während die Deliktshaftung durch das Gesetz angeordnet sei. „La distinction entre la garantie et la responsabilité n'est qu'une suite de la démarcation entre les contrats et la loi. Confondre la garantie avec la responsabilité, c'est substituer aux clauses relatives et souples des conventions les injonctions absolues et raides de la loi.“[607] Aufgabe der Vertragshaftung sei es, den Vertragsverstoß zu sanktionieren, die Deliktshaftung beschränke sich darauf, die Beachtung der Gesetze sicherzustellen. Durch den Vertrag hätten die Parteien das Ausmaß ihrer Verpflichtungen bestimmt. Die Frage der Zurechnung sei außerdem durch den Vertrag bereits vor Schadenseintritt geregelt, während sie sich im Deliktsrecht erst mit der Schadensverursachung stelle. Bei der Vertragshaftung bestehe eine rechtliche Beziehung zwischen den Parteien bereits vor der Schadensverursachung, bei der Deliktshaftung hingegen entstehe eine solche erst durch die Schädigung. Bei der Vertrags- und der Deliktshaftung handle sich deshalb um zwei völlig verschiedene Rechtsinstitute.

Der strengen Dualitätslehre von Sainctelette liegt ein Gedanke aus der französischen Revolution zugrunde: Abgesehen von den Anforderungen des

---

[603] Demogue, RTD civ. 23, 651. CC, S. 1890.1.408.
[604] Mazeaud-Chabas; Flour/Aubert, S. 111.
[605] Gaius, Institutionen, 3, §88.
[606] S. Flour/Aubert, S. 108. Heute wohl nur noch Stark/Roland/Boyer, S. 706.
[607] Sainctelette, in Carval, S. 130.

ordre public, ist das vernünftiges Wesen nur den Gesetzen unterworfen, die es sich selbst gibt.
Dagegen wurde eingewandt, dass gemeinsames Moment beider Haftungen der sie auslösende Verstoß gegen eine Verhaltensnorm sei. Deshalb hat sich die moderne Lehre in Richtung einer Angleichung der zwei Haftungssysteme entwickelt.[608]

(2) Die moderne Dualitätslehre
Richtig ist m.E. die heute vorherrschende vermittelnde Ansicht von der gemäßigten Dualität[609]: Die Dualität der Vertrags- und der Deliktshaftung ist der Ausgangspunkt der Theorie, die Bedeutung dieser Dualität ist aber eingeschränkt.
Die Vertragshaftung erfüllt im französischen Recht eine doppelte Funktion: die Nichterfüllung der übernommenen Pflicht durch ein „paiement par équivalent de la prestation promise au créancier“ zu kompensieren und den dadurch verursachten Schaden zu beheben. Die Kompensations- und die Reparationsfunktion, die ineinander übergehen, geben der responsabilité contractuelle ihren besonderen Charakter, der weder dem der Deliktshaftung, die nur eine Reparationsfunktion hat, entspricht, noch ihm einfach gegenübergestellt werden kann.[610] Die Kompensationsfunktion unterscheidet die Vertragshaftung von der Deliktshaftung, die Reparationsfunktion hingegen teilt sie mit ihr. Die Verschiedenheit von Vertrags- und Deliktshaftung wird in der Rechtsprechung dadurch deutlich, dass die richterliche Feststellung des Schadensersatzes im Vertragsrecht deklarativ und im Deliktsrecht konstitutiv wirkt.[611]
Dies führt zu folgendem Ergebnis: Die responsabilité civile ist „unitaire par nature mais dualiste dans le régime“.[612] Man kann von einer „unité de fond de la responsabilité civile“ sprechen.[613] Es handelt sich nicht um eine „division de nature, mais de degré“.[614] Die beiden Haftungssysteme sind „deux régimes assez largement comparables, sans être pour autant identiques“[615], „des spécifications d'un genre qui demeure un en son fond“.[616]
Diese schwer verständlichen Formulierungen lassen sich so übersetzen: Die Vertragshaftung hat zwei Funktionen: Sie bezweckt zum einen die Wiedergutmachung des durch die Vertragsverletzung entstandenen Schadens und zum anderen den Ausgleich dafür, dass der Gläubiger in seiner vertraglich begründeten Erwartung enttäuscht wurde. Im Gegensatz zur Deliktshaftung hat

---

608 Mazeaud-Tunc, S. 103, Blaevoet, GP 67, chron., S. 13; Flour/Aubert, S. 109.
609 Légier, Ency. Dalloz; Malaurie/Aynès, S. 321; Mazeaud-Chabas, S. 351; Durry, RCA 01, hors série, S. 20f.
610 Huêt, Thèse, S. 25; Flour/Aubert, S. 100.
611 Huêt, Thèse, S. 27.
612 Joudain, Reflexion, S. 63.
613 Belissant, S. 165.
614 Constantinescu, S. 11.
615 Viney, FS Ghestin, S. 922.
616 So der Formulierungsversuch von Husson, S.279, der aber die fehlende Aussagekraft anerkennt.

sie also neben dem Aspekt der Reparation, den beide Haftungssysteme teilen, auch einen Aspekt der Kompensation.
Diese Unterscheidung der zwei Funktionen der Vertragshaftung ist übrigens der Sache nach auch im deutschen Recht bekannt, in dem sowohl der Mangelschaden, der der Kompensationsfunktion entspricht, wie auch der Mangelfolgeschaden, der mit der Reparationsfunktion gleichzusetzen ist, unter die Vertragshaftung fallen.

ii) Begründung
Der Ursprung der Vertragshaftung ist der Parteiwille; er muss umfassend respektiert werden. Das Vertragsrecht ist geprägt von der Zukunftsplanung der Parteien - ein Element, dass im Deliktsrecht völlig fehlt. Die Vertragshaftung ist „le prolongement d'un engagement“[617], während die Deliktshaftung erst mit dem Schaden entsteht. Es muss sich aus dem Vertrag ergeben, bei Verletzung welcher Pflichten es zur Haftung kommt, welches Verhalten als Pflichtverletzung eine „faute“ darstellt; und die Vertragshaftung umfasst auch die übrigen Auswirkungen der Pflichtverletzung auf den Vertrag, z.B. Leistungsverweigerungsrecht, Rücktritt.[618] In diese vertraglichen Rechtsbehelfe ist die vertragliche Schadensersatzpflicht eingebettet.
Die vertragliche Schadensersatzpflicht ist aber nicht identisch mit der verletzten Vertragspflicht, sondern das Substitut für die verletzte Vertragspflicht; ihre Entstehung hängt vom Erlöschen der Vertragspflicht ab. Dies belegt auch der Umstand, dass die Schadensersatzpflicht gesetzlich minutiös geregelt ist und dass der Schuldner ihr nicht zugestimmt haben muss.[619] Die vertragliche Schadensersatzpflicht ist damit eine vertragliche Pflicht, deren Geltung Art. 1147 Cciv anordnet. Gleich der Deliktshaftung hat sie also letztlich einen gesetzlichen Ursprung. Die Pflichtverletzung ist dabei ihr Auslöser. Die Vertragshaftung funktioniert damit nach dem gleichen Mechanismus wie die Deliktshaftung: Es muss gegen eine bestehende Pflicht verstoßen worden sein. Der Unterschied beschränkt sich auf den Ursprung dieser Pflicht: der Vertragsverletzung liegt die Verletzung einer vertraglichen Pflicht zugrunde, während es im Deliktsrecht um den Verstoß gegen eine allgemeine Verhaltensvorschrift geht.

Für die Theorie der gemäßigten Dualität spricht weiter, dass im Code civil die Vertragshaftung in einem anderen Titel als die Deliktshaftung geregelt ist. Zusätzlich wird ein sprachliches Argument vorgebracht: Geht es um die Vertragshaftung, so heißt es, der Schuldner „répond“[620], während im Deliktsrecht der Ausdruck „est responsable“ verwendet wird.[621] Diese

---

[617] Mazeaud-Tunc, S. 109.
[618] Viney, S. 431.
[619] Husson, S.282.
[620] Z.B. Artt. 1732, 1733 Cciv.
[621] Remy, S. 327 lehnt dieses Argument mit dem Hinweis ab, dass sich die Sprachbedeutung seit Pothier geändert habe. S. a. Sainctelette, der zwischen vertraglicher „garantie“ und deliktischer „responsabilité“ trennt; diese Terminologie ist jedoch nicht identisch mit derjenigen des Cciv, z.B. Artt. 1732, 1733 Cciv „répond“.

Überlegung ist jedoch zweifelhaft. Der Begriff „est responsable“ wird 43 mal im Code civil verwendet. Es ist zwar zutreffend, dass er im Deliktsrecht relativ häufig verwendet wird, nämlich 12mal. Jedoch kann er auch die Vertragshaftung bezeichnen, so eindeutig in Artt. 1734, 1784, 1792, 1792-4, 1887, 1891, 1953, 1954 Cciv. Das Wort „répond“ findet sich 32mal im Code civil und meint ausschließlich die Vertragshaftung. Insgesamt gewinnt man den Eindruck, dass die beiden Begriffe zum Teil – zumindest in zwei Fällen - synonym verwendet werden: zum einen in Art. 1733 „répond de l'incendie“ und Art. 1734 Cciv „tous sont responsables de l'incendie“; in beiden Fällen handelt es sich um eine Vertragshaftung, denn eine Änderung des Haftungstyps je nachdem, wie viele Mieter es gibt, wäre unsinnig. Zum anderen in Art. 1952 „les aubergistes ou hôteliers répondent ... des vêtements, bagages et objets divers apportés dans leur établissement“ und in Art. 1954 Cciv „Les aubergistes ou hôteliers ne sont pas responsables du vol ou dommages qui arrivent par force majeur“.

Die herrschende Meinung ist von der Dualität der Haftungssysteme überzeugt, wenn auch die Unterscheidung „weniger grundsätzlicher als marginaler und technischer Natur ist“.[622] Die Vertragshaftung ist keine Verdoppelung der Deliktshaftung, denn ansonsten wäre sie entbehrlich und ihre detaillierte Regelung im Code civil wäre unverständlich; Rechtsprechung und Lehre nehmen aber eine weitgehende Angleichung der Haftungstypen unter dem Begriff der „responsabilité civile“ vor.

b) Kritik

Die Kritik an der responsabilité contractuelle als „paradoxe de la dualité dans l'unité“[623] kommt aus zwei Richtungen: In der ersten Hälfte des 20 Jahrhunderts wurde die Eigenständigkeit der Vertragshaftung gegenüber der Deliktshaftung in Zweifel gezogen; in Wirklichkeit sei sie nur eine Unterart der Deliktshaftung. Dies war die These der sog. Théorie de l'unité. (1). Diese Theorie wird zwar heute nicht mehr vertreten, sie hat aber in vielerlei Hinsicht die herrschende Meinung beeinflußt.
Der Streit um die responsabilité contractuelle ist aber vor ca. 10 Jahren wieder entbrannt. Seit dem Aufsatz von Philippe Remy „La responsabilité – histoire d'un faux concept“ wird die französische Lehre von dem Streit bewegt, ob die responsabilité contractuelle auch eine Schadensersatzhaftung ist oder ausschließlich „un mode d'exécution par équivalent“ (2).

i) Die Unitätslehre

Nach einer Darstellung der Unitätslehre wird diese auf ihre Schwächen untersucht und anschließend einer Bewertung unterzogen.

---

[622] Deutsch, FS Michaelis, S. 29.
[623] Belissant, S. 324.

(1) Darstellung der Theorie

Die Unitätslehre wurde um die Jahrhundertwende von Grandmoulin entwickelt, ihr bedeutendster Vertreter war Marcel Planiol.[624] Sie beruht auf folgender Überlegung: Jede faute, die zu einem Schaden führt, verpflichtet den Schädiger zum Schadensersatz. Die vertragliche und die deliktische faute lassen beide eine Pflicht zur Wiedergutmachung durch Schadensersatz entstehen, beide setzen eine vorgelagerte Pflicht voraus, beide beruhen auf der Verletzung dieser Pflicht.[625] Sie sind deshalb identisch. Die vertragliche wie die deliktische Haftung haben ihren Ursprung in der Verletzung einer bestehenden Pflicht, sei es einer Vertragspflicht oder einer gesetzlichen Pflicht.[626] Die Vertragshaftung hat damit ihren Ursprung nicht im Vertrag, sondern „l'obligation de réparer ... prend sa source dans les art. 1382 ss. . La responsabilité est nécessairement délictuelle".[627]

Die Nichterfüllung eines Vertrages ist in gleicher Weise wie ein Verstoß gegen allgemeine, deliktsrechtliche Verhaltensregeln eine faute; dadurch entsteht eine Schadensersatzpflicht, die unabhängig von der primären (Vertrags-)Pflicht ist und die sich hinsichtlich ihrer Natur nicht von der deliktsrechtlichen Schadensersatzpflicht unterscheidet. Geleugnet wird damit die Gleichartigkeit zwischen der Vertragpflicht und der bei ihrer Verletzung entstehenden Schadensersatzpflicht, es soll sich vielmehr um zwei unterschiedliche Pflichten handeln. „Qu'il s'agisse de l'obligation légale ou d'une obligation contractuelle, toute lésion causée par le débiteur ou un tiers, est un délit. L'origine de l'obligation violée est indifférente".[628] Einzige Anspruchsgrundlage für Schadensersatzansprüche ist damit das Deliktsrecht; Art. 1147 Cciv ist lediglich ein gesetzlich geregelter Sonderfall des Art. 1382 Cciv.

Zur Begründung der Unitätstheorie wird weiterhin auf Domat, den „Großvater" des Code civil verwiesen, für den nur ein Haftungssystem bestanden habe.[629] Überhaupt kennzeichne der Sprachgebrauch *responsabilité* contractuelle und *responsabilité* délictuelle die Ähnlichkeit der beiden Haftungssysteme.[630] Die Anhänger der Unitätslehre bezogen sich auch auf das BGB, wo die Schadensersatzpflicht in §§ 249ff. BGB unabhängig von ihrem Entstehungsgrund einheitlich geregelt ist.[631]

Der Grund für den Erfolg der Unitätslehre ist in der Tatsache zu suchen, dass in vielen Fällen der Vertragshaftung die Situation der Betroffenen nicht anders ist

---

[624] Sie wird vertreten von Tunc, La responsabilité civile, 81, avant-propos; Jourdain, Principes de responsabilité civile; und Flour&Aubert, n° 61.

[625] Planiol, Bd. II, S. 304.

[626] Planiol, Traité, n° 876; Brunet, GP 52, chron., S. 27. Nach Esmein, RTD civ. 33, S. 614, Ursprung der Vertragshaftung ebenfalls das Gesetz, da es die Haftung anordnet. Da es also in beiden Fällen um eine gesetzliche Haftung geht, gibt es um Grunde genommen nur eine gesetzliche Haftung, nämlich die deliktische.

[627] Grandmoulin, zitiert nach v. Bar Deliktsrecht, S. 431.

[628] Grandmoulin, zitiert nach Viney, introduction, S. 277.

[629] Domat,Lois civiles, partie 1, livre 2, titre 5.

[630] Lefevre, rev. crit. légis. et jur. 1886, S. 485. Malaurie/Aynès, S. 319.

[631] Vgl. Husson, S. 281; Brun, Thèse, S. 112.

als im Fall einer Deliktshaftung, man denke nur an die obligation de sécurité oder die Mangelfolgeschäden.
Im deutschen Recht gab es im 19. Jh. unter Siegmund Schloßmann und Savigny eine ähnliche Bewegung, die sich aber nicht durchsetzen konnte.

(2) Eingang der Unitätstheorie in die Rechtsprechung und das positive Recht
Die Rechtsprechung greift zuweilen auf die Unitätslehre zurück. So entschied die Cour de cassation: „La responsabilité édictée par l'art.1383 Cciv suppose la réunion des mêmes conditions que la responsabilité fondée sur un manquement à une obligation contractuelle de moyens".[632] Die Voraussetzungen der Vertrags- und der Deliktshaftung haben also die gleiche Struktur. Ferner hat das hohe Gericht angenommen, dass im Kaufrecht die Verletzung einer vertraglichen Pflicht ipso facto eine faute délictuelle in der Beziehung zu einem Dritten darstellt (s.u.).[633] Die Cour de cassation lässt damit einen Deliktsanspruch zu, der sich allein auf die Verletzung einer Vertragspflicht, der oligation de sécurité, stützt.[634] Deshalb ist im Kaufrecht bereits von einer „uniformatisation des régimes" die Rede.[635]
In das positive Recht hat die Unitätslehre im Bereich der Verkehrsunfälle[636] und der Produkthaftung[637] Eingang gefunden.[638] Auch im historischen Code civil finden sich Ansätze zu einer Einheitshaftung. In Art. 1850 Cciv heißt es nämlich bezüglich eines Verstoßes gegen die Gesetze oder Gesellschaftsstatuten: „Chaque gérant est responsable individuellement envers la société et envers les tiers ...". Obwohl die Haftung gegenüber der Gesellschaft auf dem Gesellschaftsvertrag und gegenüber Dritten auf Delikt beruht, wird eine Einheitshaftung des Gesellschafters angenommen.
Die Commission de réforme du Code civil schlägt übrigens eine Vereinheitlichung der Schadensersatzhaftung vor, die einige Sonderregelung für die Vertragshaftung enthalten soll.[639]

(3) Kritik
In Einzelpunkten hat die Unitätslehre viel Kritik erfahren, so dass sie heute in ihrer reinen Form nicht mehr vertreten wird.

---

632 Cass, 1re, 15.11.89, RCA. 90, juris. S. 8
633 Cass, 1re, 17.01.95, „Sté Planiol-Wattohm", D 95, juris., S. 350; bereits Cass, 1re, 11.10.83, « Gentia C. Pertuzon », Bull. civ. I, n° 228, erklärt die obligation de renseignement im Kaufrecht zu einer Pflicht gegenüber dem Vertragspartner wie jedem Dritten.
634 Cass, 3e, 24.02.93, RTD civ. 93, 364. Dag. Cass, ass.pl., 12.06.91 „Besse", D 91, juris., S. 549: „La violation d'une obligation envisagée elle-même indépendamment de tout point de vue contractuel"; ebenso Cass. Com, 17.06.97, GP 98, juris., S. 1.
635 Jourdain, Bspr. Cass, 17.01.95, RTD civ. 95, S. 359. Dabei könnte es sich aber auch nur um eine Vorwegnahme der EU-Richtlinie über die Produkthaftung gehandelt haben.
636 Art. 1 Loi du 05.07.85 für Autounfälle; Art. 42 L 18.06.66 für Schiffsunfälle; Art. 24 Warschauer Übereinkommen u. Art. 2 §1 EU-Richtlinie für Flugzeugunfälle.
637 Loi du 19.03.98
638 S. Calais-Auloy, D 62, chron., S. 2458
639 So Mazeaud-Chabas, S. 351. Ähnlich Malaurie/Aynès, S, 322, die vorschlagen, die herkömmliche Differenzierung aufzugeben und in responsabilité de droit commun und responsabilité à statut spécial zu trennen.

Die Unitätslehre stößt sich bereits am Gesetzestext. Nach Art. 1150 Civ ist der Schadensersatz im Rahmen der Vertragshaftung auf den vorhersehbaren Schaden beschränkt (außer im Fall von dol). Eine solche Schadensgrenze lässt sich mit einer rein deliktsrechtlichen Haftungskonzeption nicht vereinbaren. Denn während es im Deliktsrecht um die Wiedergutmachung des gesamten Schadens geht, bringt Art. 1150 Cciv zum Ausdruck, dass bei der Vertragshaftung die Höhe des Schadensersatzes in Relation zu den erwarteten Vertragsvorteilen steht. Die Vertragshaftung sanktioniert also den Bruch des gegebenen Wortes[640] und nicht – wie das Deliktsrecht – ein rechtswidriges Verhalten. Auch sprachlich kommt zum Ausdruck, dass Vertragshaftung und Deliktshaftung nicht identisch sind: Der Vertrag schafft Pflichten, „obligations", das Deliktsrecht beruht auf Verhaltensregeln, „devoirs".[641] Des weiteren sind die Vertragshaftung und die Deliktshaftung in zwei verschiedenen Titeln des Code civil geregelt. Ferner bestimmt Art. 1302 Cciv, dass „l'obligation est éteinte si la chose a péri ou a été perdue sans la faute du débiteur ...". Ein Erlöschen der Pflicht tritt demnach nur bei fehlendem Verschulden des Schuldners ein. Im Umkehrschluss führt die schuldhafte Nichterfüllung einer Vertragspflicht nicht zu einem Erlöschen der Pflicht, sondern diese besteht als Schadensersatzanspruch fort.[642] Dieser Anspruch ergibt sich aus dem Vertrag, was sich auch daran zeigt, dass sich die Sicherheiten des Vertrages auf den vertraglichen Schadensersatzanspruch erstrecken.[643] Aus diesen Textstellen wird klar, dass die Unitätslehre von dem historischen Gesetzgeber nicht geteilt wurde und auch mit dem geltenden Code civil nur schwer vereinbar ist.

Insgesamt übersieht die Unitätslehre den engen Zusammenhang, der zwischen vertraglicher Schadensersatzpflicht und dem Vertrag besteht und sie leugnet den Kompensationsaspekt der Vertragshaftung.
Des weiteren muss die Unitätslehre gesetzliche Pflichten, deren Verstoß die Deliktshaftung sanktionieren kann, bilden. Gesetzliche Anhaltspunkte gibt es dafür nicht, noch hat es sich als möglich herausgestellt, eine entsprechende Liste aufzustellen.[644]

(4) Bewertung

Die Unitätslehre hat den Verdienst, die französische Lehre auf den engen Zusammenhang zwischen Vertrags- und Deliktshaftung aufmerksam gemacht zu haben. Sie hat damit zur Entwicklung eines neuen Haftungsschemas beigetragen, dass sich in zahlreichen Spezialgesetzen durchgesetzt hat. Ihr Vorteil ist es, die Abgrenzungsschwierigkeiten zwischen Vertragsrecht und Deliktsrecht und die frappierenden Ungleichbehandlungen zwischen Vertragspartner und Dritten bei gleichartiger Schädigung zu beseitigen. Die Unitätslehre hat ferner die Aufnahme der Schutzpflichten in den Vertrag

---

640 Radé, Responsabilité, S, 12; Malaurie/Aynès, S. 323.
641 Viney, Introduction, S. 285; Remy, RTD civ. 97, S. 334; Tallon, FS Cornu, S. 432, spricht von einem „mauvais jeu de mots".
642 Richter, S. 8.
643 Req. 09.08.1881, S. 1882.1.150.
644 Husson, S. 282.

erleichtert. Wenn nämlich die Vertragshaftung nur ein Sonderfall der Deliktshaftung ist, so ist es selbstverständlich, dass sie auch die deliktischen Schäden, die im Zusammenhang mit dem Vertrag stehen, erfasst.[645]
Die Unitätslehre ist aber mit dem positiven Recht, insbesondere mit Artt. 1150 und 1302 Cciv nicht vereinbar. Der Einfluss des Vertrages auf den Schadensersatzanspruch nach Art. 1147 Cciv wird ebenfalls zu Unrecht geleugnet. Deshalb überzeugt die Unitätslehre nicht; die responsabilité contractuelle ist gegenüber der responsabilité délictuelle eine eigenständige Haftungsart. Heute hat die Unitätslehre an Bedeutung verloren, die Hauptkritik an der responsabilité contractuelle kommt von der théorie de l'exécution par équivalent.

ii) Die Theorie der exécution par équivalent
Nach der herrschende Theorie der verminderten Dualität besteht eine Funktion der Vertragshaftung darin, dem Gläubiger den durch die Pflichtverletzung entstandenen Schaden zu ersetzen. Ihr Zweck ist neben der Kompensation auch die Reparation. Dem widerspricht die Theorie der exécution par équivalent. Ihr zufolge ist der vertragliche Schadensersatz darauf beschränkt, die enttäuschte Erwartung des Gläubigers durch eine äquivalente Leistung in Geld zu kompensieren. Die obligation de sécurité wie überhaupt eine responsabilité contractuelle sind ein „faux concept".[646] Deshalb lehnt die Theorie der exécution par équivalent die Existenz einer Vertragshaftung i.S.e. Wiedergutmachung ab. Streitpunkt ist also die Natur des Geldersatzes.

Die Theorie der exécution par équivalent wurde von Philippe Rémy, der sich auf Arbeiten von Philippe Le Tourneau[647] und Denis Tallon[648] stützen konnte, in zwei Aufsätzen von 1996 und 1997[649] begründet. Den Grundgedanken seiner Theorie hat Rémy bereits 1985 in einer Urteilsbesprechung formuliert.[650]

Die Überlegung ist nicht neu. Der Gedanke, dass der Schadensersatz aus Art.1147 Cciv eine exécution par équivalent darstellen könnte, taucht bereits in den sechziger Jahren in einem Urteil des Cour d'Appel de Rouen auf; dort ist von „exécution par équivalent, sous forme de paiement de dommages-interêts" die Rede.[651] Und die Gleichstellung von dommages-intérêts und paiement du contrat findet sich bereits 1932 bei de la Massue.[652]
Seitdem hat die Lehre viel Beifall gefunden. Inhaltlich steht sie der strengen Dualitätstheorie von Sainctelette sehr nahe, da beide streng zwischen Reparation und Kompensation unterscheiden. Die Rechtsprechung hat sich ihr bislang –

---

645 So Kritik Viney, FS Ripert, S. 939.
646 Remy, RGDA 95, 534; RTD civ. 97, 23ff.
647 Tourneau/Cadiet, n° 1545ff., v.a. n° 1562.
648 Tallon, RTD civ. 94, S.227.
649 Droit & Cultures 96, 31ff. und RTD civ. 97, 23ff.
650 Rémy, RTD civ. 85, S. 180, Bspr. Cass, 1re, 16.05.84: „Or, la 'responsabilité contractuelle' n'est jamais que l'obligation de fournir, par équivalent, la prestation que le contractant attendait spécifiquement du contrat ...".
651 CdA Rouen, 1re Ch. civ., 16.03.65, GP 65.2.244, es geht um den Exequatur eines ausländischen Schiedsspruchs.
652 RTD civ. 32, S. 379.

abgesehen von einer Ausnahme - nicht angeschlossen, sie betrachtet weiterhin die vertragliche Schadensersatzpflicht auch als eine Form der Haftung i.S.v. Reparation.[653] Jedoch besteht im Fall der Verletzung einer Informationspflicht in der Rechtsprechung die Tendenz, dem Gläubiger als Schadensersatz aus Art. 1147 Cciv das pekuniäre Äquivalent des Vorteils zuzusprechen, den er aufgrund des Vertrages bei ordnungsgemäßer Erfüllung erhalten hätte. Insofern stellt der Geldersatz eine Kompensation für den ausgefallenen vertraglichen Vorteil und damit eine exécution par équivalent dar.
Außerdem hat sich die Chambre sociale 2002 in einem vereinzelt gebliebenen und heftig kritisierten Urteil zu der Theorie bekannt: „qu'aux termes de l'art. 1142 Cciv toute obligation de faire ou de ne pas faire se résout en dommages-intérêts en cas d'inexécution par le débiteur; que d'autre part, selon l'art. 1147 du même code, le débiteur est condamné, s'il y a lieu, au paiement de dommages-intérêts, soit à raison de l'inexécution de l'obligation, soit à raison du retard dans l'exécution ; qu'il en résulte que les dommages-intérêts alloués au créancier au titre de l'inexéction de l'obligation ou d'un retard dans on exécutiom, *constituent une modalité d'exécution de l'obligation de faire ou de ne pas faire.*“[654]

Zuerst wird die Theorie dargestellt, dann wird sie auf ihre Schwächen untersucht und abschließend bewertet.

(1) Darstellung

(a) Inhalt

Nach der Theorie der exécution par équivalent ist zwischen „réparation“ und „paiement forcé“ streng zu trennen. Nur so könne die klassische Dualität zwischen dem Vertrag, der auf die „exécution des promesses“ ausgerichtet sei, und dem Delikt, dessen Zweck die „réparation des dommages injustement causés a autrui“ sei, gewahrt werden.[655] Die Abgrenzung der jeweiligen Anwendungsbereiche werde erreicht, indem man die Vertragshaftung ausschließlich als eine „exécution par équivalent“ der verletzten primären Vertragspflicht betrachtet. „Le créancier de l'exécution inexécutée, lorsqu'il réclame des dommages et intérêts, demande l'exécution forcée (par équivalent) de l'obligation“.[656] Die ursprüngliche Vertragspflicht werde durch die Verletzung nicht modifiziert, sondern lediglich als Schadensersatz eintreibbar. Anstelle der exécution par nature trete die exécution par équivalent. Die sog.

---

[653] z.B. Cass, 1re, 14.03.95, Bull. Civ. I, n° 128: Reitunfall.

[654] Cass, soc., „AGS de Paris et autres c/Marquis et autres", 04.12.04, RTD civ. 03, S. 711-715, com. Jourdain. Hervorhebung durch den Autor. Zuvor hatte Cass, 3e, 30.01.02, Bull civ. III, n° 17, bereits in Richtung der théorie de l'exécution par équivalent eingeschwenkt, indem sie dem Vermieter einen Schadensersatzanspruch gegen den Mieter zubilligte, obwohl er aus der Vertragsverletzung des Mieters keinen Schaden erhalten hatte. Dieses Urteil kann aber mittlerweile als überholt angesehen werden, da bei gleichem Tatbestand Cass, 3e, „SCI Race Saint-Jean c/SARL Précom", RTD civ. 04, S. 295, com. Jourdain und com. Leveneur in CCC 04, Nr. 38, einen préjudice als Voraussetzung für die Vertragshaftung ausdrücklich feststellt.

[655] Remy, RTD civ. 97, S. 355.

[656] Remy, RGDA, S. 853; zustimmend Lapoyade-Deschamps, RCA 97, chron. 8, S.6, mit dem Hinweis auf den Wortlaut „s'il y a lieu" des Art. 1147 Cciv.

Vertragshaftung sei damit in Wirklichkeit nichts anderes als eine Art Zwangsvollstreckung[657], sie sei beschränkt auf die Verpflichtung, dem Gläubiger sein enttäuschtes Äquivalenzinteresse auszugleichen. Dagegen falle es in die ausschließliche Kompetenz der Deliktshaftung, unerlaubt zugefügte Schäden zu reparieren.[658] Daraus werde der Schluss gezogen, dass es eine *responsabilité* contractuelle im Sinne einer réparation überhaupt nicht gibt.[659] Responsabilité contractuelle bezeichne ausschließlich die Kompensation in Geld für den Bruch des vertraglich gegebenen Wortes.

(b) Begründung
Die Theorie der exécution par équivalent folgt der engen Konzeption des Vertrages als Rechtsinstitut, das nur den Güteraustausch erfasst.[660] Nur darüber und nicht über Haftungsfragen haben sich die Parteien geeinigt. Schon deshalb ist eine vertragliche Haftungsregelung abzulehnen. Art. 1147 Cciv ist darauf beschränkt, das Grundprinzip „pacta sunt servanda" zu gewährleisten. Der Schuldner, der gar nicht oder schlecht leistet, schuldet Schadensersatz, nicht weil er einen rechtswidrigen Schaden zugefügt hat, sondern weil er den Vertrag nicht erfüllt hat.[661] Der für das Deliktsrecht spezifisch erforderliche Vorwurf an den Handelnden fehlt damit.[662] Es geht demnach um Kompensation und nicht um Reparation.
Die Lehre kann sich auf gewichtige Wortlautargumente berufen. Art. 1147 Cciv steht im Kapital „de l'effet des obligations". Dadurch wird deutlich, dass die sog. Vertragshaftung nur eine Folge der Vertragspflichten ist und damit nicht mehr bewirken kann, als deren Verletzung auszugleichen. Ebenso spricht Art. 1147 Cciv von „à raison de l'inexécution de l'obligation" und nicht von „à raison du dommage causé". Des weiteren beschränkt Art. 1150 Cciv die Höhe des Ersatzanspruchs auf den vorhersehbaren Schaden, denn nur dieser entspricht dem vertraglich übernommenen Risiko und dem vertraglich versprochenen Vorteil.[663] Aus dem Code civil ergibt sich deshalb, dass der Ersatzanspruch entgegen der herrschenden Meinung kein selbständiger Anspruch ist, der durch eine Novation entsteht[664], sondern aus dem Vertrag resultiert. Der nicht erfüllte Anspruch geht in ihn über. Dies belegt auch die Tatsache, dass Sicherheiten für die ursprüngliche Vertragspflicht auch die Ersatzpflicht umfassen[665], sowie dass

---

657 Jourdain, Principes, S. 34; zustimmend, Flour/Aubert, S. 106
658 Remy, RTD civ. 97, S. 324; Carbonnier, Les obligations, n° 114; Bellissant, S. 44; Denis, Guide jurid. Dalloz, 156-11.
659 Für das dt. Recht s. Canaris, Vertrauenshaftung, S. 3: Haftung bedeutet, dass die Rechtsfolge in der Begründung einer Pflicht besteht. Dies gilt sowohl für die Vertrags- wie auch die Deliktshaftung.
660 Savaux, RTD civ. 99, S. 8; Bellisant, S. 42; Remy, RGDA 95, S. 534, « l'objet d'un contrat est la création ou le transfert d'avantages déterminés ».
661 Rémy, Droit et Cultures 96, S. 41.
662 Dana, n° 49.
663 Le Tourneau/Cadiet, n° 359; Rémy, RTD civ. 97, S. 349.
664 Mazeaud, RTD civ. 29, S. 559. dag. de la Massue, RTD civ. 32, S. 379.
665 St. Rspr, z.B. Req. 09.05.1881, DP 1882.1.13.

die Verjährungsfrist am Tag der Fälligkeit des Vertragsanspruchs und nicht am Tag des Schadenseintritts zu laufen beginnt.[666]
Der Anspruch auf die „dommages et intérêts“ ist eines unter mehreren „remèdes à l'inexécution“, neben der richterlicher Vertragsauflösung, Art. 1143 Cciv, und der exception d'inexécution.[667] Dieser Anspruch gehört also systematisch nicht zum deliktischen Schadensersatzrecht, auch wenn allgemein von responsabilité civile als Oberbegriff die Rede ist. Außerdem setzt der Anspruch aus Art. 1147 Cciv nur eine „inexécution“ voraus, nicht aber eine faute oder überhaupt einen Schaden. Dies sind Voraussetzungen der Deliktshaftung. Während im Deliktsrecht der Schaden die Haftung auslöst, ist er im Rahmen des Art. 1147 Cciv. nur das Maß der „exécution par équivalent“.[668]

Ferner wird zur Begründung der Theorie der exécution par équivalent darauf verwiesen, dass die gesetzlichen Garantiepflichten der einzelnen Vertragsarten ausreiche. Durch ihre Ausgestaltung habe der Gesetzgeber für jede Vertragsart die Frage geregelt, unter welcher Voraussetzung Ersatz geschuldet werde. Eine allgemeine Vertragshaftung sei deshalb unangebracht. Die Theorie der exécution par équivalent kann weiter durch das allgemeine Pfandrecht, das jedem Gläubiger einer persönlichen Schuld nach Art. 2092 Cciv zuerkannt wird, gerechtfertigt werden.[669] Zuletzt zieht die Theorie der exécution par équivalent mit Vorliebe das rechtsgeschichtliche Argument heran, dass die „théorie classique“ unter Pothier und bis zur Jahrhundertwende der Ansicht von der exécution par équivalent folgte. So findet sich z.B. in der Darstellung der Motive vor dem corps législatf bei Bigot-Préameneu: „On entend par ces expressions, dommages et intérêts, la perte que le créancier a faite, et le gain dont il a été privé par l'inexécution de l'obligation“.[670] Von einer Reparation ist keine Rede. Diese Ansicht entspreche schon deshalb besser dem Geist des Code civil; die Theorie der responsabilité contractuelle sei als mit dem Code civil unvereinbar abzulehnen.

(c) Vorzüge der Theorie der exécution par équivalent
Die Theorie der exécution par équivalent löst die Frage der Entstehung des Schadensersatzanspruches aus Art. 1147 Cciv auf einfache, klare Weise. Der Anspruch entstammt dem Vertrag und ist die abgeänderte Vertragspflicht. Dagegen hat die herrschende Theorie der verminderten Dualität hier Schwierigkeiten, einerseits eine neue Pflicht entstehen zu lassen, andererseits aber ihren engen Zusammenhang mit dem Vertrag zu begründen.
Der Vertrag wird entschlackt und auf seine ursprüngliche Funktion als Instrument des Güteraustausches zurückgeführt. Dies beinhaltet nach Auf-

---

666 Jourdain, Reflexion, S. 68, der auch darauf hinweist, dass bei Gesetzesänderungen das Recht, das für den Vertrag galt, anwendbar bleibt, ohne dass es auf den Zeitpunkt der Schädigung ankäme.
667 In Artt. 1612 u. 1704 Cciv für den Kauf und den Tausch gesetzlich geregelt wurde sie von der Rechtsprechung auf alle Verträge ausgedehnt, s. Ghestin/Jamin/Billau, les effets, n° 356.
668 Tallon, RTD 94, S. 228.
669 Larroumet, Droit civil, S. 600.
670 Bei Fenet, n° 1149.

fassung der Vertreter dieser Theorie die Elimination der Schutzpflichten, insbesondere der obligation de sécurité, und damit eine „décontractualisation de la sécurité“.[671] Damit wird eine deutliche Grenzlinie zwischen Vertrags- und Deliktsrecht gezogen, die hier bestehenden Probleme, insbesondere die Qualifikationsfrage, werden beseitigt.
Des weiteren gewinnt durch die Abschaffung der Vertragshaftung das principe de non - cumul wieder seine Rechtfertigung. Denn es untersagt dann, einen Anspruch geltend zu machen, der der Schadenswiedergutmachung dienen soll, obwohl man in Wirklichkeit die Erfüllung einer Vertragspflicht erstrebt.[672]

(2) Kritik
Die Kritik an der Theorie der exécution par équivalent zielt auf drei Aspekte: die Widerlegung der rechtsgeschichtlichen Argumente, die methodische Stimmigkeit der Lehre und ihre Brauchbarkeit.

(a) Historische und Wortlautgesichtspunkte
Die Theorie der exécution par équivalent beruft sich auf die Rechtsaufassung des 19. Jh.. Die Rechtsentwicklung der letzten hundert Jahre soll rückgängig gemacht werden. Gegen eine Rückwendung im Recht äußerte bereits Windscheid Bedenken: „Als historische Juristen wissen wir, dass das Gesetzbuch nichts sein wird, als ein Punkt in der Entwicklung, faßbarer gewiß als die Wasserwelle im Strome, aber doch nur eine Welle im Strom.“[673] Der Verweis auf Domat und Pothier, sowie auf den historischen Code civil, mag zutreffen[674]; ein schlagkräftiges Argument ist ihm aber nicht abzugewinnen. Durch die richterrechtliche Entwicklung der obligation de sécurité hat die responsabilité contractuelle nämlich de facto inzwischen einen Reparationsaspekt erlangt. Diese Rechtswirklichkeit darf nicht übersehen werden. „Une loi indéformable ne peut se concevoir que dans une société immobile“.[675]
Ferner ist auf einen sprachlichen Gesichtspunkt hinzuweisen: Die Theorie der exécution par équivalent lehnt den Begriff der responsabilité im Vertragsrecht ab, weil er eine Wiedergutmachung bezeichne. Jedoch besteht nach streng historischen Gesichtspunkten gerade im Vertragsrecht eine « responsabilité »: « responsabilité » kommt von lateinisch « spondeo ». Dieses sagte der Bürge zur Bestätigung der Übernahme der Bürgschaft.[676] Diese setzt einen Vertrag voraus. Deshalb handelt es sich bei dem Begriff « responsabilité » um einen vertragsrechtlichen Begriff im ureigentlichen Sinn, auch wenn seitdem eine

---

[671] Savaux, RTD civ. 99, S. 11.
[672] Savaux , RTD civ. 99, S. 10.
[673] Windscheid, Die Geschichtliche Schule in der Rechtswissenschaft, 1904, S. 75f.
[674] S. aber Viney, FS Ripert, S. 926, nach der zumindest Pothier Vertragshaftung und exécution par équivalent nicht gleichsetzte. S. auch Pothier, Traité des obligations, 1re partie, Ch. II, Art. III. „le débiteur ... doit indemniser la créancier de la perte qui lui a causée, et du gain dont l'a privé l'inexécution de l'obligation“.
[675] Jean Cruet, zitiert nach Josserand, Recueil Geny, S. 333. Zustimmend Tchendjou, GP 00 doctr., S. 619: „Remy procède d'une conception statique du droit“.
[676] Zur Entstehung des Begriffs „responsabilité“ s. Pignarre, RCA 01, hors série, S. 10ff.

Begriffswandlung stattgefunden hat. Die historischen Argumente können deshalb nicht überzeugen.

Die Theorie scheint außerdem eine starke Stütze im Gesetzeswortlaut zu finden. Dieser lässt sich aber auch anders interpretieren. So hat nach Art. 1184 al. 2 Cciv der Gläubiger ein Wahlrecht zwischen der exécution forcée und der „résolution avec dommages et intérêts". Dies zeigt, dass die Schadensersatzpflicht und die Zwangsvollstreckung nach der Konzeption des Gesetzgebers nicht identisch sind.[677] Des weiteren beinhaltet nach Art. 1149 Cciv die Ersatzpflicht auch den entgangenen Gewinn. Dieser hat aber mit der Erfüllung der Vertragspflicht nichts zu tun. Die Ersatzpflicht des Art. 1147 Cciv kann damit rein wertmäßig über eine exécution par équivalent hinausgehen. Auch Art. 1142 Cciv „se résout" spricht bei genauer Betrachtung gegen die exécution par équivalent. „Resoudre" bedeutet „par une suite des transformations et un enchaînement des conséquences, faire disparaître".[678] Dies bedeutet, dass die nichterfüllte Vertragspflicht als solche verschwindet und in einer „obligation légale de réparer les conséquences de refus d'exécuter volontairement cette obligation" aufgeht.[679] Der Code civil trennt demnach zwischen debitorium und obligatio.[680]
Außerdem läßt Art. 1134 al. 1 Cciv erkennen, dass nach der Konzeption des Code civil die Verletzung einer Vertragspflicht nicht nur die Interessen des Gläubigers verletzt, sondern die gesamte Rechtsordnung behindert, insoweit als der Vertrag das häufigste Instrument zum Austausch von Gütern und Leistungen zwischen Menschen ist.[681]
Die Systematik und der Wortlaut des Code civil sprechen deshalb bei genauer Betrachtung gegen die Theorie der exécution par équivalent.

(b) Stimmigkeit
Ferner begegnet die Theorie Bedenken sowohl auf logischer wie auf rechtlicher Ebene.

(i) Bedenken hinsichtlich der Logik
Die Theorie der exécution par équivalent mag für eine Geldschuld stimmen, denn hier betrifft sowohl die primäre Schuld wie auch die Schadensersatzpflicht des Art. 1147 Cciv das gleiche Objekt.[682]
Im Hinblick auf Handlungs- und die Unterlassungspflichten lässt sich ein Geldersatz nach Art. 1147 Cciv. schon begrifflich nicht als exécution denken. Geschuldet wird ein bestimmtes Verhalten bzw. ein bestimmter Erfolg. Nur wenn dieses erfüllt wird bzw. der Erfolg eingetreten ist, lässt sich von

---

[677] Vgl. Viney, FS Ripert, S. 926.
[678] Dictionnaire Robert.
[679] Radé, D 98, chron., S. 304. Bereits Grandmoulin, 1892, zitiert nach Radé, Responsabilité, S. 10.
[680] Larroumet, Droit civil, S. 600.
[681] Schmidt-Scaléwiski, RTD civ 00, S. 26.
[682] Zustimmend Radé, D 98, chron., S. 304. Dag. Viney, Exécution de l'obligation, S. 17, mit dem Hinweis auf den Verzugsschaden und die perte d'une chance, Art. 1153 Cciv.

Vertragserfüllung sprechen. Die Hingabe von Geld anstelle der versproche-nen Handlung ist keine Vertragserfüllung, weder ist der erwartete Erfolg eingetreten, noch hat sich der Schuldner entsprechend verhalten. Eine exécution par équivalent ist in einem solchen Fall, d.h. für die Mehrzahl der Vertragspflichten nicht möglich. Hinzu kommt, dass die Erfüllung nach der Parteierwartung nicht nur die Leistungserbringung, sondern eine Leistungserbringung ohne Schädigung darstellt.[683] Hier kommt man zu dem Problem, was noch zum „équivalent" gehört und was nicht. Wie verhält es sich z.B. mit den Mangelfolgeschäden?
Diese Überlegung wird durch die Rechtslage bestätigt. Die Tatsache der Nichterfüllung bewirkt die Umwandlung der Vertragspflicht in eine Schadensersatzpflicht; damit geht es bei der Vertragshaftung nicht mehr um die Vertragserfüllung. Der Geldersatz findet seine Basis vielmehr in der Nichterfüllung und nicht in dem Fortbestehen der Leistungspflicht.[684]

(ii) Rechtliche Bedenken
Indem die Lehre von der exécution par équivalent den Begriff „exécution" sowohl für die exécution en nature wie auch den Geldersatz nach Art. 1147 Cciv verwendet, leugnet sie die Priorität der Naturalerfüllung gegenüber dem Geldersatz. Sie steht dadurch nicht nur im Widerspruch zur ständigen Rechtsprechung der Cour de Cassation[685], sondern verkennt auch die force obligatoire des Vertrages. Das Gleichsetzen von Schadensersatz und Erfüllung führt nämlich zu einer Verneinung der Bindungswirkung des Vertrages[686], denn es impliziert, dass der Vertrag auch durch einen Geldersatz erfüllt werden könnte. Dies entspricht aber sicher nicht dem Parteiwillen, denn ein Vertrag mit obligations de faire ou de ne pas faire wird – wie auch die Theorie der exécution par équivalent annimmt - zum Zweck der Güterbewegung, und nicht zum Geldaustausch geschlossen.
Des weiteren setzt der Anspruch nach Art. 1147 Cciv einen Schaden voraus; ein solcher ist für die Zwangsvollstreckung dagegen unerheblich. In diesem Punkt unterscheiden sich eindeutig die beiden Rechtsinstitute.[687]
Auch der Verweis auf das allgemeine Pfandrecht ist verfehlt, da es sich hierbei um einen Geldersatz handelt und eben nicht um Erfüllung. Eine Ausnahme besteht für Geldschulden.[688]
Nach ständiger Rechtsprechung ist der Geschädigte in die Lage zu bringen, „où [il] se serait trouvé si l'acte dommageable ne s'était point produit".[689] Darin ist der Ersatz der Mangelfolgeschäden eingeschlossen.[690] Dieser ist aber nicht unter den Begriff exécution par équivalent zu subsumieren, da er ja gerade nicht das

---

683 So auch Flour/Aubert, S. 107.
684 Larroumet, Droit civil, n° 600; Mazeaud-Tunc, S. 105.
685 Z.B. Cass, 22.12.47, D 48, juris., S. 470.
686 Viney, FS Ripert, S. 932.
687 Jourdain, Reflexion, S. 72.
688 Larroumet, Droit civil, S. 600; Larroumet, Pour la responsabilité, S. 548.
689 St. Rspr., zitiert nach Flour/Aubert, S. 106.
690 Cass, 1re, 06.10.98, JCP 98.VI.3286: Installation einer defekten Videoüberwachung. Vertraglicher Schadensersatz erfasst auch die Diebstahlsverluste.

Interesse an der Vertragsleistung, sondern ein anderes Rechtsgut betrifft. Auch Art. 1611 Cciv, der den Schadensersatz bei verspäteter Lieferung durch den Verkäufer regelt, spricht von vertraglichen dommages et intérêts, ohne dass der Verzugsschaden als Erfüllung der Lieferungspflicht angesehen werden könnte. Zu nennen ist auch Art. 1721 Cciv, der die Haftung des Vermieters für Mangelfolgeschäden infolge einer mangelhaften Mietsache anordnet. Ebenso bezieht sich die Haftung des Auftraggebers gegenüber dem Beauftragten für im Rahmen der Auftragsausführung erlittene Schäden nach Art. 2000 Cciv nicht nur auf das Äquivalenzinteresse, sondern beinhaltet auch einen Wiedergutmachungsaspekt.[691] In allen diesen Fällen weist die Vertragshaftung durchaus einen Reparationsaspekt auf. Dies übersieht die Lehre der exécution par équivalent zu Unrecht.[692]

(iii) Brauchbarkeit

Die Theorie der exécution par équivalent hat den Nachteil, den im Rahmen der Vertragsverletzung geschädigten Vertragspartner auf zwei Klagen zu verweisen: eine auf der Basis des Art. 1147 Cciv, um Ersatz für die Pflichtverletzung an sich zu erhalten, und eine nach Art. 1382 ff. Cciv, um Schadensersatz für den erlittenen Schaden zu erlangen.[693]

Außerdem würde die vorgeschlagene Lösung zu einer Überbelastung des Deliktsrechts führen.[694]

Praktische Schwierigkeiten würde auch die Bestimmung des Umfangs der exécution par équivalent und die Berechnung der daraus folgenden dommages-intérêts bereiten.[695] An dieser Stelle würden die altbekannte Qualifikationsprobleme - wenn auch in geringerem Maße - wieder auftauchen.

(3) Bewertung

Die Theorie der exécution par équivalent hat eine Rückbesinnung auf den Vertragsinhalt hervorgerufen. Sie macht deutlich, dass Vertragshaftung nicht mit Deliktshaftung im Vertrag gleichzusetzen ist. Die Vertragshaftung ist vielmehr ein dem Vertrag eigenes Rechtsinstrument und muss es auch bleiben. Das unüberlegte Aufsaugen des Deliktsrechts durch das Vertragsrecht ist verfehlt und wird zu Recht von der Theorie der exécution par équivalent angegriffen.

Trotzdem ist die Theorie der exécution par équivalent abzulehnen. Ein Schadensersatz ist beim besten Willen keine Erfüllung mehr. Man denke nur an knappe Güter oder an ein Vertragsobjekt, auf das der Gläubiger angewiesen ist. In solchen Fällen hilft ihm der Schadensersatz wenig; in keinem Fall befriedigt er das Interesse, das den Gläubiger zum Abschluss des Vertrages bewogen hat. Denn wenn es dem Käufer, dem Mieter, etc. nur um Geldersatz gegangen wäre, so hätte er den Vertrag erst gar nicht geschlossen. Auch bei persönlichen Leistungen passt der Erfüllungsgedanke für den Schadensersatz nicht: Jemand

---

691 Viney, FS Ripert, S. 929.
692 Jourdain, Reflexion, S. 78, Marty/Raynaud, n° 364.
693 Viney, FS Ripert, S. 932; Viney, JCP 95, S. 1184.
694 Viney, FS Ripert, S. 936.
695 Flour/Aubert, S. 107; Savaux, RTD civ. 99, S. 20; Larroumet, Pour responsabilité, S. 544.

hat ein Bild bei einem Maler in Auftrag gegeben. Was hilft ihm der Geldersatz, er will doch das Bild erhalten. Nur darin liegt die Erfüllung des Vertrages, der Schadensersatz ist lediglich Reparation.
Die Theorie der exécution par équivalent folgt deshalb einer zu weiten Konzeption der Vertragserfüllung.

Rémy schreibt: „Il n'y a aucune commune mesure entre les déceptions de l'acheteur (qui ne peut se plaindre d'être déçu que parce qu'il a acheté) et les blessures d'une victime (qui se plaint, non parce qu'elle a acheté, mais parce qu'elle est victime)".[696] Hier zeigt sich der Fehlschluss der Theorie: Der Käufer will etwas kaufen, das ihn nicht verletzt. Wüsste er beim Kauf, dass er durch das Kaufobjekt verletzt würde, so würde er es nicht kaufen. Wird er nun verletzt, so beklagt er sich einerseits – wie Rémy annimmt – über seine Verletzung, andererseits aber auch darüber, dass er eine ihn gefährdende Sache gekauft hat. Er ist also entgegen Rémy sehr wohl über seine Verletzung „enttäuscht". Die Beschwerde des Opfers und die des Käufers sind demnach untrennbar verbunden. Die Theorie der exécution par équivalent leidet demnach an dem gleichen Mangel wie diejenige Ansicht, die Schutzpflichten ausschließlich als Deliktspflichten qualifizieren will: Die Schwarz-Weiß-Malerei wird dem hybriden Charakter der Schutzpflichten nicht gerecht und führt von einer Hyperthrophie des Vertragsrechts zu einer Hyperthrophie des Deliktsrechts.

Insgesamt hinterlässt die Theorie der exécution par équivalent den Eindruck, dass das Kind mit dem Bade ausgeschüttet wird. Es wird die Vertragshaftung insgesamt abgelehnt, obwohl Gegenstand der Kritik die Übernahme deliktsrechtlicher Aspekte in das Vertragsrecht ist. Im Grunde genommen geht es um die Ablehnung der vertraglichen obligation de sécurité, durch die das Deliktsrecht in erheblichem Maße in das Vertragsrecht eingedrungen ist[697], so dass der Reparationsaspekt der Vertragshaftung überwiegt.
Dadurch wird klar, dass zwei Fragen vermischt werden: Die Frage nach dem Inhalt des Vertrages und die Frage nach der Art der Haftung. Man liest: „Le juge a une grande liberté pour *qualifier* la responsabilité".[698] Dem ist nicht zuzustimmen. Der Richter hat eine große Freiheit, eine Pflicht als Vertrags- oder Deliktspflicht zu qualifizieren (s.o). Ist die Pflicht qualifiziert, so endet seine Freiheit; wenn er eine Vertragspflicht festgestellt hat, muss er die Vertragshaftung anwenden. Die häufige Vermischung und Verwechslung der Frage nach der Qualifikation und der Frage nach der Haftung in der französischen Lehre ist wohl auf die eingangs erwähnte Besonderheit

---

[696] Rémy, RTD civ. 83, S. 180.
[697] Auch wenn Savaux, RTD civ. 99, S. 15, behauptet, die Abschaffung der obligation de sécurité würde das Problem nicht lösen, da dies an der Natur des Schadensersatzes nichts ändert. Dennoch fällt auf, dass die Vertreter der Theorie der exécution par équivalent zum Beweis der Missachtung des Code civil stets auf Beispiele der obligation de sécurité zurückgreifen. So hat auch Rémy seine Theorie anhand einer obligation de sécurité de moyens des Verkäufers entwickelt, s. RTD civ. 85, S. 179ff., u. Droit et Cultures 96, S. 42, wo er sich gegen die Einbeziehung des „accident corporel" in die Vertragshaftung wendet.
[698] Z.B. Esmein, D 62, juris., S. 147; Hervorhebung durch den Verfasser.

zurückzuführen, dass in französischen Lehrbüchern in dem Kapital über die Vertragshaftung auch der Pflichteninhalt des Vertrages erläutert wird. Dennoch sind die beiden Punkte dogmatisch streng zu trennen. Es ist nötig, dass man „mesure exactement l'étendue des obligations nées du contrat pour fixer le point à partir duquel les contractants, n'étant plus liés par leur convention, se retrouvent l'un à l'égard de l'autre dans la situation de tiers soumis seulement aux règles délictuelles".[699]

Der Theorie der exécution par équivalent ist zu folgen, insofern sie die Einbeziehung des reinen Integritätsschutzes in die Vertragshaftung ablehnt. Bei ihrer Annahme, der Schadensersatzanspruch aus Art. 1147 Cciv sei eine exécution par équivalent, und bei ihrer Ablehnung der Vertragshaftung überhaupt, ist ihr nicht zuzustimmen.

Zusammenfassung: Die Vertragshaftung existiert. Sie hat zwei Funktionen: einen Reparationsaspekt und einen Kompensationsaspekt. Sie hat deshalb viele Ähnlichkeiten mit der Deliktshaftung, die sich auch durch die problemlose Aufnahme von deliktsrechtlichen Überlegungen in die Vertragshaftung zeigen. Dennoch ist sie entgegen der Unitätstheorie nicht mit der Deliktshaftung identisch, da sie entgegen dieser auch die Kompensation des enttäuschten Gläubigerinteresses bezweckt. Die Theorie der exécution par équivalent ist ebenso abzulehnen, da sie den Reparationssaspekt übersieht.
Interessant ist die Nähe der beiden Theorien: für die Unitätstheorie ist alles Deliktshaftung, der Kompensationaspekt wird geleugnet; für die Theorie der exécution par équivalent ist die Reparation ausschließlich Aufgabe des Deliktsrechts. Daher stimmen beide Theorien darin überein, dass „responsabilité" etwas typisch Deliktsrechtliches ist.[700]
Es läßt sich also die Existenz der responsabilité contractuelle festhalten. „La responsabilité contractuelle ... est un concept complexe, mais bien réel, et qui se place à côté de celui de la responsabilité délictuelle".[701]

2. Régime de la responsabilité contractuelle
Kommt es zur Schutzpflichtverletzung, so hat der Gläubiger zwei Möglichkeiten: Er kann Schadensersatz verlangen und vom Vertrag zurücktreten.

a) Schadensersatz
Der Schadenersatzanspruch nach Art. 1147 Cciv hat drei Voraussetzungen: einen fait générateur, einen Schaden und die Kausalität zwischen beiden. Es handelt sich dabei um die gleichen Voraussetzungen wie für die Deliktshaftung.

---

[699] Husson, S. 279.
[700] S. Lefebvre (Vertreter der Unitätslehre), De la responsabilité délictuelle et contractuelle, 1886, S. 489 (zitiert nach Brun, thèse, S. 109): „L'évidence pour nous est que l'expression responsabilité contractuelle est une forme vicieuse de langage et que la responsabilité est nécessairement délictuelle". Dieser Satz könnte inhaltlich auch von einem Vertreter der Theorie der exécution par équivalent stammen.
[701] Flour/Aubert, S. 107.

Eine mise en demeure ist bei einer Schutzpflichtverletzung entbehrlich, da der Schaden dafür bereits eingetreten sein muss.

i. Fait générateur

Fait générateur ist die Vertragsverletzung, Art. 1147 1. Alt. Cciv, d.h. u.a. die Nicht- oder Schlechterfüllung einer Schutzpflicht. Umstritten ist dabei, ob eine faute contractuelle Voraussetzung ist.

(1) Obligation contractuelle

Es muss sich um eine obligation contractuelle handeln. Dafür ist ein wirksamer Vertrag[702] erforderlich, der die Pflicht, deren Nichterfüllung vorgetragen wird, enthält. Dies ist bei einer Schutzpflichtverletzung stets der Fall. Außerdem müssen der Geschädigte und der Schädiger Vertragsparteien sein. Die Beweislast dafür trägt der Geschädigte.[703]

(2) Inexécution d'une obligation contractuelle

Das französische Recht unterscheidet für die Haftung nicht zwischen der Verletzung einer Hauptpflicht und derjenigen einer Nebenpflicht.

Bereits die Grundsatzentscheidung der Cour de cassation zur obligation de sécurité von 1911 verwies auf das Erfordernis eines bestimmten Zusammenhangs zwischen Verletzung der Nebenpflicht und dem Vertrag: « c'est au cours de cette exécution et dans des circonstances s'y rattachant, que Zibi a été victime de l'accident ... »[704] Es bedarf also einer Konnexität, eines „lien nécessaire“[705] i.S.e. ursächlichen Zusammenhanges zwischen Schadensursache und Vertragserfüllung; die Verletzung „à l'occasion du contrat“ genügt nicht[706], „il faut encore qu'il résulte de l'inexécution d'une obligation créée par le contrat.“.[707] Auch eine vorsätzliche Verletzung des anderen kann anlässlich des Vertrages stattfinden - wie die Regelung in Art. 1150 Cciv erkennen lässt.

Der Grund für dieses Erfordernis liegt darin, dass der Schuldner sich nur zur Erfüllung seiner Vertragspflichten verpflichtet, nicht aber zur Erfüllung nach allgemeinem Deliktsrecht sanktionierter Pflichten. Es darf nur entsprechend der Parteivereinbarung von der allgemeinen Regelung des Art. 1382 Cciv abgewichen und der Schuldner der speziellen Vertragshaftung unterworfen werden.[708]

Die Verneinung der Konnexität stellt übrigens für die Rechtsprechung einen beliebten Weg dar, um der obligation de sécurité auszuweichen und dem

---

702 Z.B. Cass, 1re, 12.02.64, D 64, juris., S. 319; Cass, 1re, 22.03.77, D 77, IR 437: keine Vertragshaftung bei Sturz auf der Treppe zu den Toiletten im Bahnhofslokal, wenn noch nicht bestellt wurde.

703 Cass, 1re, 13.10.81, GP 82.1.Pan. 127.

704 Cass, civ, 21.11.1911, S 1912, S. 73.

705 Z.B. Cass, 1re, 28.04.81, Bull. civ. I, n° 137.

706 Anders das Gesetz vom 09.04.1898 über die Arbeitsunfälle; es umfasst „accidents survenus par le fait ou à l'occasion du travail“.

707 Cass, 2e, 19.11.64, D 65, juris., S. 93.

708 Labbé, S. 1885.4.25.

Geschädigten den Weg zum Deliktsrecht zu eröffnen[709], auch wenn der umgekehrte Weg zu einer Vertragshaftung häufiger ist.[710]

Die Haftung ist nach Art. 1148 Cciv bei höherer Gewalt (force majeure und cas fortuit) ausgeschlossen.

(3) Faute
Während das deutsche Haftungsrecht auf ein Verschulden des Schuldners aufbaut, ist im französichen Recht umstritten, ob die Nichterfüllung ausreicht oder ob daneben eine faute contractuelle erforderlich ist.
Die faute ist mangels gesetzlicher Definition eines der umstrittensten Elemente des Code civil. Planiol gab folgende Definition: „La faute est un manquement à une obligation préexistante".[711] Die faute umschreibt einen Verstoß gegen ein dem Verstoßenden auferlegtes Verhaltensgebot, der ihn zur Haftung verpflichtet.[712] Die faute beschränkt sich auf die Feststellung der „Normabweichung", des „écart de conduite"[713], ohne dass ein Verschuldensvorwurf darin enthalten wäre. Als deutsche Übersetzung wird Rechtswidrigkeit für die faute délictuelle bzw. Pflichtwidrigkeit für faute contractuelle vorgeschlagen.[714]
In der Lehre ist umstritten, ob Art. 1148 Cciv eine faute contractuelle erfordert.

(a) Die faute contractuelle als Grundlage der Vertragshaftung
Als Begründer der faute contractuelle gilt Domat. „Le défaut de s'acquitter d'un engagement est aussi une faute qui peut donner occasion à des dommages et intérêts dont on sera tenu."[715] Die Rechtsprechung hat sich dieser Ansicht angeschlossen: „Sont fautes contractuelles celles qui résultent de la violation des

---

[709] Z.B. Cass, 1re, 20.04.81, RTD civ. 82, S. 144: Krankenschwester fällt über den Teppich in der Praxis. Cass lehnte lien nécessaire ab und nahm Deliktshaftung an, um die Auseinandersetzung über obligation de sécurité – moyens zu vermeiden. Cass, 2e, 06.03.96 „SNCF c/Oddens" zitiert nach Fabre-Magnan, JCP 96 I, 3958, S.264: der Diebstahl des Gepäcks im Zug löst die Deliktshaftung der SNCF aus, umstrittene Lösung.

[710] Z.B. Cass, 1re, 3.10.92, RCA 99, S. 8: Sturz beim Herabsteigen vom ärztlichen Untersuchungsstuhl. Cass hat entgegen Vorinstanz lien nécessaire und damit Vertragshaftung angenommen. Cass, 1re, 17.05.61, D 61, S. 532 „Saint Lazare": Sturz auf dem jedermann zugänglichen Bahnsteig führt zur Vertragshaftung. Diese Entscheidung wurde heftigst als exzessiv kritisiert. Cass, 3e, 14.05.97, RTD civ. 98,111, obs. Jourdain: Mieter im Erdgeschoß wird durch Überschwemmung von Wohnung über ihm, die vom Vermieter bewohnt wird, geschädigt. Vorinstanz: Deliktshaftung; Cass. unter Berufung auf Art. 1147 Cciv Vertragshaftung.

[711] Obs. CdA Paris, 08.02.1896, DP 1896.II.457.

[712] Ähnlich Planiol, Carval, S. 144. Esmein, RTD civ. 33, S. 631; Demogue, RTD civ. 23, 657.

[713] Esmein, RTD civ. 33, S. 635. Nach Légier, Ency. Dalloz, S. 16, bedarf es der „illicité". Dag. die théorie de trois fautes, s. Veaux, JCl, fasc. 15, S. 9, die die fautes nach ihrem Verschuldensgrad unterteilt. Diese Ansicht ist mit Artt. 1137, 1147 Cciv nicht vereinbar.

[714] Sonnenberger, FS Medicus, S. 632.

[715] Domat, Lois Civiles, Li. II, T VIII, section IV, zitiert nach Mazeaud-Chabas, S. 354. Dag. Tallon, FS. Cornu, S. 431, « pas de véritable thèse de la faute contractuelle ».

clauses du contrat et en outre celles résultant de la loi qui donne au contrat tel ou tel effet."[716]
Auch eine Vertragsverletzung ist ein « écart de conduite", der festgestellt wird „en comparant la conduite de l'agent à celle d'un homme diligent abstrait".[717]
Wie sich aus dem Haftungsausschluß nach Art. 1148 Cciv erkennen lässt, ist nicht jede Nichterfüllung einer Vertragspflicht schadensersatzauslösend. Es bedarf vielmehr zusätzlich gem. Art. 1137 Cciv. eines „comportement s'égarant de la conduite présumée du bon père de famille".[718]
Die faute contractuelle kann aus diesem Grund als fondement de la responsabilité contractuelle bezeichnet werden. Sie ist Voraussetzung für den Schadensersatzanspruch. Diese Ansicht kann sich auch auf das historische Argumente stützen, dass der historische Code civil Gesetzgeber von einer faute contractuelle ausging.[719]

(b) Die Ablehnung der faute contractuelle
Die Gegner der faute contractuelle werfen den Befürwortern[720] vor, dass sie faute contractuelle mit der inexécution de l'obligation gleichsetzen würden. Die faute sei damit ein Synonym der inexécution und bringe nichts Zusätzliches. Es reiche vielmehr aus, wenn die Nichterfüllung dem Schuldner zurechenbar sei und sie nicht auf einer cause étrangère beruhe. Dies träfe insbesondere für die Erfolgspflicht, die obligation de résultat, zu, da hierbei der Schuldner in jedem Fall hafte, sofern er den Entlastungsbeweis des Art. 1147 2. HS Cciv nicht erbringen könnte.[721] Die inexécution einer Vertragspflicht als Tatsache und nicht eine faute sei Voraussetzung der Vertragshaftung i.S.e. responsabilité objective.[722] Art. 1245 Cciv zeige, dass auch ein bloßer fait des Schuldners haftungsauslösend wirken kann. Deshalb könne auf die faute contractuelle als überflüssiges Wortspiel verzichtet werden.[723] Die Annahme einer faute contractuelle habe lediglich die negative Folge, dem Richter, der sie definieren muss, einen überaus großen Gestaltungfreiraum zu eröffnen.[724]
Die faute sei typisch für die Deliktshaftung, für die sie Voraussetzung sei. Ihre Übernahme in die Vertragshaftung schaffe einen „faux parallélisme", eine „occultation du contractuel par le délictuel".[725] Die Reparationsfunktion werde dadurch im Vergleich mit der Kompensationsfunktion terminologisch überbetont.
Deshalb sei der Gedanke der faute contractuelle zugunsten der inexécution de l'obligation aufzugeben.

---

716 Cass, Req., 26.01.1910, S. 1911.1.105.
717 Esmein, RTD civ. 33, S. 635. Zustimmend Radé, D 98, chron., S. 305.
718 Belissant, S. 152.
719 Vgl. Treilhard „qu'en général, les dommages et intérêts ne sont dus que lorsque le débiteur est en faute", zitiert nach Belissant, S. 137.
720 Mit Ausnahme von Esmein.
721 Stark/Roland/Boyer, S. 708; Jourdain, reflexion, S. 70; Radé, responsabilité, S. 30.
722 Constantinesco, S. 280.
723 Tallon, RTD civ. 94, S. 228.
724 So auch Husson, S. 92.
725 Tallon, FS Cornu, S. 433.

(c) Bewertung

Die Befürworter der faute setzen diese mit der inexécution de l'obligation gleich. Damit schafft das Erfordernis einer faute contractuelle zwar Verwirrung, ist aber letztlich ohne weitere Bedeutung. So stellte bereits Bigot-Préameneu klar: „La division des fautes est plus ingénieuse qu'utile dans la pratique: il n'en faut pas moins sur chaque faute vérifier si l'obligation du débiteur est plus ou moins stricte, quel est l'intérêt des parties, comment elles ont entendu s'obliger."[726] Um die Nichterfüllung einer Vertragspflicht, die der Wortlaut des Art. 1147 Cciv verlangt, festzustellen, muss der Vertrag auf die in ihm festgelegten Pflichten untersucht werden. Deshalb stellt die inexécution de l'obligation immer auch den Verstoß gegen eine Verhaltensregel, nämlich die vertraglich vereinbarte, dar. Diesen als faute contractuelle zu bezeichnen, ist eine verwirrende Tautologie, im Ergebnis aber unschädlich.

Fait générateur der Vertragshaftung ist demnach die inexécution de l'obligation contractuelle.

ii. Schaden und Kausalität

Die Schutzpflichtverletzung führt zu keiner Besonderheit in den Anforderungen an Schaden und Kausalität. Hingewiesen sei auf die Ersatzfähigkeit des préjudice moral, des immateriellen Schadens[727], und der typischen Folgeschäden, entgegen dem Wortlaut des Art. 1151 Cciv.[728]

iii. Rechtsfolge: Schadensersatz

Rechtsfolge des Art. 1147 Cciv ist ein Schadensersatzsanspruch. Seine Höhe ist außer bei dol nach Art. 1150 Cciv auf den vorhersehbaren Schaden beschränkt. Die Unvorhersehbarkeit bezieht sich nicht auf die Schadenshöhe, sondern auf das Schadensausmaß.[729] Diese Haftungsbeschränkung findet ihre dogmatische Begründung in dem Willen der Parteien, die sich bei Vertragsschluss bestimmte Vorteile versprechen und für den Fall der Nichterfüllung der übernommenen Pflichten die Konsequenzen voraussehen. Für die unvorhersehbaren Folgen muss deshalb der Schuldner nicht haften.

Nach der Cour de cassation stellt die Vorhersehbarkeit bei der Schutzpflichtverletzung nie ein Problem dar. Problematisch erscheint sie aber dennoch, da Schutzpflichten sich in bestimmten Gefahrenlagen ergeben, die nicht unbedingt bei Vertragsschluß vorhersehbar gewesen waren, z.B. bricht der Boden in der Küche, die geweisselt werden soll, erst nach Vertragsschluss ein. Deshalb kann sich die Vorhersehbarkeit einer Schutzpflichtverletzung nur allgemein auf die Berührung des Rechtskreises des Vertragspartners beziehen.

---

[726] Présentation au Corps législatif et exposé des motifs tu titre des contrats, Fenet, 13.230, zitiert nach Remy, S. 329.

[727] Cass, 1re, 14.07.90, RCA 90, n° 367, zitiert nach Veaux, JCl, fasc. 15, S. 12.

[728] Bittner, S. 82; Veaux, JCl, fasc. 15, S. 12.

[729] Bellisant, S. 45.

Im Kaufrecht gilt Art. 1150 Cciv nicht für den vendeur professionnel, er wird hier durch die Garantiehaftung des Art. 1645 Cciv ersetzt, die alle Schäden umfasst.[730]

b) Vertragsauflösung

Nach Art. 1184 Cciv kann der durch die Schutzpflichtverletzung geschädigte Vertragspartner die Vertragsauflösung bewirken. Die Nichterfüllung muss eine gewisse Schwere besitzen, um die Vertragsauflösung zu rechtfertigen.[731] Dies wird bei der Verletzung der Informationspflicht nur zu bejahen sein[732], wenn der Verstoß wiederholt geschieht und schwere Auswirkungen hat. Bei der obligation de sécurité wird die ausreichende Schwere angesichts der Gefährdung von Gesundheit/Körper des Vertragspartners eher zu bejahen sein. Die Vertragsauflösung muss durch den Richter vorgenommen werden.

II. Responsabilité délictuelle

Die Deliktshaftung ergibt sich auf Artt. 1382ff. Cciv. Ursprünglich war für die Deliktshaftung eine faute délictuelle und ein von der einfachen Vertragsverletzung zu unterscheidender Schaden erforderlich. Im Folgenden wird dargestellt, wie die Rechtsprechung diese Kriterien aufgeweicht hat.

1. Schutzpflichtverletzung

Es geht um die Frage, ob eine Schutzpflichtverletzung eine faute délictuelle darstellen kann. Für die obligation de sécurité ist diese Frage generell zu bejahen, da ihr Schutzobjekt mit dem der Deliktshaftung zusammenfällt. Dies wird auch dadurch belegt, dass die Bahnsteigunfälle, die in der früheren Rechtsprechung als Verletzung einer vertraglichen obligation de sécurité beurteilt wurden, heute ohne Schwierigkeiten zu einer Deliktshaftung führen.

Auch für die Informationspflicht, zumindest im Bereich der falschen Information, ist diese Frage positiv entschieden worden. Unter Berufung auf Art. 1382 Cciv urteilte die Cour de Cassation: „Le fait de donner une information inexacte est constitutif de faute."[733] Auch das Unterlassen der Informierung wird vom Deliktsrecht erfaßt, « lorsque le fait omis devait être accompli soit en vertu d'une obligation légale, réglementaire ou contractuelle, soit aussi dans l'ordre professionnel, en vertu des exigences d'une information objective ».[734]

In der Rechtsprechung findet man ferner eine Strömung, der zufolge jede Vertragsverletzung per se eine faute délictuelle gegenüber Dritten darstellt, ohne dass dieser einen weiteren Beweis erbringen müsste.[735] Eine Schutzpflichtverletzung löst danach automatisch eine deliktische Haftung aus.

---

[730] Bittner, S. 80.

[731] Radé, Responsabilité, S. 31.

[732] Petit, fasc. 25, S. 20.

[733] CC, 2e, 19.06.96, RTD civ. 97, 144.

[734] Cass, 27.02.51, GP 51.1.230: „Branly c. Turpain".

[735] Cass, 1re,18.07.00, RTD civ 01, 147, com. Mestre. Delebeque, D 01, som., S. 2234ff. Cass, 1re, 13.02.01, RTD 01, 367, nach Kommentar auf die obligation de sécurité beschränkt. S. bereits Req. 26.01.1910, S 1911.1.105.

Diese Rechtsprechung stellt eine Abkehr von der klassischen Betrachtungsweise dar, nach der die faute délictuelle „en elle-même, indépendamment de tout point de vue contractuel“ beurteilt werden muss.[736] Danach war die Vertragsverletzung nur ein Gesichtspunkt bei der Beurteilung der faute. Die neue Rechtsprechung zeichnet sich durch Einfachheit aus, übersieht aber, dass einige Vertragspflichten ausschließlich auf den Vertragspartner bezogen sind und sich nach dem principe de l'effet relatif nicht auf Unbeteiligte beziehen können.[737]

Einer so weiten Konzeption der deliktischen Handlung ist nicht zuzustimmen. Sie ist aus denselben Gründen wie die Unitätslehre abzulehnen. Das reine Äquivalenzinteresse wird nur von der Vertragshaftung erfasst, da diese ansonsten ihren Sinn verlieren würde und die bestehende Deliktshaftung nur doppeln würde.

2. Régime der responsabilité délictuelle

Die Haftung nach Art. 1382 Cciv setzt eine faute délictuelle, einen Schaden und Kausalität

zwischen den beiden voraus. Der gesamte Schaden wird ersetzt. Besonderheiten bestehen für die Verletzung der außervertraglichen obligation de sécurité et d'information nicht.

III. Verhältnis

„Le contrat chasse le délit.“ Das französische Recht lehnt anders als das deutsche Recht die Anspruchskonkurrenz zwischen Vertrags- und Deliktsanspruch ab. Die Vertragshaftung geht nach dem principe de non-cumul des responsabilités der Deliktshaftung vor.

Nach Darstellung des Prinzips wird auf die dogmatische Begründung eingegangen, bevor es auf Kritikpunkte untersucht wird.

1. Das principe de non-cumul des responsabilités

Sind die Voraussetzungen eines vertraglichen und eines deliktischen Schadensersatzanspruch bezüglich desselben Schadenspostens erfüllt, so besteht im französische Recht ein haftungsrechtliche Kumulierungsverbot.[738] Der Begriff „principe de non-cumul“ ist dabei mißverständlich, da es nicht um eine Verdoppelung der Ersatzansprüche geht, sondern die Wahl zwischen Vertrags- und Deliktsanspruch untersagt wird.

Bei dem principe de non-cumul handelt es sich um eine règle de droit. Dies führt dazu, dass der Richter die Regel ex officio beachtet muss[739] und dass die Cour de cassation ihre richtige Anwendung überprüft.[740] Der Richter kann den Haftungstyp nach Benachrichtigung der Parteien nach Art. 16 al. 3 NCPC austauschen.[741] Beruft sich der Kläger auf keinen bestimmten Haftungstyp, so

---

[736] Cass, req. 28.06.38, DH 38, 563; Savatier, S. 197.
[737] Jourdain, Reflexion, S. 77
[738] So die Übersetzung von v. Bar, Deliktsrecht, S. 430.
[739] Cass, 3^{e}, 26.10.71, Bull civ. III, n° 509.
[740] Cass, com. 24.10.78, Bull civ. IV, 241.
[741] Cass, 1re, 19.03.85, Bull. civ. I, n° 96.

entscheidet der Richter selbständig, ohne den Parteien zu Äußerungen Gelegenheit zu geben, art. 12 al. 1 NCPC.[742]

a) Grundsatz
Das principe de non-cumul wurde zum erstenmal 1890 von der Cour de cassation anerkannt[743] und ist heute ständige Rechtsprechung. „Les art. 1382 et s. c.civ sont sans application lorsque la faute a été commise dans l'exécution d'une obligation résultant d'un contrat“[744] „dont il ne saurait être faite abstraction pour appréciation de la responsabilité engagée“.[745] Die Regel betrifft nur die Verletzungen im Rahmen der Vertragserfüllung. Soweit es sich um gesetzliche Verpflichtungen, z.B. die Berufspflichten des Notars, handelt, wird unter Hinweis auf ihren gesetzlichen Ursprung immer Deliktsrecht angewandt.

b) Durchbrechungen
In drei Fällen wird die Durchbrechung des Nichtkumulierungsprinzips diskutiert, d.h. dem Geschädigten wird ein Wahlrecht zwischen deliktischen und vertraglichem Schadensersatzanspruch zugesprochen.
Nur eine scheinbare Durchbrechung ist der Fall des Vertrags zugunsten Dritter, denn der Dritte bleibt im Fall der Zurückweisung des Vertragsschutzes ein unbeteiligter Dritter i.S.d. Deliktsrechts.[746] Ebenso verhält es sich mit der action subrogatoire, bei der der Vertragspartner die Stelle des von ihm entschädigten Dritten annimmt.[747] Mit der vertraglichen obligation de sécurité ist auch das einmal von der Cour de cassation angenommene Wahlrecht im Fall der Haftung nach Artt. 1384 - 1385 Cciv überholt.[748]

i. Straftat
Die erste Durchbrechung betrifft die Konstellation, dass der Tatbestand der Vertragsverletzung zugleich eine Straftat, ein délit, darstellt.[749] Im Adhesionsverfahren, d.h. bei der constitution de partie civile, entscheidet die Chambre criminelle der Cour de cassation nur nach der Deliktshaftung. Sie bestätigt damit aber nicht ein Wahlrecht des Geschädigten; die Strafrichter nehmen vielmehr eine Autonomie der faute contractuelle gegenüber der faute délictuelle an und halten sich nur für die Beurteilung der letzteren kompetent. Diese Position wurde in den letzten Jahren gelockert, in zwei Urteilen hat die

---

742 Cass, 3e, 28.05.86, zitiert nach Légier, Ency. Dalloz, 2.
743 Cass, 21.01.1890, S. 1890.1.408.
744 Cass civ., 11.01.22, GP 22.1.344 „Pelletier c.Doderd“. Zuletzt Cass, 1re, 19.03.92, CCC 02, n° 106.
745 Cass, 1re, 07.12.55, D 56, juris., S. 136.
746 Mazeaud-Chabas, S. 286.
747 Leturmy, RTD civ. 98, S. 895.
748 Cass, civ., 29.05.02, S.02.1.510. Unter Verweis auf Art.1385 Cciv "le propriétaire est responsable du dommage causé par un animal non seulement aux tiers, mais encore aux personnes qui sont à son service ». Kritisch Demogue, RTD civ. 23, S. 633. S. a. Espagnon, S. 109ff.
749 S. Viney, introduction, S. 412; Mazeaud-Cabas, S. 385.

Cour de cassation zugelassen, dass der Strafrichter auch über vertragliche Schadensersatzansprüche entscheidet.[750]
Die Durchbrechung des principe de non-cumul in diesem Fall ist unangebracht, da auch das Vertragsrecht auf vorsätzliche Verletzungen reagiert, wie Art. 1151 Cciv. zeigt.[751] Für eine Beschränkung der Kompetenz der Strafgerichte auf deliktische Ansprüche bestehen außerdem keine Anhaltspunkte im Gesetz.

ii. Haftungsfreizeichnungen
Strittig ist, ob zur Verhinderung von Haftungsfreizeichnungen ein Ausweichen von der ausgeschlossenen Vertragshaftung auf die Deliktshaftung zugelassen werden soll.[752] Wie oben erläutert, ist heute anerkannt, dass die Schutzpflichten zur ordre public gehören und deshalb nicht zur Parteidisposition stehen. Damit ist diese Ausnahme für die Schutzpflichten irrelevant.

iii. Faute dolosive
Im Fall der faute dolosive erlaubt die Rechtsprechung die Anwendung des Deliktsrechts trotz einer Vertragsbeziehung.[753] Als Begründung wird vorgetragen, dass sich ein Vertragspartner, der vorsätzlich den anderen verletzte, nicht auf das Vertragsrecht berufen kann, welches auf dem Vertrauensprinzip beruht.[754] „Fraus omnia corrumpit“.
Diese Ausnahme wird heute überwiegend abgelehnt.[755] Der Vertrag hat die faute dolosive überhaupt erst möglich gemacht, er muss zur Definition des dol herangezogen werden. Es wird auf die Artt. 1147, 1150, 1151, 1153 Cciv verwiesen, die von dol oder mauvaise foi sprechen. Dies zeigt, dass das Vertragsrecht auch den Fall der faute grave erfasst und dass die Vertragsnatur einer Pflicht nicht von dem Verschuldensgrad abhängig ist. Das Ausweichen in das Deliktsrecht verstößt damit gegen das Gesetzessystem; zumal bei Vorsatz der Schädiger sich sowieso nicht auf Haftungsfreizeichnungsklauseln berufen kann.[756]

Die Untersuchung der Durchbrechungen hat gezeigt, dass keine von ihnen gerechtfertigt ist. Das principe de non-cumul ist deshalb immer anzuwenden, wenn ein Vertrags- und ein Deliktsanspruch denselben Gegenstand betreffen.

2. Begründung
Der Grund für das principe de non-cumul liegt in der Beachtung des Parteiwillens im Vertrag, die in Art. 1134 al. 1 Cciv als Grundsatz aufgestellt wird. Es geht nicht an, die speziellen Vertragsregeln und die Autonomie des vertraglichen Haftungssystems durch eine faktische Aushebelung über die

---

[750] Cass, crim., 26.05.91, Bull.civ., n° 142; Cass, crim., 03.03.93, Bull.civ., n° 96.
[751] Demogue, RTD civ. 23, S. 653.
[752] Dafür Bordeaux, 03.01.09, S. 1911.2.233; dag. Alger, 09.05.05, Jur. Alger. 05.159.
[753] Cass, 1re, 26.11.62, D 64, S. 198.
[754] Vgl. Leturmy, S. 848; Martine, RTD civ. 98, S. 196; Josserand, D 27.1.105.
[755] Leturmy, S. 848; Benabent, S. 334; Viney, Introduction, S. 411; Mazeaud-Chabas, S. 385; Espagnon, S. 31; bereits Labbé, S 1885.1.1
[756] Mazeaud-Chabas, S. 385.

Deliktshaftung zu missachten.[757] Dies würde nur zu einer weiteren Angleichung der Vertragshaftung an die Deliktshaftung führen.[758] Die Parteien haben durch den Vertrag kraft ihres Willens eine rechtliche Situation geschaffen, die das Recht respektieren muss[759]; ein Wahlrecht des Geschädigten würde den Vertrag substantiell seines Inhalts entleeren.[760] Ferner würden die gesetzlichen wie vertraglichen Haftungserleichterungen auf diese Weise umgangen. Außerdem wird auf die durch das Nichtkumulierungsprinzip erreichte Prozessökonomie verwiesen. Die Vertragshaftung weist außerdem auch keine Mängel auf, denen über das Deliktsrecht abgeholfen werden müsste. Vielmehr bietet das Vertragsrecht hier eine willkommene Einschränkung der weiten Deliktshaftung.

3. Kritik

Die Deliktshaftung ist in Frankreich Bestandteil des ordre public.[761] Art. 1382 Cciv ist ein verfassungsrechtliches Prinzip.[762] Sie stellt ein Minimum dar, dem sich niemand, d.h. auch nicht die Vertragsparteien, entziehen können; diese können lediglich die allgemeinen Verhaltenspflichten durch ihren Vertrag vermehren und den Sorgfaltsstandart erhöhen. Deliktspflichten werden also durch einen Vertrag nicht beeinflusst. Ansonsten wäre nämlich der Vertrag eine Art „Freibrief" für Schädigungen des Vertragspartners, weil vertragliche Haftungsfreizeichnungen i.d.R. zulässig sind, soweit sie nicht Schutzpflichten erfassen (s.o.). Auch geht es im Vertrags- und Deliktsrecht um zwei verschiedene Konstellationen: Das Vertragsrecht erfasst den Vertragsvorteil und das Deliktsrecht die Person und die Rechtsgüter der Mitmenschen. Deshalb ist das Vertragsrecht nicht in allgemeiner Hinsicht speziell zum Deliktsrecht, es hat vielmehr einen anderen Anwendungsbereich.[763] Gegen den zwingenden Charakter des Deliktsrecht verstößt das principe de non-cumul, denn es schließt dessen Anwendbarkeit auf die Vertragspartner weitgehend aus.

Des weiteren hat das principe de non - cumul viel zur übermäßigen Bejahung der vertraglichen obligation de sécurité beigetragen[764], gerade in Fällen, in denen sie mit dem Vertragzweck und –inhalt nichts zu tun hat. Die Rechtsprechung wollte den Anschein vermeiden, ein Wahlrecht des Geschädigten zuzulassen, und hat deshalb die Deliktshaftung in weiten Teilen aus der Vertragsbeziehung i.w.S. verbannt. Dazu ist anzumerken, dass bei Ablehnung einer vertraglichen obligation de sécurité keine Vertragspflicht verletzt würde und deshalb nicht das Vertragsrecht, sondern das Deliktsrecht anwendbar wäre, d.h. es käme zu gar keinem Verstoß gegen das principe de non-cumul.

---

[757] Mazeaud-Lamy, 170-50; Viney, Introduction, S. 407; Demogue, RTD civ. 23, S. 652; Eimer, S. 57.
[758] Baudouin, S. 18.
[759] Goubeaux, S. 468; Schlechtriem, Cornell International Journal 88, 468.
[760] Baudouin, S. 18.
[761] Eimer, S. 57; Capitant/Terré/Lequette: les grands arrêts, S. 189.
[762] Con. Const. 09.11.99. JO 16.11.99, 16962.
[763] Savatier, D 56, S. 54.
[764] Leturmy, RTD civ. 98, S. 860.

Deshalb ist das principe de non-cumul verfehlt.[765] Es wäre berechtigt, wenn man der hier vorgeschlagenen Äquivalenztheorie folgte. Danach erfasst die Vertragshaftung nur das Äquivalenzinteresse. Das principe de non-cumul würde dann verhindern, dass ein Vertragspartner eine Vertragsverletzung deliktisch geltend macht und damit die Vertragsvereinbarungen umgeht.
Die Cour de cassation umgeht zuweilen die Anwendung des principe de non-cumul, indem sie den Begriff der inexécution einer Vertragspflicht eng auslegt und damit im Übrigen Deliktsrecht anwenden kann.[766]

Zusammenfassung: Über Art. 1147 Cciv hat der geschädigte Vertragspartner einen Schadensersatzanspruch, dessen Voraussetzung neben einem gültigen Vertrag allein die inexécution d'obligation ist. Außerdem kann auf sein Verlangen bei besonders schwerer Verletzung der Richter nach Art. 1184 Cciv die Vertragsauflösung aussprechen.
Die Schutzpflichtverletzung stellt ebenfalls eine faute délictuelle dar, so dass ein Schadensersatzanspruch nach Deliktsrecht prinzipiell gegeben ist. Dieser ist jedoch nach dem prinicpe de non-cumul ausgeschlossen.

C. Supranationales Recht

Die UP und die PECL regeln ausschließlich die Vertragshaftung. Trotzdem stellt sich die Frage nach dem Umfang der Vertragshaftung und ihrem Verhältnis zum nationalen Deliktsrecht.

I. Vertragshaftung

Sowohl die UP wie die PECL betrachten die Vertragshaftung nicht ausschließlich als Kompensation für den Bruch des gegebenen Wortes. Dies wird zum einen deutlich in der Existenz der wesentlichen Vertragsverletzung, Art. 7.3.1. UP und Art. 8:103 PECL. Eine Kompensation würde nämlich nicht nach der Schwere der Verletzung unterscheiden, sondern nur auf den entgangenen Vorteil abstellen. Zum anderen weist auf den Reparationsaspekt die Kumulationsmöglichkeit von Schadensersatz und Erfüllungsanspruch hin, Art. 7.4.1. UP und Art. 8:102 PECL. Art. 7.4.11 UP spricht auch ausdrücklich von „réparation". Der Kompensationsaspekt klingt hingegen in der Begrenzung des Ersatzes auf den vorhersehbaren Schaden an, Art. 7.4.4. UP, Art. 9:502 PECL.
Art. 7.2.1 ff. UP und Art. Art. 9: 101 PECL machen deutlich, dass Erfüllung vom Geldersatz zu unterscheiden ist, mit Ausnahme der Geldschulden, vgl. Art. 7.2.1. UP und Art. 9:101 PECL. Danach ist die Theorie der exécution par equivalent in den beiden Regelwerken ausgeschlossen.
Das Leistungsstörungsrecht der UP und der PECL beruht auf der Vertragsbruchlehre; ein Verschulden ist entbehrlich, neutraler Haftungsgrund ist die Nichterfüllung.

---

[765] Meller, S. 33; Planiol, note D 1907.2.97.
[766] Cass civ., 13.05.55, D 56, S. 53, note Savatier: Explosion einer Gasflasche beim Aufladen durch den Erfüllungsgehilfen des Beklagten führt zu einem Schaden. Nach Cass handelt es sich hierbei nicht um eine inexécution.

1. Die Unidroit Prinzipien
Kapitel 7 regelt die Nichterfüllung einer Vertragspflicht. Nach der Definition der Inexécution in Art. 7.1.1 wird davon auch die Schutzpflichtverletzung als die Verletzung einer vertraglichen Pflicht erfasst.
Der geschädigte Gläubiger kann nach Art. 7.3.1 UP vom Vertrag zurücktreten und nach Art. 7.4.1. UP Schadensersatz verlangen. Nach Art. 7.4.1 UP können die beiden Rechtsbehelfe parallel geltend gemacht werden. Die Einrede des nichterfüllten Vertrages nach Art. 7.1.3 UP kommt bei Schutzpflichtverletzungen nicht in Betracht, denn es ist die Besonderheit der Schutzpflicht, dass sie den Leistungsaustausch bestehen läßt.

a) Rücktritt
Voraussetzung des Rücktritts ist nach Art. 7.3.1 I UP eine Inexécution essentielle. Einige Kriterien für die Bestimmung der Wesentlichkeit werden in Abs. II aufgeführt; ausschlaggebend ist aber eine Abwägung im Einzelfall. Man kann sich leiten lassen von den im deutschen Recht für die pVV entwickelten Grundsätzen: Das Festhalten am Vertrag darf nicht mehr zumutbar sein.[767] Auf ein Verschulden des Schuldners oder einen Schaden beim Gläubiger kommt es dabei nicht an, Art. 7.3.1.(1) (a) UP. Und auch wenn die Nichtleistung nach Art. 7.1.7 UP entschuldigt war, kann der Gläubiger gem. Art. 7.1.7. (4) UP seine Leistung zurückbehalten und vom Vertrag zurücktreten.
Da sich die UP als Kodifizierung von Regeln des internationalen Handelsrechts verstehen, ist bei der Annahme eines Rücktrittsrechts bei Schutzpflichtverletzungen Zurückhaltung zu üben. Der Rücktritt wird durch eine Erklärung gegenüber dem Vertragspartner nach Art. 7.3.2 UP ausgeübt. Einer Fristsetzung bedarf es angesichts der Eigenart der Schutzpflichten nicht.

b) Schadensersatz
Der Schadensersatzanspruch nach Art. 7.4.1 UP setzt die „inexécution d'une obligation" voraus. Eine Schutzpflichtverletzung reicht aus, auf ein Verschulden des Schuldners kommt es nach dem Wortlaut nicht an. Der Schuldner kann sich aber durch den Beweis eines Falles der höheren Gewalt exkulpieren. Er muss dazu den Beweis erbringen, dass das Leistungshindernis nach vernünftigen Maßstäben weder vorhersehbar noch vermeidbar war.[768] Dadurch kommt ein subjektives Element in die ansonsten objektiv ausgestaltete Haftung der UP.
Es gilt das Prinzip der Totalreparation, Art. 7.4.2 UP. Aber nur der bei Vertragsschluß vorhersehbare Schaden wird erfaßt, Art. 7.4.4 UP. Da die Schutzpflicht zum Teil erst durch die konkreten Umstände nach Vertragsschluß zur Entstehung kommt, kann sich das Kriterium der Vorhersehbarkeit nur auf die Rechtskreisberührung überhaupt beziehen.[769]

---

[767] Schlechtriem in Basedow: europ. Vertragsrechtsvereinheitlichung, S. 163.
[768] Sonnenberger, FS Medicus, S. 628.
[769] Dag. Koziol, Vertragsvereinheitlichung, S. 202, der sich überhaupt gegen dieser Einschränkung bei Schutzpflichtverletzungen ausspricht

Die für die UP dargestellten Grundsätze gelten im wesentlichen auch für die PECL.

2. Die PECL

Die Kapitel 8 und 9 der PECL befassen sich mit der Vertragshaftung. Abgesehen von dem Fall, dass die Verletzung der Schutzpflicht auf einen excuse due to an impediment nach Art. 8:108 PECL zurückgeht, stehen dem Gläubiger drei Möglichkeiten offen: Gem. Art. 9:201 PECL kann er die Einrede des nichterfüllten Vertrages erheben. Da Schutzpflichten einerseits nicht das Vertragsobjekt betreffen und andererseits ihre Verletzung nicht rückgängig zu machen ist, spielt Art. 9:201 PECL in unserem Kontext keine Rolle. Der Gläubiger kann nach Art. 9:301ff. PECL vom Vertrag zurücktreten oder nach Art. 9:501ff. PECL Schadensersatz verlangen.

Auf Schutzpflichtverletzungen ist Art. 9:401 PECL, der die Preisminderung erfasst, nicht anwendbar. Denn dort ist von „decrease in the value of the performance" die Rede. Eine Schutzpflichtverletzung betrifft aber gerade nicht die Hauptleistung, so dass man auch nicht von einer Minderung des Wertes der Vertragsleistung sprechen kann.

Gem. Art. 8:102 PECL kann der Gläubiger die Rechtsbehelfe nebeneinander durchsetzen.

a) Rücktritt

Voraussetzung für das Recht auf Aufhebung des Vertrages ist gem. Art. 9:301 PECL eine wesentliche Nichterfüllung des Vertrages. Diese wird in Art. 8:103 PECL definiert, der drei Fälle vorsieht: Die Einhaltung einer Vertragspflicht ist „of the essence of the contract"; die eine Partei erfährt erhebliche und für sie unerwartete Einbußen; die Pflichtverletzung ist vorsätzlich und die Vertrauensgrundlage zwischen den Parteien ist zerstört. Ein subjektives Zurechnungskriterium gibt es nicht. Buchstabe a erfasst die Verletzung des wesentlichen Vertragsinhalts. Da die Schutzplichten im Rahmen der PECL das Äquivalenzinteresse betreffen müssen, kann bei schweren Schädigungen Buchstabe a erfüllt sein, z.B. im Transportvertrag. Buchstabe b nennt den Fall, dass der Gläubiger der Verwirklichung des substantiellen Vertragsziels durch die Pflichtverletzung beraubt wird. Dies ist bei Schutzpflichtverletzungen i.d.R. auch nicht der Fall, da im Fall der Schutzpflichten primäres und damit substantielles Vertragsziel immer ein Güteraustausch ist. Eine Schutzpflichtverletzung fällt damit nicht unter Buchstabe b. Und nach Buchstabe c stellt die vorsätzliche Verletzung einer Vertragspflicht bei Unzumutbarkeit des Festhaltens am Vertrag für den Gläubiger eine wesentliche Vertragsverletzung dar. Dies gilt auch für Schutzpflichten.

Der Rücktritt verlangt nach Art. 9:303 PECL die Mitteilung an den Vertragspartner. Weder eine Klage vor einem Gericht noch die Setzung einer Nachfrist sind erforderlich.

b) Schadensersatz

Art. 9:501 PECL gewährt dem Gläubiger im Fall einer Schutzpflichtverletzung einen Schadensersatzanspruch. Dafür reicht eine „normale" im Gegensatz zu einer wesentlichen Pflichtverletzung aus, auf ein Verschulden kommt es nicht an. Die objektive Pflichtverletzung darf aber nicht nach Art. 8:108 PECL gerechtfertigt sein. Dies ist der Fall, wenn sie auf einen Umstand zurückzuführen ist, der „beyond the control" des Schuldners lag und es von ihm nicht erwartet werden konnte, dieses Hindernis entweder bei Vertragsschluß vorherzusehen oder während der Vertragserfüllung zu überwinden. Auch der Nichtvermögensschaden und die perte d'une chance werden ersetzt. Wie im französischen Recht ist der Schadensersatzanspruch nach den PECL gem. Art. 9:503 auf den vorhergesehenen oder billigerweise vorhersehbaren Schaden begrenzt. Die Begrenzung fällt jedoch im Fall von Vorsatz und grober Fahrlässigkeit weg.

II. Verhältnis

Die UP wie auch die PECL folgen dem Nichtkumulierungsprinzip.[770] Sind sie anwendbar, so dürfen ihre Ergebnisse nicht durch die parallele Anwendung eines nationalen Deliktsrechts ausgehebelt werden. Eine solche Anwendung entspräche weder der Parteierwartung, die ihre gesamte Vertragsbeziehungen den Prinzipien unterstellen wollten, noch dem Charakter der Prinzipien als supranationales Instrument. Als solches sind sie nicht durch nationale Regeln einschränkbar.[771] Ziel der Prinzipien ist es, ein Einheitsrecht zu schaffen. Dieser Zweck würde verfehlt, wenn über die Anwendung des nationalen Deliktsrechts letztendlich nationale Lösungen weiter verfolgt würden.

Das Deliktsrecht ist damit in der Beziehung der Vertragsparteien nur anwendbar, soweit keine vertragliche Pflicht verletzt wurde. Dies wird bei Integritätsschäden i.d.R. der Fall sein, da die vertraglichen Schutzpflichten in den UP und den PECL nur beim Zusammenfallen von Integritäts- und Äquivalenzinteresse bestehen, d.h. nationales Deliktsrecht bleibt bei reinen Integritätsverletzungen anwendbar.

D. Rechtsvergleichung

1. Existenz der Vertragshaftung

Im französischen Recht ist die Existenz einer responsabilité contractuelle umstritten. Während ihr nach hM ein Kompensations- und ein Reparationsaspekt zukommt, beschränkt sie sich zufolge einer starken Mindermeinung nur auf den Kompensationsaspekt und ist damit keine Haftung i.S.e. Reparation.

---

[770] Denkbar ist auch, den Deliktsanspruch soweit an den Vertragsanspruch anzugleichen, so die Lösung von Schlechtriem, Cornell International law journal 88, S. 475f.

[771] S.a. Schlechtriem, Cornell international law journal 88, S. 469, bzgl. des CISG. Ein Unterschied liegt jedoch darin, dass das CISG internationales Recht ist, während UP und PECL supranationales Recht sind und als solches keinen Staat binden. Die Diskussion über das Verhältnis zwischen dem CISG und autonomem Delikts-recht ist auf die UP nicht zu übertragen, da ihnen ein Art. 5 CISG fehlt. Siehe hierzu Magnus, ZEuP 93,S. 95f.

Im deutschen Recht kommt der Vertragshaftung sowohl ein Reparationsaspekt wie auch ein Kompensationsaspekt zu. Der Reparationsaspekt[772] wird durch die Erfassung der Folgeschäden durch die Vertragshaftung deutlich, der Kompensationsaspekt[773] kommt in der Zumutbarkeitsregel des §282 BGB und in dem Ersatz vergeblicher Aufwendungen nach §284 BGB zum Ausdruck. Dass die Vertragshaftung einen Reparationsaspekt hat, wird auch durch die Verwendung des Begriffs „Ersatz", der sowohl in §280 wie auch in §823 I BGB zur Beschreibung der Verpflichtung des Schuldners/Schädigers verwendet wird, deutlich.
Eine Unitätslehre ist im deutschen Recht nicht möglich, da im Deliktsrecht ein allgemeiner Grundsatz des neminem laedere nicht besteht und damit die Vertragshaftung eine umfassendere Reparation gewährt als das Deliktsrecht, z.B. im Hinblick auf Vemögensschäden. Deshalb kann die Vertragshaftung nicht als Unterart der Deliktshaftung aufgefaßt werden. Das BGB folgt jedoch insofern der Einheitstheorie als es in §§249ff. BGB den Schadensersatzanspruch unabhängig von seinem vertraglichen oder gesetzlichen Ursprung regelt. Und diese Theorie breitet sich im positiven deutschen Recht immer weiter aus: So hat durch die Ausdehnung des Schmerzensgeldanspruchs auf Vertragsverletzungen in §253 II BGB[774] eine weitere Annäherung zwischen Vertrags- und Deliktshaftung stattgefunden.
Die Theorie der exécution par équivalent läßt sich ebensowenig ins deutsche Recht übertragen, denn nach §321 BGB kann der Vertragspartner die Einrede nicht wie beim allgemeinen Zurückbehaltungsrecht nach §276 III durch Sicherheitsleistung abwenden. Dies zeigt, dass der Vertragspartner einen Anspruch auf die Leistung hat, ein Geldersatz aber nicht als Leistung zu verstehen ist. Ansätze zu einer théorie d'exécution par équivalent finden sich aber in der Lehre vom neminem laedere in der Sonderverbindung. Ihr Begründer Eduard Picker schreibt bereits 1983: „Stellt man nur streng auf die causa der Leistungspflicht ab und artikuliert puristisch, so läßt sich genaugenommen überhaupt nicht von einer 'vertraglichen' Schadenshaftung sprechen".[775] Damit hat er die französische Theorie d'exécution par équivalent vorweggenommen.

2. Die Haftungsmodalitäten

a) Vertragshaftung

Eine Schutzpflichtverletzung zieht im französischen und deutschen Recht zwei vertragliche Rechtsbehelfe des Geschädigten nach sich:
In jedem Fall besteht ein Schadensersatzanspruch. Während in Deutschland das Prinzip der Totalreparation gilt, ist der Ersatz in Frankreich auf den vorhersehbaren Schaden begrenzt. In den Voraussetzungen sind das deutsche und französische Recht unterschiedlich: Eine schuldhafte Pflichtverletzung setzt das deutsche Recht voraus, Art. 1147 Cciv fordert nur eine inexécution

[772] Larenz, SR I, I §27, S. 425, spricht von „Rechtsfortsetzungsgedanke", der den Ausgleich von Folgeschäden erfasst und damit über das Erfüllungsinteresse im engeren Sinn hinausgeht.
[773] Larenz, SR I, I §27, S. 424, spricht von „Ausgleichsgedanken".
[774] S. hierzu Wagner, NJW 02, S. 2055.
[775] AcP 183, S. 398.

d'obligation, d.h. ein Verschuldensmoment ist nach dem Gesetzeswortlaut nicht erforderlich. I.E. bestehen aber keine Unterschiede, da Art. 1148 Cciv die Haftung bei force majeure und cas fortuit ausschließt, während im deutschen Recht das Verschulden vermutet wird. Es besteht demnach in beiden Rechtssystemen eine – wenn auch nicht identische - Entlastungsmöglichkeit für den Schuldner.
Außerdem besteht ein Rücktrittsrecht bei besonders gravierenden Schutzpflichtverletzungen, die das vertragliche Vertrauensverhältnis nachträglich und irreparabel gestört haben. Der deutsche Geschädigte kann den Rücktritt in diesem Fall erklären, im französischen Recht kann dagegen nur der Richter die Vertragsauflösung bestimmen.
Diese beiden Rechtsbehelfe finden sich auch in den UP und den PECL, die Elemente des deutschen wie des französischen Rechts übernommen haben: So wird nur der vorhersehbare Schaden ersetzt und ein Verschulden ist nicht erforderlich, jedoch besteht die Exkulpationsmöglichkeit im Fall von höherer Gewalt; insoweit stimmt die supranationale Lösung mit dem französischen Recht überein. Im Gegensatz zu den UP gilt in den PECL die Beschränkung auf den vorhersehbaren Schaden nicht bei einer vorsätzlichen oder grob fahrlässigen Pflichtverletzung. Gleich dem deutschen Recht kann der Gläubiger das Rücktrittsrecht selbst ausüben, bei einer Schutzpflichtverletzung ist keine Nachfrist/Abmahnung erforderlich. Grundbegriff ist die „non performance", es wird also auf einen Schuldvorwurf gegen den Schuldner verzichtet. „Non performance" erfasst sowohl die Nichterfüllung wie auch die Schlechtleistung, vgl. Art. 7.1.1. UP und Art. 1.303 (4) PECL.[776]

b) Deliktshaftung
Im französischen Recht erfüllt jede Verletzung der obligation de sécurité und der obligation d'information zugleich auch den Tatbestand des Art. 1382 Cciv. Im deutschen Recht besteht ein Deliktsanspruch bei Verletzung einer Sicherungspflicht, sofern ein Rechtsgut des §823 I BGB betroffen ist. Dies bedeutet vor allem, dass im Fall eines Vermögensschadens kein Deliktsanspruch besteht. Aus diesem Grund führt die Verletzung einer vermögensschützenden Schutzpflicht nur in Ausnahmefällen zu einem Deliktsanspruch, und zwar in den Fällen von §826 BGB und 823 II BGB i.V.m. Schutzgesetz.

3. Verhältnis
Im deutschen Recht besteht Anspruchskonkurrenz zwischen dem Vertrags- und dem Deliktsanspruch. Das französische Recht hat sich im Rahmen des principe de non-cumul für die Verdrängung des Deliktsanspruchs entschieden. Dieser Unterschied erklärt sich aus dem unterschiedlichen Umfang der Deliktshaftung. Da die deutsche Deliktshaftung sich auf wenige essentielle Rechtsgüter, die per se schützenswert sind, beschränkt, stört ihre Anwendung das vertragliche Regelwerk idR nicht. Würde die Anwendung der Deliktshaftung die

[776] Deshalb die Warnung von Medicus, Voraussetzungen für die Haftung, S. 186, dass nicht der alte deutsche Streit um Unmöglichkeit – Schlechtleistung zwischen Staub und Himmelschein wieder ausbricht.

Vertragshaftung ihres Sinns entleeren, so ist die vertragliche Bestimmung auch auf den deliktsrechtlichen Anspruch entsprechend anwendbar. Im französischen Recht wird dagegen jede Vertragsverletzung, die zu einem Schaden führt, auch vom Deliktsrecht erfasst, d.h. eine Anwendung der Deliktshaftung würde die vertraglichen Spezialregelungen aushebeln. Deshalb ist die Anwendung des principe de non-cumul im französischen Recht an sich konsequent, aber aus den oben dargelegten Gründen abzulehnen.

§2. Die Beweislast

Eine Frage von erheblicher praktischer Bedeutung ist diejenige nach dem Beweispflichtigen. Da im deutschen Recht kaum Besonderheiten im Hinblick auf die Schutzpflichtverletzung bestehen, wird dieser Punkt in aller Kürze behandelt. Einzugehen ist jedoch auf die Trennung zwischen obligation de moyens und de résultat im französischen Recht, da diese Unterscheidung erhebliche Auswirkungen gerade auf die obligation de sécurité hat.

A. Deutsches Recht

Bis zur Schuldrechtsreform 2002 war die Lage undeutlich. Die Rechtsprechung lehnte eine analoge Anwendung des §282 aF auf alle Schutzpflichtverletzungen ab und zog ihr eine Beweislastverteilung nach Gefahrenbereichen vor.[777] In der Literatur war die Frage strittig.[778]

Nach §280 I 1 BGB sind Pflichtverletzung, Schaden und Kausalität zwischen Pflichtverletzung und Schaden Anspruchsvoraussetzungen. Für sie trägt der Gläubiger die Beweislast. Eine Ausnahme besteht in Fällen gegenständlicher Vertragswidrigkeit: Hier muss der Gläubiger nur die Vertragswidrigkeit beweisen, während der Entlastungsbeweis hinsichtlich des fehlenden Pflichtverstoßes den Schuldner trifft.[779] Das Nichtvertretenmüssen ist nach §280 I 2 BGB ein Einwendungstatbestand, für den der Schuldner beweispflichtig ist. Dies gilt nach §619 a BGB für Schutzpflichtverletzungen des Arbeitnehmers nicht.

Eine Besonderheit besteht für die Informationspflicht: bei ihrer Verletzung besteht die Vermutung, dass der Geschädigte sich „aufklärungsrichtig“ verhalten hätte, d.h. dass er dass empfohlene Verhalten an den Tag gelegt hätte und so die Gefahr sich nicht verwirklicht hätte.[780] Es handelt sich dabei um einen Fall des Anscheinsbeweises, der auch für den konkurrierenden deliktsrechtlichen Anspruch gilt.[781]

So trifft z.B. den Schuldner die Beweislast, dass er die erforderliche Risikoinformation dem Gläubiger hat zukommen lassen.[782]

---

[777] BGHZ 23, 288(290); BGHZ 61, 383.
[778] S. Sonnenberger, FS Medicus, S. 622ff.; MüKo/Emmerich, v. §275, Rn 321ff.
[779] S. Palandt/Heinrichs, §280, Rn. 35.
[780] BGH, 124, 159.
[781] BGH, NJW 94, 1472; BGH, WM 86, S. 735.
[782] So bereits SchlOLG, 13.11.96, MDR 97, 130(131).

B. Französisches Recht

Das französische Recht unterscheidet zwischen der obligation de résultat und der obligation de moyens. Die Anforderungen an den Beweis des Geschädigten richten sich danach, ob es sich bei der verletzten Pflicht um eine Erfolgs- oder eine Verhaltenspflicht handelte.

1. Unterscheidung
Die Unterscheidung zwischen obligation de moyens und obligation de résultat ist auf René Demogue zurückzuführen, sie wurde 1936 von der Cour de Cassation übernommen.[783]
Ausgangspunkt ist die Frage, wer die Pflichtverletzung beweisen muss. Im Code civil findet sich diesbezüglich ein scheinbarer Widerspruch: Art. 1137 Cciv spricht von „soins d'un bon père de famille" im Hinblick auf die Verpflichtung, eine Sache zu erhalten. Auch einem bon père de famille können leichte Fehler unterlaufen. Deshalb schließt ein Verhalten als bon père de famille nicht aus, dass ein Schaden eintritt. Damit teilt Art. 1137 Cciv. die Beweislast dem Gläubiger zu. Dagegen ist in Art. 1147 „tout le fois qu'il [= le débiteur] ne justifie pas ..." zu lesen. Der Schuldner muss sich hier entlasten. Die Lösung dieses Widerspruchs liegt seit Demogue in der Unterscheidung von obligation de moyens und obligation de résultat. Erstere werden von Art. 1137 Cciv gemeint, auf die zweiten bezieht sich Art. 1147 Cciv.
Durch die Unterscheidung kommt zum Ausdruck, dass nicht alle Vertragspflichten dasselbe Ausmaß und dieselbe Intensität haben.

a) Die obligation de moyens
Bei der obligation de moyens handelt es sich um eine Verpflichtung zur Sorgfalt, d.h. der Schuldner verpflichtet sich, alles ihm Mögliche zu tun und alle seine „soins und diligence"[784] einzusetzen, um den vertraglichen Erfolg herbeizuführen, „de prendre certaines mesures qui normalement sont de nature à amener un certain résultat".[785]
Eine typische obligation de moyens ergibt sich für den Arzt aus dem Vertrag mit dem Kranken[786] - hier sogar in Form der Hauptleistungspflicht - oder für den Anwalt gegenüber seinem Klienten. Keiner von ihnen kann den Ausgang der Krankheit bzw. des Prozesses vorhersehen, er liegt letztlich nicht in ihrer Gewalt. Ihre vertragliche Pflicht kann deshalb nur der Einsatz aller ihrer Möglichkeiten sein, um das vertragliche Ergebnis, die Heilung oder den Gewinn des Prozesses, zu erreichen.

Aus diesem Grund reicht für die Vertragshaftung der Beweis des Nichteintritts des Erfolges nicht aus. Der Gläubiger muss vielmehr die faute des Schuldners

---

783 Cass civ., "Mercier" 20.03.36, D.P.36.I.88.
784 Bénabent, Obligations, S. 266.
785 Demogue, Traité, t. V,n° 1237.
786 Cass, 1e, 25.02.97, „communauté urbaine de Lyon", JCP 97.IV.880, zu den Ausnahmen s.u.

beweisen, d.h. dass dieser sich nicht richtig Mühe gegeben hat.[787] Ausnahmen bestehen im Arztrecht, wo u.U. der Nachweis eines „fait anormal" ausreicht.[788]

b) Die obligation de résultat

Bei der obligation de résultat[789] hat der Schuldner eine Erfolgsgarantie übernommen, er hat vertraglich versprochen, dass ein bestimmtes Ergebnis eintritt. Als Beispiele ist die Pflicht des Unternehmers im Werkvertrag oder des Transporteurs im Transportvertrag zu nennen. Es reicht nicht aus, sich nach besten Kräften zu bemühen, das Werk zu vollenden oder den Transport durchzuführen; die Leistungspflicht ist erst erfüllt, wenn das Werk vollendet bzw. die Sache an ihrem Zielort angekommen ist.

Deshalb bedeutet schon der Nichteintritt des Erfolges, dass es der Schuldner an der pflichtgemäßen Vertragserfüllung hat fehlen lassen. Der Gläubiger muss daher nur den Zurechnungszusammenhang der Leistung des Schuldners und dem eingetretenen Schaden beweisen, die faute und die Kausalität werden vermutet.[790] Dem Schuldner bleibt dann die Möglichkeit der Exkulpation mit dem Nachweis, dass ein Fall höherer Gewalt vorlag. Neuere Urteile der Cour de cassation schränken unter Beifall aus der Lehre die Wirkung der obligation de résultat dergestalt ein, dass die Kausalität nicht mehr vermutet wird.[791]

c) Die obligation intermédiaire

Die Rechtsprechung hat in diese klassischen Unterscheidung von obligation de moyens und obligation de résultat eine Zwischenstufe eingefügt. Diese Kategorie der „obligation de résultat attenué"[792] ähnelt der obligation de résultat mit dem Unterschied, dass der Schuldner zu seiner Entlastung nur beweisen muss, dass er keine faute begangen hat. Nicht erforderlich ist der Beweis, dass ein Fall höherer Gewalt vorlag. Der Entlastungsbeweis ist also leichter zu erbringen. Damit gleicht die obligation intermédiaire der Regelung in §280 I BGB. Gesetzlich ist diese Lösung in Art. 1789 Cciv vorgesehen. Sie wird allgemein in den contrats de restitution auf die obligation de sécurité angewandt[793], d.h. wenn der Vertrag die Obhut über die Sache eines anderen beinhaltet.[794]

---

787 z.B. Cass, com., 09.10.90, Bull. civ IV, n° 234: Werbeagentur hat ein „image peu attrayante" von dem zu bewerbenden Produkt hergestellt, Cass nimmt Verstoß gegen obligation de moyens an.

788 Cass, 1re, 13.05.98, Bull. civ. I, n° 174; noch weiter Cass, 1re, 03.02.98, Bull. civ. I, n° 46: simple "fait" genügt.

789 V. Bar, Deliktsrecht, S. 472, übersetzt mit „Resultatsverpflichtung".

790 Cass, 1re, 20.06.98, Bull. civ. I, n° 263.

791 Cass, 1re, 16.10.01, RTD civ. 2002, S. 515f., com. Jourdain ; Cass, com, 22.01.02, ebd.

792 Bénabent, Obligations, n° 409; s.a. Leveneur, D&P 98/03, S. 73. Boy, D 95, juris., S. 561 spricht von "obligation de moyens renforcée".

793 Cass, 09.06.93, CCC 93, n° 205: „le garagiste est tenu envers ses clients qui lui confient un véhicule en réparation d'une obligation de sécurité dont il peut s'exonérer en prouvant qu'il n'a pas commis de faute". Cass, 1re, 21.05.96, Bull.civ I, n° 219 bzgl. einer obligation de sécurité.

794 Z.B. Cass, 1re, 20.12.93, Bull.civ. I, n° 376 bzgl. Fäberei; Cass, 1re, 12.01.94, Bull.civ. I, n° 9, bzgl. Autowerkstatt.

2. Unterscheidungskriterien
Nach einer Darstellung der allgemeinen Grundsätze werden die obligation de sécurité und die obligation d'information eingeordnet.

a) Allgemeine Grundsätze
Soweit weder aus dem Gesetz[795] noch aus der Parteivereinbarung[796] eine Einordnung der Pflicht erkennbar ist, ist darauf abzustellen, wie weit der Vertragserfolg von den äußeren Umständen abhängt. Der Begriff des „aléa" des Erfolgseintritts wird als Abgrenzungskriterium in der Lehre aufgeführt[797], die Rechtsprechung lässt keine klare Linie erkennen.
Eine obligation de moyens ist somit anzunehmen, wenn der Erfolgseintritt zu unsicher ist, wenn er zu wenig von der Sorgfalt des Schuldners abhängt, als dass die Parteien ihn zum Vertragsobjekt machen könnten. Dies ist z.B. der Fall, wenn die Mitwirkung des Gläubigers erforderlich ist oder wenn dieser in der Vertragsdurchführung eine „rôle actif" einnimmt. Ansonsten liegt eine obligation de résultat vor.
Hingewiesen sei auf den Sonderfall des transport gratuit und überhaupt des Vertrages ohne Gegenleistung, in dem die Beweislastumkehr abgelehnt wird.[798]

b) Obligation de sécurité
Hinsichtlich der Einordnung der obligation de sécurité kann man ohne Scheu von einem „grand désordre"[799] sprechen. Eine allgemeingültige Antwort gibt es nicht, die Rechtsprechung entscheidet Fall für Fall, die Kasuistik ist angesichts der unzählbaren Fälle der obligation de sécurité und der ständigen Änderung der Rechtsprechung unüberschaubar geworden. Auf die einzelnen Fälle und die von der Lehre entwickelten Abgrenzungskriterien wird im Rahmen der Darstellung der Fälle, in denen eine obligation de sécurité existiert, eingegangen.

c) Obligation d'information
Der Schuldner der obligation d'information kann den Gläubiger weder zur Aufnahme der Information noch zu einem an ihr ausgerichteten Handeln zwingen. Dennoch wäre es verfehlt, daraus auf eine generelle Einordnung als obligation de moyens zu schließen.
Gem. Art. 1315 al. 1 Cciv trägt der Gläubiger die Beweislast dafür, dass den Schuldner überhaupt eine Informationspflicht trifft. Geht es um die Erfüllung der Informationspflicht, so wird ein Verschulden des Schuldners vermutet, dieser hat sich zu entlasten[800], es handelt sich also um eine obligation de résultat.

---

[795] Z.B. Arrêté du 14.06.82 für Reiseverträge
[796] Cass com., 18.04.00, CCC 2000, Nr. 123.
[797] Bénabent, Obligations, S. 268
[798] Esmein, FS Ripert, S. 112; Esmein in Aubry/Rau, S. 536.
[799] Bénabant, Obligations, S, 200.
[800] Zum erstenmal Cass, 1re, 25.02.97, JCP 97.I.4025, „Hedreul" bzgl. Arzthaftung; Cass, 1re, 29.04.97, GP 97.2.Pan.180, für Anwälte; nach Mistretta, PA, 05.06.98, S. 6, auf alle Informationspflichten anwendbar; zustimmend Malaurie/Aynès, S. 229.

„Celui qui est légalement ou contractuellement tenu d'une obligation particulière d'information doit rapporter la preuve de l'exécution de cette obligation."[801] Diese Lösung beruft sich auf Art. 1315 al. 2 Cciv; sie bezweckt eine bessere Information des Vertragspartners mit dem Hintergedanken, dass „l'aptitude à la preuve commande assez naturellement l'attribution de la charge".[802] Geht es um die Richtigkeit der Information, so trifft den Gläubiger der Beweis, dass sie falsch war.[803] Eine obligation de moyens liegt vor, wenn der Schuldner für die Erfüllung seiner Informationspflicht auf die Mitwirkung des Gläubigers angewiesen ist.[804] Besteht keine gesetzliche Regelung, so verlangt die Rechtsprechung entgegen der Lehre keinen schriftlichen Nachweis der Mitteilung.

3. Kritik an der Unterscheidung

Die Unterscheidung leidet an dem Fehlen eines genauen Abgrenzungskriteriums. Ein Risikomoment wohnt jedem Vertrag inne; auch eine obligation de résultat kann infolge höherer Gewalt ohne faute des Schuldners unerfüllt bleiben. Die Einteilung beruht vielfach allein auf einer „Hellseherei" der Gerichte.[805]

In beiden Fällen muss der Gläubiger nachweisen, dass der Schuldner seiner Verpflichtung nicht nachgekommen ist, d.h. dass eine inexécution vorliegt. Dass die inexécution sich nur anhand des Pflichteninhalts bestimmen lässt, liegt auf der Hand, ändert aber im Grunde genommen nichts am erforderlichen Beweis.[806] Es reicht aus, die Pflicht des Schuldners zu bestimmen und festzustellen, ob dagegen verstoßen wurde. Der Umweg über die Qualifikation bringt nichts.[807] Auch ist die Einteilung durch die Hinzufügung der catégorie intermédiaire ziemlich unübersichtlich geworden.[808]

Zusammenfassung: Die Unterscheidung zwischen obligation de moyens und obligation de résultat prägt die Beweislastverteilung. Während bei der obligation de moyens der Schuldner ein bestimmtes Verhalten versprochen hat und ihm deshalb eine faute nachgewiesen werden muss, hat er bei der obligation de résultat den Eintritt eines bestimmten Ergebnisses versprochen, so dass er sich

---

801 Cass, 1re, 25.02.97, JCP 97.I.4025, GP 97, som., S. 131 = RGDA 97, S. 852, obs. Rémy.

802 Rémy, RGDA 97, S. 853.

803 Mistretta, PA, 05.06.98, S. 6. Dag. Rémy, RGDA 97, 854f, der hier ebenfalls Art. 1315 al. 2 CCIv anwenden will mit dem Argument, dass « l'exécution d'un contrat s'entend comme son exécution complète et ponctuelle », also keine Unterscheidung zwischen inexécution und mauvaise exécution. Dieser Gedanke findet sich für das deutsche Recht bereits bei Himmelschein, AcP 135, S. 255ff.

804 Le Tourneau, Responsabilité des vendeurs, S. 19.

805 Rémy, RGDA 95, S. 536.

806 Rémy, Droit&Cultures 96, S. 45. Sonnenberger, FS Medicus, S. 633.

807 Esmein, RTD civ. 33, S. 627, nach dem deshalb alle Vertragspflichten obligations de résultat sind. Dag. Savaux, RTD 99, S. 19, der sich zwar gegen die Unterscheidung ausspricht, aber darauf hinweist, dass es nichtsdestotrotz zur Feststellung der Nichterfüllung einer Vertragspflicht erforderlich ist, die Schuldnerpflicht danach zu bestimmen, ob Mittel oder Erfolg versprochen wurde.

808 Esmein, FS Ripert, S. 109; Bénabent, Obligations, S. 267.

bei dessen Ausbleiben nur durch den Beweis eines Falls der höheren Gewalt entlasten kann. Umstrittenes Abgrenzungskriterium ist der Zufall des Erfolgseintritts. Die Rechtsprechung folgt für die Einordnung der Schutzpflichten keiner einheitlichen Linie, gerade die obligation de sécurité unterliegt einer unüberschaubaren Kasuistik.

C. Supranationales Recht

1. Die Unidroit Prinzipien

Die UP unterscheiden wie das französische Recht in Art. 5.4 zwischen Erfolgs- und Verhaltenspflichten. Im Gegensatz zu diesem liefern sie aber in Artt. 5.4. und 5.5. eine Definition für die beiden Typen und Anhaltspunkte für ihre Abgrenzung. So ist nach Art. 5.4. Abs. 1 UP bei der obligation de résultat der Schuldner „tenu de fournir le résultat promis". Eine Verhaltenspflicht verpflichtet gem. Art. 5.4. Abs. 2 UP den Schuldner, „d'apporter à l'exécution de sa prestation la prudence et la diligence d'une personne raisonnable de même qualité placée dans la même situation". Unterscheidungskriterien sind die Beschreibung der Pflicht im Vertrag, der Preis und andere Vertragselemente, das Risiko, das normalerweise dem vereinbarten Erfolg anhängt, und die Mitwirkungsmöglichkeit des Gläubigers bei der Vertragserfüllung. Diese Kriterien aus Art. 5.5 UP bilden keine abschließende Liste, sie sind nebeneinander heranzuziehen.

Der Gläubiger muss die Nichterfüllung einer Vertragspflicht beweisen. Der Schuldner kann sich dann nach Art. 7.1.7. UP entlasten, indem er beweist, dass er durch einen Fall von höherer Gewalt an der Pflichterfüllung gehindert wurde.

2. PECL

Aus Artt. 8:101 und 8:108 PECL folgt, dass der Gläubiger die objektive Nichterfüllung einer Vertragspflicht beweisen muss und der Schuldner sich wegen eines Hindernisses iSv Art. 8:108 PECL entlasten kann. Art. 8:108 Abs. I PECL spricht die Beweislast für das Vorliegen solcher Hindernisse ausdrücklich dem Schuldner zu. Verhaltens- und Erfolgspflichten werden nicht unterschieden. Der Schuldner muss im Fall der Nichterfüllung haften, sofern er sich nicht durch den Beweis eines Leistungshindernisses entlasten kann, das außer seiner Kontrolle stand, und man von ihm vernünftigerweise nicht erwarten kann, dass er diesen Umstand bei Vertragsschluß bedacht hat oder anschließend überwinden würde.

D. Rechtsvergleichung

Während das deutsche Recht im Fall der Pflichtverletzung bei der Frage nach dem Verschulden eine Beweislastumkehr mit Entlastungsmöglichkeit annimmt, unterscheidet das französische Recht zwischen obligation de résultat, obligation de moyens und obligation intermédiaire. Die Einteilung einer Vertragspflicht in eine diese Kategorien ist nicht immer leicht.

Die Unterscheidung obligation de résultat und obligation de moyens ist im deutschen Recht ohne Relevanz; abzustellen ist auf den konkreten Inhalt der verletzten Pflicht. Auf ein Verschulden des Schuldners kommt es zwar immer an

– was für Verhaltenspflichten spricht[809] -, aber es wird vermutet. Deshalb kann man von einer Erfolgspflicht sprechen.[810] Im Ergebnis sind die Argumentation und die Anforderungen im deutschen und im französischen Recht weitgehend ähnlich.[811] Lediglich im Fall einer obligation de résultat ist die Haftung – zumindest theoretisch – nach französischem Recht stärker als bei einer deutschen Schutzpflichtverletzung. Nur der Beweis der höheren Gewalt exkulpiert, während nach deutschem Recht der Beweis des mangelnden Verschuldens ausreicht.

Die Unterteilung in Erfolgs- und Verhaltenspflicht wurde für die Beweislastverteilung bei der positiven Forderungsverletzung als Lösung vorgeschlagen[812], von der Rechtsprechung aber nicht übernommen. Der Grund dafür liegt darin, dass das BGB auf die Leistung als Grundbegriff des Vertragsrecht in §241 I BGB abstellt und sich anders als das französische Recht in erster Linie an der Erfüllung der Vertragspflichten orientiert.

In der Praxis bestehen zwischen der deutschen und den französischer Lösung kaum Unterschiede, da letztlich beide Rechte auf den Inhalt der konkreten Pflicht als Maßstab für die Beweislastverteilung abstellen müssen. Insgesamt ist die deutsche Lösung wegen ihrer Einfachheit gegenüber der komplizierten, zum Teil höchst strittigen Lösung des französischen Rechts vorzuziehen.

---

[809] So Pellegrino, ZEuP, 97, S. 54

[810] S. Amman, S. 45, der als Beispiel für eine Erfolgspflicht die Pflicht des Importeurs anführt.

[811] Vergleiche Hübner, FS Baumgärtel, S. 160.

[812] Hans Stoll, FS v. Hippel, S. 539ff.

2. Teil. Katalog der Schutzpflichten

Im ersten Teil der Arbeit wurde auf die dogmatische Klärung der Natur und Rolle der Schutzpflichten eingegangen. Es hat sich gezeigt, dass die Rechtsprechung jeden Weg ergreift, um den gewünschten Opferschutz zu erreichen. Im zweiten Teil wird nun der Blick auf die einzelnen Schutzpflichten gerichtet.

Die Schutzpflichten zeichnen sich durch ihre Orientierung am Integritätsinteresse aus. Ihre Verletzung führt unmittelbar zu einem Schadensersatzanspruch.
Der Übergang zwischen Sicherungspflicht und Informationspflicht ist fließend: „Der Veranstalter einer Rodelabfahrt hat die Teilnehmer lediglich vor atypischen Gefahren der Rodelstrecke zu sichern oder zu warnen“.[813] Gefahrenabwehr kann sowohl dadurch erreicht werden, dass man den Vertragspartner über die Gefahren informiert, so dass dieser die Gefahrverwirklichung vermeiden kann, als auch, indem der Schuldner selbst die Gefahr beseitigt. Sicherungs- und Informationspflicht stellen damit unterschiedliche Stufen eines einheitlichen Schutzsystems dar. Der Schuldner ist in der Auswahl frei. Ist eine Warnung jedoch nicht ausreichend, so tritt an die Stelle der Informationspflicht eine Sicherungspflicht.[814] Nur eine Informationspflicht besteht, wenn der Schuldner zur aktiven Gefahrenabwehr in den Rechtskreis des Gläubigers eingreifen müsste.

1. Kapitel. Die Sicherungspflicht

A. Deutsches Recht

Inhalt der Sicherungspflicht ist es, dafür zu sorgen, dass die Rechtsgüter des Vertragspartners bei der Vertragserfüllung nicht geschädigt werden. Nach der hier vertretenen Ansicht muss das betreffende Integritätsinteresse nach dem Vertragsinhalt mit dem Äquivalenzinteresse zusammenfallen, damit man eine vertragliche Sicherungspflicht annehmen kann.

---

[813] OLG Köln, 22.12.92, MDR 94, S. 455. Ebenso, Picod, Devoir de loyauté, S. 119 “obligation de mise en garde … [est] le corrollaire de l’obligation de sécurité »; s.a. Petit, JCl.fasc. 23, S. 6. Frost, S. 178, bezeichnet in diesem Sinn die Informationspflicht als „additive Schutzpflicht“.

[814] OLG Hamm, 11.12.97, MDR 98, S. 969: erhöhte Gefährdung beim Sporttraining durch Randsteine: „Ein Hinweis reichte nicht, um die jugendlichen Trainingsteilnehmer hinreichend vor der Gefahr zu schützen …. Denn es liegt auf der Hand, dass im Eifer des Gefechts auch nach einem derartigen Hinweis den Teilnehmern die Gefahren nicht immer gegenwärtig sind.“

I. Gesetzlich präzisierte Sicherungspflichten
Einige Sicherungspflichten haben Eingang in das Gesetz gefunden.

1. §618 BGB
§618 BGB regelt die Pflicht des Arbeitgebers „zu Schutzmaßnahmen". Dabei handelt es sich nach allgemeiner Ansicht um eine gesetzlich angeordnete, vertragliche Sicherungspflicht.[815] Das Gesetz bezeichnet in der Überschrift des §619 BGB die Pflicht als „Fürsorgepflicht". Der Dienstberechtigte wird mit Abschluss des Dienstvertrages verpflichtet, für die körperliche Integrität des Vertragspartners zu sorgen; dabei handelt es sich nicht um eine der Hauptleistungspflichten des Arbeitsvertrages, die in §611 BGB definiert werden. Konsequenz der Verletzung dieser Pflicht ist der Schadensersatzanspruch nach §618 III BGB, trotz der Verweisung auf das Deliktsrecht ein vertraglicher Anspruch ist.[816] Lediglich der Anspruchsumfang richtet sich nach §§842-846 BGB.
§618 BGB wird auf den Werkvertrag analog angewandt, wenn sich der Unternehmer zur Ausführung seiner vertraglich vereinbarten Tätigkeit in den Gefahrbereich des Bestellers begeben muss. Dieser hat dann dafür zu sorgen, dass die Räume, in denen der Unternehmer tätig ist, keine Gefahrquellen enthalten.[817]

2. §694 BGB
§694 BGB regelt die Schadensersatzpflicht des Hinterlegers für den durch die Beschaffenheit der hinterlegten Sache dem Verwahrer entstandenen Schaden. Damit hat der Hinterleger die Pflicht, die Rechtsgüter und Vermögenswerte des Verwahrers zu schonen.[818] Es wird vertreten, dass es sich hier um eine Sicherungspflicht handelt. Begründet wird dies damit, dass die Übergabe der Verwahrsache keine Leistungspflicht ist und dass es sich daher bei der Übergabe einer gefährlichen Sache nicht um eine Schlechtleistung handelt.[819]
Dem ist zuzustimmen. Es kann keinen Unterschied machen, ob der Vertragspartner selbst bei Vertragsdurchführung den anderen schädigt, oder ob das Vertragsobjekt den Schaden bewirkt. Die Gefahr stammt aus dem Rechtskreis des Hinterlegers, der Verwahrer wird aufgrund des Vertrages diesem Risiko ausgesetzt.

3. §701 BGB
Gem. §701 BGB trifft den Gastwirt eine Haftung für die Schäden an den vom Gast eingebrachten Sachen. Dabei handelt es sich um eine Erfolgshaftung mit gesetzlicher Risikozurechnung.[820] Der Haftung liegt das Bestreben zugrunde, der

---

815 S. Schlechtriem, Gutachten, S. 1616; MüKo/Lorenz, §618, Rn. 1, spricht von Fürsorgepflicht.
816 Palandt/Putzo, §618, Rn. 8.
817 BGHZ 5, 62; MüKo/Emmerich, v. §275, Rn. 264; dag. Köpcke, S. 85
818 MüKo/Hüffer, §688, Rn. 16
819 Köpcke, S. 93; zustimmend Pohlmann, S. 271.
820 MüKo/Hüffer, §701, Rn. 4.

Beweisnot des Gastes abzuhelfen, ein Verschulden des Gastwirts zu belegen.[821] Damit findet sich hier einer der Entstehungsgründe, der neben anderen die vertraglichen Schutzpflichten notwendig erscheinen ließ. §701 BGB legt dem Gastwirt eine Pflicht auf, von vom Gast in das Gasthaus, d.h. seine Rechtssphäre, eingebrachten Sachen Gefahren, auf deren Entstehungsgrund nicht ankommt, abzuwenden. Es geht um den Schutz der bereits vorhandenen Rechtsgüter mit der Besonderheit, dass sie nicht unbedingt dem Gast zustehen. Bei der Pflicht handelt es sich nicht um eine Leistungspflicht, diese ist vielmehr die Bereitstellung eines Zimmers zwecks Beherbergung.
Deshalb kann §701 BGB als Sicherungspflicht eingeordnet werden.[822]

4. §§535 I 2, 569 I 1, 603 BGB

Diese drei Regelungen werden zum Teil als implizite gesetzliche Sicherungspflichten bezeichnet.[823] Dem ist m.E. nicht zuzustimmen. §535 I 2 BGB spricht von dem „vertragsgemäßen Gebrauch“ und nicht von einer Gefährdung des Integritätsinteresses des Mieters. §569 I 1 BGB gewährt dem Mieter von Wohnraum ein außerordentliches Kündigungsrecht bei Gesundheitsgefährdung durch die Mieträume. Nach dem Schutzziel, der Gesundheit, könnte man eine Sicherungspflicht annehmen. Es passt aber die Rechtsfolge, die Kündigung, nicht. Sicherungspflichten gewähren primär Schadensersatz, erst sekundär kann ihre Verletzung zu einem Rücktrittsrecht führen. Auch geht es bei §569 I BGB nicht um eine Abwehr-/Unterlassungspflicht des Vermieters, sondern um eine Abwehrmöglichkeit gegen den Vermieters. Deshalb enthält §569 I BGB keine Sicherungspflicht. §603 BGB ist ebenfalls keine Schutzpflicht, da es um den vertragswidrigen Gebrauch am Vertragsobjekt, dem Leihgut, geht und nicht die übrigen Rechtsgüter des Vertragspartners betrifft.

Das BGB kennt also drei spezielle Sicherungspflichten, nämlich §618 BGB im Dienstvertrag, §694 BGB im Verwahrungsvertrag und §701 BGB im Beherbergungsvertrag. §618 BGB ist nur personenbezogen, er schützt das Eigentum nicht.[824]

II. Rechtsnatur der Sicherungspflichten

Die Rechtsnatur der Sicherungspflicht als Handlungs- oder Unterlassungspflicht kann nicht generell bestimmt werden, sie variiert von Fall zu Fall. Einerseits ist die Sicherungspflicht die Pflicht, diejenigen Handlungen zu unterlassen, die das Schutzobjekt gefährden. So hat z.B. der Verkäufer die Unterlassungspflicht, keine Gegenstände am Boden herumliegen zu lassen, auf denen der Kunde ausrutschen könnte. Die Sicherungspflicht hat also einen negativen Aspekt, Schädigungen des Vertragspartners zu unterlassen, und einen positiven Aspekt, diesen vor Schäden zu bewahren. Allerdings kann die Sicherungspflicht aber

---

[821] MüKo/Hüffer, §701, Rn. 1.
[822] Zustimmend Köpcke, S. 80.
[823] Köpcke, S. 80.
[824] MüKo/Lorenz, §618, Rn. 4.

auch Handlungspflicht sein, nämlich die Verpflichtung, eine bestehende Gefahrenquelle zu beseitigen oder zu sichern.[825] Darauf deutet auch §618 I BGB hin, der verlangt, die Räume entsprechend „einzurichten und zu unterhalten", d.h. ein aktives Tun, und sich nicht darauf beschränkt, die Unterlassung der Gefährdung zu fordern. Ebenso erfasst §701 BGB alle Gefahren unabhängig von ihrem Ursprung.
Generell führt die Abgrenzung in Unterlassungs- und Handlungspflicht in ihrer praktischen Anwendung häufig zu Unklarheiten. Oftmals lässt sich eine Unterlassungspflicht als negative Handlungspflicht definieren, z.B. die Unterlassungspflicht, keine gefährlichen Gegenstände am Boden herumliegen zu lassen, ist inhaltsgleich mit der Handlungspflicht, den Boden aufzuräumen. Deshalb sollte auf die dem Strafrecht entlehnte Kategorie der Unterlassungspflichten im Zusammenhang mit den Schutzpflichten gänzlich verzichtet werden. Die Sicherungspflicht ist vielmehr eine sachlich umfassende Pflicht mit positiven wie negativen Komponenten.

III. Voraussetzungen

Vertragliche Sicherungspflichten kommen in sämtlichen Verträgen vor. Erforderlich ist, dass der eine Vertragspartner mit dem Rechtskreis des anderen in Berührung kommt und dort möglicherweise Gefahren ausgesetzt ist. Der eine weiß, dass in seinem Rechtskreis Gefahren bestehen und der andere ihnen im Rahmen der Vertragserfüllung ausgeliefert sein wird.[826]
Zweifelhaft ist, ob es sich bei den Gefahren um atypische Gefahren handeln muss. Die Rechtsprechung scheint einer solchen Lösung zu folgen.[827] Dabei handelte es sich jedoch ausschließlich um Fälle, in denen die Existenz des Gefahrenpotentials den Vertragspartnern bekannt war. Deshalb ist die Einschränkung auf die atypischen Gefahren nicht verallgemeinerungsfähig. Keine Sicherungspflicht besteht nur hinsichtlich solcher Gefahren, die allgemein bekannt sind. Denn in solchen Fällen fehlt es schon an der Grundlage der Schutzpflichten, der schutzwürdigen Vertrauensbildung gegenüber dem Vertragspartner. Ansonsten erfasst die Sicherungspflicht alle Gefahren, soweit sie dem Vertragspartner erkennbar unbekannt sind oder von seiner Kenntnis billigerweise nicht ausgegangen werden kann.

IV. Inhalt

Nach Erläuterung des Grundsatzes wird auf die zwei Unterarten, in die sich die Sicherungspflicht einteilen lässt, eingegangen. Abschließend werden ihre Grenzen aufgezeigt.

---

[825] Dag. Kuhlmann, S. 119, nach dessen Ansicht Sicherungspflichten regelmäßig Unterlassungspflichten sind. Ähnlich Köhler, AcP 190, S. 509.
[826] BGH, NJW 91, S. 98.
[827] OLG Köln, 22.12.92, MDR 94, S. 455: Der Veranstalter einer Rodelabfahrt hat die Teilnehmer lediglich vor atypischen Gefahren der Rodelstrecke zu sichern oder zu warnen.

1. Grundsatz
„Der Schuldner hat die Leistung ... in einer Art zu bewirken, dass die dabei berührten Güter (die Person und die Sachen) des Gläubigers unverletzt bleiben."[828]
Die Rechtsprechung bedient sich Leerformeln: Das RG sprach von der Pflicht, „die gebotene Sorgfalt für die Gesundheit und das Eigentum des anderen Teils zu beachten".[829] In der Terminologie des BGH ist die Rede von „nach Art und Intensität der Sonderverbindung Pflichten zur gegenseitigen Rücksichtnahme, bei deren Verletzung eine Schadenshaftung nach Vertragsrecht in Frage [kommt]"[830] oder das hohe Gericht spricht von einer Pflicht, „das Eigentum des Bestellers bei Durchführung der zur Vertragserfüllung erforderlichen Arbeiten vor vermeidbaren Schäden zu bewahren".[831] Nach dem LG Dortmund hat sich „jeder Partner ... so zu verhalten, dass er unter Beachtung der gebotenen Sorgfaltspflicht nicht wesentliche schützwürdige materielle und immaterielle Schutzgüter des anderen [verletzt]".[832] Und das AG Düsseldorf spricht von einer Pflicht, sich so zu verhalten, „dass dem Partner keine vermeidbaren Schäden entstehen".[833]

Entscheidende Kriterien sind dabei die Schutzwürdigkeit des Vertragspartners und die Vermeidbarkeit der Schädigung.[834]
Den Urheber einer Gefahrenquelle trifft grundsätzlich eine Schadensabwehrpflicht. Um eine Gefahr handelt es sich aber nur dann, wenn die Bedrohung über das allgemeine Lebensrisiko hinausgeht. Der Geschädigte muss deshalb schutzwürdig sein, d.h. es geht darum, was von ihm in der jeweiligen Situation und aufgrund seiner Erfahrung an Aufmerksamkeit und Gefahrenabwehr verlangt werden kann. Eine allgemein bekannte Gefährdung des Vertragspartners reicht somit nicht aus, es muss eine „erhöhte Gefährdung" vorliegen[835], um seine Schutzwürdigkeit zu bejahen. Das allgemeine Lebensrisiko begründet keine Sicherungspflicht. So besteht z.B. keine Sicherungspflicht des Fußballvereins dahingehend, dass der Zuschauer eines Fußballspiels vor einem versehentlich in die Menge geschossenem Ball geschützt wird.[836] Ebenso scheidet eine Sicherungspflicht aus, wenn der Vertragspartner bei Anwendung „eines Mindestmaß an Sorgfalt in eigenen Angelegenheiten" die Gefahrenquelle erkennen kann.[837]

---

[828] Kress, S. 580.
[829] RGZ 73, 239f.
[830] BGH, WM 69, 247. Kritik der Formel wegen fehlender Beschreibung des Inhalts der Schutzpflicht s. Soergel/Teichmann, §242, Rn. 182.
[831] OLG Hamm, 17.10.92, MDR 93, S. 445 unter Verweis auf BGH, NJW 83, S. 113.
[832] LG Dortmund, WM 81, 280(282).
[833] Düsseldorf, WM 77, 546(547).
[834] Soergel/Teichmann, §242, Rn. 183.
[835] OLG Hamm, 11.12.97, MDR 98, S. 969.
[836] LG Trier, VersR 64, S. 879.
[837] LG Coburg, 15.04.2003, Az 23 I 76/03, bestätigt durch Beschluss des OLG Bamberg, 15.07.2003, Az 6 U 33/03: der Vertragspartner muss auf mit schwarz-geld schraffiertem Bank markierte Türschwellen achten.

Das Kriterium der Vermeidbarkeit verdeutlicht, dass es sich um eine Gefahr aus dem Bereich handeln muss, der von dem Schädiger beherrscht und kontrolliert werden kann, so dass sich in ihm i.d.R. keine Gefährdung ohne sein Wissen und seine Möglichkeit zur Abhilfe auftut. Ebenso muss die aktive Gefahrenabwehr dem Schuldner zumutbar sein, denn sie greift in seine Handlungsfreiheit ein.

2. Gruppen

Die Sicherungspflicht lässt sich in zwei Gruppen unterteilen:
Zum einen geht es darum, den Vertragspartner nicht durch die Vertragserfüllung zu verletzen.[838] Hierher gehören die Fälle, in denen der Malermeister die bekannte Ming-Vase mit seiner Leiter umwirft oder der Gast im Wirtshaus auf Speiseresten ausrutscht.[839] Beiden Fällen ist gemeinsam, dass die Schädigung mit der Hauptleistungspflicht nichts zu tun hat.

Die zweite Gruppe erfasst die Schädigung durch das Vertragsobjekt. Darunter fallen auch die Schäden durch die Benutzung des Vertragsobjekts.[840] Das Vertragsobjekt darf z.B. nicht in ungesichertem Zustand versandt werden[841] oder der Veranstalter einer Sportveranstaltung darf nicht mehr Eintrittskarten verkaufen, als Plätze vorhanden sind.[842] Die Mangelfolgeschäden sind hier nicht einzuordnen, da sie seit der Schuldrechtsmodernisierung 2002 von §§434, 437 Nr. 3, 280 I BGB erfasst werden. Die Konstruktion über die Verletzung einer Schutzpflicht ist deshalb nicht mehr nötig.

3. Der Umfang der Sicherungspflicht

Die Festlegung der Grenzen der Sicherungspflicht ist deswegen schwierig, weil sie in ihrem Schutzbereich einerseits das Vermögen und die Entscheidungsfreiheit und andererseits so essentielle Rechtsgüter wie Körper und Gesundheit erfasst.
Die aktive Sicherungspflicht findet zwei Grenzen: Zum einen der Verzicht des Vertragspartner auf die angebotene Gefahrabwehr[843] und zum anderen das Wissen des Vertragspartners um die Gefahrenquelle und das Inkaufnehmen des Risikos[844], soweit es sich nicht um eine atypische Gefahr handelt. Dem Einzelnen ist nämlich nicht untersagt, sich einer Gefahr auszusetzen.[845] In beiden Fällen mangelt es an der Schutzbedürftigkeit des Vertragspartners, entweder weil er keinen Schutz will oder weil er die Gefahr kennt und deshalb keines Schutzes bedarf.
Leitlinie muss sein, dass der Schutz dem Gläubiger nicht aufgedrängt werden darf. Sinn der Schutzpflichten ist es, den Vertragspartner vor unerwarteten

---

[838] BGH, BB 79, S. 757.
[839] Stuttgart, MDR 59, S. 1009.
[840] Anders Soergel/Teichmann, §242, Rn. 186, der Schädigung durch Vertragsobjekt und durch Benutzung trennt und damit drei Gruppen annimmt.
[841] BGHZ 66, 208.
[842] OLG Nürnberg, VersR 55, S. 44.
[843] OLG München, VersR 53, S. 485.
[844] OLG Hamburg, BB 55, S. 333.
[845] S.a. Puech, D 95, chron., S. 116, für eine strafrechtliche obligation de sécurité.

Gefährdungen zu schützen, ihn also besser zu stellen. Sie dienen nicht dazu, ihn vor sich selbst zu schützen. Insofern sind die Schutzpflichten von den Fürsorgepflichten streng zu unterscheiden. Der Selbstschutz hat Vorrang, die Entscheidung zur Selbstgefährdung muss respektiert werden. Dafür spricht auch die Regierungsbegründung zu §241 II BGB, derzufolge die Schutzpflichten die Entscheidungsfreiheit erfassen, d.h. also auch die Entscheidung zur Selbstgefährdung. Unter Berufung auf eine Schutzpflicht aus §242 BGB entschied der BGH: „Nach Treu und Glauben geht es aber nicht an, vom Beklagten zu verlangen, er müsse seine Vertragspartner vor sich selbst und gegen deren erklärten Willen vor Vollstreckungsnachteilen schützen".[846] Dem entspricht auch der Wortlaut von §241 II BGB, der keine Pflicht zum Schutz des Vertragspartners, sondern eine Pflicht zur „Rücksichtnahme" auf ihn beinhaltet. So ist z.B. eine Schutzpflicht des Gastwirts abzulehnen, dem Gast mit dem Hinweis auf die Gesundheitsgefährdung den Ausschank alkoholischer Getränke zu verweigern, bzw. dem bereits Angetrunkenen das Glas wegzunehmen, obwohl ein wirksamer Kaufvertrag darüber zustande gekommen ist. Dies mag zwar für den Gesundheitsschutz des Vertragspartners erforderlich sein und könnte bei einer wörtlichen Anwendung auch als von §241 II BGB erfasst angesehen werden, es würde aber das Selbstbestimmungsrecht des Gläubigers allzu sehr einschränken. Dieser kennt die Gefahren und nimmt sie in Kauf.[847] Ein anderes Ergebnis wäre absurd: Einerseits wäre der Gastwirt kraft des Vertrages gezwungen, das Getränk zu liefern – und er würde dafür bezahlt werden -, andererseits würde ihn seine Sicherungspflicht verpflichten, dem Gast das bestellte Bier wieder wegzunehmen.

Zusammenfassung: Gesetzliche Sicherungspflichten sind in §§618, 694 und 701 BGB enthalten. Die Sicherungspflicht ist sowohl Handlungs- als auch Unterlassungspflicht. Sie setzt eine Sonderverbindung mit einer Gefährdung des Vertragspartners voraus. Der Partner wird vor vermeidbaren Schäden geschützt, die sich entweder durch die Vertragserfüllung oder das Vertragsobjekt ergeben können. An seiner Schutzbedürftigkeit fehlt es, wenn der Vertragspartner auf die Sicherungspflicht verzichtet oder wenn er das ihm bekannte Risiko in Kauf nimmt. Grenze der Schutzpflicht ist das Selbstbestimmungsrecht des Gläubigers.

B. Französisches Recht

Die „manifestation la plus célèbre de l'interprétation créatrice du juge"[848] ist die Pflicht „d'empêcher la réalisation du dommage"[849] beim Vertragspartner durch die Vertragserfüllung, also die Pflicht, diesen „sain et sauf" aus dem Vertragsverhältnis wieder zu entlassen.

---

[846] BGH, NJW 94, S. 2755.
[847] Problematisch ist der Fall des betrunkenen Gastes, der die Gefahr deswegen nicht mehr erkennt und deshalb zum Selbstschutz nicht mehr in der Lage ist.
[848] Delebecque, GP 97, chron, S. 1184.
[849] Bach, RTD civ. 77, S. 234.

Dabei geht die französische Lehre davon aus, dass es sich um eine Unterlassungspflicht handelt, da die obligation de sécurité keine weitere „prestation", vom Schuldner verlangt.[850]
Im Fall einer obligation de sécurité-résultat beschränkt sich der Richter auf die Untersuchung dieser Pflicht, die darin liegende obligation d'information tritt zurück.[851]

Zuerst wird der Anwendungsbereich der obligation de sécurité dargestellt. Anschließend wird ihr Inhalt erläutert, bevor die Fälle, in denen eine obligation de sécurité von der Rechtsprechung angenommen wurde, umrissen werden und auf die Kriterien für die Annahme einer obligation de sécurité eingegangen wird.

I. Anwendungsbereich

Nach einer Bestandsaufnahme der gesetzlichen Konkretisierungen der obligation de sécurité wird diese Pflicht von den verwandten Rechtsinstituten abgegrenzt.

1. Gesetzliche Konkretisierung

Explizit ist die obligation de sécurité in Art. 221-1 Ccons geregelt. Im Code civil und in einigen anderen Gesetzestexten werden einige spezielle Anwendungsfälle behandelt.

a) Art. 221-1 Ccons

Art. 221-1 Ccons. schreibt die Rechtsprechung über die obligation de sécurité im Verbraucherschutzrecht fest.[852] Art. 221-1 Ccons bezieht sich aber nicht ausschließlich auf Verbraucher.[853] Er bestimmt, dass die Vertragsobjekte und –leistungen unter normalen Umständen und zu Bedingungen, die der Unternehmer vorhersehen kann, diejenige Sicherheit gewähren müssen, die man legitimerweise erwarten darf. Art. 221-1 Ccons beschränkt somit die obligation de sécurité nicht auf den Vertragspartner. Jeder, der mit dem Vertragsobjekt/-leistung in Berührung kommt, kann sich auf diese Norm berufen. Es handelt sich deshalb nicht um eine vertragliche obligation de sécurité.

b) Im Code civil

Seit 1804 finden sich im Code civil Sicherungspflichten: in Art. 1947 Cciv für den Verwahrungsvertrag, in Art. 1784 Cciv für den Gütertransport und in Art. 1721 al. 2 Cciv für den Mietvertrag. Art. 2000 Cciv bestimmt eine Sicherungspflicht für den Auftrag. 1973 wurde in Art. 1952f. Cciv eine obligation de sécurité der Gastwirte und Hoteliers hinzugefügt.
Art. 1725 Cciv enthält den Ausschluss einer Schutzpflicht des Vermieters im Mietvertrag für „trouble que des tiers apportent par voies de fait", der Vermieter haftet z.B. nicht für einen Diebstahl beim Mieter,[854] außer er hat durch sein

[850] Maingny, D&P 98/12, S. 73 bzgl. der obligation de sécurité im Kaufrecht.
[851] Fabre-Magnan, Thèse, n° 431.
[852] CdA Grenoble, 18.12.95, zitiert nach Raymond, S. 224.
[853] Paisant, GP 97, chron., S. 1191.
[854] Cass, 08.04.41, D 45, S. 13, com. Tunc; Cass 3e, 12.06.96, Bull.civ. III, n° 137.

Verhalten dazu beigetragen.[855] Keine obligation de sécurité beinhaltet Art. 1880 Cciv, der den Mieter zum sorgsamen Umgang mit der Mietsache verpflichtet, denn dabei geht es um das Vertragsobjekt selbst und nicht um sonstige Rechtsgüter bzw. die Person des Vermieters.[856]

c) In anderen Gesetzen

Hinweise auf eine obligation de sécurité finden sich in Art. L 223-1 Code pénal, Art. L 233-1 Code de travail, Art. 9 L 30.12.82 d'orientation des transports intérieurs und Art. 9 D 30.08.84, mod. D. 20.12.96. Ebenso trifft gemäß Art. 28 des Gesetzes vom 13.07.92 die Reiseveranstalter eine obligation de sécurité - résultat.

2. Abgrenzung

Die obligation de securité ist von dem Gewährleistungsrecht abzugrenzen. Dieses ist in Artt. 1645ff (Kaufrecht), 1719, 1721 al. 1 (Miete) und 1947 Cciv (Hinterlegung) geregelt. Die sich daraus ergebenden Schadensersatzansprüche sind nicht auf den Mangelschaden begrenzt, sondern umfassen nach strittiger Ansicht „tous les dommages et intérêts", d.h. auch den Mangelfolgeschaden.[857]
Das Gewährleistungsrecht umfasst die conformité des Vertragsobjekts, d.h. seine „aptitude à l'emploi", während die sécurité auf die Abwesenheit einer Gefahr Bezug nimmt.[858] Dies bedeutet, dass für die garantie die Gefährlichkeit der Sache nicht ausreicht, während sie Grundlage der obligation de sécurité ist.
Die obligation de sécurité führt bei ihrer Verletzung zur Vertragshaftung, die garantie de vices kommt dagegen unabhängig von einer Pflichtverletzung bei vices cachés zum Tragen[859]. Ihre Besonderheit liegt in ihren Rechtsfolgen, der Wandelung oder Minderung. Ihre kurze Verjährungsfrist vgl. Art. 1648 Cciv ist auf die obligation de sécurité nicht übertragbar[860]. Zwischen beiden Ansprüchen besteht Anspruchskonkurrenz.
Eine klare Trennlinie lässt sich – seit der Anerkennung der obligation de sécurité auch im Kaufrecht - nur finden, indem man Art. 1645 Cciv eng auslegt und die Garantie auf die Mangelschäden und die obligation de sécurité auf die Mangelfolgeschäden beschränkt.[861]

---

[855] Cass, 3e, 28.02.90, Bull.civ. III, n° 63: der Vermieter hatte das von ihm angeordnete Gerüst nicht dahin absichern lassen, dass keine Einbrecher einsteigen können.
[856] Dag. Meller, S. 16, der eine Sicherungspflicht annimmt.
[857] Cass, 20.03.85, D 89, S. 381: Explosion des Fernsehers führt zu Zimmerbrand, Cass löst über garantie de vices cachées. Meller, S. 40; Durry, La distinction, S: 128; dag. Maingy, D&P 98/12, S. 69; H. Mazaud, RTD civ 55, S. 612; Pothier, Bd. I, n° 161.
[858] Paisant, GP 97, chron., S. 1101.
[859] Strittig ist der Fall der höheren Gewalt: Haftung nach Veaux, JCl, fasc. 15, S. 4; gegen Haftung Blaevoet, GP 67, chron, S.13.
[860] Cass, 1re, 22.01.91 „Estée Lauder", RTD civ. 91, S. 539.
[861] So die Lösung von Maingny, S. 69, und De la Batie, JCP 80, juris., 19422. S.a. Atias, D 93, chron. S. 130f., der darauf hinweist, dass sich die Abgrenzungsprobleme aus der Gewinnung der obligation de sécurité aus dem Vertrag ergeben. Denn damit ist eine Leistung, bei der gegen die obligation de sécurité verstoßen wird, nicht „conforme aux stipulations contractuelles".

II. Inhalt

Zuerst wird auf den Pflichteninhalt und dann auf die weiteren Unterteilungen eingegangen.

1. Pflichteninhalt

Die obligation de sécurité ist die Pflicht, Schäden, die aus dem eigenen Rechtskreis stammen, vorhersehbar und abwendbar sind, von dem Vertragspartner abzuwenden.[862] So setzt sich die Pflicht aus zwei Komponenten zusammen: Der Schuldner muss das schädigende Ereignis vorhersehen und abwenden. Ein wesentlicher Aspekt ist dabei die Vorbeugung.

Ursprünglich umfasst die obligation de sécurité nur den Schutz des Lebens und der körperlichen Unversehrtheit des Vertragspartners. Die Hauptzahl der Fälle der obligation de sécurité bezieht sich immer noch auf die Sicherheit der Person. Jedoch hat die Rechtsprechung die obligation de sécurité auch auf Güter des Vertragspartners ausgedehnt.[863] Beide Aspekte werden hier zusammen behandelt.

Inhalt der obligation de sécurité ist es, den Vertragspartner „sain et sauf" durch den Vertrag zu bringen (a). Das Verhalten des Geschädigten kann sich aber auf die obligation de sécurité auswirken (b).

a) Sain et sauf

Zu einer Gefährdung des Vertragspartners kann es sowohl bei der Leistungserbringung (i) als auch durch das Vertragsobjekt kommen (ii).

i. Gefährdung bei der Leistungserbringung

Die durch die Vertragserfüllung erzeugte Gefahr wird von der obligation de sécurité erfasst.

Anders steht es jedoch mit der Sicherheit der Kunden in den Geschäftsräumen des Vertragspartners, insbesondere des Verkäufers. Nach ständiger Rechtsprechung trifft diesen keine obligation de sécurité für diejenigen Schäden, die seinen Kunden in seinem Geschäft zustoßen können. Der Grund liegt darin, dass sich im Laden sowohl Vertragspartner wie auch beliebige Dritte aufhalten. Die Unsicherheit, wer Vertragspartner und wer Dritter ist, verbietet in diesem Fall die Anerkennung einer obligation de sécurité.[864] Diese Fälle werden durch die verschuldensunabhängige Sachhalterhaftung nach Art. 1384 al 1 Cciv gelöst.[865] In der Lehre wird vorgeschlagen, auf den quasi-contrat der gestion d'affaire zurückzugreifen, um eine verschuldensunabhängige Haftung des Verkäufers für Schäden in seinem Laden zu begründen.[866]

---

[862] Defferrard, D 99, chron., S. 304.

[863] Cass, 1re, 02.0.496, Bull. civ. I, n 161, den Gastwirt trifft zum Schutz des Autos des Kunden eine obligation de sécurité. Cass, 17.01.95 (zitiert nach Delebecque, GP 97, chron., S. 1187): les produits vendus ne doivent créer aucun danger pour les personnes ni pour les biens.

[864] Huet, traité, n° 11231.

[865] Cass, 2e, 16.05.84, RTC civ. 85, S. 585: Fallenlassen einer Flasche durch nicht identifizierten Käufer führt zu Körperschäden, Haftung des Geschäftsherrn nach Art. 1384 al. 1 Cciv.

[866] Huet, Traité, n° 11231.

Die obligation de sécurité erfaßt auch die Gefährdung durch Einwirkungen von außen während der Vertragsdurchführung. So trifft z.B. die SNCF die Pflicht, den Fahrgast während der Fahrt vor Übergriffen Dritter zu schützen.[867]

ii. Gefährdung durch das Vertragsobjekt

Schutzpflichten erfassen auch die Gefährdung durch das Vertragsobjekt. Es darf durch seine Funktionsweise den Vertragspartner nicht schädigen.[868] Nach der Rechtsprechung der Cour de Cassation beschränkt sich die obligation de sécurité wegen Gefährdung durch das Vertragsobjekt auf Produkte/Leistungen, die „dans des conditions conformes aux recommandations des fournisseurs ne présentent normalement pour leurs utilisateurs aucun caractère dangereux".[869] Es ist deshalb zwischen gefährlichen und ungefährlichen Vertragsleistungen zu unterscheiden.[870] Erstere verlangen erhöhte Sorgfalt durch den Verwender.

Dieser Aspekt der obligation de sécurité hat in Artt. 1386-1, 1386-7 Cciv als Produkthaftung Eingang in den Code civil gefunden und ist außerdem von dem bereits erwähnten Art. 221-1 Ccons erfaßt. Es handelt sich deshalb nicht mehr um eine vertragliche obligation de sécurité, sondern um Fälle der Produkthaftung oder des vom Gewährleitungsrechts erfaßten Mangelfolgeschäden.

b) Die Rolle des Geschädigten

Schon bei der Anerkennung der obligation de sécurité im Bereich der Transportschäden durch die Rechtsprechung wurde als Kritikpunkt vorgebracht, dass der Reisende sich im Zug frei bewegen könne und damit auch sein eigenes Verhalten zur Verletzung beigetreten habe.[871]

Heutzutage ist anerkannt, dass der Vertragspartner durch eine obligation de sécurité nicht davon befreit ist, auf sich selbst aufzupassen. Er muss vielmehr „veiller à sa propre sauvegarde et ... prendre les précautions élémentaires, eu égard à la nature et à la destination du local où il se trouve".[872] Es ist darauf abzustellen, ob es sich bei dem schadenstiftenden Ereignis um eine „opération habituelle" handelt, welche Kenntnisse/Qualifkationen der Vertragspartner besitzt und in welchen größeren Rahmen die Schädigung eingebettet ist.[873]

Eine obligation de sécurité wird von der Rechtsprechung nur angenommen, wenn der Gläubiger das Vertragsobjekt „bien utilisé[e] et bien entretenu[e]" hat und keine „imprudence ou un sabotage" begangen hat.[874] So trifft den

---

[867] Cass, 2nde, 12.12.00, RCA mars 01, chron. 6. Bereits CdA Paris, 04.03.97, D 98, juris., S. 7, obs. Dagnorre-Labbe: Überfall im Hotel führt zur Haftung des Reiseveranstalters, der auch der Hotelanbieter war. Zuletzt. Cass, 1re, 03.07.2002, D 02, I.R. 2366, note Gridel, D 02, juris. com. 2631.

[868] CdA Dijon, 1[e] ch. Civ., 09.11.00 « SA Merck Biomaterial Farma c/ Robert Aupic &autres », GP 01, juri. S. 434.

[869] Cass, 1re, 22.01.91, Bull. civ. 1, n° 30.

[870] Raymond, S. 222.

[871] S. Esmein, FS Ripert, S. 103.

[872] Cass, 1re, 17.07.61, RTD civ. 61, S. 670.

[873] Cass, 1re, 28.11.00, JCP 16.01.02, 10010, bzgl. Unfall beim Anbinden eines Pferdes, um es zu striegeln.

[874] Cass, 1er, 2.12.92, Bull. civ. I, n° 303.

Verkäufer eine obligation de sécurité – résultat im Sinne einer Haftung für Mangelfolgeschäden, solange die Kaufsache „dans des conditions normales“ verwendet wird. Verwendet z.B. der Käufer den Kaufgegenstand entgegen der Bedienungsanleitung, so nimmt die Rechtsprechung keine Verletzung der obligation de sécurité an.[875] Vorhersehbare Fehlanwendungen sind vom Schuldner mit zu berücksichtigen und fallen nicht unter die Exkulpation nach Art. 1148 Cciv.[876] Der Gläubiger ist ferner verpflichtet, bei Erkennen der potentiellen Schädigung Abhilfe vom Schuldner zu verlangen.[877]
Diese Fälle werden von der französischen Rechtsprechung und Lehre unter dem Begriff obligation de sécurité behandelt, im Grunde genommen geht es aber um Gewährleistungsrecht, da Schadensursache das Vertragsobjekt ist.

2. Weitere Unterteilungen
Die Rechtsprechung hat neben der herkömmlichen obligation de sécurité, die Schädigungen direkt durch den Vertragspartner erfasst, weitere Aspekte der obligation de sécurité entwickelt. So erfaßt heute unter den Bezeichnungen responsabilité contractuelle du fait d'autrui und responsabilité contractuelle de fait de choses die obligation de sécurité auch Schädigungen durch ein Verhalten Dritter oder durch eine Sache.
Nach Darstellung dieser zwei Haftungsunterarten wird auf die Kritik an ihnen eingegangen.

a) Responsabilité contractuelle du fait d'autrui
Es geht um die Haftung des Schuldners für den Erfüllungsgehilfen. Die Lehre von der responsabilité contractuelle du fait d'autrui wurde 1914 von Becqué begründet.[878] Danach muss der Schuldner in dem von Art. 1245 Cciv vorgegebenenen Rahmen, d.h. einschließlich der faute „des personnes dont il est responsable“, für seine Leistung einstehen. Die faute des Erfüllungsgehilfen erfüllt damit als dem Schuldner zurechenbar nicht den Exkulpationsfall der force majeure gem. Art. 1148 Cciv. Diese Lösung entspräche dem Parteiwillen. Andere suchen die Haftung des Schuldners über eine Vertretung zu konstruieren.[879]
Der Gesetzgeber hat in Artt. 1245, 1735, 1797, 1953, 1994 Cciv, Art. 99 Ccom und Art. 15 loi sur les agances des voyages[880] die Haftung des Schuldners für Dritte vorgesehen. Die Rechtsprechung hat in einigen, wenigen Fällen eine responsabilité contractuelle du fait d'autrui anerkannt.[881] Sie beruft sich darauf, dass Art. 1147 Cciv keine Unterscheidung erlaubt „suivant que le débiteur exécute lui-même ou fait exécuter par un ou plusieurs de ses préposés“.[882]

---

[875] Cass, com. 24.09.91, zitiert nach Raymond, S. 228.
[876] z.B. CdA Paris, 17e ch. A, 06.06.00, RCA 01, juin, n° 73, obs. Grynbaum: Minderjähriger versucht auf anfahrenden Zug aufzuspringen und verletzt sich: kein Fall der force majeur, Bahn haftet nach Art. 1147 Cciv.
[877] Cass, 1re, 28.11.00, JCP 16.01.02, 10010.
[878] Becqué, RTD civ 14, S. 251ff.
[879] S. Rodière, D 52, chron., S. 79.
[880] L 92-645 vom 13.07.92.
[881] Cass, 07.08.51, D 51, juris., S.682.
[882] Cass, 1re, 03.10.69, JCP 68.II.11265; s. Le Tourneau/Cadiet, Rn. 1585.

b) Responsabilité contractuelle du fait des choses

In der Rechtsprechung hat sich eine obligation de sécurité quant aux biens in Form einer obligation de résultat durchgesetzt. Dabei geht es um eine Haftung für Sachen, die – ohne selbst das Vertragsobjekt darzustellen – bei der Vertragserfüllung durch den Schuldner verwendet werden.[883] Die Cour de cassation entschied in dem „arrêt de cerceaux": „contractuellement tenu d'assurer la sécurité des élèves qui lui sont confiés, un établissement d'enseignement est responsable des dommages qui leur sont causés non seulement par sa faute, mais encore par le fait des choses qu'il met en œuvre pour l'exécution de son obligation contractuelle".[884] Aus diesem Grund nahm die Cour de cassation keine obligation de moyens, sondern eine obligation de résultat an.[885]

Damit wurde die ursprünglich deliktsrechtliche verschuldensunabhängige Sachhalterhaftung in das Vertragsrecht transponiert[886]. Eine obligation de sécurité „s'incorpore en quelque sorte à la chose"[887], denn im Gegensatz zur deliktischen Haftung hängt sie nicht von der Sachhalterstellung des Schuldners ab. Die Schaffung der obligation de sécurité quant aux biens war nötig, um das principe de non-cumul zu respektieren und dennoch den Geschädigten in den Genuss einer Haftung kommen zu lassen. Als dogmatische Begründung wird vorgebracht, dass der Schuldner auf sein Risiko hin die Sache in die Vertragserfüllung eingeführt habe und er deshalb dafür einstehen müsse, dass er im Zeitpunkt der Schädigung nicht die Herrschaft über die Sache und ihr Funktionieren inne hatte, um den Schaden abzuwenden[888]. Praktischer Vorteil dieser Pflicht ist eine Zunahme der Übersichtlichkeit des Schadensersatzrechts. Außerdem erlangt der geschädigte Vertragspartner damit die gleiche Stellung wie der unbeteiligte Dritte, der sich auf Art. 1384 al. 1 Cciv berufen kann[889].

Der Vertragspartner, der eine Sache zur Vertragserfüllung verwendet, haftet also für die durch sie dem Partner verursachten Schäden; und zwar auch dann, wenn der geschädigten Vertragspartner oder ein Dritter die Sachherrschaft über die Sache im Zeitpunkt der Schadensverursachung hatte.

c) Kritik

Die obligation de sécurité quant aux biens und quant aux personnes wird heftig

---

[883] so auch Viney, Introduction, S. 292; dag. Remy, RTD civ. 97, S. 346, der die Fälle der Schädigung durch das Vertragsobjekt und durch die Sache, die zur Vertragserfüllung verwendet wird, gleichsetzt.

[884] Cass, 1re, 17.01.95, D 95, juris, S. 350; s.a. Cass, 1re, 09.11.99, GP n° 39, 08.02.00, S. 21, bzgl. Haftung des Arztes für Fehler der ärztlichen Apparate. Dies zeigt, dass entgegen Remy, RTD civ. 97, S. 346, u. Starck/Roland/Boyer, S. 709, das arrêt de cerceaux kein „einmaliger Ausrutscher" war.

[885] Cass, 2nde, 19.11.64, JCP 65 II.14021, RTD civ. 65, 363, note Rodière; Cass, 1re, 22.11.94, bull. Civ. I n° 340: obligation de sécurité des Zahnchirurgs wegen Schädigung des Patienten durch defekte Maschine. Nach Cass, 1re, 25.02.97 (zitiert nach Jourdain, RCA 99, S. 6), handelt es sich dabei um eine obligation de moyens.

[886] Chabas, GP 00, doctr. 1399.

[887] Leduc, D 96, chron., S. 166.

[888] Leduc, D 96, chron., S. 164.

[889] D. Mazeaud, GP 97, chron., S. 1207.

kritisiert. Es handle sich um eine verfehlte Übernahme deliktsrechtlicher Strukturen in das Vertragsrecht.[890]
Im Vertragsrecht gehe es ausschließlich darum, dass der Schuldner seine Vertragspflichten erfülle. Wie das geschehte, ob er sich dazu – soweit dies nach der Natur der Vertragspflicht möglich ist - eines Erfüllungsgehilfen oder einer bestimmten Sache bediene, sei seine Angelegenheit.[891] Insbesondere die Bezugnahme auf die verwendete Sache sei dem Vertragsrecht unbekannt. Die Haftung für den Erfüllungsgehilfen sei im französischen Recht sowieso droit commun, da es im Gegensatz zum deutschen keine Verschuldenshaftung kennt.[892] Der Schuldner müsse also bereits nach Art. 1147 Cciv für von ihm eingeschaltete Dritte haften[893], da es sich dabei infolge seines Entschlusses zur Beiziehung Dritter nicht um eine „cause étrangère" iSv Art. 1148 Cciv handle. Die Rechtsprechung geht in diesen Fällen regelmäßig von einer faute de surveillance ou d'instruction aus.[894]
Für die Bestimmung der faute contractuelle komme es deshalb einzig und allein darauf an, ob es sich bei der betreffenden Vertragspflicht um eine obligation de résultat oder eine obligation de moyens handle und ob diese Pflicht erfüllt wurde, unabhängig von den Erfüllungsmodalitäten.
Dies bedeute, dass auf die responsabilité de fait de choses und de fait d'autrui verzichtet werden könne. Die gesetzliche Regelung der Vertragshaftung in Art. 1147 Cciv reiche aus, um diese Fälle zu regeln.[895] Die beiden Rechtsinstitute hätten den Nachteil, durch die Übernahme deliktischer Elemente in die Vertragshaftung deren Originalität zu verdunkeln.

Der Kritik ist zuzustimmen. Die Schaffung der obligation de sécurité quant aux biens und quant aux personnes weist keine Besonderheit gegenüber der allgemeinen obligation de sécurité auf. Nach Art. 1147 Cciv kommt es nur darauf an, ob eine „inexéuction de l'obligation" vorliegt. Die Anerkennung der responsabilité du fait des choses und du fait d'autrui schafft nur noch weitere Verwirrung in der sowieso schon sehr komplizierten Unterscheidung zwischen Vertrags- und Deliktshaftung.

III. Fälle

Nach Aufzählung einiger Verträge, in denen eine obligation de sécurité - moyens anerkannt wurde, und derjenigen, die eine obligation de sécurité - résultat enthalten, werden die Klassifizierungsvorschläge der Lehre beleuchtet. Keine obligation de sécurité wurde bislang im Werkvertrag und im Leihvertrag angenommen.[896]
Bereits vorab sei darauf hingewiesen, dass nach allgemeiner Ansicht eine brauchbare Klassifizierung der Fälle noch nicht gefunden wurde. „Il n'a jamais

---

[890] Savaux, RTD civ 99, S. 13.
[891] Starck/Roland/Boyer, S. 709; Le Tourneau/Cadiet, n° 1587.
[892] Remy, RTD civ. 97, S. 345.
[893] Tallon, RTD civ. 94, S. 228f.
[894] Rodière, D 52, chron., S. 79.
[895] Tallon, RTD civ. 94, S. 228f.; Remy, RTD civ. 97, S. 344; Rodière, D 52, chron., S. 79.
[896] So Delebecque, GP 97, chron., S. 1186.

été possible d'expliquer de façon fiable toutes les solutions jurisprudentielles, ni de suivre leur progression – voire leur reflux".[897] Für die obligation de sécurité paßt der Ausspruch von Benjamin Constant: „constant dans ma seule inconstance".

1. Verträge mit einer obligation de sécurité - moyens
Die obligation de sécurité - moyens wird auch obligation de prudence et de diligence genannt.
Sie hat Auswirkungen auf die Beweislast dahingehend, dass eine faute des Schuldners nachgewiesen werden muss.
Eine obligation de sécurité - moyens wurde in Beförderungsverträgen, die eine aktive Teilnahme des Passanten voraussetzen, angenommen, so für den Skilift[898] oder die Achterbahn.
Sie ist Bestandteil des Gastaufnahmevertrages, des Heilbehandlungs- und Pflegevertrages. Außerdem wird eine obligation de sécurité - moyens zulasten eines Sportveranstalters, eines Skilehrers[899] oder Spieleveranstalters, im Pferdeclub[900] und im Zoo[901] sowie überhaupt im Fall einer entgeltlichen Veranstaltung bejaht. Sie besteht für den Betreiber eines maurischen Bades[902] wie für den Betreiber eines Waschsalons.[903] Auch der Unterrichtsvertrag enthält eine obligation de sécurité - moyens[904] wie auch der Werkvertrag.[905]
Die Einkaufsläden werden danach unterteilt, ob es sich um ein Kaufhaus mit freiem Zugang handelt oder um einen kleinen Laden mit Bedienung. Ist ersteres der Fall, wird eine obligation de sécurité überhaupt abgelehnt[906], ansonsten wird zuweilen eine obligation de sécurité - moyens bejaht.[907] Diese Lösung ist heute zweifelhaft.[908]

2. Verträge mit einer obligation de sécurité - résultat
Die obligation de sécurité - résultat, auch obligation de sécurité déterminée genannt[909], bedeutet, dass der Geschädigte eine faute des Vertragspartners nicht nachzuweisen hat, dieser sich vielmehr entlasten muss.
Die Personenbeförderungsverträge i.e.S. (Bahn, Bus, Seilbahn, Metro, etc.) beinhalten für die Dauer der Beförderung eine obligation de sécurité - résultat.

---

[897] S. Larroumet, Droit civil, S. 77.
[898] Ausnahme Cass, 1re, 08.10.68, D 69, S. 157: obligation de résultat bei Verletzung durch Schlag von Schleppliftbügel.
[899] Cass, 1re, 09.02.94, JCP 94 III 984.
[900] Cass, 1re, 28.11.00, JCP 02, 10010, S. 134.
[901] Cass, 1re, 30.03.94 nach Viney, JCP 94, doctr. 3773, S. 306.
[902] Cass, 1re, 17.07.61, RTD civ. 61, 679, com. Tunc.
[903] Cass, 1re, 16.11.76, Bull. civ. I, n° 350.
[904] TGI Thionville, 09.10.63, D 64, som. 18. Dag. nach Cour Riom, 18.07.28, GP 28.2.784, keine obligation de sécurité, zustimmend Mazeaud, RTD civ. 29, S. 622.
[905] Cass, 1re, 24.11.93, JCP 94 IV, 285: Verletzung des Bestellers durch Kranbewegung.
[906] Cass, 2e, 05.06.91, JCP 92.I.3572; Cass, 2e, 05.06.97, JCP 97, IV.S. 308.
[907] Cass, 1re, 19.07.83, RTD civ. 84, 729.
[908] Cass, 1re, 29.05.96, JCP 96, IV, 1638, nimmt für Metzger nur Deliktshaftung an. Jourdain, RTD 97, 141, spricht von einer Ende der obligation de sécurité im Kaufvertrag. S.a. Lacombe, RTD civ. 63, S. 242ff.
[909] Ferid, S. 432.

Diese beginnt mit dem Einsteigen in das Transportmittel und endet mit dem Aussteigen.[910] Die frühere Rechtsprechung[911], dass auch für die notwendigen Wege zum und vom Transportmittel, z.B. auf dem Bahnsteig, eine obligation de sécurité bestehe, wurde aufgegeben.[912] Die obligation de sécurité besteht nur während der Fahrt und damit nicht, wenn der Passagier auf Bitten des Busfahrers ein Paket in einem Cafe abgibt.[913]

Der Gastwirt unterlag früher im Gegensatz zum Ladeninhaber einer obligation de sécurité - résultat.[914] Dies wurde damit erklärt, dass der Gast im Wirtshaus leichter zu erkennen ist als der Kunde im Kaufhaus, der im Zweifel nur ein Schaulustiger ist. Außerdem ist der Gast mehr auf die Einrichtungen des Gastwirts angewiesen als der Kunde im Kaufhaus.[915] Die Rechtsprechung beschränkt heute die Fälle der obligation de résultat des Gastwirts auf die Speisen und Getränke.[916] Hinsichtlich der Einrichtung oder Unterhaltung des Lokals trifft ihn eine obligation de moyens.[917] Den Hotelier trifft dagegen eine obligation de sécurité – résultat für die Gäste innerhalb des Hotels.[918]

Die Zentren für Bluttransfusion müssen nach Cass 1re 12.04.95 eine obligation de sécurité-résultat beachten[919], die Kliniken als „intermédiaire" trifft bezüglich der HIV-verseuchten Blutkonserven lediglich eine obligation de sécurité - moyens.[920] Gegen diese Unterscheidung zwischen Hersteller und Vertreiber wird vorgebracht, dass im Kaufrecht zwischen Produzent und Verkäufer nicht getrennt wird.[921] Hier handelt es sich in beiden Fällen um eine obligation de résultat.[922]

Nachdem die Cour de Cassation lange Zeit in den Kaufvertrag keine obligation de sécurité inkorporieren wollte[923], ist nunmehr anerkannt, dass der Verkäufer eine obligation de sécurité - résultat bezüglich der von ihm in Umlauf gebrachten Kaufsache gegenüber dem Käufer hat.[924] Inzwischen wurde sie auf

---

910 Cass, 1re, 01.07.69, JCP 69, II, 16091 „Caramello".

911 Cass, 17.03.61 „St. Lazare", JCP 61, II, 12217 bis: Bejahung einer obligation de résultat, da der Passant notwendigerweise den Bahnsteig überqueren musste, um den Bahnhof zu verlassen. Cass, 1re, 21.07.70, JCP 70, II, 16488, nur obligation de moyens.

912 Cass, 12.02.64, D 64, 359 „Saint-Germain-de Près".

913 Cass, 1re, 15.01.75, JCP 76, 18148.

914 Cass, 1re, 09.03.70, Bull.civ. I, n° 87.

915 Durry, RTD civ. 77, S. 323.

916 CdA Poitiers, civ., 16.12.70, JCP 72, 17127.

917 Cass, 1re, 02.06.81, JCP 82, II 19912, für Hotelier, Bspr. De la Batie: zusammenbrechender Barstuhl.

918 Cass, 1re, 19.07.83, „Seara Gonzales c. Jaillet", Bull.civ. I, n°211: Explosion eines Gasofens im Hotelzimmer.

919 Cass, 1re, 12.04.95, JCP 95, 12467, 1. Urteil.

920 Cass, 1re, 12.04.95, JCP 95, 12467, 2. Urteil.

921 Jourdain, com. Zu Cass, 1re, 12.04.95, JCP 95, 12467.

922 Cass, 3.1.77, D 77, I.R. 176; TGI de Lons-le-Saulnier, 25.06.91, zitiert nach Raymond, S.221, für obligation de sécurité - résultat des Fabrikanten. CdA Dijon, 1e ch. civ., 09.11.99 "SA Merck Biomaterial Farma c/ Robert Aupic & autres", GP 01, 434, bzgl. Beinprothese.

923 Cass, 1re, 07.11.61, D 62, juris., S. 146; Cass, 2e, 19.11.64 D 65, S. 93, com. Esmein mit Kritik.

924 Cass, 1re, 12.06.79, JCP 80, 19422: « obligation de ne mettre à la disposition de ses clients que des articles ne présentant pas de danger autres que ceux pouvant résulter normalement de leur nature ». Cass, 1re, 11.06.91, Bull. civ. I, n° 201, in Vorwegnahme der damals noch nicht umgesetzten Produkthaftungsrichtlinie. Cass, 1re, 15.10.96, D 07, som.com., S. 288:

die Produzenten ausgedehnt[925], ist also nunmehr Teil der Produkthaftung. Für den Mietvertrag wird eine obligation de sécurité - résultat vorgeschlagen.[926] Strittig ist die Frage für den Beaufsichtigungsvertrag[927], eine obligation de sécurité - résultat besteht aber zumindest, wenn es sich um kleine Kinder handelt.[928] Den Arzt trifft eine obligation de sécurité - résultat für seine Geräte und Hilfsmittel.[929] Eine Erfolgspflicht hat er ferner, soweit es um Gesundheitsschäden ohne Zusammenhang mit der zu behandelnden Krankheit geht.[930] Eine obligation de sécurité - résultat ist auch im Arbeitsrecht anerkannt, und zwar sowohl für den Arbeitgeber[931] wie für den Arbeitnehmer.[932]

3. Einteilungsvorschläge

„La jurisprudence est trop chaotique pour être un guide utile“[933], „les tribunaux n'ont en effet suivi aucune politique cohérente de développement de l'obligation de sécurité“.[934] Nichtsdestoweniger versucht die Lehre immer wieder, Ordnung in die Entscheidungen zu bringen und Kriterien aufzustellen, wann eine obligation de sécurité Bestandteil des Vertrages ist und in welcher Intensität.
Das Problem bei der Kriterienbildung liegt zum Teil darin, dass nach der Rechtsprechung gewisse Verträge eine obligation de sécurité beinhalten, die je nach Vertragsstadium in ihrer Intensität variiert, z.B. der Beförderungsvertrag, andere Verträge wiederum mehrere obligations de sécurité enthalten, die verschiedene Intensitäten haben, z.B. der Restaurant-vertrag.
Zuerst werden die von der Lehre entwickelten Kriterien dargestellt, in welchen Fällen überhaupt eine obligation de sécurité anzunehmen ist; anschließend wird auf die Trennung zwischen obligation de sécurité - moyens und obligation de sécurité - résultat eingegangen.

a) Kriterien für die Annahme einer obligation de sécurité

i. Das Risikokriterium

Ein überwiegender Teil der Lehre versucht die Annahme einer vertraglichen obligation de sécurité mit dem Risikokriterium[935] zu erklären.
Grundidee der obligation de sécurité und damit wesentliches Abgrenzungskriterium ist danach die Frage, ob der Vertrag für einen Vertragspartner besondere Gefahren beinhaltet, die der andere Vertragspartner beherrschen kann, ob der Gläubiger einem mehr als normalen Risiko durch die

---

Verletzung durch Zerbrechen der Sonnenbrille: obligation de résultat attenué, der Käufer muss die Anomalie beweisen.
925 Cass, 1re, 07.11.00, RTD civ. 01, S. 152.
926 Huet, Traité, n° 22174.
927 S. Mayer, S. 73.
928 Cass, 1re, 07.02.67, D 67, S. 367.
929 Rouen, 07.02.84, D 85.I.405.
930 TGI Paris, 05.05.97, D 98, juris., S. 559, com. Boy.
931 Cass, soc., 23.05.02, D 02, IR, 1885. S.a. Langlois, D. 02, S. 1285
932 Cass, soc., 28.02.02, D02, IR, 1009.
933 Mazeaud, RTD civ. 29, S. 567.
934 Jourdain, GP 93, chron., S. 1171.
935 Mayer, S.91, spricht von einem Kriterium „der Art des Vertragsgegenstandes“.

Vertragsdurchführung ausgesetzt ist. Das Beherrschungselement ist auch in der Rechtsprechung wichtig; so scheidet mangels Beherrschbarkeit eine Vertragshaftung aus, wenn ein Fahrgast in der Metrostation auf einer Bananenschale ausrutscht.[936]

Der Vertrag schafft eine Lage, in der er sich nach Treu und Glauben nicht „ohne Garantie der Sicherheit verstehen lässt".[937] Dies führt dazu, dass eine obligation de sécurité nicht gegenüber einem Vertragspartner besteht, der durch den Vertrag keinen besonderen Risiken ausgesetzt wird, der sich „en toute autonomie" befindet und deshalb auf sich selbst aufpassen kann.[938]

Die Annahme einer obligation de sécurité setzt voraus, dass der Vertragspartner „s'en est remis entièrement à celui-là [le transporteur] pour la maîtrise et l'exécution de l'entreprise, sans intervention personnelle et active de sa part".[939]

Das passive Verhalten des Vertragspartners ist demnach erforderlich, er liefert sich gewissermaßen dem Schuldner aus.[940] Dennoch ist die obligation de sécurité nicht auf die Fälle beschränkt, in denen der Vertragspartner sich der Obhut des anderen anvertrauen muss.[941] Das Anvertrauensmoment ist vielmehr weit zu verstehen.

Es kann also auf die oben dargestellte Begründung der Schutzpflichten aus der tatsächlichen Lage zurückgegriffen werden. Die obligation de sécurité ist damit nur solchen Verträgen inhärent, deren Erfüllung geeignet ist, die Person oder die Güter des Vertragspartners zu schädigen.[942]

Dieses Kriterium erklärt, warum der Gasthausvertrag und der Veranstaltungsvertrag eine obligation de sécurité besitzen. Dort „on confie quelque peu son corps".[943] In den Kaufhäusern ist dies dagegen nicht der Fall, auch funktioniert dieses Kriterium nicht für die Wäscherei, in der der Kunde infolge einer übergelaufenen Waschmaschine in der Seifenlauge ausrutscht.

ii. Bezugskriterium

Dem Bezugskriterium zufolge soll es für die Bejahung einer obligation de sécurité als Vertragspflicht darauf ankommen, ob die Sicherheit eines der Vertragspartner eine Verbindung mit den Hauptleistungspflichten des Vertrags hat.[944] Dieses Kriterium kann z.B. nicht die obligation de sécurité im Kaufvertrag erklären. Diese Ansicht entspricht aber der hier vertretenen Meinung zur Qualifikation der obligation de sécurité als Vertragspflicht.

---

936 Cass, 1re, 09.10.68, JCP 69.1.15792, obs. Boitard/Rabut; in Wirklichkeit geht es aber gar nicht um die Annahme einer obligation de sécurité, die das Urteil ausdrücklich bejaht, sondern um die Voraussetzungen der force majeure.

937 Meller, S. 39; Sonnenberger, FS Odersky, S. 719.

938 Cass, 1re, 21.07.70, zitiert nach Abadir, S. 768: keine obligation de sécurité zulasten der SNCF für Reisende, die in der Bahnhofshalle promenieren « en toute autonomie ». Einschränkend Cass, req., 13.11.45, GP 45.2.196: ein Verbraucher muss nicht aufpassen, wohin er seine Füsse setzt.

939 Cass, 07.02.49, D 49, juris., S. 377.

940 Brunet, GP 52, 25; Delebecque, GP 97, chron., 1184; sehr enge Auffassung Mazeaud, RTD civ. 29, S. 618.

941 Sonnenberger, FS Odersky, S. 719.

942 Jourdain, GP 93, chron., S. 1172; Leturmy, S. 659; Picod, JCl. fasc. 11, 18.

943 Durry, Portant sur la personne, S. 323.

944 Mazeaud-Tunc, S. 190.

iii. Das Hilfsmittelkriterium

Eine andere Ansicht stellt darauf ab, ob der Schuldner bei der Vertragserfüllung Hilfsmittel benutzt.[945] Dieses Kriterium erklärt z.B. die obligation de sécurité des Arztes hinsichtlich der von ihm verwendeten Geräte. Die Ansicht leidet aber darunter, dass nicht klar wird, was unter Hilfsmitteln zu verstehen sein soll.[946]

iv. Das Schuldnerkriterium

Nach dieser Ansicht ist eine obligation de sécurité dann anzunehmen, wenn der Vertragsschuldner ein professionnel ist.[947] Von ihm sei zu verlangen, dass er auf den gefahrlosen Zustand seiner Einrichtungen achtet.[948] Daran ist richtig, dass auf ihnen eine besonders strenge obligation de sécurité lastet. Als alleiniges Kriterium reicht die Eigenschaft eines professionnel aber nicht aus, denn die obligation de sécurité obliegt auch Nicht-Unternehmern. Außerdem besteht gerade für Kaufhäuser keine obligation de sécurité.[949]

vi. Stellungnahme

Ein klares Abgrenzungskriterium kann nicht festgestellt werden. Die Frage nach der obligation de sécurité ist von einer richterlichen Kasuistik geprägt. Die meisten Fälle, in denen die Rechtsprechung eine obligation de sécurité anerkennt, erfasst das Risikokriterium. Sein Vorteil ist, dass es auf die Begründung der Schutzpflichten aus den tatsächlichen Gegebenheiten abstellt. Die Bezugstheorie ist nach der hier vertretenen Äquivalenztheorie vorzuziehen, sie entspricht aber nicht der Rechtsprechung.
Um die Rechtsprechung zu erklären, sind wohl alle Kriterien nebeneinander anzuwenden.

b) Kriterien für die Unterscheidung obligation de sécurité - résultat und obligation de sécurité - moyens.

Für die Unterscheidung zwischen obligation de sécurité - résultat und obligation de sécurité - moyens werden vor allem zwei Kriterien vorgeschlagen: Zum einen wird auf das gewöhnliche Unterscheidungskriterium des Zufalls zurückgegriffen. Zum anderen wird das Kriterium der Gläubigermitwirkung herangezogen. Ein allgemein gültiges Kriterium, dass alle Fälle erfassen könnte, gibt es angesichts der vielfältigen Rechtsprechung wiederum nicht.

i. Zufallskriterium

Das Zufallskriterium fragt, inwieweit die Vertragserfüllung und die damit verbundene Gläubigergefährdung vom Zufall abhängt. Erscheint die Vertragserfüllung „aléatoire", so wird vermutet, dass die Parteien dem Schuldner keine obligation de résultat auflegen wollten.[950] In diesen Fällen ist eine obligation de sécurité - moyens anzunehmen. Bei diesem Kriterium bleibt

---

[945] Weil-Terré, nach Mayer, S. 89.
[946] Mayer, S. 89.
[947] Le Tourneau, zitiert nach Mayer, S. 90.
[948] Durry, Portant sur la personne, S. 323.
[949] Cass, 2e, 05.06.91, JCP 92.I.3572.
[950] Jourdain, GP 93, chron., S. 1174; Mazeaud-Tunc, S. 112.

aber offen, welches Ausmaß von Zufall den Wechsel von obligation de résultat zu obligation de moyens bewirkt[951]; ein gewisses Zufallsmoment wohnt nämlich jeder Pflichterfüllung inne. Insbesondere beim medizinischen Behandlungsvertrag dürfte dieses Kriterium unpraktikabel sein.

ii. Mitwirkungskriterium

Zusätzliches Kriterium ist die Rolle, die der Gläubiger bei der Vertragserfüllung spielt. Je aktiver seine Beteiligung ist, umso zufälliger wird das Ergebnis aus der Sicht des Schuldners. Dies entspricht auch der Erwartung der Vertragsparteien. Deshalb trifft bei einer „participation active"[952] des Gläubigers, wenn der Erfolg der Vertragserfüllung von dessen „propres gestes, ... son attitude, son habilité ou sa maladresse" abhängt, den Schuldner eine obligation de moyens.[953] Dagegen ist eine obligation de résultat anzunehmen, „lorsque le client s'est livré au technicien et à ses instruments et n'a pas de coopération à fournir".[954]
Gegenüber einem professionnel ist die Mitwirkung des Vertragspartners wegen der Vermutung ungenügender Kenntnisse per se eingeschränkt, so dass in diesen Fällen bevorzugt eine obligation de résultat zu bejahen ist.[955]
Gegen das Mitwirkungskriterium wird vorgebracht, dass die Bezugnahme auf die „Rolle des Vertragspartners" ein unbestimmter Begriff sei.[956] Welcher Grad von Mitwirkung bewirkt eine Änderung der Natur der Vertragspflicht?

iii. Vertragsabschlusskriterium

Eine dritte Ansicht will auf die Umstände des Vertragsabschlusses abstellen und eine obligation de résultat in Adhesionsverträgen annehmen.[957] Gegen die Allgemeingültigkeit dieses Kriteriums spricht, dass eine obligation de résultat z.B. im Beaufsichtigungsvertrag angenommen wird, bei dem es sich in aller Regel nicht um einen Adhäsionsvertrag handelt.

iv. Gerechtigkeitskriterium

Eine vierte Ansicht geht davon aus, dass die Aufteilung in obligation de résultat und obligation de moyens so vorzunehmen ist, dass die Gleichheit der Parteien im Vertrag hergestellt wird. Ist dazu ein absoluter Schutz des schwächeren Vertragspartners nötig, so nimmt die Rechtsprechung eine obligation de résultat an, reicht dagegen aus, dass der Schuldner alle erforderlichen Vorkehrungen zum Schutz des Vertragspartners trifft, so wird eine obligation de moyens festgestellt.[958]

---

[951] Mayer, S. 99.
[952] Cass, 1re, 04.11.92, JCP 93.I.3664.
[953] Starck/Roland/Boyer, S. 428; zustimmend Jourdain, GP 93, chron., S. 1174; Viney, GP 97, chron., S. 1214; Le Tourneau/Cadiet, n° 1559; ebenso Versailles, 30.01.86, D 86, IR 234.
[954] Capitant /Terré/Lequette: Grands arrêts, S. 546.
[955] Viney, GP 97, chron., S. 1214.
[956] Mayer, S. 96
[957] Le Tourneau/Cadiet, n° 1560; s.a. Mayer, S. 65, der von erhöhter Abhängigkeit vom Vertragspartner spricht. Die Überlegung, dass ein professionnel von einer obligation de résultat belastet wird, klingt auch bei Jourdain, obs. JCP 95, 22467, an.
[958] Ottler, S.26.

Vom Ergebnis her ist das Gerechtigkeitskriterium sicherlich zutreffend, indem es die Aufteilung dem Gutdünken der Rechtsprechung zuschreibt. Jedoch ist dies dogmatisch nicht befriedigend und als Abgrenzungskriterium untauglich, da es jeder Rechtssicherheit entbehrt.

v. Stellungnahme
Die wohl überwiegende Ansicht in der Lehre beruft sich auf eine Kombination von Risiko- und Mitwirkungskriterium, um eine von der Rechtsprechung bejahte obligation de sécurité - résultat dogmatisch zu begründen.
Jedoch darf dabei nicht übersehen werden, dass auch diese beiden Kriterien wenig helfen, wenn es darum geht, a priori festzustellen, ob ein bestimmten Vertrag eine obligation de sécurité - résultat oder de moyens beinhaltet. Die Kriterien operieren nämlich mit den sehr allgemeinen Begriffen „Risiko" und „Mitwirkung", ohne eine genaue Definition dieser Begriffe zu geben; beide sind sehr weit und lassen in vielen Fällen eine Entscheidung in beide Richtungen zu.[959]
Die Schwierigkeiten lassen sich beseitigen, indem man – wie es oben gefordert wurde – die obligation de sécurité - moyens abschafft und die obligation de sécurité - résultat nach der Äquivalenztheorie bestimmt.

Zusammenfassung: Die obligation de sécurité ist gesetzlich konkretisiert in Art.212-1 Ccons und in Artt. 1704, 1947, 1952 Cciv. Sie setzt eine Gefährung des Vertragspartners voraus, die nicht auf sein eigenes Verhalten zurückzuführen ist. Die Rechtsprechung hat über die herkömmliche obligation de sécurité für die Person und die Güter des Vertragspartners hinaus eine obligation de sécurité quant aux biens et personnes angenommen und daraus eine responsabilité contractuelle de fait d'autrui und de fait des choses abgeleitet. Diese Unterarten sind aber abzulehen, da sie bereits von der klassischen obligation de sécurité erfasst werden. Die obligation de sécurité erfaßt sowohl die Gefährdung bei Vertragsdurchführung wie durch den Vertragsgegenstand. Ein allgemeingültiges Kriterium, um die Verträge festzustellen, die eine obligation de sécurité enthalten, gibt es nicht. Die Frage nach der genauen Abgrenzung zwischen obligation de sécurité - moyens und obligation de sécurité - résultat ist bislang nicht befriedigend gelöst.

C. Supranationales Recht

Weder in den UP noch in den PECL wird eine Sicherungspflicht erwähnt; eine entsprechende Rechtsprechung oder Überlegungen der Lehre dazu fehlen ebenso. Wie erläutert enthalten die beiden Rechtskorpus vertragliche Schutzpflichten nur, soweit sich das Integritätsinteresse mit dem Äquivalenzinteresse deckt. Ihr Anwendungsbereich ist deshalb bedeutend eingeschränkter als nach positivem deutschen und französischen Recht. Vorteil des eingegrenzten Anwendungsbereichs ist, dass die Grenzen der

---

[959] Vgl. Schließfachfall, Demogue, t. VI, n° 599 für obligation de moyens; Capitant, RTD civ. 32, S. 724, für obligation de résultat.

Schutzpflichten darin bereits enthalten sind, die im deutschen und französischen Recht befürchtete Ausdehnung der Schutzpflichten ins endlose, bis hin zum Schutz gegen den Willen des Vertragspartners, ist in den UP und den PECL ausgeschlossen.

D. Rechtsvergleichung

Die Sicherungspflicht ist im deutschen Recht Bestandteil eines jeden Vertrages, die den schutzwürdigen Vertragspartner einer vermeidbaren Gefahr aussetzt. Im französischen Recht hingegen gibt es keine allgemeine Regel, wann eine obligation de sécurité Vertragsbestandteil ist. Die Lehre hat zwar versucht, die Ergebnisse der Rechtsprechung zu ordnen und daraus Kriterien abzuleiten. Ein geeignetes Kriterium, das alle Fälle erklären könnte, wurde aber nicht gefunden. So behilft man sich mit einer Kombination aus Risikokriterium und Bezugskriterium. Die Lage wird dadurch verkompliziert, dass zwischen der obligation de sécurité - résultat und der obligation de sécurité - moyens zu unterscheiden ist. Hierfür wird vor allem auf das Zufallskriterium und das Mitwirkungskriterium abgestellt. So gewinnt man im französischen Recht den Eindruck, dass es pure Willkür der Cour de cassation ist, wann sie eine obligation de sécurité annimmt und mit welchen Pflichtenanforderungen. Das deutsche Recht zeichnet sich dagegen durch eine klare, einfache Lösung aus. Es hat aber den Nachteil, zuweilen unreflektiert - und insofern nicht weniger willkürlich als das französische Recht - den Schutz des Vertragspartners zum Vertragsinhalt zu erklären, obwohl er mit dem Vertrag wirklich nichts zu tun hat.

Ein besonderer Problempunkt sind die Grenzen der Sicherungspflicht. Weder im französischen noch im deutschen Recht beschäftigt sich die Lehre mit dieser Frage. Dennoch ist vorzubeugen, dass die Rechtsprechung nicht aus den Schutzpflichten einen Schutz gegen den Willen des Vertragspartners ableitet.

2. Kapitel. Die Informationspflicht

A. Deutsches Recht

„Augen auf, Kauf ist Kauf", „Augen auf oder Beutel auf" – diese zwei Sprichwörter verdeutlichen die Grundeinstellung des deutschen Rechts: Jeder muss auf sich selbst aufpassen, eine allgemeine Aufklärungspflicht besteht nicht.[960] Es bedarf vielmehr besonderer Umstände, damit der Schuldner bestimmte Informationen geben muss.
Im Rahmen dieser Arbeit wird die Informationspflicht nur unter dem Gesichtspunkt der Schutzpflicht behandelt, d.h. nur insoweit es um die Gefahrenabwehr geht. Nicht eingegangen werden kann auf die Problematik der wirksamen Einwilligung, die nur nach ausreichender Aufklärung möglich ist.[961]
Abzugrenzen ist die Verletzung der Informationspflicht als Schutzpflicht von der Schlechterfüllung eines Beratungsvertrages, in dem die Informationspflicht Hauptleistungspflicht ist.

Die Anforderungen an eine Informationspflicht als vertragliche Schutzpflicht sind Gegenstand dieses Kapitels. Zuerst wird in die Materie der Informationspflichten eingeführt, anschließend wird ihr Régime untersucht.

I. Einführung

Der Schadensersatzanspruch wegen Verletzung einer Informationspflicht nach §280 I 1 BGB ist subsidiär zu den gesetzlichen Gewährleistungsvorschriften.[962]
Ihre Verletzung ist abzugrenzen von der positiven Falschinformation. In diesem Fall geht die Rechtsprechung von einem konkludent geschlossenen Auskunfts- oder Beratungsvertrag aus.[963] Die Lehre hingegen kritisiert diese Lösung als Fiktion und nimmt die Verletzung einer Schutzpflicht an[964] bzw. greift auf §675 II BGB zurück.
Abzugrenzen ist die Informationspflicht als Schutzpflicht auch von unrichtigen Angaben und mangelhafter Aufklärung über die Eigenschaften des Vertragsgegenstandes. Dieses Informationsdefizit gehört nämlich zur Sachmängelgewährleistung, wie z.B. für den Kaufvertrag §434 I BGB erkennen läßt. Inhalt der Hauptleistungspflicht ist die Leistung der geschuldeten Sache bzw. die Erbringung der geschuldeten Leistung. Weist diese nun eine andere Beschaffenheit auf, als vertraglich bestimmt war, so liegt eine Schlechterfüllung der Hauptleistungspflicht und nicht eine Schutzpflichtverletzung vor.
Nach einer Definition des Begriffs Informationspflichten wird auf ihren Hintergrund eingegangen und es werden die einzelnen Pflichten, die zur Gruppe der Informationspflichten gehören, vorgestellt. Zuletzt wird auf die gesetzlichen Verankerungen der Informationspflicht i.S. einer Schutzpflicht eingegangen.

---

[960] RGZ 111, 234; BGH NJW 84, S. 1452.
[961] Erman/Werner, §242, Rn. 64.
[962] MüKo/Roth, §242, Rn. 313.
[963] BGHZ 7, 371 (374).
[964] MüKo/Roth, §242, Rn. 261.

1. Definition
Unter Informationspflicht als Schutzpflicht werden alle Pflichten eines Vertragspartners verstanden, den anderen Teil über bestehende Gefahren für seine Person, seine Rechtsgüter und sein Vermögen zu informieren.[965] Um eine Schutzpflicht handelt es sich also nicht, soweit die Information ausschließlich die Verwendung des Vertragsobjekts an sich und die Erfüllung der Erwartungen des Vertragspartners betrifft.[966] Dabei kann es sich nur um eine auf das zukünftige Verhalten ausgerichtete Information handeln.
Verletzt wird die Informationspflicht durch Ausfall der Information oder durch Falschinformation.

2. Hintergrund
Das deutsche Recht ist geprägt von dem Grundsatz der Eigenverantwortlichkeit. Dies kommt in dem römische Grundsatz „casum sentit dominus" zum Ausdruck. Allerdings muss derjenige, von dem eine Gefahr ausgeht, dafür sorgen, dass sie sich nicht verwirklicht und den Vertragspartner schädigt. Da viele Gefahrenquellen durch ihre Bekanntmachung ihre Gefährlichkeit verlieren, kann die Gefahrabwendung durch die Informierung des Vertragspartners geschehen. Die Informationspflicht als Schutzpflicht dient zugleich dem Rechtsverkehr, der durch die Angst und Vorsicht der Teilnehmer behindert werden würde.[967] Es geht damit auch um die Sicherung des Gleichgewichts am Markt; der mangels Kenntnis der Gefahren und Nachforschungsmöglichkeiten schwächere Marktteilnehmer soll durch die Informationspflicht eine bessere Stellung erhalten.[968] Daneben dient die Informationspflicht auch der Selbstprüfung des Leistenden, der dadurch eventuelle Gefahren überdenken und formulieren muss.[969]

3. Unterteilung
Rechtsprechung und Lehre sprechen von Aufklärungspflicht, Anzeigepflicht, Beratungspflicht, Benachrichtigungspflicht, Belehrungspflicht, Hinweispflicht, Instruktionspflicht, Mitteilungspflicht etc.[970] Dabei handelt es sich um Unterarten der Informationspflicht, wobei die Pflichten ineinander übergehen und eine Differenzierung oftmals nicht möglich ist.[971] Deshalb werden die Begriffe in Rechtsprechung und Lehre oftmals beliebig ohne systematische Unterscheidung verwendet.[972]

---

965 Einen weiten Begriff von Informationspflicht wendet auch MüKo/Roth, §242, Rn. 266, an.
966 Z.B. BGH, NJW 62, S. 1196f., zum geeigneten Platz für die Aufstellung des Vertragsobjekts; BGH 31.05.89, MDR 89, S. 506, Informationspflicht über Änderung der Produktbeschaffenheit, die zu keiner Gefährdung führt.
967 Loges, S. 160.
968 Skeptisch Grunewald, AcP 190, S. 614, die „allerschwächsten Marktteilnehmer [werden] nicht geschützt, da sie selbst bei einer nachdrücklichen Aufklärung nicht wirklich um Chancen und Risiken des Geschäfts wissen".
969 S. Köhler, CR 88, S. 623.
970 S. MüKo/Emmerich, vor. §275, Rn. 255; Köpcke, S. 102ff.; Erman/Werner, §242, Rn. 63; SchlHOLG, 13.11.96, MDR 97, S. 130, spricht von „Risikoaufklärungspflicht".
971 Hopt, FS Gernhuber, S. 169; Erman/Werner, §242, Rn. 63.
972 S.a. Soergel/Teichmann, §242, Rn. 135, der von „Leerformel[n]" spricht.

Folgende Unterscheidungsversuche finden sich in der Lehre: Die Benachrichtigungspflicht ist die Pflicht, den Vertragspartner unaufgefordert über Änderungen der Umstände, die bei Vertragsabschluss gegeben waren, zu informieren.[973] Aufklärung bezeichnet die Warnung über Umstände, die den Leistungserfolg beeinträchtigen können[974] ebenso wie die Pflicht, „einen anderen spontan über erkennbar entscheidungserhebliche Umstände zu informieren".[975] Belehrung wird die Risikoaufklärung genannt, soweit sie von einem durch bessere Sachkunde und Fachwissen überlegenen Vertragspartner erfolgt.[976] Beratung soll die umfassende und nicht von speziellen Faktoren ausgelöste Entscheidungshilfe sein.[977]
Lediglich die Auskunftspflicht steht à part. Sie erfordert eine vorherige Anfrage. Sie dient der Sicherung und Durchsetzung von vermögensrechtlichen Ansprüchen.[978] Sie ist aber dennoch keine vermögensbezogene Schutzpflicht, da sie nicht spontan zu erfüllen ist.

4. Gesetzliche Konkretisierung
Eine vertragliche Auskunftspflicht des Zedenten gegenüber dem Zessionar ist gesetzlich in §402 BGB geregelt. Eine Anzeigepflicht legt §665 S. 2 BGB dem Beauftragen auf, wenn er von den Weisungen des Auftraggebers abweichen will. Überhaupt trifft den Beauftragten nach §666 BGB eine umfassende Auskunftspflicht. Nach §675 II BGB trifft den Ratgeber als solchen keine Schutzpflicht. Gem. §681 BGB muss der Geschäftsführer dem Geschäftsherrn die Übernahme der Geschäftsführung anzeigen. Gem. §692 S. 2 BGB muss der Verwahrer, der die vereinbarte Art der Aufbewahrung ändert, dem Hinterleger „Anzeige machen". §1605 I BGB regelt die Aufkunftspflicht des unterhaltspflichtigen Verwandten. Nach §2027 BGB hat der Erbschaftsbesitzer über die Erbschaft dem Erben „Auskunft zu erteilen". Der Pflichtteilsberechtigte hat nach §2314 BGB einen Auskunftsanpruch gegenüber dem Erben. Für die Ausübung seines Folgerechts hat der Urheber gem. §26 IV UrhG einen Auskunftsanspruch gegenüber dem Kunsthändler/Versteigerer.

Von den genannten gesetzlichen Informationspflichten handelt es sich nur bei §402 BGB und bei §665 BGB um vertragliche Schutzpflichten. §402 BGB schützt das Vermögen des Zessionars, zu dem die abgetretene Forderung nun gehört und §665 BGB bewahrt den Auftraggeber davor, durch eine Abweichung von seinen Weisungen geschädigt zu werden. In den übrigen Fällen fehlt es hingegen entweder bereits am Vertrag – so §§675 II, 1605 I, 2027, 2314 BGB - oder Gegenstand der Informationspflicht ist nicht der Schutz des Integritätsinteresses des Vertragspartners, sondern die Vertragserfüllung ieS – so §§666, 681, 692 S. 2 BGB.

---

[973] Köpcke, S. 104.
[974] Köpcke, S. 106.
[975] Lorenz, JuS 95, S. 569, Fn. 1; MüKo/Roth, §242, Rn. 263.
[976] OLG Karlsruhe, 31.01.99, OLG Report Karlsruhe, 01, S. 245, spricht von Belehrungspflicht des Anwalts im Hinblick auf den Abfindungsvergleich; Köpcke, S. 108.
[977] MüKo/Roth, §242, Rn. 260. Nach Köpcke, S. 112, besteht zur Beratung keine Pflicht.
[978] RGZ 108, 1(7); BGH, NJW 78, 1002; Lorenz, JuS, 568.

II. Rechtsnatur der Informationspflicht als Schutzpflicht

Zuerst wird auf die Voraussetzungen der Informationspflicht eingegangen; anschließend werden die Art und Weise, wie die Information gewährt werden muss, untersucht, bevor der Gegenstand der Information näher betrachtet wird.

1. Voraussetzungen

Die Informationspflicht hat drei Voraussetzungen:[979] Die Gefahren müssen vom Schuldner erkannt oder ihm erkennbar sein; der Vertragspartner muss schutzbedürftig sein, und drittens muss die Aufklärung dem Schuldner zumutbar sein.

a) Erkennen

Der Schuldner muss über Informationen bezüglich einer Gefahrenquelle verfügen, von denen er weiß oder annehmen muss, dass sie dem Vertragspartner unbekannt sind, aber für dessen Schutz von wesentlicher Bedeutung sind.[980] Während es bei der Informationspflicht hinsichtlich des Vertragsabschlusses (d.h. soweit sie keine Schutzpflicht ist), Aufgabe des Gläubigers ist, dem Schuldner mitzuteilen, „welche Interessen bei dem beabsichtigten Geschäft für ihn im Vordergrund stehen“,[981] ist eine solche Mitteilungspflicht des Gläubigers bei den Schutzpflichten zu verneinen. Denn dem Schuldner ist von vornherein klar, dass ein wesentliches Interesse seines Vertragspartners darin liegt, nicht verletzt zu werden. Diese Lösung wird auch durch §241 II BGB deutlich.

Unter Umständen kann die Informationspflicht soweit gehen, dass der Schuldner sich Kenntnis über bestehende Gefahrenquellen verschaffen muss. Dann bedeutet die schuldhafte Unkenntnis bereits einen Schutzpflichtverstoß.[982] Dies wird insbesondere anzunehmen sein, wenn der Schuldner von einer besonderen Verletzungsanfälligkeit des Gläubigers weiß bzw. Anzeichen für Gefahren vorliegen. Bei einem Unternehmer ist dabei ein höheres Kenntnisniveau als bei einem Nicht-Unternehmer zu erwarten.

b) Schutzbedürftigkeit

Zweite Voraussetzung der Informationspflicht ist die Schutzbedürftigkeit des Vertragspartners. Dabei ist auf die individuelle Fähigkeit des Gläubigers zum Selbstschutz abzustellen.[983] Hat er keine Möglichkeit, sich Kenntnis von den Gefahren zu beschaffen, so ist der Gläubiger schutzbedürftig,[984] weiß er hingegen, dass und wo Gefahren bestehen, oder kann er sich diese Information leicht beschaffen, so besteht eine verminderte Informationspflicht.[985] Dabei

---

[979] S. BGH, 08.07.81, MDR 82, S. 212; Soergel/Teichmann, §242, Rn. 139.

[980] S.a. BGH 08.070.81, MDR 82, S. 212, für die Erkennbarkeit. Das Urteil bezieht sich aber nicht auf eine Schutzpflicht.

[981] BGH, 08.07.81, MDR 82, S. 212.

[982] BGH, WM 92, S. 602.

[983] MüKo/Roth, §242, Rn. S. 275.

[984] ~~So auch~~ BGH, 16.02.81, MDR 81, S. 647, für Londoner Warenterminbörse.

[985] Erman/Werner, §242, Rn. 63.

muss sich der Gläubiger auch in der von ihm zu erwartenden Weise sachkundig beraten lassen.[986]
An der Schutzbedürftigkeit fehlt es selbstverständlich, wenn der Gläubiger die Information ablehnt oder die erforderliche Mitwirkung nicht erbringt, damit der Schuldner die potentiellen Gefahren erkennen kann, z.B. diesem nicht sagt, dass er Allergiker ist.

c) Zumutbarkeit
Zuletzt muss die Mitteilung an den Vertragspartner dem Schuldner zumutbar sein. Dieses Kriterium spielt für die leistungsbezogene Informationspflicht eine wichtige Rolle. Der BGH stellt darauf ab, ob man „die Aufklärung nach der Verkehrsauffassung erwarten darf“,[987] wobei insbesondere auf die Vertrauensbeziehung und die Länge der Vertragsbeziehungen zwischen den Vertragsparteien abzustellen ist.[988]
Über allgemein bekannte Gefahren ist deshalb nicht aufzuklären. Ansonsten ist aber bei der Gefährdung von Person oder auch Rechtsgütern des Vertragspartners die Zumutbarkeitsgrenze hoch anzusetzen, da es hier im Gegensatz zur vermögensbezogenen Informationspflicht nicht darum geht, einen Wissensvorsprung des Schuldners auszugleichen, sondern die Verwirklichung des vom Schuldner gesetzten Gefährdungstatbestands zu vermeiden.[989] Bei diesen Schutzpflichten ist der Streit zwischen dem berechtigten Gewinnstreben des Schuldners und seiner Pflicht, den Vertragspartner nicht zu schädigen, i.d.R. zugunsten letzterer zu entscheiden. Hingegen ist eine Einzelfallabwägung nach §242 BGB vorzunehmen, soweit es um das Vermögens des Vertragspartners geht, das nach §241 II BGB ebenfalls von einer Schutzpflicht erfasst wird. Denn hier stehen die finanziellen Interessen des Schuldners den finanziellen Interessen des Gläubigers gegenüber.[990]

2. Art und Weise der Information
Die Information muss in einer dem Gläubiger angepassten, verständlichen Weise erfolgen.[991] Folgende Kriterien müssen beachtet werden: Wesentlichkeit, Verständlichkeit, Griffigkeit, Zugänglichkeit, Vollständigkeit, richtige Ordnung und Rechtzeitigkeit der Information.[992] Erfolgt die Information schriftlich, so ist sie so darzustellen, dass Beschönigungen fehlen und auch dem flüchtigen Leser die Gefahren auffallen.[993] Die Information darf nicht in der Werbung für das

---

[986] MüKo/Roth, §242, Rn. 279.
[987] BGH, NJW 79, S. 2243.
[988] BGH, 16.02.81, MDR 81, S. 647.
[989] S. hierzu BGH, NWJ 92, S. 2560.
[990] Ähnlich MüKo/Roth, §242, Rn. 270.
[991] BGHZ 105, 108.
[992] Vgl. BGH, ZIP 96, S. 1161; Fleischer, ZEuP 2000, S. 785. Nach BGHZ 90, 103 (108), reicht es dagegen aus, dass der Patient allgemein „im großen und ganzen“ die Risiken verstehen kann.
[993] BGH, ZIP 96, S. 1161. BGH, 09.06.98, MDR 98, 1101(1102): „Vielmehr müssen die Hinweise auf den Verpackungen so gehalten sein, dass nicht nur die Verwender deutlich vor den Gefahren gewarnt werden, sondern dass auch dem Letztverkäufer klar vor Augen geführt

Produkt untergehen,[994] vgl. auch §4 IV 1 HWG. Maßstab ist der „normalsichtige Betrachter, der, auch wenn er nicht 100% Sehschärfe hat, „Zeitschriften üblicher Schriftgröße“ lesen kann.[995] Die Information muss auf die konkrete Gefährungslage bezogen sein und die spezifischen Gefahren verdeutlichen, eine allgemein gehaltene Information reicht nicht aus.[996]
Der Schuldner muss die Information so frühzeitig geben, dass dem Gläubiger genügend Zeit verbleibt, um sich der Gefahr zu entziehen.[997]

3. Gegenstand der Information
Zuerst ist auf den Inhalt der Information, anschließend auf die Grenzen der Informationspflicht einzugehen.

a) Inhalt der Information
Die Information muss sich auf die bestehenden Gefahrenquellen, denen der Vertragspartner im Rahmen der Vertragsbeziehung ausgesetzt ist, beziehen. Insbesondere ist in den Fällen aufzuklären, in denen sich der Vertragspartner mehr an Sicherheit verspricht, als gegeben ist.[998] Daraus folgt, dass das Informationsbedürfnis des Vertragspartners den Inhalt der Informationspflicht bestimmt.[999] Aufzuklären ist über die für die Sicherheit des Vertragspartners relevanten Umstände. So muss der Unternehmer, der bei einer Reparatur einen weiteren Mangel an der Sache entdeckt, den Besteller darüber unterrichten,[1000] und der Mieter muss dem Vermieter das Auftreten einer neuen Gefahrenquelle mitteilen.[1001] Allgemein bekannte Gefahren sind nicht Inhalt der Informationspflicht, über atypische Gefahren ist besonders zu informieren.[1002] „Der konkrete Inhalt der Aufklärungspflicht bestimmt sich zum einen danach, welche Sachkenntnisse und Erfahrungen ... bei den Eheleuten T [den Vertragspartnern] vorhanden waren, zum anderen nach den Risiken der beabsichtigten Anlage“, d.h. auf die Schutzpflichten übertragen, nach der bestehenden Gefährdung.[1003] Da die Schutzpflichten gem. §241 II BGB auch das Vermögen erfassen, beziehen sich die Informationspflichten auch solche Risiken, die zu einer Vermögensminderung führen können. Inhalt der Information können auch Zweifel an der Sicherheit des Vertragspartners sein; dies ist angesichts der Gefährdung des Integritätsinteresses geboten.[1004]

---

wird, dass es hier nicht um ein ungefährliches Spielzeug für Kinder geht, sondern um durchaus risikobehaftete Gegenstände.“

[994] BGH, NJW 88, S. 767.

[995] BGH, NJW 88, S. 768.

[996] SchlHOLG 13.11.96, MDR 97, 130(131).

[997] Vgl. BGHSt 12, 379, bzgl. ärztlicher Aufklärungspflicht.

[998] Vgl. BGH, 80.11.01, BGH Report 92, S. 102 bzgl. Informationspflicht des Anwalts bei einem Vergleich.

[999] BGH, 08.07.81, MDR 82, S. 212, spricht von Einzelfallbestimmung.

[1000] BGH, BB 56, 58.

[1001] AG Mainz, VersR 55, 111.

[1002] OLG Köln, 22.12.92, MDR 94, 455.

[1003] SchlHOLG, 13.11.96, MDR 97, 130(131).

[1004] RGZ 127, 14; s.a. Köhler, CR 88, S. 627 bzgl. Herstellungs- und Verwendungshindernisses.

Erhöht sind die Inhaltsanforderungen gegenüber Verbrauchern: „Die produkthaftungsrechtlichen Instruktionspflichten sind grundsätzlich darauf gerichtet, die Verbraucher vor denjenigen Gefahren zu warnen, die aus der Verwendung des Produkts entstehen können, soweit die Verwendung noch im Rahmen der allgemeinen Zweckbestimmung des Produkts liegt, wozu auch ein naheliegender Missbrauch gehören kann."[1005] So bedarf es einer Aufklärung, wenn eine an sich harmlose Sache bei einer gewissen Behandlung gefährliche Eigenschaften entwickeln kann.[1006]

b) Grenzen

Die Informationspflicht endet, wo es nicht mehr um die Gefahrabwehr und Warnung geht, sondern um Nachprüfung und Ausforschung.[1007] „Sed non tibi audire utile est, idem mihi dicere necesse est".[1008] Diese Einschränkung ergibt sich bereits aus der Voraussetzung der Informationspflicht, dass dem Schuldner die Aufklärung zumutbar sein muss.

Daneben wird das Geheimhaltungsinteresse, das Persönlichkeitsrecht und die informelle Selbstbestimmung, die Wahrung von Geschäfts- und Betriebsgeheimnissen als Begrenzung der Informationspflicht genannt und eine Abwägung im Einzelfall vorgeschlagen.[1009] Im Hinblick auf die Sicherungspflicht für Körper und Eigentum des Vertragspartners dürften Geheimhaltungsinteressen keine Probleme bereiten, da es um ein unterschiedliches Schutzobjekt geht. Jemanden vor ihm drohenden Gefahren zu warnen, betrifft weder ein Betreibsgeheimnis noch ein Persönlichkeitsrecht. Durch die Aufnahme des anderen in seinen Rechtskreis verzichtet der Schuldner in entsprechendem Umfang auf die Geheimhaltung; es hat dann nichts mehr mit Geheimhaltung zu tun, dass er den Schuldner nicht schädigt – um auf das Burgbild zurückzukommen, der Burgherr hätte den Ritter nicht in seine Burg hineinlassen müssen, bzw. er hat durch das Öffnen des Burgtors hingenommen, dass dieser die Verteidigungsanlagen von innen sieht.

Bei der vermögensbezogene Schutzpflicht ist wegen des potentiellen Eingriffs in das Vermögen als ein weniger essentielles Rechtsgut eine Abwägung je nach Einzelfall vorzunehmen; denn hier stehen zwei an sich gleichwertige Vermögensinteressen gegenüber.

Zusammenfassung: Informationspflichten als Schutzpflichten sind Pflichten, bei denen der Vertragspartner durch die Informierung vor möglichen Gefahren geschützt wird. Sie beruhen auf der Überlegung, dass der Urheber einer Gefahrenquelle die Verwirklichung der Gefahr verhindern muss und dass dies häufig am einfachsten durch Mitteilung über die Gefahr geschieht. Außerdem liegt ihnen der Gedanke der Gleichheit der beiden Vertragspartner zugrunde. Die Informationspflicht wird von Lehre und Rechtsprechung in zahlreiche

---

[1005] BGH, 09.06.98, MDR 98, 1101(1102).
[1006] Köpcke, S. 106.
[1007] Lücke, JuS 86, S. 6.
[1008] Cicero, De officiis: das drittes Buch befasst sich mit der Aufklärungspflicht.
[1009] MüKo/Roth, §242, Rn. 294.

Einzelpflichten unterteilt, ohne dass zwischen diesen eine klare Differenzierung möglich wäre. Gesetzliche Informations - Schutzpflichten finden sich in §§402 und 665 BGB.
Die Informationspflicht hat drei Voraussetzungen: Der Schuldner muss die Gefahr kennen oder erkennen können, der Gläubiger muss schutzbedürftig sein und die Warnung muss zumutbar sein. Die Information muss in für den Gläubiger verständlicher Weise über die bestehenden und sich entwickelnden Gefahren berichten. Sie findet ihre Grenze dort, wo die Gefährdung endet; Geheimhaltungsinteressen des Schuldners spielen nur für vermögensbezogene Schutzpflichten eine Rolle.

B. Französisches Recht

„Emptor debet esse curiosus“ war das Motto des historischen Code civil.[1010] Heute ist es wegen der Anerkennung zahlreicher Informationspflichten, vor allem im Verbraucherschutzrecht, überholt; die Transparenz steht hoch im Kurs.[1011] Bezüglich der Leistungspflicht gilt Art. 1602 CCiv: „Qui vend le pot, dit le mot“.[1012] Die Gegner der obligation d'information kritisieren diese Entwicklung als Bevormundung des Bürgers[1013] oder als Missbrauch des Unternehmers als Sozialamt.[1014] Ihre Befürworter begrüßen eine weite obligation d'information als „une des manifestations de cet esprit de solidarité qui caractérise notre époque, par réaction contre l'individualisme du XIXe siècle“[1015], als Ausdruck des „devoir traditionnel de ne pas mentir, d'aider son prochain“.[1016]
Lange Zeit wurde die Verletzung der obligation de renseignement als Problem der Gewährleistung betrachtet und unter Art. 1110 Cciv subsumiert, erst in neuerer Zeit hat die obligation d'information ihre Selbständigkeit gegenüber dem Gewährleistungsrecht erlangt.[1017]
Die Informationspflicht dient einerseits der Erreichung des Vertragszwecks und andererseits dem Schutz des Vertragspartners.[1018] Es wird nachfolgend nur der schützende Aspekt der Informationspflicht betrachtet. Nicht behandelt werden im Rahmen dieser Arbeit die Konstellationen, in der ein Dritter die Information gibt, und die Fälle, in denen die Information Hauptleistung des Vertrages ist.
Nach einer Einführung in die obligation d'information als Schutzpflicht,[1019] wird ihr régime behandelt.

[1010] Z.B. Cass, Req, 07.01.1901, D 01.1.128. Chirez, D 76, juris., S. 514: „Le contractant qui s'est trompé parce qu'il a été trop crédule ou négligent dans ses vérifications ne doit s'en prendre qu'à lui-même“.
[1011] Petit, JCl, fasc. 23, S. 3.
[1012] Roland et Boyer, adages, n° 364.
[1013] Malaurie/Aynès, S. 226, « transformer 'les agents juridiques en incapables majeurs' ». Lapoyade-Deschamps, RCA 97, chron. 19, S. 5.
[1014] Demogue, RTD civ. 23, 648: „un poste social où il ne doit pas heurter l'intérêt général“.
[1015] Juglart, RTD civ. 45, S. 1.
[1016] Fabre-Magnan, Thèse, S. 24, Rn. 31.
[1017] Picod, Devoir, S. 111 u. 117.
[1018] Huet, traité, S. 216.
[1019] Für die obligation d'information generell s. Petit, fasc. 23, S.4.

I. Einführung

Zuerst werden die gesetzlichen Konkretisierungen der obligation d'information dargestellt, anschließend ihr Hintergrund und abschließend wird auf die Unterteilungen der obligation d'information eingegangen.

1. Gesetzliche Konkretisierungen

a) Code civil

Im Code civil klingt an mehreren Stellen eine integritätsschützende Informationspflicht an, eine gesetzliche Schutzpflicht in Form einer Informationspflicht findet sich aber nicht. Art. 1626 Cciv legt dem Verkäufer eine Eviktionsgarantie auf. Dabei geht es um den Schutz des nunmehrigen Eigentums des Käufers. Dennoch steht im Vordergrund eine Gewährleistungsregelung, so dass man nicht von einer gesetzlichen Schutzpflicht reden kann.[1020] Art. 1768 Cciv ordnet eine gesetzliche Informationspflicht des Landpächters an, den Eigentümer über „usurpations qui peuvent être commises sur les fonds" zu benachrichtigen. Auch dies ist keine Schutzpflicht, da es um den Erhalt des Vertragsobjekts und nicht sonstiger Rechtsgüter des Verpächters geht.

b) Andere Gesetze

Art. 35 al. 1re Code de déontologie médicale[1021] lautet folgendermaßen: „Le médecin doit à la personne qu'il examine, qu'il soigne ou qu'il conseille, une information loyale, claire et appropriée sur son état les investigations et les soins qu'il propose." Diese obligation de conseil umfasst somit die Nebenwirkungen einer vorgeschlagenen Behandlung, d.h. um Auswirkungen der Behandlung auf Körperteile, die bislang nicht angegriffen waren und deren Heilung deshalb auch nicht Vertragsgegenstand ist. Deshalb enthält Art. 35 al. 1re Code de déontologie médicale auch eine Informationspflicht in Form einer Schutzpflicht.

Eine weitere gesetzliche Schutzpflicht findet sich in Art. 113-4, 3e Code des assurances, der die Verpflichtung enthält, den Versicherer über Ereignisse während des Vertragserfüllung, vor allem solche, die die Risiken erhöhen, auf dem Laufenden zu halten. Den Versicherten trifft damit die Pflicht, das Vermögen des Versicherers, soweit es durch die veränderten Umstände über das ursprüngliche vertragliche Versicherungsrisiko hinaus betroffen ist, zu schützen, indem er den Versicherer rechtzeitig warnt.

Die zahlreichen weiteren Informationspflichten[1022] beziehen sich jeweils auf das Vertragsobjekt und nicht auf den Schutz des Vertragspartners und seiner Güter.

c. Verbraucherschutzrecht

Zahlreiche Informationspflichten finden sich im Code de consommation. Einige beziehen sich auf das Integritätsinteresse.

[1020] Anders, Picod, Devoir, S. 113.
[1021] Décret 95-1000 vom 06.05.95.
[1022] Übersicht s. Stark/Roland/Boyer, Rn. 330, S. 120f.

Art. 111-1 Ccons enthält die Verpflichtung des Unternehmers, den Käufer oder Besteller über die wesentlichen Charakteristika des Kaufgegenstandes oder der Leistung zu informieren. Da-zu zählen auch die Auswirkungen, die diese auf die Person und die Rechtsgüter des Vertragspartners haben können. Es handelt sich deshalb um eine Schutzpflicht. Keine Schutzpflichten sind hingegen die Informationspflichten in Artt. L 111-2, L 113-3 und L 114-1 Ccons, da sie ausschließlich Erfüllungsmodaliäten bzw. den Vertragsgegenstand betreffen.

2. Hintergrund

Grund für die Entwicklung der Informationspflicht generell ist die Erkenntnis, dass ein Ungleichgewicht in dem Kenntnisstand zwischen den Vertragspartnern ebenso wie ein wirtschaftliches Ungleichgewicht zu einer Störung des vertraglichen Gleichgewichts und der Vertragsgerechtigkeit führen können.[1023] Deshalb wird die obligation d'information als Ausdruck des devoir de collaboration, bzw. der vertraglichen Solidarität bezeichnet.

Die obligation d'information lässt sich als ein Aspekt der Frage nach dem Schweigen im Recht betrachten, denn sie stellt die Sanktion in Form einer Schadensersatzpflicht für das treuwidrige Schweigen dar.[1024]

Gerade als Schutzpflicht beruht die obligation d'information auf einem weiteren Gedanken: Es geht darum, den Vertragspartner auf seine Kenntnisse zu überprüfen.[1025] Z.B. muss der Arzt gem. Art. 35 al. 1 Code de déontologie umfassend aufklären. Die Rücksprache mit einem anderen Arzt, die bei schweren Eingriffen durchaus üblich ist, lässt den Patienten erkennen, wie es um die medizinischen Kenntnisse des ersten Arztes bestellt ist; sagen beide Ärzte die gleichen Folgen einer Heilbehandlung voraus, so hat er keinen Grund, an dem behandelnden Arzt zu zweifeln; weichen dagegen die Prognosen des behandelnden und des zusätzlich zu Rate gezogenen Arztes voneinander ab, so weiß der Patient zwar noch nicht, wer von beiden Ärzten Recht hat, ihm wird aber klar, es „etwas nicht stimmt". Die obligation d'information verpflichtet deshalb den Vertragspartner indirekt dazu, sich über die Entwicklung der Technik aus dem Laufenden zu halten.

3. Unterteilung

Die herrschende Meinung[1026] unterscheidet zwischen obligation de renseignement, obligation de mise en garde und obligation de conseil, wobei sich diese drei Pflichten hinsichtlich der Intensität der erforderlichen Mitteilung

---

1023 Terré/Simler/Lequette, n° 250; Malaurie/Aynès, S. 226.
1024 Fabre-Magnan, Thèse, S. 2, n° 2.
1025 Haim, D 97, chron., S. 125.
1026 Z.B. Malaurie/Aynès, Bd. VI, n° 635; Chirez, D 76, juris, S. 516; Mistretta, PA 06.05.98, S. 674; einer anderen Begriffsverwendung folgt Chaussade-Klein, die zwischen vorvertraglicher obligation de renseignement und vertraglicher obligation de conseil trennt. S.a. Le Tourneau, Vente, S. 15, der zwischen obligation précontractuelle de renseignement, obligation contractuelle d'information und obligation de conseil, differenziert. Stark/Roland/Boyer, S. 119, kennt keine obligation de mise en garde. Gänzlich ablehnend gegen die Unterteilung Petit, JCl., fasc. 23, S. 3. Zur Einteilung allgemein s. Sonnenberger, FS Odersky, S. 717.

unterscheiden. Eine größere Intensität korrespondiert einem größeren Vertrauen in den Vertragspartner.[1027] Darauf wird unten im Rahmen der Behandlung des Inhalts der obligation d'information eingegangen. Die Rechtsprechung trennt jedoch nicht streng zwischen diesen Pflichten und vermischt sie zuweilen.[1028] Der Inhalt der angenommenen Pflicht wird von der Cour de cassation kontrolliert.[1029]

II. Régime der obligation d'information

Nach Darstellung des Prinzips wird auf den Gegenstand der Information eingegangen.

1. Prinzip

Eingegangen wird auf die Voraussetzungen der Informationspflicht, die Art und Weise der Mitteilung und die Grenzen der Informationspflicht.

a) Voraussetzungen

Grundvoraussetzung ist, dass es zu einer Gefährdung des Vertragspartners im Rahmen der Vertragserfüllung kommt oder kommen kann. Ferner muss der Gläubiger der Informationspflicht sich im Zustand einer „ignorance légitime" befinden, während der Schuldner die Gefahren kennt oder kennen muss.

i. Ignorance légitime

Dem Gläubiger muss die Gefahrlage unbekannt sein, und diese Unkenntnis muss gerechtfertigt sein. Aus der Dauer der Vertragsbeziehung kann auf eine Informationspflicht wohl nicht geschlossen werden; die Rechtsprechung hierzu ist uneinheitlich.[1030]

Das Kriterium der ignorance légitime bereit keine Probleme in der Praxis, zumal die Rechtsprechung bei unvernünftigen und damit unwahrscheinlichen Irrtümer[1031], wie bei Kauf durch einen acheteur professionnel, Kenntnis vermutet.[1032]

Die Unkenntnis muss légitime sein. Darüber ist im Hinblick auf den Zweck der Informationspflicht, das Ungleichgewicht zwischen den Vertragspartner zu vermindern, zu entscheiden. Es kommt wesentlich darauf an, ob der Gläubiger

---

[1027] Chirez, Thèse, S. 511.

[1028] Z.B. Cass, 1e, 11.07.88, D 88, IR 243: obligation de renseignement anstelle von obligation de conseil; Cass, 1re, 29.04.97, JCP 97 IV, 1240; „obligation d'information et de conseil"; Cass, 1re, 16.02.87, Bull.civ. I, n° 44.

[1029] z.B. Cass, 1re, l4.12.82, RTD civ. 83, S: 544, obs. Durry.

[1030] Für Verstärkung der Informationspflicht Paris, 27.03.84, D 85, I.R. 42; Cass, com, 15.11.78, Bull.civ. IV, n° 263; Fabre-Magnan, Thèse, S. 421; für Verminderung Paris, 22.06.83, d. 85, I.R. 43. Für gleichbleibende Informationspflichten Cass com., 18.05.93, Bull.civ. IV, n° 188: „quelles que soient les relations contractuelles entre un client et une banque, celle-ci a le devoir de l'informer des risques encourues dans les obligation spéculatives sur les marchés à terme, hors le cas où il en a connaissance".

[1031] Cass, 1re, 17.07.01, D 02, juris., S. 1003f., obs. Pignarre: «que le vendeur du local litigieux n'était pas tenu d'informer l'acheteur du projet d'implantation d'un supermarché que celui-ci était censé connaître». S. a. Petit, fasc. 23, S. 10.

[1032] Cass, 1re, 11.0.680, Bull.civ. I, n° 186.

sich über die relevanten Gefahren selbst informieren kann.[1033] Jeden Vertragspartner trifft deshalb grundsätzlich die Pflicht, sich selbst zu informieren, die obligation d'information stellt lediglich einen Ausnahmefall dar. Insofern wird sogar von einem devoir de curiosité gesprochen.[1034] Eine Ausnahme bezüglich des devoir de se renseigner besteht im Fall der obligation de conseil. So trifft den Notar auch dann noch eine umfassende obligation de conseil, wenn der Klient von einem Dritten beraten wird.[1035]

Die Rechtsprechung bedient sich einer Ungewöhnlichkeitsregel: Gewöhnliche Gefahren muss man kennen, bzw. sich darüber erkundigen, eine Informationspflicht besteht nur, wenn die Sachlage „s'écarte directement ou indirectement de ce que répond aux prévisions normales".[1036] Entscheidungskriterien sind demnach „l'état social du client et ... la vulgarisation des techniques".[1037] Bei neu auf den Markt gekommenen und gefährlichen Gütern nimmt die Rechtsprechung großzügig eine obligation d'information an.[1038]

Die grundsätzliche Erkundigungspflicht kann deshalb aus objektiven und subjektiven Gründen entfallen.

Bezieht sich die Information auf die Person des Schuldners oder auf seine Leistung - z.B. er hat eine gefährliche, ansteckende Krankheit - so ist er allein in der Lage, den Gläubiger umfassend zu informieren. Ebenso steht es, wenn die Information sich auf eine Sache bezieht, die sich in den Händen des Schuldners befindet. In diesen Fällen entfällt aus objektiven Gründen die Erkundigungspflicht des Gläubigers.[1039] Subjektive Gründe führen zur Annahme einer Informationspflicht, „chaque fois que l'une des parties se fie à les compétences de l'autre dans un domaine où elle est elle-même normalement incompétente".[1040] In diesen Fällen bringt der Gläubiger dem Schuldner eine confiance légitime entgegen, die zum Wegfall der Erkundigungspflicht führt. Dies ist auch der Fall, wenn der Schuldner von sich aus Informationen liefert.

Aus subjektiven Gründen geschützt ist vor allem der Verbraucher: Der Unternehmer muss die Initiative in der Beratung ergreifen,[1041] der Verbraucher profitiert „d'une sorte de présomption d'ignorance légitime",[1042] außer er begeht eine faute dolosive. Ihn trifft aber – wie überhaupt jeden Vertragspartner - eine Mitwirkungspflicht, den vom ihm verfolgten Vertragszweck klarzustellen und

---

[1033] Petit, fasc. 23, S. 10; Mistretta, PA 05.06.98, S. 5.

[1034] Nuytten/Lecage, 94e congrès, S. 109.

[1035] Vgl. Cass, 1re, 13.11.97, GP 15.01.98, S. 24; bei der obligation de conseil des Notars handelt es sich aber trotz des Vertrages mit dem Klienten nicht um eine Vertragspflicht, der Notar haftet vielmehr nach Deliktsrecht im Fall der Verletzung dieser Pflicht.

[1036] Colmar, 28.03.69, D 69, jur. 735; ebenso Cass, 1re, 16.04.75, zitiert nach Chirez, D 76, juris., S. 515. s.a. Sonnenberger, FS Steindorf, S. 784.

[1037] Le Tourneau, Responsabilité professionnelle, S. 617. Cass, 1re, 02.07.91, Bull.civ. I, n° 228, bzgl. Notar.

[1038] Vgl. Cass, 1re, 11.10.83, „Gentia C. Pertuzon et autres", Bull.civ. I, n° 228.

[1039] Cass, 3e, 24.10.72, Bull.civ. III, n° 543 für die Informationspflicht im Kaufvertrag.

[1040] Viney, conditions, n° 512, S. 619, zitiert nach Terré/Simler/Lequette, n° 430. Zustimmend Petit, fasc. 23, S. 12; Ghestin, in: Le contrat aujourd'hui, S. 180, n° 28.

[1041] Cass, 3e, 13.01.82, JCP 8.20026; Jourdain, D 83, chron. 143.

[1042] Picod, JCP 88, chron., S. 3318; ähnlich bereits Cass, 1re, 18.01.78, Bull.civ. I, n° 30, S. 24.

den Gebrauch, den er von dem Kaufgegenstand machen will, mitzuteilen. Er muss klarstellen, was er braucht und was er erwartet. Die Rechtsprechung spricht diesbezüglich von einem Dialog zwischen den Vertragspartnern.[1043] Ansonsten kann der Schuldner nicht die nötige Information geben und die Gefahren, die aus der beabsichtigten Verwendung entstehen können, erläutern. Diese Mitteilungsobliegenheit besteht insbesondere, wenn der Gläubiger von dem Vertragsobjekt einen unüblichen Gebrauch machen will, den der Schuldner nicht erwarten muss.
Im Vertrag zwischen zwei Unternehmern ist die Informationspflicht vermindert, den Gläubiger trifft im Rahmen einer verstärken Mitwirkungspflicht eine höhere Erkundigungspflicht.[1044] Geht es um ein standardisiertes Vertragsobjekt, so dreht sich das Prinzip um, der Käufer muss sich erkundigen und seine Anforderungen formulieren.

ii. Kenntnis des Schuldners
Der Schuldner muss die Gefahrenlage und die dadurch entstehende Gefährdung des Vertragspartners kennen,[1045] bzw. ihn trifft eine entsprechende Nachforschungspflicht. Kennt er die Gefahrenlage legitimerweise nicht, so entsteht keine Informationspflicht.[1046]
Allgemein ist die Informationspflicht nicht auf den Unternehmer beschränkt, auch den Laien kann eine solche treffen.[1047]
Je mehr der Schuldner Spezialist ist und je größer die bestehende Gefahr oder das durch die Vertragsleistung erzeugte Risiko ist, umso eher wird die Kenntnis des Schuldners angenommen.[1048] So trifft im Verbrauchervertrag den professionnel in Anwendung des römischen Satzes „artifex spondet peritiam artis“ eine unwiderlegbare Vermutung, dass er alle nötigen Kenntnisse im Bereich seiner Spezialisierung hat.[1049] Des weiteren, hat der professionnel eine obligation de rechercher l'information, d.h. er muss sich bei fehlender eigener Kenntnis über die Gefahrenlage informieren. Der Unternehmer muss sich informieren, um zu informieren.[1050] Eine solche Pflicht trifft vor allem Ärzte[1051] und Notare;[1052] außerhalb des Bereichs der Schutzpflichten ist sie Bestandteil von Beratungsverträgen.[1053]

1043 Cass, com, 09.07.79, Bull.civ. IV, n° 186.
1044 Cass, 1re, 28.11.00, D 02, juris. S. 1003f, com. Pignarre.
1045 Vgl. Cass, 1re, 23.04.85, D 85, 558; Cass, 1re, 18.04.89, Bull.civ. I, n° 150.
1046 Fabre-Magnan, thèse, S. 398.
1047 Vgl. Cass, 1re, 04.05.94, Bull.civ. I, n° 163; Versailles, 10.01.97, RTD civ. 97, 931.
1048 Picod, Devoir de loyauté, S. 116.
1049 Cass, 1re, 18.04.89, Bull.civ. I, n° 150; Petit, fasc. 23, S. 7; Starck/Roland/Boyer, S. 126; Demogue, RTD civ. 23, S. 649, der aber einen Entlastungsbeweis zuließ, dass der Verkäufer das Risiko nicht kennen konnte.
1050 Cass, 2e, 19.06.96, RTD civ. 97, 144 "obligation de s'informer pour informer en connaissances des causes".
1051 Cass, 1re, 13.02.85, JCP 85.II.20388.
1052 Cass, 1re, 16.06.18, zitiert nach Petit, fasc. 23, S. 8.
1053 Cass, 2e, 189.06.96, RTD civ. 97, 144.

b) Art und Weise der Information

„Exigence de clarté" heißt das Grundprinzip.[1054] Die Information muss „claire et accessible à son destinataire" sein, die verwendete Terminologie darf nicht zu technisch und der Stil nicht zu kompliziert sein. Generell muss sich der Schuldner mit seinen Erklärungen an den Kenntnissen und dem Verständnishorizont des Gläubigers orientieren und dabei gegebenenfalls technische Begriffe in die Alltagssprache übersetzen.[1055] Überinformation hilft dem Gläubiger nicht, sie ist allein ein Faktor der Kostenerhöhung. Der Gläubiger muss ferner die Information leicht finden können;[1056] sie darf nicht vom Produkt getrennt sein.[1057]

Soweit es sich um eine obligation de renseignement handelt, kann die Mitteilung auch auf kollektive Weise, z.B. in einer Bedienungsanleitung, geschehen.[1058]

Dass die Information umfassend und vollständig sein muss, versteht sich von selbst.

Besonderheiten bestehen für die ärztliche Aufklärungspflicht: Die Information muss „simple, approximative, intelligible et loyale" sein.[1059] Der Patient muss wissen, auf was er sich einlässt,[1060] aber der Arzt soll ihn nicht überflüssig beunruhigen. Deshalb muss die ärztliche Information nicht „exhaustif" sein.[1061]

c. Grenzen der Informationspflicht

In dreifacher Hinsicht ist die obligation d'information begrenzt: Durch den devoir de non ingerence, die Kenntnis des Gläubigers und das secret professionnel.

Der devoir de non ingerence bedeutet, dass sich der Schuldner im Rahmen der Unterrichtung seines Vertragspartners nicht in dessen Angelegenheiten einmischen darf.[1062] Eine solche Verpflichtung trifft vor allem Banken. Jedoch dürfte diese Beschränkung der Informationspflicht von geringer Bedeutung sein, soweit sie als Schutzpflicht betroffen ist. Denn dabei geht es um Gefahrenabwehr durch Aufklärung, insbesondere von Vermögensschäden. Es ist Sache des Gläubigers, in Kenntnis der Gefährdung zu handeln. In diesem Fall ist von dem Schuldner zu fordern, dass er auf latente Gefahren auch dann hinweist, wenn er nicht weiß, ob diese sich nach den Umständen beim Gläubiger

---

1054 Petit, fasc. 23, S. 18.

1055 Vgl. Bourges, 04.02.63, D 63, juris., S. 239; Cass, 1re, 21.01.61, Bull.civ. I, n° 155.

1056 CdA Paris, 21.11.75, D 76, som. 50: « renseigner le cocontractant sur tous les éléments prorpes à l'intéresser, sans avoir à lui laisser le soin ou la chance de les découvrir dans les 140 pages d'un règlement de copropriété ».

1057 Overstake, RTD civ. 72, n° 20.

1058 Gardella, GP 00, chron., S. 2128.

1059 Cass, 1re, 21.02.61, Bull.civ. I, n° 115. Die Charte du patient hospitalisé, circ. Minist. n° 95-22 vom 06.05.95 spricht nur von « accessible et loyale ».

1060 CE, 09.07.91, „Mme Depresse", Rec. T. S. 1185.

1061 Vgl. Guigue/Esper, GP 97, chron., S. 1348ff.

1062 Tribunal de commerce de Paris, 10.04.71, zitiert nach Cornu, RTD 71, 871, « [le conseiller de gestion] ne doit pas se substituer à la direction dans son rôle de commandement », aber nur 1FF als Schadensersatz. S.a. Gardella, S. 2129; Picod, JCl, fasc. 11, S. 13.

überhaupt verwirklichen können.[1063] Der Standard der Aufklärung muss höher sein, da es nicht um die Nützlichkeit des Vertrages geht, sondern um die Gefährdung des Integritätsinteresses des Gläubigers. Der devoir de non ingerence stellt deshalb bloß in Ausnahmefällen eine Grenze für die obligation d'information dar, zumal eine Mitteilung keinen direkten Eingriff darstellen kann.

Auf die Kenntnis des Gläubigers als Einschränkung für die Informationspflicht wurde im Rahmen der Voraussetzungen bereits eingegangen.[1064] Kennt er die Gefahr oder das Risiko, so kann eine Aufklärung unterbleiben.
Zuletzt findet die obligation d'information eine Begrenzung durch den secret professionnel.[1065] Die obligation de discretion verpflichtet den Schuldner, allgemein gehaltene Informationen zu geben „en termes mesurés et tenant compte de critères objectives",[1066] ohne über Berufsgeheimnisse oder andere Kunden etwas bekanntzugeben. Für Schutzpflichten dürfte dieses Kriterium eine geringe Rolle spielen.

2. Gegenstand der Information
Die französische Lehre unterteilt die obligation d'information nach der Intensität der geschuldeten Information in drei verschiedene Unterarten. Darauf wird in a) eingegangen. In b) wird der Inhalt der geschuldeten Information auf allgemeine Kriterien hin untersucht.

a) Grad der geschuldeten Information
Die französische Lehre teilt nach der Natur der geschuldeten Information ein und differenziert zwischen der obligation de renseignement, der obligation de conseil und der obligation de mise en garde. Dabei steigen die Anforderungen an den Schuldner an, es handelt sich um verschiedene Grade ein und derselben Pflicht.[1067]
Die Rechtsprechung hat eine obligation d'avertir le créancier de son erreur hinzugefügt. Erkennt der Schuldner dieser Pflicht einen Irrtum seines Vertragspartners, der für diesen finanzielle Einbussen nach sich zieht, oder hätte er ihn bei Aufbringung der von ihm geforderten Sorgfalt erkennen können, so muss er die andere Partei darauf hinweisen.[1068] Die Kenntnis des Schuldners muss nachgewiesen werden.[1069]

[1063] Vgl. auch Cass, com., 18.05.93, Bull.civ. IV, n° 188.
[1064] S.a. Alexandre, S. 564.
[1065] Vgl. Picod, JCP 88, chron., S. 3318.
[1066] Cass, req. 20.10.41, GP 41.2.460.
[1067] Dag. Mayer, S. 102.
[1068] Cass, 1re, 23.07.96, D 97, juris., S. 571: EDF schickt über Jahren keine Rechnung an die Hausverwaltung, dann auf einmal die gesamte Rechnung. Die Hausverwaltung klagt nun gegen EDF auf Schadensersatz, da sie die Kosten wegen Verjährung nicht mehr auf Hausbesitzer umschlagen kann. Cass: faute der Hausverwaltung wegen zu langen Wartens. Zur Kritik s. Soustelle, D 97, I, S. 574.
[1069] Cass, 1re, 02.06.87, RTD civ. 87, S. 118: Kauf eines Flugtickets wegen Irrtum der Agentur zum halben Preis. Beweislast der Agentur für Kenntnis des Käufers, Beweis wird im Fall nicht erbracht.

i. Die obligation de renseignement[1070]

Gegenstand der obligation de renseignement ist, den Vertragspartner in einer solchen Art und Weise zu unterrichten, dass er in Kenntnis der Sachlage, d.h. der Gefährdung, handeln kann. Sie enthält keine Einwirkung auf den Partner zum Handeln oder eine Bewertung der Lage, sondern bezieht sich ausschließlich auf objektive Tatsachen und ist insofern neutral.[1071] Der Vertragspartner wird in seiner Entscheidung nicht gelenkt, eine persönliche Meinung ist nicht geschuldet.[1072]

Die obligation de renseignement verpflichtet dazu, die bestehende Gefahr darzulegen und auf das Gefahrenpotential hinzuweisen, sie verlangt keine Prognosen, ob die Gefahr sich verwirklichen wird, bzw. wie hoch die Risiken sind. Darüber muss der Gläubiger selbst entscheiden.

Die Rechtsprechung hat eine obligation d'information z.B. im Auftragsrecht[1073] und bei der Geschäftsbesorgung[1074] angenommen; außerdem im Behandlungsvertrag mit dem Arzt, im Kaufvertrag, im Architektenvertrag.[1075]

Generell wird eine obligation de renseigenement als Schutzpflicht in allen Verträgen zu bejahen sein, deren Erfüllung den Vertragspartner einer Gefahr aussetzt, die dieser, nachdem er darauf hingewiesen wurde, selbst beherrschen kann und die ihm als solche bekannt ist. Der Gläubiger bedarf also keiner weiteren Hinweise, wie er sich gegen die Gefahr schützen kann, bzw. mit welcher Wahrscheinlichkeit sie eintritt und wie er Schäden vermeiden kann.

Eine intensivere Unterrichtung erfordert die obligation de conseil.[1076]

ii. Die obligation de conseil

Die obligation de conseil, zuweilen als „tutorat" verschrieen,[1077] beinhaltet nicht nur objektive Information, sondern auch die Beratung des Vertragspartners in seinem Handeln.[1078] Der conseil ist „l'avis sur la conduite à tenir", und er beschränkt sich daher nicht auf die Befolgung gesetzlich vorgesehener Informationen.[1079] Es handelt sich damit um ein subjektives Werturteil über die Gün-

---

1070 Mayer, S. 101, übersetzt mit Aufklärungspflicht. Da aber auch dafür keine eindeutige Definition im deutschen Recht besteht, verzichte ich auf eine Übersetzung.

1071 Terré/Simler/Lequette, n° 250, spricht diesbezüglich von „information à l'état brut". S.a. Chirez, D. 76, 516, u. Chaussade-Klein, S. 120, die den devoir de renseignement als die Anwort auf eine explizite oder implizite Frage sehen. M.E. kommt damit aber der objektive Charakter der Mitteilung nicht klar heraus, denn eine Frage kann sich auf auf die Risikoverwirklichung beziehen (z.B. Frage: „Was halten Sie davon").

1072 StarckRoland/Boyer, S. 117.

1073 Tribunal civil de la Seine, 1re ch., 18.03.40, GP 30.I.820.

1074 Cass, 1re, 05.12.61, D 62, som. 28.

1075 Cass, 1re, 29.06.64, D 65, som., S. 10: Störungen der Nachbarschaft durch Baumaßnahmen; Mayer, S. 132.

1076 Zu Überschneidungen von obligation de renseignement und obligation de conseil s. Petit, Fasc. 21, S. 15; Picod, Devoir de loyauté, S. 122.

1077 Dubuisson, S. 9.

1078 Terré/Simler/Lequette, n° 430.

1079 Dictonnaire Flammarion, zitiert nach Picod, devoir, S. 120.

stigkeit des vom Partner anvisierten Verhaltens,[1080] das ein Eingehen auf die spezielle Situation des Vertragspartners verlangt. Sie umfasst auch das Abraten von einem Entschluß und verpflichtet so indirekt den Schuldner, die endgültige Entscheidung für den Gläubiger vorzunehmen.[1081] Um dies zu können, muss der Schuldner erforderliche Präzisierungen vom Gläubiger erfragen[1082] und vorangehende Studien und Untersuchungen durchführen.[1083] Erkennt der Unternehmer nach der Erkundigung, dass das Ansuchen des Vertragspartners nicht „sain" ist, so muss er die ihm übertragene Aufgabe ablehnen.[1084]
Voraussetzung der obligation de conseil ist die Überlegenheit des einen Vertragspartners, auf die der andere vertraut.[1085]
Die obligation de conseil ist durch die Rechtsprechung immer mehr zu einer Pflicht der Unternehmer geworden.[1086] Deshalb wird vielfach die Eigenschaft des Schuldners als Unternehmer als Kriterium dafür angesehen, dass eine obligation de conseil vorliegt.[1087] Im Hinblick auf Unternehmer wird deshalb häufig allgemein von einer obligation de conseil gesprochen. Dabei kann auch ein Unternehmer von einer obligation de conseil profitieren, wenn er auf dem betreffenden Gebiet keine besondere Kompetenz hat.[1088]
Die obligation de conseil stellt aber keine Schutzpflicht dar, da es bei ihr um den wirtschaftlichen Nutzen des Geschäfts geht und nicht um Gefahrenabwehr. Dafür ist die obligation de mise en garde speziell.

iii. Die obligation de mise en garde

Der Schuldner einer obligation de mise en garde darf sich nicht mit einem subjektiven Ratschlag an den Gläubiger begnügen, er muss diesen vielmehr auf die Gefahren, die ihm durch den Vertragsabschluss oder die Vertragsdurchführung entstehen können, unzweideutig aufmerksam machen.[1089] Nur ein Hinweis auf die Gefahr reicht nicht aus, der Schuldner muss insistieren und präzisieren, was passiert, wenn sich der Vertragspartner nicht an die Weisungen hält.[1090]

1080 Paris, 22.06.83, D 85, IR 43; Cass, 1re, 03.07.85, Bull.civ. I, n° 211.
1081 Cass, 1re, 27.06.95, RTD 96, 384 com. Mestre; Gardella, GP 00, chron., S. 2128.
1082 Paris, 11.01.84, zitiert nach Le Tourneau, Responsabilité professionnelle, S. 617. Cass, 1re, 07.04.95, RTD civ. 00, 84, com. Mestre: Der Werkunternehmer „doit s'informer des besoins de son client et adapter le matériel proposé à l'utilisation qui en était prévue". Cass, 1re, 05.12.95 "Lawham c./soc. Communication Nord-Est", inédit, zitiert nach Mestre, RTD civ. 96, 384.
1083 Cass, com, 17.03.81, Bull.civ., IV, n° 150.
1084 Paris, 25.11.87, D 88, I.R. 3; Le Tourneau, D 90, chron., S. 22. Dag. Paris 29.11.88, D 89, I.R. 5: die obligation de conseil führt nicht zu einer Ersetzung der Entscheidung des Verbrauchers durch diejenige des Unternehmers.
1085 Alissé, S. 128 nach Picod, Devoir de loyauté, S. 120.
1086 Z.B. Cass, 3e, 30.05.80, Bull. c. III, n° 108; Cass, 1re, 07.04.98, RTD civ. 99, S. 84, com. Mestre.
1087 Cornu, RTD 72, 419; Chirez, D 76, S. 516; Savatier, D 72, chron., S. 137; Le Tourneau/Cadiet, n° 1576; Saint-Afrique, Defrénois, 93 S. 914; Le Tourneau, Responsabilité professionnelle, S. 617; Mayer, S. 107.
1088 Mestre, RTD civ. 96, 384.
1089 s. Malaurie/Aynès, S. 228; Terré/Simler/Lequette, n° 430.
1090 Cass, 1re, 16.04.75; Chirez, D 76, juris., S. 514.

Die obligation de mise en garde ist damit eine gefahrenbezogene Informationspflicht und als solche eine klassische Schutzpflicht.[1091] Sie erfasst die Fälle, in denen eine obligation de renseignement nicht ausreicht, da der Gläubiger die Gefahr entweder nicht versteht oder sich nicht zu helfen weiß. Die Intervention des Schuldners zur effektiven Gefahrenabwehr ist erforderlich.

Gemäß ihrer Definition besteht eine obligation de mise en garde in jedem Vertrag, der durch seinen Abschluss, seine Vertragsausführung oder sein Vertragsobjekt den Gläubiger Gefahren aussetzt. So muss z.B. der Hersteller die Vorsichtsmaßnahmen bei der Bedienung seiner Produkte angeben oder der Heizungsinstallateur, der mit der Unterhaltung der Heizung beauftragt ist, muss den Auftraggeber über deren defekten Zustand informieren.[1092]

b) Inhalt der geschuldeten Information

Inhalt der Information sind alle Tatsachen, die sich auf die Vertragserfüllung auswirken können.[1093] Berichtet werden muss nur über die „faits pertinents". Dabei handelt es sich um „tout élément susceptible d'entraîner chez le créancier une réaction, en ce sens que si ce dernier avait connu l'information, il aurait agit différemment".[1094] Bezogen auf die Information als Schutzpflicht bedeutet dies, dass – unabhängig vom Grad der Beratung – über alle Gefahren zu informieren ist, die während der Vertragserfüllung für den Vertragspartner bestehen.

Die Information muss sich auf die besondere Sorgfalt beziehen, die der Vertragspartner zur Gefahrenabwehr anwenden muss.[1095] Es müssen aber nur die „situations ordinaires" der Verwendung des Vertragsobjekts beachtet werden.[1096] Verschärft sind die Inhaltsanforderungen im Arztrecht. So ist auch über Risiken aufzuklären, die „se réalisent exceptionellement"[1097], sofern sie erhebliche Folgen nach sich ziehen[1098]; ebenso muss bei Medikamenten auch auf die „sensibilité particulière" des Patienten Rücksicht genommen werden.[1099] Keine Informationspflicht besteht jedoch über unvorhersehbare Risiken, da ein solche gar nicht möglich wäre.[1100]

Zusammenfassung: Eine informationsbezogene Schutzpflicht findet sich nicht im Code civil, aber in Art. 35 al. 1re Code de déontologie médicale, in Art. 113-4 3e Code des assurances sowie in Art. 11-1 Ccons. Die Rechtsprechung hat zwei Voraussetzung für die Annahme einer obligation d'information entwickelt: der Gläubiger muss sich im Zustand einer ignorance légitime befinden und der

---

1091 So auch Raymond, S. 223.

1092 CdA Paris, 23e ch. A, 12.09.01, RCA 01/12, S. 18.

1093 Picod, Devoir de loyauté, S. 123; Terré/Simler/Lequette, n° 416; einschränkend Sonnenberger, FS Odersky, S. 718.

1094 Fabre-Magnan, Thèse, S. 132f., Rn. 169.

1095 Demogue, RTD civ. 23, S. 647.

1096 Cass, 1re, 28.11.00, D 02, juris., S. 1003, obs. Pignarre.

1097 Cass, 1re, 14.10.97, JCP 97.II.22942.

1098 Conseil d'Etat, „Clinique du parc", 05.01.2000, JCP 00, II 10271. S.a. Tchendjou, JCP 03, I 141, S. 1091f.

1099 Cass, JCP 95.II.22467.

1100 Cass, 1re, 07.10.98, RCA 98, com n° 393, 2e espèce.

Schuldner muss um die Gefährdung des Vertragspartners wissen, bzw. hätte davon wissen müssen. Die Informierung muss so erfolgen, dass der Gläubiger die Gefahren vermeiden kann. Grenzen der obligation d'information finden sich im devoir de non ingerence und im secret professionnel. Die obligation d'information unterteilt sich in die objektive obligation de renseignement, die subjektive obligation de conseil und die speziell gefahrenbezogene obligation de mise en garde. Dabei handelt es sich bei der obligation de conseil um keine Schutzpflicht, da sie dem wirtschaftlichen Erfolges des Vertrages dient. Inhaltlich beschränkt sich die obligation d'information auf die faits pertinents.

C. Supranationales Recht

Weder die UP noch die PECL erwähnen die Informationspflicht als Schutzpflicht, sie ist lediglich für das vorvertraglichen Stadium geregelt, vgl. Artt. 4:106, 4:107 PECL Art. 3.8 UP. Die vertragliche Informationspflicht ist deshalb aus dem devoir de collaboration, Art. Art. 5:3 UP, Art. 1:202 PECL abzuleiten. Sie enthält die Pflicht, den Vertragspartner über die gefahrlose Benutzung des Vertragsobjekts zu informieren.[1101]

Im internationalen Handelsrecht ist eine Informationspflicht anerkannt.[1102] Die Informationspflicht wird aus der Pflicht der Vertragsparteien, an der Vertragsrealisierung mitzuwirken, abgeleitet und verpflichtet jede Partei, der anderen alle für die Vertragsdurchführung erforderlichen Kenntnisse zu verschaffen. Eine Informationspflicht besteht, soweit es „exige l'intérêt d'un contractant.[1103] Jeder Vertragspartner muss sich zuerst selbst informieren; den Unternehmer trifft dabei eine Vermutung für seine fachliche Kompetenz.[1104] Je komplexer die verkaufte Sache ist, umso schwächer ist diese Vermutung, der Schuldner ist zu ausführlicherer Beratung verpflichtet.[1105] Er muss sich selbst informieren, um den Partner ausreichend informieren zu können. Gegenstand der Informationspflicht sind die „faits pertinents".[1106] Nach diesen Grundsätzen kennt das CISG in Art. 35 II b eine Aufklärungspflicht über die Tauglichkeit der Ware zu einem bestimmten Gebrauch; darin ist auch eine Pflicht, dem Vertragspartner vor ihm schädlichen Verhalten abzuraten, enthalten.

Diese Grundsätze sind auf die UP wie die PECL übertragbar.[1107] So führt die Aufklärung über den vertragsgemäßen Gebrauch des Vertragsobjekts zu einer Mitteilung der damit verbundene Gefahren. Die aufgezeigten Grundsätze zeigen aber auch, dass diese Informationspflicht eindeutig am Äquivalenzinteresse orientiert ist, der Schutz des Vertragspartners vor Gefahrenquellen ist nur eine Nebenerscheinung; z.B.

[1101] Huber, Vertragsverletzungen, S. 864; Bourdelois, Dictonnaire Joly, n° 47, S. 22.
[1102] Vgl. Guilbeault, Cahiers de droit 96, S. 315, 317; Ferrari, JZ 98, 9, für CISG
[1103] Schiedsspruch Klöckner v. Kamerun
[1104] Schiedsspruch CIRDI, „Atlantic Triton", 14.04.86, JDI 88, S. 181f.
[1105] Guilbeault, Cahiers de droit 96, S. 329.
[1106] Klöckner v. Kamerun.
[1107] CCI, n° 2214, JDI 75, S. 917, note Derains.

Im Europarecht ist die Informationspflicht i.S.e. Schutzpflicht bereits dem Inhalt nach bekannt. So legt D 93-13 vom 05.04.93[1108] dem Unternehmer die Pflicht auf, „[de] prendre en compte des intérêts légitimes“ seines Vertragspartners. Dazu gehört vor allem die Sicherheit und Unversehrtheit seiner Person und seiner Rechtsgüter.

D. Rechtsvergleichung

Unterrichtung ist eine Möglichkeit des Schuldners, seiner Schutzpflicht nachzukommen. Der Schuldner kann wählen, ob er informiert oder die Gefahr bzw. die Gefahrenquelle beseitigt. Im deutschen und französischen Recht ist dieser Aspekt der Informationspflicht als vorgelagerte Sicherungspflicht anerkannt; er ist zu unterscheiden von dem anderen, i.d.R. im Vordergrund stehenden Zweck der Informationspflicht, dem Vertragspartner zu einer wirksamen Willenserklärung im Hinblick auf die Hauptleistungspflicht zu verhelfen.
Die Voraussetzungen sind ähnlich: im deutschen Recht das Erkennen der Gefahr durch den Gläubiger und die Schutzbedürftigkeit, im französischen Recht die ignorance légitime des Gläubigers und die Kenntnis des Schuldners. Insofern entsprechen sich die Voraussetzungen; zusätzlich verlangt das deutsche Recht die Zumutbarkeit der Aufklärung für den Schuldner; dieses Kriterium fehlt im französischen Recht, es wird aber wohl durch den Begriff des devoir de collaboration erfaßt, den sich die Vertragspartner schulden.[1109] Gerade im Hinblick auf Körper- und Eigentumsschäden ist der Maßstab für die Zumutbarkeit des Gläubigers aber wegen der Bedeutung dieser Rechtsgüter hoch anzusetzen, so dass im Ergebnis keine bedeutenden Unterschiede zum französischen Recht bestehen.
Auffällig ist die detaillierte Regelung der Informationspflicht in Rechtsprechung und Lehre im Gegensatz zur Sicherungspflicht/obligation de sécurité. Dies hat seinen Grund in der besonderen Schutzbedürftigkeit des Gläubigers: vor Vertragsschluß wird der Schuldner alle gewünschten Informationen geben, da er am Vertragschluß interessiert ist, anschließend wird er dazu aber nicht mehr freiwillig bereit sein. Deshalb bedarf es der ausführlichen Regelung, zumal sich die Notwendigkeit der Gefahrenaufklärung nicht auf die vorvertragliche Phase beschränkt.
Die Art und Weise und der Inhalt der Information sind im französischen und deutschen Recht weitgehend gleich geregelt. Während die Grenze der Informationspflicht im deutschen Recht undeutlich bleibt, zeichnet sich das französische Recht hier durch eine klare Lösung aus: Einwilligung, devoir de non ingerence, Kenntnis des Gläubigers und das Berufsgeheimnis begrenzen die Informationspflicht.

Insgesamt lässt sich feststellen, dass im Gegensatz zur Sicherungspflicht/ obligation de sécurité die Informationspflicht im deutschen und französischen

---

[1108] D 93.2.360.
[1109] S. le Tourneau, la responsabilité des vendeurs et fabricants, S. 18, 22.

Recht sehr ähnlich geregelt ist, die Unterschiede sind im Ergebnis minimal. Die UP und die PECL haben wie schon für die Sicherungspflicht auf eine Regelung des schützenden Aspekts der Informationspflicht verzichtet. Der Rückgriff auf die Grundsätze des internationales Vertragsrechts ist wenig ergiebig, da dort der Schutzaspekt nur ein Nebenaspekt der leistungsorientierten Informationspflicht ist.

3. Teil. Ausblick und Rechtsvereinheitlichung

Nach Darstellung und Vergleich der Schutzpflichten im deutschen und im französischen Recht soll abschließend die Frage der Rechtsvereinheitlichung gestellt werden. Ist eine solche überhaupt notwendig? Welche Faktoren sind zu beachten und wie könnte sie aussehen?
Hintergrund dieser Überlegungen ist, dass die EU-Kommission eine Vereinheitlichung des europäischen Zivilrechts andenkt, obwohl die Gesetzgebungskompetenz der EU in diesem Bereich strittig ist.[1110]

I. Notwendigkeit einer Rechtsvereinheitlichung

„Unser ganzes einheimisches Recht [ist] ein endloser Wust einander widerstreitenden, buntscheckiger Bestimmungen". Dieser Ausspruch[1111] von Thibaut aus dem Jahre 1814 paßt auf die heutige Situation, wenn man deutsche und französische Schutzpflichten vergleicht. Sie sind weitgehend ähnlich, aber doch mit einigen wesentlichen Unterschieden geregelt. Zu nennen sind hier insbesondere der Umfang der vertraglichen Haftung, die Beweislastverteilung und vor allem die Vertragstypen, die eine Schutzpflicht enthalten. Eine einheitliche Lösung ist für den reibungslosen Ablauf des europäischen Handelsverkehrs damit wünschenswert.[1112]
Durch eine europaweite Kodifikation könnte Klarheit in die komplexen Schutzpflichten gebracht werden. „On rencontre des appreciations opposées dans une hypothèse identique", sagt Esmein über die obligation de sécurité.[1113] Angesichts der geschilderten Unsicherheiten bezüglich der Schutzpflichten – insbesondere die Frage im französischen Recht, wann es überhaupt eine obligation de sécurité gibt bzw. wann sie eine Erfolgs- und wann eine Verhaltenspflicht ist - lässt die Problematik an Rechtssicherheit zu wünschen übrig. Die Vertragsschließenden wissen nicht, welche Pflichten ihr Vertrag enthält, diese werden erst im Streitfall, d.h. nach ihrer Verletzung, von dem Richter festgestellt. Dennoch ist die Vertragssicherheit ein allgemeiner Grundsatz des Europarechts.[1114] Deshalb ist schon aus Gründen der Rechtssicherheit eine Rechtsvereinheitlichung der Schutzpflichten erforderlich.
Zwar ließen sich Schutzpflichten auch – so wie im deutschen Recht bis zur Schuldrechtsmodernisierung und im französischen Recht noch immer – aus dem allgemeinen Gebot von Treu und Glauben ableiten; denn dabei handelt es sich bereits heute um einen festen Bestandteil der europäischen Rechtsordnung.[1115] Die Rechtsprechung und die Lehre hätten also keine Mühe, aus den UP und den

---

[1110] S. hierzu Basedow, AcP 200, S. 473; Roth in Ernst/Zimmermann, S. 231ff mit weiteren Nachweisen.
[1111] Zitiert nach Basedow, AcP 200, S. 245.
[1112] S. hierzu Gandolfi, RTD civ. 92, S. 731.
[1113] Esmein, D 62, juris., S. 147.
[1114] EuGH, 10.07.80 „Lacôme", Slg. 1980, 2511.
[1115] EuGH, 14.12.76 „Segoura v. Bouakdarion", 25/75, ECR 1851.

PECL eine Dogmatik der Schutzpflichten zu entwickeln, wie sie heute im deutschen oder französischen Recht besteht. Dies wäre aber unter dem Aspekt der Rechtssicherheit nicht befriedigend. Die Darstellung der französischen Rechtslage im Hinblick auf die obligation de sécurité hat gezeigt, zu welcher Unübersichtlichkeit und damit Willkürlichkeit dieser Weg führen kann.

Weiterhin stellt sich die Frage, ob sich eine Rechtsvereinheitlichung auf das Gebiet des Vertragsrechts, dem die vertraglichen Schutzpflichten ja angehören, beschränken läßt. Die Betrachtungen haben gezeigt, dass die Schutzpflichten nicht per se dem Vertragsrecht zuzuordnen sind. Sie weisen vielmehr mannigfache Verbindungen zu dem Deliktsrecht auf, sind sie doch ursprünglich von der Rechtsprechung wegen Mängeln des Deliktsrechts eingeführt worden. Die Grenzen zwischen Vertrags- und Deliktshaftung sind nicht allgemein anerkannt, sie variieren je nach Rechtsordnung. „The law of contract and the law of tort are in a modern context, properly to be seen as but two of a number of imprecise divisions, for the purpose of classification, of a general body of rules constituting one coherent system of law".[1116] Aus diesem Grund darf das vertragliche Schadensrecht nicht isoliert vereinheitlicht werden; ansonsten stünde dem Gläubiger die Möglichkeit offen, im Fall des Scheiterns seines vertraglichen Schadensersatzanspruchs auf einen nationalen deliktischen Anspruch zurückzugreifen und damit das europäische Haftungssystem auszuhebeln.[1117]
Es ist deshalb eine Rechtsvereinheitlichung auf dem Gebiet des allgemeinen Schadensrechts vorzuziehen.[1118]

II. Maßstab der Rechtsvereinheitlichung

Die Darstellung des deutschen und des französischen Rechts hat ergeben, dass die Problematik der Schutzpflichten gesetzlich weitgehend ungeklärt ist und ihre Ausgestaltung der Rechtsprechung überlassen wird. Auch der neue §241 II BGB hat wenig Klarheit geschaffen; es fehlt an einer Festlegung der Voraussetzungen der Schutzpflichten – ein Begriff, den das Gesetz gar nicht verwendet – und an einer genauen Abgrenzung zwischen Vertrags- und Deliktsrecht. Es fehlt also in ganz erheblichem Maße an Rechtssicherheit. Diese muss aber erstes Ziel einer Rechtsvereinheitlichung sein.
Dazu reicht es aber nicht aus, in Anlehnung an die deutsche Schuldrechtsmodernisierung von 2002 nur einige vereinzelte Punkte der Schutzpflichtproblematik in die Kodifikation aufzunehmen und die Rechtsfrage insgesamt nicht zu regeln. Dies „ließe Entscheidendes unbeantwortet und verwiese letztlich wieder auf einzelstaatliches Recht",[1119] und damit auf den Entscheidungsspielraum des Richters. Die Vertragspartner müssen nämlich wissen, ob sie eine Schutzpflicht trifft und welchen Inhalt diese Pflicht hat. „Pflichten kann man nur erfüllen, wenn man sie kennt oder doch erkennen kann".[1120] Diese Stellung der

---

[1116] Hawkins v. Clayton and Others 78 [1988]. A.L.R. 69, 101.
[1117] Witz, D 00, chron., S. 82. Zustimmend Sonnenberger, JZ 98, S. 988.
[1118] S.a. Koziol, Europ. Vertragsrechtsvereinheitlichung, S. 213.
[1119] Sonnenberger, JZ 98, S. 982.
[1120] Köhler, CR 88, S. 623.

Schutzpflichten im Haftungssystem ist gesetzlich zu regeln. Es ist Aufgabe des Gesetzgebers, eine klare Trennung zwischen Vertrag und Delikt vorzunehmen. Trotz der überragenden Bedeutung der Rechtssicherheit darf aber nicht übersehen werden, dass die Schutzpflichten einzelfallbezogene Pflichten sind. Eine genaue Festlegung ihres Inhalts ist a priori nicht möglich, sie ergibt sich vielmehr aus der konkreten Situation. Eine detaillierte gesetzliche Regelung der Schutzpflichten ist deshalb weder wünschenswert noch möglich.[1121]

III. Vorschlag zu einer Rechtsvereinheitlichung

Zwei Möglichkeiten bieten sich an, eine Rechtsvereinheitlichung bezüglich der Schutzpflichten durchzuführen: zum einen die klassische Lösung, die eine Abgrenzung zwischen Vertrags- und Deliktshaftung versucht; und zum anderen eine moderne Einheitslösung.

1. Die Äquivalenztheorie

Als klassische Lösung, die an der hergebrachten Struktur der vertraglichen Schutzpflichten festhält, wird die oben erarbeitete Äquivalenzlösung vorgeschlagen. Danach sind vertragliche Schutzpflichten anzunehmen, wenn nach dem Vertragszweck das Äquivalenzinteresse ein bestimmtes Integritätsinteresse mitumfasst. Letzteres wird dann von einer Schutzpflicht erfasst, d.h. der Vertragspartner ist auch vertraglich dazu verpflichtet, dieses Integritätsinteresse zu schützen. Ansonsten kommt es nur zur Anwendung des Deliktsrechts. Für die Begründung und die Vorzüge der Äquivalenztheorie darf auf oben verwiesen werden. Die Äquivalenztheorie würde den Anforderungen an die Rechtsvereinheitlichung genügen: sie trägt zur Rechtssicherheit durch eine klare, relativ einfache Lösung bei und erlaubt eine Trennung von Vertrags- und Deliktsrecht. Außerdem hat sie den Vorteil, dass sie auf Überlegungen aufbaut, die im deutschen und französischen Recht bereits aus anderem Zusammenhang bekannt sind. Ihre Umsetzung erfordert deshalb nicht das Erlernen eines völlig neuen Konzeptes, was ihre Akzeptanz gerade von Seiten der Richterr erhöhen könnte.

Für die europäische Rechtsvereinheitlichung ist aber ein größerer Wurf möglich, nämlich die Vereinheitlichung von vertraglichem und deliktischem Schadensersatzanspruch.

2. Die Einheitstheorie

Grundgedanke der Einheitstheorie ist, den vertraglichen und den deliktischen Schadensersatzanspruch demselben Haftungstypus zu unterstellen. Es gibt nur noch eine Anspruchsgrundlage, die sowohl Verstöße gegen das gegebene Wort wie auch gegen allgemeine Verhaltensregeln erfasst. Die Unterscheidung aus dem römischen Recht zwischen Ansprüchen „ex contractu“ und „ex delicto“[1122] wird hinsichtlich des Schadensersatzanspruchs aufgegeben.

[1121] Kress, S. 582.

[1122] Gaius 3, 88. Urpsrünglich kannte auch das römische Recht die Unterteilung nicht, vgl. Brun, Thèse, S. 15.

Die Einheitstheorie ist geltendes Recht nach dem Schweizer Obligationsrecht[1123] und nach dem Code civil von Quebec von 1994. Hinsichtlich der Schutzpflichten gilt sie bereits im englischen Recht: „Since, in any event, the duty is one which exists by impartation or implication of law and not by virtue of any open negociation between the parties, I should be inclined to say that there is no real distinction between the two possible sources of obligation“.[1124]

a) Inhalt der Einheitstheorie

Die Einheitstheorie hat zum Inhalt, einen einzigen Anspruch für Schadensersatz anzuerkennen, die Unterscheidung zwischen vertraglichem und deliktischem Schadensersatzanspruch wird aufgegeben. Die wenigen noch bestehenden Unterschiede zwischen Vertrags- und Deliktshaftung werden abgeschafft.[1125]
Das geltende Recht, das französische wie das deutsche, kennt Schadensersatzansprüche in zwei Fallkonstellationen: Eine Person hat einer anderen einen Schaden zugefügt und zwar entweder unter Verstoß gegen eine allgemeine Verhaltensregel oder unter Verstoß gegen eine zwischen dem Schädiger und dem Geschädigten vereinbarte Verhaltensregel.[1126] „L'une et l'autre faute créent également une obligation, celle de réparer par une indemnité le dommage causé; l'une et l'autre faute supposent également l'existence d'une obligation antérieure; l'une et l'autre consistent également en un fait qui est la violation de cette obligation. ... La nature de l'obligation violée reste sans influence sur la faute“.[1127]
Sowohl die Vertrags- wie auch die Deliktshaftung sanktionieren einen Verstoß, einen Verstoß gegen den Grundsatz „pacta sunt servanda“ oder einen Verstoß gegen das Prinzip „neminem laedere“. In beiden Fällen handelt es sich um eine gesetzliche Anordnung, bzw. um einen Verstoß dagegen. Denn auch wenn von der Vertragshaftung behauptet wird, sie beruhe auf der Parteivereinbarung, so liegt doch der Grund ihrer Geltung überhaupt in der gesetzlichen Sanktion ihres Verstoßes. Da es also um einen Verstoß gegen eine gesetzliche Anordnung geht, ist es angebracht, in beiden Fälle gleich zu haften.
Selbstverständlich stellt es ein Problem dar, die deliktischen Pflichten ähnlich den vertraglichen in einer Liste zusammenzufassen. Dies wird unmöglich sein.

[1123] Es behandelt die unerlaubte Handlung im Titel „Die Entstehung der Obligationen“, Art. 41 ff. Im 2. Titel, Artt. 68ff. „Die Wirkung der Obligationen“ werden vertraglichen und gesetzliche Pflichten gemeinsam ohne Unterschiede auf ihren Ursprung behandelt.

[1124] Lord Radcliffe in „Lister v. Romford & Storage&Co“ [1957], A.C. 555 [587] bzgl. Schutzpflicht des Arbeitnehmers, zitiert nach Kötz/Flenner, S. 185.

[1125] So auch die Forderung von Viney, RCA, hors série, S. 83; Planiol, in Carval, S. 126; Tunc, Droit&Cultures 96, S. 28; Larroumet, Droit civil, n° 595.

[1126] Dag. Josserand, Cours de droit positif, tome III, n° 422 (zitiert nach Brun, Thèse, S. 62): „la responsabilité délictuelle naît, non pas de prétendus devoirs préexistants, mais bien de la faute même qui a été commise à leur occasion“. Dem ist zuzustimmen. Jedoch übersieht Josserand, dass die deliktischen Verhaltensregeln lediglich als Maßstab für das an den Tag gelegte Verhalten dienen, genau so wie auch die Vertragspflichten als solche Regeln aufgefasst werden können. Es geht demnach gar nicht um den Ursprung der Haftung, sondern lediglich um ihre Voraussetzungen.

[1127] Planiol, Traité elementaire, n° 876s. Die Ähnlichkeit klingt auch in OLG Stuttgart, NJW 94, 1904, an, das im Hinblick auf die positive Vertragsverletzung und §823 I BGB von „deutlich parallele[r] Tatbestandsmäßigkeit spricht.

Daraus könnte sich die Gefahr ergeben, dass bei der richterlichen Anwendung verschiedene Anforderungen an den Sorgfaltsmaßstab je nach Schädiger getroffen werden.[1128] Dennoch besteht schon heute das gleiche Problem im deutschen Recht: Die Verkehrssicherungspflichten lassen sich nicht im Voraus festschreiben, sie werden erst durch die richterliche Anwendung im Einzelfall fassbar. Ebenso verhält es sich im Grunde genommen auch mit den Schutzpflichten: auch ihr Inhalt ist im Voraus nicht prognostizierbar. Dass die Schutzpflichten und die Verkehrssicherungspflichten in ihren Sorgfaltsanforderungen sich am Schuldner ausrichten, trifft zu, es stellt aber keinen Nachteil dar, sondern vielmehr einen Vorteil. So kann in geeigneter Weise auf das Ungleichgewicht der Vertragspartner und die persönlichen Fähigkeiten des Schuldners reagiert werden. Eine Liste, die die haftungsauslösenden Pflichten aufzählt, gibt es unter geltendem Recht nicht, und sie ist auch entbehrlich.
Für den Sorgfaltsmaßstab gilt der Grundsatz, dass eine erhöhte Anfälligkeit des Opfers eine Steigerung der Gefahr bedeutet und deshalb eine intensivere Gefahrenabwehr geschuldet ist. Die Anfälligkeit des Opfers kann sich dabei insbesondere aus dem Vertrauen des Vertragspartners in das Ausbleiben einer Gefährdung durch die Vertragsbeziehung und aus dem Sich-Ausliefern in den Rechtskreis des anderen ergeben. Damit kann auch eine Einheitlösung ein differenziertes Haftungssystem entsprechend den unterschiedlichen Anforderungen an den Schuldner bewirken.

Die Einheitstheorie führt zu keinen Schwierigkeiten im Verhältnis ihres Schadensersatzanspruchs zu den spezifisch vertraglichen Rechtsbehelfen, wie Rücktritt oder Zurückbehaltungsrecht. Denn bereits heute ist im deutschen wie französischen Recht in §325 BGB und Art. 1147 Cciv. anerkannt, dass der geschädigte Vertragspartner zugleich Schadensersatz verlangen und vom Vertrag zurücktreten kann.

b) Ansätze der Einheitstheorie im positiven Recht und Begründung

Die Einheitshaftung hat in Deutschland und Frankreich in einigen Gebieten bereits Einzug in das Gesetz gefunden. Sowohl die Haftung für Staßenverkehrsunfälle wie auch die Produkthaftung beruhen ihrem Sinn und Zweck nach auf dem Einheitsprinzip. Auch im Europarecht ist sie nicht unbekannt, setzen doch die französische und deutsche Produkthaftung eine EU-Richtlinie um. Außerdem hat die Cour de cassation die Einheitshaftung auf das Kaufrecht insgesamt ausgedehnt.

Die deutsche Schuldrechtsmodernisierung ist der Einheitstheorie nicht gefolgt, Vertrag und Delikt werden weiterhin nach außen hin streng unterschieden. In den Voraussetzungen haben sich Vertragshaftung und Deliktshaftung aber durch den neuen §280 I BGB weitgehend angenähert. §280 I 1 BGB setzt eine Pflichtverletzung und einen dadurch verursachten Schaden voraus, Satz 2 fügt ein Verschulden des Schuldners hinzu. §823 I BGB als deliktische Grundnorm

[1128] So der Vorwurf von Brun, Thèse, S. 32

verlangt eine Rechtsgutsverletzung, Rechtswidrigkeit, Verschulden und einen kausalen Schaden. Kausalität, Schaden und Verschulden decken sich, Unterschiede scheinen bezüglich der Haftungsauslösung zu bestehen: nach Vertragsrecht eine Pflichtverletzung und nach Deliktsrecht eine rechtswidrige Rechtsgutsverletzung. Bei genauerer Betrachtung zeigt sich aber, dass auch diesbezüglich keine relevanten Unterschiede bestehen, sieht man von der dem deutschen Deliktsrecht eigenen Einschränkung der geschützten Rechtsgüter ab. Pflichtverletzung meint die Verletzung einer vertraglichen Pflicht, ihre Schlecht- oder Nichterfüllung. Sanktionswürdig ist diese Verletzung per se, wird doch eine freiwillig übernommene Pflicht missachtet. Sie ist also rechtswidrig i.S.e. Verstoßes gegen das, was zwischen den Parteien infolge ihrer vertraglichen Vereinbarung Recht ist.[1129] Eine Rechtsgutsverletzung an sich impliziert dagegen nicht notwendigerweise ein Verstoß gegen ein Verhaltensgebot, man denke etwa an die Notwehr. Deshalb ist für die Deliktshaftung als zusätzliches Kriterium die Rechtswidrigkeit der Rechtsgutsverletzung erforderlich. Einen prinzipiellen Unterschied zwischen Vertrags- und Deliktshaftung bedeutet dies aber nicht. Die deutsche Vertrags- und Deliktshaftung folgen vielmehr seit der Schuldrechtsmodernisierung derselben Struktur, in Frankreich ist dies seit Anerkennung der faute contractuelle der Fall.

Das Kriterium der Rechtswidrigkeit würde in der Einheitshaftung erhalten bleiben, da es für die Deliktshaftung unentbehrlich ist und bereits jetzt in der Vertragshaftung als unausgesprochene Voraussetzung enthalten ist.
Die nach positivem Recht bestehenden Unterschiede zwischen Vertrags- und Deliktshaftung werden abgeschafft. Dies wird bereits heute von der Lehre gefordert, die hier von „bizarreries et injustices“ spricht.[1130]
Problematisch könnte nur sein, dass Art. 1150 Cciv den vertraglichen Schadensersatz begrenzt. Diese Einschränkung, die dem deutschen Recht unbekannt ist, müßte gestrichen werden. Im Hinblick auf die Schutzpflichten ist sie sowieso nicht begründet, da es um die Verletzung des Integritätsinteresses geht, dessen Schutz der geschädigte Vertragspartner sicher nicht durch den Vertragsschluß gemindert wissen wollte. Aber auch sonst erscheint die Lösung des BGB passender. Sie beachtet nämlich, dass der Vertrag nicht nur das Vertragsobjekt und den daraus entstehenden Gewinn berührt, sondern weitere Folgen haben kann, man denke z.B. an den Mangelfolgeschaden. Außerdem beeinflusst der Ursprung der Schadensersatzpflicht aus Vertrag oder Delikt „ni le besoin de réparation de la victime ni la culpabilité du responsable“.[1131]

c) Vorteile der Einheitstheorie

Die Einheitstheorie bietet einen wesentlichen Vorteil: Sie schafft durch ihre Einfachheit und Klarheit Rechtssicherheit. Besteht nur noch *eine*

[1129] Eindeutiger das französische Recht, Art. 1134 al. 1 Cciv: “Les conventions légalement formées tiennent lieu de loi à ceux qui les ont faites“.

[1130] Jourdain, reflexion, S. 78; Tunc, responsabilité contractuelle internationale, S. 35: „Les différences de régime sont le résultat de la tradition plutôt qu'une response rationnelle aux besoins de la justice“.

[1131] Viney, Introduction, S. 431.

Schadensersatzform, erübrigen sich die Abgrenzungsschwierigkeiten, insbesondere die Qualifikationsfrage bezüglich der Schutzpflichten. Die gekünstelten Versuche, diese in das Vertragsrecht einzubeziehen, werden unnötig. Gleichzeitig werden aber nicht die Übel einer ausschließlich deliktischen Haftung übernommen, deren Anhänger übersehen, dass das Integritätsinteresse Gegenstand von Vertragspflichten sein kann. Mit der Einheitstheorie erübrigt sich nämlich die Unterscheidung zwischen Integritätsinteresse und Äquivalenzinteresse im Hinblick auf den Schadensersatz. Dadurch gelingt es der Einheitstheorie, dem hybriden Charakter der Schutzpflichten gerecht zu werden, denn eine Entscheidung zwischen Vertrag und Delikt ist nicht mehr nötig; die Haftung orientiert sich ausschließlich an den tatsächlichen Gegebenheiten, nämlich dem Vertrauen und der Rechtskreisöffnung. Der potentielle Schädiger, sei er Vertragspartner oder nicht, weiß, woran er ist, welche Regeln er beachten muss, wofür er haftet. Dies ist für Unternehmer besonders wichtig, da nur ein bekanntes Risiko versichert werden kann.[1132]

Damit einher geht ein zweiter Vorteil der Einheitstheorie: Die festgestellten Benachteiligungen des Vertragspartners, vor allem im französischen Recht, und die willkürlich erscheinende Ungleichbehandlung im deutschen Recht je nachdem, ob eine Vertragsbeziehung vorliegt oder nicht, fallen endgültig weg. Alle Geschädigten werden aufgrund einer Anspruchsnorm gleich behandelt. Dies ist auch gerechtfertigt, denn zum einen geht es um eine Beurteilung der gleichen tatsächlichen Umstände – man denke an die Vase, die vom Malermeister oder vom Hausfreund umgestoßen wird - und zum anderen gewährt Art. 3 I der europäischen Grundrechtecharta jeder Person ein Recht auf körperliche Unversehrtheit und Art. 17 I das Eigentumsrecht. Eine prinzipielle Differenzierung der Haftung danach, ob der Verletzte Vertragspartner oder beliebiger Dritter war, ist damit nicht vereinbar. Dies bedeutet, dass es bei einer gleichartigen Verletzung mit denselben äußeren Rahmenbedingungen keinen Unterschied machen darf, ob ein Vertragspartner oder ein Dritter verletzt wurde. Dadurch ist aber nicht gesagt, dass dem Vertragspartner gegenüber nach dem gleichen Haftungsmaßstab gehaftet wird wie gegenüber einem beliebigen Dritten. Die Untersuchung zur Beginn der Arbeit hat nämlich gezeigt, dass der Vertragspartner nicht wegen des bestehenden Vertrages an sich besonderen Schutz verdient, sondern weil er sich freiwillig der Einwirkungsmöglichkeit des anderen aussetzt und legitimerweise darauf vertrauen darf, dass er aus der Sonderverbindung unverletzt wieder entlassen wird. Diese tatsächlichen Umstände müssen selbstverständlich bei der Festlegung des Haftungsmaßstabs beachtet werden. Sie bestehen i.d.R. nicht gegenüber einem beliebigen Dritten. Deshalb muss ausgeschlossen sein, dass – wie es im französischen Recht geschieht – der Vertragspartner in der Haftung gegenüber dem Dritten benachteiligt wird. Der europäische Gesetzgeber muss also sicherstellen, dass

---

[1132] Sériaux, RCA 01, hors série, S. 59. Dieser Gedanke wurde von der Cass zur Vereinheitlichung der Haftung im Kaufrecht angeführt.

zwischen der Vertrags- und der Deliktshaftung für das Integritätsinteresse keine Unterschiede im europäische Zivilrecht bestehen.
Dies bedeutet aber nicht, dass der Haftungsmaßstab gegenüber dem Vertragspartner und dem Dritten notwendigerweise der gleiche ist. Wie zu Anfang der Arbeit festgestellt, sind verstärkte Verhaltenspflichten im Rahmen eines Vertrages durchaus gerechtfertigt, soweit es um die Vertragserfüllung geht. Diese Differenzierung wird durch die Einheitstheorie aber nicht aufgegeben. Denn ähnlich den deutschen Verkehrspflichten wird für den Sorgfaltsanforderungen auf die Nähe der Parteien abgestellt. Besteht ein enger Kontakt oder ein besonderes Vertrauensverhältnis zwischen Schädiger und Geschädigtem sind die Sorgfaltsanforderungen entsprechend höher.[1133] Auf den Grund für das Bestehen dieser Nähebeziehung, ob sich dieser aus einer Vertragsbeziehung oder aus anderen Gründen ergibt, kommt es dabei nicht an.

d) Schwierigkeiten einer Einheitslösung

Zwei Probleme wird die Einheitshaftung auf: Zum einen die Beweislastverteilung und zum anderen das Problem, Dritte nicht von Vertragsverletzungen profitieren zu lassen.

i. Beweislast

Die Beweislast ist nach ihrem Prinzip im deutschen und französischen Recht im Vertragsrecht und im Deliktsrecht unterschiedlich, Beweislastumkehr im Vertragsrecht, Beweislast des Geschädigten im Deliktsrecht. Wie dargestellt hat die Beweislast eine umfassende Korrektur durch die Rechtsprechung erhalten, Unterschiede bestehen jedoch noch.

Grund für die Beweislastverteilung ist nicht der vertragliche oder deliktische Ursprung der verletzten Pflicht. Grund ist vielmehr der Inhalt und die Intensität der verletzten Pflicht.[1134] Der Inhalt der Pflicht ergibt, zu was der Schädiger verpflichtet ist, sei es zu einem bestimmten Erfolg oder zu einem Verhalten. Dementsprechend ist die Beweislastverteilung: Ist er zu einem bestimmten Verhalten verpflichtet, so kann die Schädigung eingetreten sein, obwohl der Schuldner das geschuldete Verhalten an den Tag legte. Damit ist gerechtfertigt, dem Gläubiger die Beweislast für die Pflichtverletzung aufzuerlegen. Dies entspricht dem generellen Grundsatz, dass der Gläubiger das Vorliegen der Anspruchsvoraussetzungen beweisen muss. War der Schädiger hingegen zur Erbringung eines bestimmten Resultats verpflichtet, so deutet a priori der Nichteintritt des Ergebnisses auf eine Verletzung seiner Pflichten hin. In diesem Fall ist also der Schädiger entlastungspflichtig. So ist es auch im Rahmen der Einheitstheorie möglich, die Beweislast je nach der Schädigung auszugestalten, so dass sich i.E. keine Änderung zum heute geltenden positiven Recht ergeben würde.

[1133] Diese Regelung gilt nach positivem Recht im Deliktsrecht; so ist z.B. im Straßenverkehr besondere Sorgfalt erforderlich, s. Demogue, traité, n° 35.

[1134] Baudouin, S. 13.

ii. Effet relatif du contrat

Der Vertrag hat einen effet relatif, d.h. er bindet nur die Vertragsparteien und gewährt nur ihnen Rechte. So bedarf die Einbeziehung Dritter in einen Vertrag im deutschen Recht einer besonderen Begründung, nämlich eines Vertrages mit Schutzwirkung zugunsten Dritter. In der französischen Rechtsprechung hat dieses Prinzip seine Allgemeingültigkeit verloren, die Cour de cassation hat bereits in zwei Urteilen erklärt, dass eine faute contractuelle gegenüber einem Dritten eine faute délictuelle darstelle. „Des tiers à un contrat sont fondés à invoquer tout manquement du débiteur contractuel lorsque ce manquement leur a causé un dommage, sans avoir à rapporter d'autre preuve".[1135]

Die Einheitshaftung bewirkt keine Aufhebung des effet relatif eines Vertrages. Der unbeteiligte Dritte kann sich ihr zufolge nicht auf eine fremde Vertragsverletzung berufen und darauf einen Schadensersatzanspruch gründen. Denn – wie aus dem deutschen Deliktsrecht bei §823 II BGB bekannt – kommt es auf den Schutzzweck der verletzten Norm an. Ein unbeteiligter Dritter fällt ganz offensichtlich nicht unter den personellen Schutzzweck einer Vertragsverpflichtung.

Zusammenfassung: Die Probleme, die eine Einheitstheorie aufwerfen würde, sind nicht unüberwindlich. Ihre Vorteile überwiegen bei weitem. Deshalb kann die Einheitstheorie für die Rechtsvereinheitlichung des Europäischen Zivilrechts vorgeschlagen werden. Sie ist ausreichend flexibel, ihr gelingt es zugleich, einen höheren Standard an Rechtssicherheit zu schaffen, als er heute im positiven deutschen und französischen Recht hinsichtlich der Schutzpflichten besteht.

Mit Hilfe der Einheitstheorie könnte man einem altbekannten Übel des Rechts vorbeugen. Einem Übel, das die Problematik der Schutzpflichten während der gesamten Abhandlung wie ein roter Faden durchzog und von Jean Giraudoux so treffend formuliert wurde:[1136]

„Nous savons tous ici que le droit est la plus puissante des écoles de l'imagination.
Jamais poète a interprété la nature aussi librement que juriste la réalité."

[1135] Cass, 1re, 13.02.01, D 01, som., S. 2234f., com P. Delebecque.

[1136] La Guerre de Troie n'aura pas lieu, 2. Akt, 5. Szene.

Verzeichnis der fremdsprachigen Abkürzungen

al.	alinéa, entspricht dem dt. Absatz eines Paragraphen
Cass	Cour de Cassation, die nachfolgende Ziffer steht für die betreffende zivilrechtliche Kammer
Cass, com	Cour de Cassation, chambre commerciale
Cass, soc.	Cour de Cassation, chambre sociale
Cciv	Code civil
Ccom	Code de commerce
Ccons	Code de consommation
CCC	Contrat – concurrence – consommation
CdA	Cour d'Appel
D	Dalloz
DH	Dalloz hebdomadaire
D&P	Droit & Patrimoine
GP	Gazette du Palais
JCP	La semaine juridique, édition générale
NCPC	Nouveau code de procédure civile
PA	Petits Affiches
PECL	Principles of European contract law – Europäische Vertragsrechtsprinzipien
RTD civ.	Revue trimestrielle de droit civil
S	Recueil Sirey
UP	Unidroit-Prinzipien über die internationalen Handelsverträge

Literaturverzeichnis

Abadir, Rifaat: Bspr. Cass, Civ, 1re, 21.07.1970. D. 1970, juris., S. 767-769.

Abdel-Wahab, Addel Razzak: Le concours des responsabilités contractuelle et délictuelle en droit français et en droit suisse. Alexandrie, 1963. Thèse Genf.

Alexandre, Danièle: La bonne foi dans les relations internationales. Rapport français. In: Association Henri Capitant: La bonne foi. Paris (litec) 1992, tome XLII, S. 547-568.

Amann, Hermann/Brambring, Günter/Herterl, Christian: Die Schuldrechtsreform in der Vertragspraxis. München (Beck), 2002.

Anders, Holm: Die Pflichtverletzung im System des Leitungsstörungsrechts als Modell de lege ferenda. Berlin (Duncker & Humblot) 2001. Schriften zum Bürgerlichen Recht, Bd. 252.

Association Henri Capitant (Hrsg.): La bonne foi. Paris (litec), 1992. Travaux de l'Association Henri Capitant, Tome XLII.

Atias, Christian: Ne mélangeons plus conformité et sécurité. D 1993, chron., S. 130 – 132.

Aubert, Jean-Luc: Bspr. Cass, 1re, 25.02.97. Défrenois 1997, S. 751-753.

Aubry, C./Rau, C.: Cours de droit civil français. 6. Aufl. Paris (Etudes techniques Jurisclasseur), Bd. 6 von Paul Esmein, 1951.

Avenarius, Martin: Struktur und Zwang im Schuldvertragsrecht. JR 1996, S. 492-496.

Bach, Louis: Réflexions sur le problème du fondement de la responsabilité civile en droit français. RTD civ. 77, S. 17-53, 221-242.

Ballerstedt, Kurt: Zur Haftung für culpa in contrahendo bei Geschäftsabschluß durch Stellvertreter. AcP 151 (1951), S. 501-531.

Banakas, Stathis: Un droit européen de la responsabilité civile est-il envisageable. RCA 2001, hors série juin, S. 77-81.

Bar, Christian von: Nachwirkende Vertragspflichten. AcP 179 (1979), S. 452-474.

Bar, Christian von: Anmerkung zu BGH 15.5.79. JZ 1979, S. 728-730.

Bar, Christian von: Verkehrspflichten. Köln u.a. (Carl Heymanns Verlag), 1980.

Bar, Christian von: Vertragliche Schadensersatzpflichten ohne Vertrag? JuS 1982, S. 637-645.

Bar, Christian von: Gemeineuropäisches Deliktsrecht. München (Beck), 1996.

Abgekürzt: v. Bar, Deliktsrecht

Bar, Christian von: Ausländisches Privat- und Privatverfahrensrecht in deutscher Sprache. 4. Aufl. Köln u.a. (Carl Heymanns Verlag), 1998.

Bar, Christian von: Konturen des Deliktsrechtskonzepts der Study Group on a European Civil Code – Ein Werkstattbericht. ZEuP 2001, S. 515-532.

Bar, Christian von: Die Study Group on a European Civil Code. In: FS Henrich. Hrsg. v. Peter Gottwald ua. Bielefeld (Gieseking) 2000, S. 1-11

Bar, Christian von/Reinhard Zimmermann: Grundregeln des Europäischen Vertragsrecht. München (Sellier European Law Publications), 2002.

Basedow, Jürgen: The renascence of uniform law: European contract law and ist components. Legal Studies, vol. 18, 1998, S. 121-145.

Basedow, Jürgen: Die UNIDROIT- Prinzipien der internationalen Handelsverträge und das deutsche Recht. In: FS Lüderitz. Hrsg. von Haimo Schack, München (Beck), 2000, S. 1- 24.

Basedow, Jürgen: Das BGB im künftigen europäischen Privatrecht: Der hybride Kodex. AcP 200 (2000), S. 445-492.

Basedow, Jürgen (Hrsg.): Europäische Vertragsrechtsvereinheitlichung und deutsches Recht. Tübingen (Mohr Siebeck), 2000.

Baudouin, Jean-Louis: La responsabilité civile délictuelle. Montréal (Les Presses de l'université de Montréal), 1973.

Baumann, Jürgen: Betrug durch von Geschäftspartner nicht verstandene Vertragsformulierung. JZ 1957, S. 367-369.

Becqué, Emile: De la responsabilité du fait d'autrui en matière contractuelle. RTD civ. 1914, S. 251-320.

Belissent, Jean: Contribution à l'analyse de la distinction des obligations de moyens et des obligations de résultat. Paris (LGDJ), 2001.

Bénabent, Alain: Droit civil. Les obligations. 8e ed. Paris (Montchrestien), 2001

Bénabent, Alain: Droit civil. Les contrats spéciaux civils et commerciaux. 5e éd. Paris (Montchrestien), 2001.

Benayoun, Claude: Réflexions sur le devoir d'information en matière des risques thérapeutiques. RCA, Mars 1999, Chron. 9.

Bernstein, Herbert: Kollisionsrechtliche Fragen der cic. RabelsZ 41 (1977), S. 281-298

Béraudo, Jean-Paul: Les principes d'Unidroit relatifs au droit de commerce international. JCP 1995, chron. n° 3842, S. 189-194

Bittner, Roland: Schutz des französischen Käufers vor Mangelfolgeschäden. Regensburg, 1987. Diss.

Blaevoet, Ch.: De certains faux fondements de la responsabilité civile. GP 1967, chron., S. 13-17.

Böhme, Lothar: Die Aufklärungspflicht bei Vertragsverhandlungen. Göttingen, 1964. Diss.

Bonell, Michael: Vertragsverhandlungen und culpa in contrahendo nach dem Wiener Kaufrechtsübereinkommen. RIW 1990, S. 693-702.

Bonell, Michael: Das UNIDROIT – Projekt für die Ausarbeitung von Regeln für internationale Handelsverträge. RabelsZ 56 (1992), S. 274-289.

Bonell, Michael Joachim: An International Restatement of Contract Law. 2. ed. New York (Transnational Publishers), 1997.

Bonnet, Emile: Responsabilité délictuelle et contrat. Revue critique de législation et de jurisprudence, 1912, S. 418-437.

Bourdelois, Béatrice: La conclusion du contrat international. In : Dictionnaire Joly : Pratique des contrats internationaux. Paris 1995.

Brüggemeier, Gert: Gesellschaftliche Schadensverteilung und Deliktsrecht. AcP 182 (1982), S. 385-452

Brüggemeier, Gert: Prinzipien des Haftungsrechts. Baden-Baden (Nomos), 1999. Grundlagen und Schwerpunkte des Privatrechts in europäischer Perspektive, Bd. 1

Brun, André: Rapports et Domaines des Responsabilités Contractuelle et Délictuelle. Paris (Sirey), 1931.

Abgekürzt: Brun, Thèse

Brun, Philippe: Bspr. Cass, 1re, 04.11.92, D 94, jur. S. 45-48.

Brunet, Jean: Observation critiques sur les notions d'obligations de sécurité, de fait exonératoire et de faute. GP 1952, chron., S. 24-27.

Bruns, Rudolf: Die Anspruchskonkurrenz im Zivilrecht. JuS 1971, S. 221-228.

Bücher, Hermann: Das Schuldrechtsmodernisierungsgesetz. Apf 2002, S. 24-30.

Caemmerer, Ernst von: Wandlungen des Deliktsrechts. In: FS 100 Jahre DJT. Hrsg. v. Caemmerer, Ernst von u.a. Karlsruhe (Müller), 1960. Bd. II, S. 49-136.

Caemmerer, Ernst von: Die wesentliche Vertragsverletzung im internationalen Einheitlichen Kaufrecht. In: FS. Coing „Europäisches Rechtsdenken in Geschichte und Gegenwart". Hrsg. von Norbert Horn. München (Beck), 1982, S. 33-52.

Calais-Auloy, Jean: L'influence du droit de la consommation sur le droit civil des contrats. RTD civ. 94, S. 239-254.

Calais-Auloy, Jean: Menace européen sur la jurisprudence française concernant l'obligation de sécurité des vendeurs professionnels. D 2002, chron. S. 2458-2461.

Canaris, Claus-Wilhelm: Ansprüche wegen "positiver Vertragsverletzung" und "Schutzwirkung für Dritte" bei nichtigen Verträgen. JZ 1965, S. 475-482.

Canaris, Claus-Wilhelm: Haftung Dritter aus positiver Forderungsverletzung. VersR 1965, S. 114-118.

Canaris, Claus-Wilhelm: Die Produzentenhaftpflicht in dogmatischer und rechtspolitischer Sicht. JZ 1968, S. 494-507.

Canaris, Claus-Wilhelm: Die Vertrauenshaftung im deutschen Privatrecht. München (Beck), 1971. Münchner Universitätsschriften, Bd. 16.

Canaris, Claus Wilhelm: Schutzgesetze – Verkehrspflichten – Schutzpflichten. In: 2. FS Larenz. Hrsg. Claus-Wihelm Canaris u.a. München (Beck), 1983, S. 27-110.

Canaris, Claus-Wilhelm: Wandlungen des Schuldvertragsrechts – Tendenzen zu seiner «Materialisierung». AcP 200 (2000), S. 273-364.

Canaris, Claus-Wilhelm: Die Vertrauenshaftung im Lichte der Rechtsprechung des Bundesgerichtshofs. In: 50 Jahre Bundesgerichtshof. Festgabe aus der Wissenschaft. Hrsg. v. Canaris, Claus-Wilhelm u.a. München (Beck) 2000, S. 129-197.

Canaris, Claus-Wilhelm: Das allgemeine Leistungsstörungsrecht im Schuldrechtsmodernisierungsgesetz. ZRP 2001, S. 329-336.

Canaris, Claus-Wilhelm: Die Reform des Rechts der Leistungsstörungen, JZ 2001, S. 499-524.

Canaris, Claus-Wilhelm: Schuldrechtsreform 2002. München (Beck), 2002.

Capitant, Henri: Les effets des obligations. RTD civ. 1932, S. 721-726.

Capitant, Henri /Terré, F. /Lequette, Y.: Les grands arrêts de la jurisprudence civile. 11 éd. Paris (Dalloz), 2000.

Carbonnier, Jean: Théorie des obligations. 1. éd. Paris (PUF) 1963

Carbonnier, Jean: Droit civil. 4. Les obligations. 21. éd. Paris (PUF), 1998. Collection Themis.

Carval, Suzanne: La construction de la responsabilité civile. Controverses doctrinales. Paris (PUF), 2001.

Catala, Pierre: Ebauche d'une théorie juridique de l'information. D 1984, chron., S. 97-104.

Chabas, François: Responsabilité civile. In: Guide juridique Dalloz. Hrsg. v. Jean Vincent. Paris 1988.

Chabas, François: L'obligation médicale d'information en danger. CCC Mai 2000, S. 9-12.

Chabas, François: Cent ans de responsabilité civile. GP 2000, doctr. S. 1399-1427.

Chabas, François: La responsabilité des cliniques pour défaut d'organisation. GP 2001, S. 601-603.

Charbit, Nicolas: L'esperanto du droit. La rencontre du droit communautaire et du droit des contrats. JCP 2002, chron., S. 100.

Chaussade-Klein, Bernadette: Vorvertragliche „obligation de renseignements" im französischen Recht. Frankfurt a.M. u.a. (Lang) 1992. Studien zum vergleichenden und internationalen Recht, Bd. 18.

Chirez, Alain: Besprechung von CC, 1re civ., 16.04.1975. D 1976, juris, S.514-517.

Chirez, Alain: De la confiance en droit contractuel. Nice 1977.

Choi, Heung-Sub: Die vorvertragliche Haftung (culpa in contrahendo) und der deliktsrechliche Schutz primärer Vermögensinteressen. Frankfurt am Main 1990. Europäische Hochschulschriften 1038.

Cocat, Marcel: Du fondement de la responsabilité du voiturier en matière de transport de personnes. Paris (Dalloz), 1923.

Commission pour le droit européen du contrat: Les principles du droit européen du contrat. L'exécution, l'inexécution et ses suites. Version françaises Isabelle de Lambertaie, Georges Rouhette, Denis Tallon. Paris (La Documentation française) 1997.

94e Congrès des notaires en France: Le contrat. Paris 1998.

Constantinesco, Léontin-Jean: Inexécution et Faute contractuelle en Droit comparé. Stuttgart (Kohlhammer)/Bruxelles, 1960. Publications de l'Institut de droit europeén de l'université de la Sarre, n° 5).

Cornu, Gérard: Etude comparé de la responsabilité délictuelle en droit privé et en droit public. Reims (Editions Matot-Braine), 1951.

Cornu, Gérard: Responsabilité du bailleur d'ordinateur dans les difficultés de la mise en application du système informatique. RTD civ. 1971, S. 870f.

Cornu, Gérard: Du devoir de conseil. RTD civ. 1972, S. 418-429.

Cornu, Gérard: Un code civil n'est pas un instrument communautaire. D 2002, chron. S. 351-325.

Creifelds, Carl (Begr.): Rechtswörterbuch. 16. Aufl. München (Beck), 2000.

Dana, Adrien-Charles: Mythe et réalité en matière de responsabilité civile délictuelle. In: Exigence sociale , jugement de valeur et responsabilité civile en droit français, allemand et anglais. Hrsg. v. H.A. Scharz-Liebermann von Wahlendorf. Paris (LGDJ), 1983, S. 15-54.

Daum, Werner: Der Bundesgerichtshof zum finanzierten Abzahlungskauf. NJW 1968, S. 372-377.

Dauner-Lieb: Kodifikation von Richterrecht. In: Ernst, Wolfgang/Zimmermann, Reinhard (Hrsg.): Zivilrechtswissenschaft und Schuldrechtsreform. Tübingen (Mohr Siebeck), 2001, S. 305-328.

Dauner-Lieb, Barbara u.a.: Fälle zum neuen Schuldrecht. Heidelberg (C.F. Müller), 2002.

Dauner-Lieb, Barbara u.a. (Hrsg.): Das Neue Schuldrecht. Heidelberg (C.F. Müller), 2002.

Dauner-Lieb, Barbara u.a.: Anwaltskommentar Schuldrecht. Bonn (Dt. Anwalt Verlag), 2002.

Defferrard, Fabrice: Une analyse de l'obligation de sécurité à l'épreuve de la cause étrangère. D 1999, chron., S. 364-368.

Delagarde, Jacques: Absence de responsabilté de la SNCF à l'occasion de l'accident survenu sur un escalator. JCP 2002 II 10032, S. 398-400.

Delebecque, Philippe: La dispersion des obligations de sécurité dans les contrats spéciaux. GP 1997, chron., S. 1184-1188.

Delebecque, Philippe/Pansier, Frédéric-Jérôme : Droit des obligations. Responsabilité civile. Paris (Litec), 2001.

Delebecque, Philippe/Mazeaud, Denis: Les clauses de non responsabilité, clauses limitatives de réparation, clauses pénales. In: Marcel Fontaine/Geneviève Viney: Les sanctions de l'inexécution des obligations contractuelles. Paris/Bruxelles (LGDJ, Bruylant), 2001, S. 361-391.

Demogue, René: La notion de sujet de droit. RTD civ. 1909, S. 611-655.

Demogue, René: Traité des obligations en général. Paris (Rousseau), 1923 Bd. 1 Réimpression, Bad Feilnbach (Schmidt Periodicals), 1994.

Demogue, René: De l'obligation du vendeur à raison des inconveniénts de la chose et de la responsabilité delictuelle entre contractants. RTD civ. 1923, S. 645-660.

Demogue, René: Bspr. Cass, civ., 20.02.1924. S 1924, juris., S. 104-108.

Dendoncker, Denis: L'essor d'information médicale. CCC 2001, chron. 9.

Derleder, Peter: Deliktshaftung für Werkmängel. AcP 195, S: 137-170.

Deutsch, Erwin: Zum Verhältnis von vertraglicher und deliktischer Haftung. In: FS Michaelis. Hrsg. v. Hans Martin Pawlowski/ Franz Wieacker. Göttingen (Vandenhoeck & Ruprecht), 1972. S. 26-35.

Diedrichsen, Uwe: Zur gesetzlichen Neuordnung des Schuldrechts. AcP 182 (1982), S. 101-125.

Dölle, Hans: Aussergesetzliche Schuldpflichten. ZStW 103 (1943), S. 67-102.

Dubuisson, Bernard: Introduction. In: La responsabilité civile liée à l'information et au conseil. Hrsg. v. Bernard Dubuisson/ Pierre Jadoul. Bruxelles (Publications des facultés universitaires Saint-Louis). 2000, S. 9-13

Durand, Paul: Der heutige Stand der Privatrechtswissenschaften in Frankreich. AcP 152 (1952/53), S. 1-16.

Durry, Georges: La nature contractuelle ou délictuelle de la responsabilité. RTD civ. 1971, S. 139.

Durry, Georges: Nature contractuelle ou délictuelle de la responsabilité. RTD civ. 1977, S. 323 – 325.

Durry, Georges: La nature de la responsabilité d'un produit pour violation de son devoir de conseil. RTD civ. 1981, S. 157 f.

Durry, Georges: Oligation de renseignement du fabricant de produits dangereux. RTD civ. 1983, S. 544-546

Durry, Georges: La distinction de la responsabilité contractuelle et de la responsabilité délictuelle. Montréal 1986.

Durry, Georges: Responsabilité délictuelle et responsabilité contractuelle : dualité ou unité. RCA 2001, hors série juin, S. 20-24.

Eimer, Peter: Gefälligkeitsfahrt und Schadensersatz nach deutschem, französischem und englischem Recht. München 1994. Rechtswissenschaftliche Forschung und Entwicklung, Bd. 420.

Enneccerus, Ludwig: Recht der Schuldverhältnisse. 15. Aufl. bearb. v. Heinrich Lehmann. Tübingen (Mohr), 1958.

Ernst, Wolfgang/Gsell, Beate: Kaufrechtsrichtlinie und BGB. ZIP 2000, S. 1410-1427.

Ernst, Wolfgang: Die Verpflichtung zur Leistung in den Principles of European Contract Law und in den Principles of International Commercial Contracts. In: Basedow, Jürgen (Hrsg.): Europäische Vertragsrechtsvereinheitlichung und deutsches Recht. Tübingen (Mohr Siebeck), 2000.

Ernst, Wolfgang/Zimmermann, Reinhard (Hrsg.): Zivilrechtswissenschaft und Schuldrechtsreform. Tübingen (Mohr Siebeck), 2001.

Esmein, A.: Etudes sur les contrats dans le très ancien droit français. Paris 1883

Esmein, Paul: Le fondement de la responsabilité contractuelle. RTD civ 1933, S. 627-692

Esmein, Paul: Trois problèmes de responsabilité civile. RTD civ. 1934, S. 317-369.

Esmein, Paul: De l'influence de l'acceptation des risques par la victime éventuelle d'un accident. RTD civ. 1938, S. 387-401.

Esmein, Paul: L'obligation et la responsabilité contractuelles. In : Le droit privé français au milieux du XXe siècle. Etudes offertes à Georges Ripert, Paris (LGDJ), 1950, Bd. II, S. 101-115

Esmein, Paul: Bspr. Cass, 2e, 18.05.55. JCP 1955, juris., 8793.

Esmein, Paul: La chute dans l'escalier. JCP 1956, chron., Nr. 1321.

Esmein, Paul: Bspr. Cass, 1re, 07.11.61. D 1962, juris., S. 146-148.

Esmein, Paul: Bspr. Cass, 1re, 19.11.64. D 1965, juris., S. 93-95.

Esmein, Paul: Méditations sur les conventions d'irresponsabilité au cas de dommage causé à la personne. In: Mélanges R. Savatier. Paris (Dalloz), 1965, S. 271-276.

Espagnon, Michel: La règle du non-cumul des responsabilités délictuelle et contractuelle en droit civil français. Thèse Paris I. Miméo. 1980.

Espagnon, Michel: Droit à réparation. In : Jurisclasseur Droit civil. Responsabilité civile, fasc. 176-1.

Esser, Josef/Schmidt, Eike: Schuldrecht. Bd. I. Allgemeiner Teil. Teilband 2. 8. Aufl. Heidelberg (C.F. Müller Verlag), 2000.

Esser, Josef/Weyers, Hans-Leo: Schuldrecht. Bd. II. Besonderer Teil, Teilband 2. 8. Aufl. Heidelberg (C.F. Müller Verlag), 2000.

Evans-von Krbek, Franziska-Sophie: Nichterfüllungsregeln auch bei weiteren Verhaltens- oder Sorgfaltspflichtverletzungen. AcP 179 (1979), S. 85-152.

Fabre-Magnan, Muriel: De l'obligation d'information dans les contrats. Essai d'une théorie. Paris (LGDJ) 1992. Bibliothèque de droit privé, tome 221.

Zitiert: Fabre-Magnan, Thèse.

Fabre-Magnan, Muriel: Droit des obligations – Les effets du contrat. JCP 1996, chron 3958, n° 4.

Fabricius, Fritz: Die mangelhafte Lieferung beim Kauf beweglicher Sachen. JZ 67, S. 464 - 472

Fages, Bertrand: Le comportement du contractant. Aix-en-Provence (Presses Universitaires d'Aix-Marseilles), 1997.

Fauvarque-Cosson, Bénédicte: Les contrats du commerce international, une approche nouvelle: Les principes d'Unidroit relatifs aux contrats du commerce international. R.I.D.C. 1998, S. 463-489.

Ferid, Murad: Das französische Zivilrecht. Frankfurt am Main, 1971

Ferrari, Franco: Das Verhältnis zwischen den UNIDROIT-Grundsätzen und den allgemeinen Grundsätzen internationaler Einheitsprivatrechtskonventionen. JZ 1998, S. 9-17.

Ficker, Hans Claudius: Die Schadensersatzpflicht des Verkäufers und seiner Vormänner bei Sachmängeln in der französischen Rechtsprechung. Frankfurt a.M./Berlin (Alfred Metzner Verlag), 1962. Arbeiten zur Rechtsvergleichung, Bd. 13.

Fikentscher, Wolfgang: Schuldrecht. 9. Aufl. Berlin, New York (de Gruyter), 1997.

Flécheux, Georges: Renaissance de la notion de bonne foi et de loyauté dans le droit des contrats. In : Etudes offertes à Jacques Ghestin: Le contrat au début du XXIe siècle. Hrsg. v. Goubeaux, Gilles et autres. Paris (LGDJ), 2001, S. 341-346.

Fleischer, Holger: Vertragsschlussbezogene Informationspflichten im Gemeinschaftsprivatrecht. ZEuP 2000, S. 772-798.

Fleischer, Holger: Informationsasymmetrie im Vertragsrecht. München (Beck), 2001. Schriften des Instituts für Arbeits- und Wirtschaftsrecht der Universität Köln, Bd. 85.

Flour, Jacques / Aubert, Jean-Luc / Savaux, Eric: Les obligations. Paris (Armand Colin), 2001.

Abgekürzt: Flour/Aubert.

Flume, Werner: Zu den Vorhaben der Neuregelung des Schuldrechts. ZIP 1994, S. 1497-1501.

Flume, Werner: Die Rechtsprechung des II. Zivilsenats des BGH zur Treuepflicht des GmbH-Gesellschafters und Aktionärs. ZIP 1995, S. 161-167.

Fourgoux, Jean-Claude: La sécurité des consommateurs et le reste. GP 1983, chron., S. 395-401.

Frick, Joachim: Culpa in Contrahendo – eine rechtsvergleichende und kollisionsrechtliche Studie. Zürich 1992. Schweizer Studien zum deutschen Recht, Bd. 78.

Frost, Marina: „Vorvertragliche" und „vertragliche" Schutzpflichten. Berlin (Duncker&Humblot) 1981. Schriften zum Bürgerlichen Recht Bd.63.

Gaba, Harold Kobina: L'obligation de sécurité salariée : conditions de sa mise en œuvre et de sa sanction. D 2002, jur. com. S. 2979-2082.

Gandolfi, Giuseppe: Pour un code européen des contrats. RTD civ. 1992, S. 707-736.

Garapon, Antoine: La responsabilisation. Droit et Cultures, 1996, S. 119-131.

Gardella, Gérard: Le devoir de conseil du banquier. GP 2000, chron., S. 2128-2130.

Gaudement, Eugène: Théorie générale des obligations. Paris (Sirey), 1965.

Gehring, Walter: Die ärztliche Aufklärungspflicht im französischen Recht. Bielefeld (Gieseking), 1964. Diss.

Gelder, Alfons von: Schutzpflichten zugunsten Dritter im bargeldlosen Zahlungsverkehr. WM 1995, S. 1253-1262.

Gerhardt, Walter: Die Haftungsfreizeichnung innerhalb des gesetzlichen Schuldverhältnisses. JZ 1970, S. 535-539.

Gerhardt, Walter: Der Haftungsmaßstab im gesetzlichen Schuldverhältnis (Positive Vertragsverletzung, culpa in contrahendo). JuS 1970, S. 597-603.

Gernhuber, Joachim: Drittwirkungen im Schuldverhältnis kraft Leistungsnähe. In: FS Nikisch. Tübingen (Mohr), 1958. S. 249-274.

Gernhuber, Joachim: Das Schuldverhältnis. Tübingen (Mohr), 1989.

Ghestin, Jacques (Hrsg.): Sécurité des consommateurs et responsabilité du fait des produits défectueux. Paris (LGDJ), 1987. Bibliothèque de droit privé, tome CXCII.

Ghestin, Jacques: L'obligation précontractuelle de renseignements en droit français. In: Denis Tallon/Donald Harris (Hrsg.) : Le contrat aujourd'hui: comparaisons franco-anglaises. Paris (LGDJ), 1987, Bibliothèque de droit privé, t. CXCVI, S.171-184

Ghestin, Jacques: Le nouveau titre IV bis du Livre III du Code civil. JCP 1998, chron., 148, S. 1201-1211.

Ghestin, Jacques/Jamin, Christophe/Billiau, Marc: Les effets du contrat. 3e éd. Paris (LGDJ), 2001. Traité de droit civil sous la direction de Jacques Ghestin.

Goubeaux, Gilles: Manuel de droit civil. 26. Aufl. Paris (LGDJ), 1997.

Grigoleit, Hans-Christoph: Vorvertragliche Informationshaftung. München (Beck), 1997. Münchner Universitätsschriften. Reihe der jur. Fakultät, Bd. 128.

Gross, Bernhard: La notion d'obligation de garantie dans le droit des contrats. Paris (LGDJ), 1964. Bibliothèque de droit privé, tome XLII.

Groutel, Hubert: Vers un « chambardement » de l'obligation de sécurité. RCA 1989, chron. 16.

Groutel, Hubert: La SNCF est-elle responsable des agressions de voyageurs. RCA 2001, chron. 6.

Grundlagen des Vertrags- und Schuldrechts. München (Franz Vahlen). 1974.

Grundmann, Stefan: Europäisches Schuldvertragsrecht. NJW 2000, S. 14-23.

Grundmann, Stefan: Privatautonomie im Binnenmarkt. JZ 2000, S. 1133-1143.

Grunewald, Barbera: Aufklärungspflichten ohne Grenzen. AcP 190 (1990), S. 609-623.

Guidel, Jean-Pierre: Transport ferroviaire de voyageurs. D 2002, juris., S. 2631-2635.

Guigue, Jean/ Esper, Claudine: Le juge judiciaire et le juge administratif se prononcent sur l'information médicale du malade. GP 1997, chron., S. 1348-1352.

Guilbeault, Normand: L'obligation de renseignement dans les contrats de vente internationale de marchandise. Les Cahiers de Droit, 1997, S. 315-370.

Haas, Lothar u.a.: Das neue Schuldrecht. München (Beck), 2002.

Haïm, Victor: De l'information du patient à l'indemnisation de la victime par ricochet. D 1997, chron., S. 125-129.

Halpérin, Jean-Louis: La naissance de l'obligation de sécurité. GP 1997, chron., S. 1176-1183.

Hassler, Théo: Le point sur l'obligation de sécurité. PA 12.02.97, S. 17-19.

Heck, Philipp: Grundriss des Schuldrechts. Tübingen 1929.

Helm, Johann: Rechtsfortbildung und Reform bei der Haftung für Verrichtungsgehilfen. AcP 166 (1966), S. 389-408.

Hencke, Horst-Eberhard: Die Leistung: Grundvorgang des sozialen Lebens und Grundbegriff des Schuldrechts. Berlin (Duncker&Humblot), 1992. Schriften zum Bürgerlichen Recht, Bd. 141.

Henkel, Wolfram: Vorbeugender Rechtsschutz im Zivilrecht. AcP 174 (1974), S. 97-166.

Herholz, Felix: Das Schuldverhältnis als konstante Rahmenbeziehung. AcP 130, S. 257-324.

Hess-Fallon, Brigitte/Simon, Anne-Marie: Droit civil. 4e ed. Paris (Dalloz), 1997.

Hils, Wolfgang: Die Unterscheidung zwischen der obligation de résultat und der obligation de moyens und ihre Auswirkung auf die Verteilung der Beweislast hinsichtlich der faute bei vertraglichen Schadensersatzansprüchen wegen exécution défectueuse im französischen Recht. Diss. Tübingen, 1969.

Himmelschein, Jury: Erfüllungszwang und Lehre von der positiven Forderungverletzung. AcP 135 (1932), S. 255-327.

Himmelschein, Jury: Zur Frage der Haftung für fehlerhafte Leistung. AcP 158 (1959/60), S. 273-297.

Hoffmanns, Helmut: Nachwirkende Nebenpflichten von Schuldverhältnissen. Diss. Köln, 1985.

Hohloch, Gerhard: Vorvertragliche Haftung nach culpa-in-contrahendo-Grundsätzen und zugunsten Dritten, BGHZ 66, 51. JuS 1977, S. 302-306.

Hondius, Ewoud H.: European Contract law: The Contribution af the Dutch. In: Europäisches Vertragsrecht. Hrsg. v. Weyers, Hans-Leo. Baden-Baden (Nomos), 1997. Arbeiten zur Rechtsvergleichung, Bd. 182, S. 45-79.

Honsell, Heinricht (Hrsg.): Kommentar zum UN-Kaufrecht. Berlin u.a. (Springer), 1997.

Hopt, Klaus: Funktion, Dogmatik und Reichweite der Aufklärungs-, Warn- und Beratungspflichten. In: FS Gernhuber. Hrsg. v. Lange, Hermann u.a. Tübingen (Mohr), 1993, S. 169-189.

Huber, Konrad: Verkehrspflichten zum Schutz fremden Vermögens. In: FS Caemmerer. Hrsg. v. Hans Claudius Ficker. Tübingen (Mohr) 1978, S. 358-388.

Huber, Peter/Faust, Florian: Schuldrechtsmodernisierung. München (Beck), 2002.

Huber, Ulrich: Zur Dogmatik der Vertragsverletzung nach einheitlichem Kaufrecht und deutschem Schuldrecht. In: FS v. Caemmerer. Hrsg. v. Hans Claudius Ficke, u.a., Tübingen (Mohr Siebeck), 1978, S: 837-872.

Huber, Ulrich: Leistungsstörungen. In: Gutachten und Vorschläge zur Überarbeitung des Schuldrechts. Bd. I. Köln (Bundesanzeiger), 1981.

Huber, Ulrich: Das geplante Recht der Leistungsstörungen. In Wolfgang Ernst/Reinhard Zimmermann: Zivilrechtswissenschaft und Schuldrechtsreform. Tübingen (Mohr Siebeck), 2001, S. 31-183.

Hübner, Ulrich: Zur Problematik der „Verkehrssicherungspflichten" im französischen Recht. VersR 1980, S. 795-797.

Hübner, Ulrich: Zur Reform von Deliktsrecht und Gefährdungshaftung. NJW 1982, S. 2041-2048.

Hübner, Ulrich: Beweislastverteilung bei der Verletzung von Vertragspflichten im französischem und deutschen Recht. In: FS Baumgärtel. Hrsg. v. Prütting, Hans. Köln u.a. (C. Heymanns Verlag), 1990, S. 1515-161.

Hübner, Ulrich: Rechtsvergleichende Anmerkungen zur Produkthaftung in Frankreich. In: FS Lüderitz. Hrsg. von Haimo Schack, München (Beck), 2000, S. 319-327.

Huet, Jerôme: Responsabilité contractuelle et responsabilité délictuelle. Essai de délimitation entre les deux ordres de responsabilité. Paris 1978. Thèse.

Zitiert: Huêt, Thèse.

Huet, Jérôme: Considérations générales sur la distinction des responsabilités contractuelle et délictuelle. RTD civ. 1987, S. 322-325.

Huet, Jerôme: Les principaux contrats spéciaux. 2. éd. Paris (LGDJ) 2001. Traité de droit civil de J. Ghestin.

Huet, Jérôme: Nous faut-il un 'euro' droit civil ? D 2002, chron., S. 2611-2614.

Husson, Léon: Les transformations de la responsabilité. Paris (PUF), 1947.

Jarvin, Sigvard: L'obligation de coopérer de bonne foi, Exemples d'application au plan de l'arbitrage international. In : CCI (Hrsg.) : L'apport de la jurisprudence arbitrale. Paris, 1986, S. 157-179.

Jhering, Rudolf von: Culpa in contrahendo. Bad Homburg (Gehlen), 1969

Josserand, Louis: Bspr. Req. 14.12.26, D 1927, I, 105-108.

Josserand, Louis: Le contrat dirigé. DH 1933, chron., S. 89-92.

Josserand, Louis: L'essor moderne du concept contractuel. In : Recueil d'études sur les sources du droit en l'honneur de François Geny. Paris (Recueil Sirey), 1934, Bd. II, S. 333-316.

Jourdain, Patrice: Le devoir de « se » renseigner. D 1983. chron., S. 139-144.

Jourdain, Patrice: La responsabilité de la SNCF pour un accident de garde est de nature contractuelle. Bspr. Cass, 1re, 07.03.89. RTD civ. 1988, S. 548-551.

Jourdain, Patrice : La nature de la responsabilité civile dans les chaînes de contrats après l'arrêt d'Assemblée plenière du 12 juillet 1991. D. 1992, chron., S. 149-156.

Jourdain, Patrice: La faute délictuelle encore déduite de manquements contractuels. RTD civ. 93, S. 362-364.

Jourdain, Patrice: L'obligation de sécurité. GP 1993, chron., S. 1171-1176

Jourdain, Patrice: Bspr. Cass, 1re, 4.11.92. RTD civ. 1993, S. 364-368.

Jourdain, Patrice: Bspr. Cass, 1re, 12.04.95. JCP 1995, juris, 22467, S. 287-290.

Jourdain, Patrice: Bspr. Cass, 1re, 21.05.96. RTD civ. 1996, S. 913-916.

Jourdain, Patrice : Bspr. Cass, 3e, 10.04.96. RTD civ, 1996, S. 918-920.

Jourdain, Patrice: Reflexion sur la notion de responsabilité contractuelle. In : Les metamorphoses de la responsabilité. Sixième Journées René Savatier. Paris (PUF) 1997. Publication de la faculté de droit et de sciences sociales de Poitiers, Bd. 32, S. 65-79.

Zitiert: Jourdain, Reflexion

Jourdain, Patrice: Le fondement de l'obligation de sécurité. GP 1997, chron. S. 1196-1201.

Jourdain, Patrice: Responsabilité délictuelle et contractuelle – chronique. RTD civ. 1997, S. 139-142.

Jourdain, Patrice: Nature de la responsabilité et portée des obligations du médecin. In: RCA hors série : Droit de la responsabilité médicale. Juillet-Août 1999, S. 4-9.

Jourdain, Patrice: Les principes de la responsabilité civile. 5e éd. Paris (Dalloz), 2000.

Juglart, Michel: L'obligation de renseignements dans les contrats. RTD civ. 1945, S. 1-22.

Juglart, Michel de/ Piédelièvre, Alain: Cours de droit civil. 12. éd. Paris (Montchrestien), 1992.

Katzenmeier, Christian: Vertragliche und deliktische Haftung in ihrem Zusammenspiel. Berlin (Duncker & Humblot), 1994. Schriften zum Bürgerlichen Recht, Bd. 167.

Kegel, Gerhard: Zur Entwicklung der Auffassung vom Vertrag im kontinentalen Europa. In: FS Lüderitz. Hrsg. von Haimo Schack, München (Beck), 2000, S. 347-384.

Kegel, Gerhard: Vertrag und Delikt. Köln u.a. (Carl Heymanns), 2002.

Kessedijan, Catherine: Une exercice de renovation des sources du droit des contrats du commerce international : Les Principes proposés par l'Unidroit. R.C.D.I.P 1995, S. 641-670.

Kirchner, Christian: Europäisches Vertragsrecht. In: Europäisches Vertragsrecht. Hrsg. v. Weyers, Hans-Leo. Baden-Baden (Nomos), 1997. Arbeiten zur Rechtsvergleichung, Bd. 182, S.103-133.

Kley, Britta: Unmöglichkeit und Pflichtverletzung. Berlin (Duncker&Humblot), 2001. Schriften zum Bürgerlichen Recht, Bd. 257.

Knetsch, Alfred: Das Verhältnis von Vertrags- und Deliktsrecht. Köln 1975. Beiträge zum Zivilrecht und Zivilprozeß, 19. Heft

Kock, Anette: Nebenpflichten im UN-Kaufrecht. Regensburg (S. Roderer Verlag), 1995. Theorie und Forschung, Bd. 337.

Köhler, Helmut: Das Verhältnis von Gewährleistungsansprüchen zu anderen Rechtsbehelfen des Käufers. JA 1982, S. 157-164.

Köhler, Helmut: Kaufrechtliche Haftung für Mangelfolgeschäden – BGH NJW 80, 1951. JuS 1982, S. 13-17.

Köhler, Helmut: Herstellungsrisiken und Informationspflichten. CR 1988, S. 623-632.

Köhler, Helmut: Vertragliche Unterlassungspflichten. AcP 190 (1990), S. 496-537

Köpke, Günther: Typen der positiven Vertragsverletzung. Stuttgart u.a. (W. Kohlhammer) 1965.

Kötz, Hein / Flenner, Axel: Europäisches Vertragsrecht. Tübingen (Mohr), 1996. 2 Bde.

Kötz, Hein/Wagner, Gerhard: Deliktsrecht. 9 Aufl. Neuwied (Luchterhand), 2001. Jur. Lernbücher, Bd. 8.

Koziol, Helmut: Europäische Vertragsrechtsvereinheitlichung und deutsches Schadensrecht. In: Basedow, Jürgen (Hrsg.): Europäische Vertragsrechtsvereinheitlichung und deutsches Recht. Tübingen (Mohr Siebeck), 2000.

Krebs, Peter: Sonderverbindung und außerdeliktische Schutzpflichten. München (Beck), 2000. Schriften des Instituts für Arbeits- und Wirtschaftsrecht der Universität Köln, Bd. 83.

Kress, Hugo: Lehrbuch des allgemeinen Schuldrechts. München 1929. Unveränderter Nachdruck Aalen (Scientiae Verlag), 1974.

Kriechbaum, Maximiliane: Pflichtverletzung und Rücktritt vom Vertrag. JZ 1993, S. 642-649.

Kreuzer, Karl: Anmerkung zu BGH 28.1.76. JZ 1976, S. 778-781

Kronke, Herbert: Der „commercial approach“ in der Rechtsangleichung und das internationale Privat- und Verfahrensrecht. In: FS Henrich. Hrsg. v. Peter Gottwald ua. Bielefeld (Gieseking) 2000, S.385-392.

Kuhlmann, Kai: Leistungspflichten und Schutzpflichten. Berlin (Duncker & Humblot), 2001. Schriften zum Bürgerlichen Recht, Bd. 249.

La Batie, N. Dejean de: Bspr. Cass, 1re, 12.06.79. JCP 1980, juris., 19422.

Labrunie, François: Le devoir de conseil. GP 2000, chron., S. 2128-2130.

Lackum, Eugen von: Verschmelzung und Neuordnung von „culpa in contrahendo" und „positiven Vertragsverletzung". Bonn 1970. Diss.

Lacombe, Jean: La responsabilité de l'exploitant d'un magasin à l'égard de ses clients. RTD civ. 1963, S. 242-275.

Lalou, Henri: Contrats comportant pour l'une des parties l'obligation de rendre le contractant « sain et sauf ». DH. 1931, chron., S. 37-43.

La Massue, Hubert de: De l'absence de novation dans la résolution de l'obligation contractuelle. RTD civ. 1932, S. 377-384. La Massuë, Hubert de: Responsabilité contractuelle et responsabilité delictuelle sous la notion de l'abus du droit. RTD civ. 1948, S. 27-35.

Lambert-Faivre, Yvonne: L'évolution de la responsabilité civile d'une dette de responsabilité à une créance d'indemnisatiohn. RTD civ. 1986, S. 1-19.

Lambert-Faivre, Yvonne: Fondement et régime de l'obligation de sécurité. D 1994, chron., S. 81-85.

Lambert-Faivre, Yvonne: Droit du dommage corporel. Paris (Dalloz), 2000.

Lando, Ole: Principles of European Contract Law. RabelsZ 56 (1992), S. 261-273.

Lando, Ole: European Contract Law. In: Europäisches Vertragsrecht. Hrsg. v. Weyers, Hans-Leo. Baden-Baden (Nomos), 1997. Arbeiten zur Rechtsvergleichung, Bd. 182, S. 81-101.

Lapoyade-Deschamps, Christian: Les médecins à l'épreuve. RCA 1997, chron. 8.

Larenz, Karl: Culpa in Contrahendo, Verkehrssicherungspflichten und "sozialer Kontakt". MDR 1954, S. 515-518.

Larenz, Karl: Entwicklungstendenzen der heutigen Zivilrechtsdogmatik. JZ 1962, S. 105-110.

Larenz, Karl: Bemerkungen zur Haftung für „culpa in contrahendo". In: FS Ballerstedt. Hrsg. von Werner Flume u.a. Berlin (Duncker & Humblot), 1975, S. 397-419.

Larenz, Karl/Wolf, Manfred: Allgemeiner Teil des bürgerlichen Rechts. 8. Aufl. München (Beck), 1997.

Larroumet, Christian : L'effet relatif des contrats et la négociation de l'existence d'une action en responsabilité nécessairement contractuelle dans les ensembles contractuels. JCP 1991, chron. 3531, S. 313-315.

Larroumet, Christian : Droit civil. 3. Aufl. Paris (Economica) 1996. Bd. 3, Les obligations, le contrat.

Larroumet, Christian: La valeur des principes d'Unidroit applicables aux contrats du commerce international. JCP 1997, chron. n° 4011, S. 147-152.

Larroumet, Christian: L'indemnisation de l'aléa thérapeutique. D 1999, chron., S. 33-37.

Larroumet, Christian: Pour la responsabilité contractuelle. In : Etudes offertes à Pierre Catala: Le droit privé français à la fin de XXe siècle. Paris (Litec), 2001, S. 543-554.

Leduc, Fabrice: La spécificité de la responsabilité contractuelle du fait des choses. D 1996, chron., S. 164-168.

Leduc, Fabrice: L'œuvre du législateur moderne : vices et vertus des régimes spéciaux. RCA 2001, hors série juin, S. 50-57.

Légier, Gérard: Responsabilité contractuelle. In : Dalloz Encylopedie juridique. Hrsg. Vo Pierre Raynaud, 2 ed, 1989.

Lehmann, Heinrich: Die positiven Vertragsverletzungen. AcP 96 (1905), S. 60-113.

Lequette, Yves: Quelques remarques à propos du projet de code civil européen de M. von Bar. D. 2002, chron. S, 2202-2214.

Le Tourneau, Philippe: De l'allégement de l'obligation de renseignements ou de conseil. D 1983, chron., S. 101-104.

Le Tourneau, Philippe: Quelques aspects des responsabilités professionnelles. GP 1986, chron., S. 616-619.

Le Tourneau, Philippe: La verdeur de la faute dans la responsabilité civile (ou de la relativité de son déclin). RTD civ. 1988, S. 505-518.

Le Tourneau, Philippe: Les professionnels ont-ils du coeur. D. 1990, chron., S. 21-26.

Le Tourneau, Philippe: La responsabilité civile professionnelle. Paris (Economica), 1995.

Le Tourneau, Philippe: La responsabilité des vendeurs et fabricants. Paris (Dalloz), 1997 (Connaissance du Droit).

Le Tourneau, Philippe/ Cadiet, Loïc: Droit de la responsabilité. Paris (Dalloz), 1998.

Leturmy, Laurence: La responsabilité délictuelle du contractant. RTD civ. 1998, S. 839-872.

Leveneur, Laurent: Le forçage du contrat. Droit & Patrimoine, n° 58, Mars 1998, S. 69-77.

Lieb, Manfred: Grundfragen einer Schuldrechtsreform. AcP 183 (1983), S. 327-366.

Lievremont, Christophe: Un cas, où l'obligation de sécurité de moyens de l'organisateur de leçon d'équitation n'est pas retenue. JCP 2002 II 1010, S. 134-136.

Loges, Rainer: Die Begründung neuer Erklärungspflichten und der Gedanke des Vertrauensschutzes. Berlin (Duncker & Humblot), 1991. Schriften zum Bügerlichen Recht, Bd. 136.

Lorenz, Stephan: Auskunftsansprüche im Bügerlichen Recht. JuS 1995, S. 567-575.

Lücke, Gerhard: Der Informationsanspruch im Zivilrecht. JuS 1986, S. 2-7.

Lyon-Caen, Ch.: Bspr. Cass civ. 21.11.1911. S. 1912, I, S. 73-74.

Lyon-Caen, Arnaud: De l'évolution de la notion de bonne foi. RTD civ. 1946, S. 75-112.

Lyonnet, Bernard: Le devoir de loyauté dans l'exécution du contrat. GP 2000, chron., S. 2110-2111.

Magnus, Ulrich: Aktuelle Fragen des UN-Kaufrechts. ZEuP 1993, S. 78-99.

Mainguy, Daniel: L'avenir de l'obligation de sécurité dans la vente. Droit & Patrimoine, n° 66, Déc. 1998, S. 68-76.

Malaurie, Philippe: Droit romain des obligations. Droit français contemporain des contrat et l'Europe d'aujourd'hui. JCP 2000, chron., S. 1415-1421

Malaurie, Pilippe: Bspr. Cass, civ. 1re, 20.03.1989. D 1989, juris., S. 381-383.

Malaurie, Philippe/ Aynès, Laurent: Cours de droit civil. 11. Aufl. Paris (Cujas) 2001. Bd. VI Les obligations.

Malaurie, Philippe: Le code civil européen des obligations et des contrats. JCP 2002, chron. 110. S. 281-285.

Maleville, Marie-Hélène: La responabilité civile des intermediaires professionnels au titre du devoir de conseil. JCP 2000, chron., S. 731-737.

Mansel, Heinz-Peter: Informationshaftungsrechtliche Verkehrspflichten im Rahmen des §823 I BGB. In: FS Werner Lorenz. Hrgs. Thomas Rauscher / H-P Mansel. München (Sellier), 2001, S. 215-227.

Martin, Gilles: Précaution évolution du droit. D 1995, chron., S. 299-306.

Martine, Edmond N.: L'option entre la responsabilité contractuelle et la responsabilité délictuelle. Paris (LGDJ), 1957.

Marton, G.: Obligations de résultat et obligation de moyens. RTD civ. 1935, S. 499-543.

Marty, Gabriel/Raynaud, Pierre: Droit civil. 2. Les obligations. 2nd Aufl. Tome 1, les sources. Paris (Sirey), 1988.

Mascala, Corinne: Accidents de gard : le « déraillement » de l'obligation de sécurité. D 1991, S. 80-84.

Mattéi, Jean-François: Le fondement éthique de la responsabilité. RCA 01, hors série juin, S. 16-20.

Mayer, Hans-Jochen: Die « obligations accessoires » im französischen allgemeinen Vertragsrecht und ihr deutsches Pendant. Diss. Tübingen. Tübingen 1988

Mazeaud, Denis: Le régime de l'obligation de sécurité. GP 1997, chron., S. 1201-1211

Mazeaud, Denis: Constats sur le contrat, sa vie, son droit. PA, 6.5.1998, S. 8-13.

Mazeaud, Denis: Bspr. Cass, 1re, 7.10.98. Defrénois 1999, S. 742-745.

Mazeaud, Denis: Loyauté, solidarité, fraternité : la nouvelle dévise contractuelle. In: FS François Terré : L'avenir de droit. Paris (PUF), 1999, S. 603-634

Mazeaud, Denis (Hrsg.): Lamy Droit de la responsabilité. Paris (Lamy) 2000.

Abgekürzt: Mazeaud-Lamy.

Mazeaud, Henri: Responsabilité délictuelle et responsabilté contractuelle. RTD civ. 1929, S. 551-669.

Mazeaud, Henri: L'„absorption" des règles juridiques par le principe de responsabilité civile. DH 1935, chron, S. 5-8.

Mazeaud, Henri: Essai de classification des obligations. RTD civ. 1936, S. 1-58.

Mazeaud, Henri: La responsabilité civile du vendeur-fabricant. RTD civ. 1955, S. 611-621.

Mazeaud, Henri/Mazeaud Léon/Tunc, André: Traité théorique et pratique de la responsabilité civile. 6. Aufl. Paris (Montchrestien), 1965.

Abgekürzt: Mazeaud-Tunc

Mazeaud, Henri / Mazeaud, Léon / Chabas, François: Leçons de droit civil. Bd II. 1.vol. Obligation, théorie générale. 8 éd. Paris (Montchréstien), 1991.

Abgekürzt: Mazeaud-Chabas.

Mazeaud, Jean: La responsabilité des architectes, des entrepreneurs et autres locateurs d'ouvrages. Paris (Librairie du Journal des notaires et avocats), 1971.

Medicus, Dieter: Grenzen der Haftung für culpa in contrahendo. JuS 1965, S. 209-218.

Medicus, Dieter: Vertragliche und deliktische Ersatzansprüche für Schäden aus Sachmängeln. In: FS Kern. Hrsg. v. der Rechtswissenschaftlichen Abteilung der Rechts- und wirtschaftswissenschaftlichen Fakultät der Universität Tübingen. Tübingen (Mohr), 1986, S. 313-334.

Medicus, Dieter: Probleme um das Schuldverhältnis. Berlin/New York (Walter de Gruyter), 1986. Schriftenreihe der jur. Gesellschaft zu Berlin, Heft 108.

Medicus, Dieter: Die culpa in contrahendo zwischen Vertrag und Delikt. FS. Keller. Hrsg. v. Forstmoser, Peter. Zürich (Schultherr Polygraphischer Verlag), 1989, S, 205-219.

Medicus, Dieter: Voraussetzungen einer Haftung für Vertragsverletzung. In: Basedow, Jürgen (Hrsg.): Europäische Vertragsrechtsvereinheitlichung und deutsches Recht. Tübingen (Mohr Siebeck), 2000, S. 179-193.

Medicus, Dieter: Schuldrecht I. 13. Aufl. München (Beck) 2002.

Meller, Eberhard: Obligation de Sécurité. Berlin (Duncker & Humblot), 1974. Schriften zum Bürgerlichen Recht, Bd. 15

Mertens, Hans-Joachim: Verkehrspflichten und Deliktsrecht. VersR 1980, S. 397-408.

Mestre, Jacques: D'une exigence de bonne foi à un esprit de collaboration. RTD civ. 1986, S. 100-102.

Mestre, Jacques/Laude, Anne: L'interprétation « active » du contrat par le juge. In : Le juge et l'exécution du contrat. Aix (Presses universitaires d'Aix-Marseilles), 1993, S. 9-22.

Mestre, Jacques: L'heure de décidemment au devoir de conseil. RTD civ. 1996, S. 384-388.

Mestre, Jacques: Actualité de l'obligation d'information et du devoir de conseil. RTD civ. 99, S. 83-89.

Mignon, Maxime: Le fondement juridique de la responsabilité civile des médecins et chirurgiens. D 1950, chron., S. 121-126.

Mistretta, Patrick: L'obligation d'information dans la théorie contractuelle. PA 5.06.1998, S. 4-8.

Monier, Jean-Claude: Personne humaine et responsabilité civile. Droit et Cultures 1996, S. 51-67.

Motzer, Stefan: Schutzpflichtverletzung und Leistungsunmöglichkeit. JZ 1983, S. 884-889.

Müller, Lothar: Schutzpflichten im Bürgerlichen Recht. JuS 1998, S. 894-898.

Müller-Graf, Peter-Christian: Die Geschäftsverbindung als Schutzpflichtverhältnis. JZ 1976, S. 153-156.

Müller-Graff, Peter-Christian: Europäisches Gemeinschaftsrecht und Privatrecht. NJW 1993, S. 13-23.

Nadeau, André/Nadeau, Richard: Traité pratique de la responsabilité civile délictuelle. Montreal (Wilson & Lafleur Limitée), 1971.

Nahon, Eve: L'obligation d'informtion du médecin et de l'avocat. GP 2002, chron., S. 285-292.

Neumann, Irmgard: Leistungsbezogene Verhaltenspflichten. Heidelberg (C.F. Müller), 1989. Augsburger Rechtsstudien, Bd. I.

Nirk, Rudolf: Rechtsvergleichendes zur Haftung für culpa in contrahendo. RabelsZ 18 (1953), S. 310-355.

Nuytten, Benoît/Lesage, Laurent: La formation du contrat. In : 94e Congrès des notaires en France: Le contrat. Paris 1998, S. 9-236.

Oppetit, Bruno: L'eurocratie ou le mythe du législateur suprême. D 1990, chron., S. 73-76.

Ottler, Klaus-Jürgen: Obligations de Moyens und Obligations de Résultat. Bielefeld (Gieseking), 1971. Diss. München.

Overstake, Jean-François: La responsabilité du fabricant de produits dangereux. RTD civ. 1972, S. 485-531.

Paisant, Gilles: L'obligation de sécurité et le droit de la consommation. GP 1997, chron., S. 1189-1195.

Palandt, Otto: Bürgerliches Gesetzbuch. 63. Auflage. München (Beck), 2004.

Pellegrino, Mario: Subjektive oder objektive Vertragshaftung. ZEuP 1997, S. 40-57.

Petit, Bruno: Obligation d'information. In : Jurisclasseur Droit civil, fasc. 50 contrats et obligations, fasc. 23. 1994.

Picker, Eduard : Forderungsverletzung und culpa in contrahendo. AcP 183 (1983), S. 369-520.

Picker, Eduard: Vertragliche und deliktische Schadenshaftung. JZ 1987, S. 1041-1058.

Picod, Yves: L'obligation de coopération dans l'exécution du contrat. JCP 1988, chron., 3318.

Picod, Yves: Le devoir de loyauté dans l'exécution du contrat. Paris (LGDJ), 1989. Bibliothèque de droit privé, tome 208.

Zitiert: Picod, devoir

Picod, Yves: Exécution de bonne foi des conventions. In : Jurisclasseur Droit civil, contrats et obligations, fasc. 11. 1999.

Pignarre,Geneviève/Brun, Philippe: Bspr. Cass, 1re, 3.03.98. D 1999, juris., S. 36-39.

Pignarre, Geneviève: La responsabilité : débat autour d'une polysémie. RCA 2001, hors série juin, S. 10-16.

Planiol, Marcel: Traité élémentaire de droit civil. 11. éd. Paris 1928 (1. Bd), 1926.

Plessing, Wolf-Dieter: Rapport national Allemagne. In: Les effets du contrat dans les pays du marché commun. S. 193-233.

Pohlmann, André: Die Haftung wegen Verletzung von Aufklärungspflichten. Berlin (Duncker&Humblot), 2002. Schriften zum Bürgerlichen Recht, Bd. 268.

Pothier, Robert-Joseph: Traité des obligations. Nouvelle édition par Bernardi. Paris (Letellier), 1805.

Pousson, Alain: L'impéralisme contractuel en droit français. In: FS Lüderitz. Hrsg. Von Haimo Schack, München (Beck), 2000, S. 563-587.

Prieur, Stéphane: Bspr. von. TGI Paris, 30. 06. 1997. PA 24.06.1998, S. 26-32.

Puech, Marc : De la mise en danger d'autrui. D 1994, chron., S. 153-157.

Radé, Christophe: L'impossible divorce de la faute et de la responsabilité civile. D 1998, chron., S. 301-305.

Radé, Christophe: Alea jacta est. RCA 2001, juin, S. 6-8.

Radé, Christophe: La responsabilité civile contractuelle. Les quasi-Contrats. Grenoble (Presses Universitaires de Grenoble), 2001.

Zitiert: Radé, responsabilité

Rauscher, Thomas: Deliktshaftung des Herstellers für Beschädigung von Kaufsachen - BGH NJW 1985, S. 2020. JuS 87, S. 14-19.

Raymond, Guy (Hrsg.): Droit de la consommation. 10 ans de jurisprudence commentée 1990-2000. Paris (Juris-Classeur), 2000.

Regeln über den Vertragsschluss im französischen und deutschen Recht. Bericht über das 15. Gemeinsame Seminar der juristischen Fakultäten von Montpellier und Heidelberg, 15.-28 Mai 1983. Heidelberg 1985.

Reich, Norbert: Schuldrechtliche Informationspflichten gegenüber Endverbrauchern. NJW 1978, S. 512-519.

Reithmann, Christoph/Martiny, Dieter: Internationales Vertragsrecht. 5. Aufl. Köln (Dr. Otto Schmidt), 1996.

Rémy, Philippe: Le vendeur professionnel est tenu d'une obligation de sécurité mais cette obligation est de moyens. RTD civ. 1985, S.179-181.

Rémy, Philippe: Observations critiques sur l'arrêt S.A. Planet Wattohm. RGDA 1995, S. 529-537.

Rémy, Philippe: Critique du système français de responsabilité civile. Droit et Cultures 1996, S. 31-49.

Rémy, Philippe: La « responsabilité contractuelle » : histoire d'un faux concept. RTD civ. 1997, S. 323-55.

Rémy, Philippe: Bspr.: Cass, 25.02.1997. RGDA 1997, S.852-855.

Renner, Thomas: Der französische Grundsatz des « non-cumul » vertraglicher und deliktischer Schadensersatzansprüche als Vorbild für eine Reform des deutschen Schuldrechts. Mainz, 1988. Diss.

Revel, Janine: La prévention des accidents domestiques : vers un régime spécifique de responsabilité du fait des produits ? D 1984, chron., S. 69-74

Ribert, Georges: La règle morale dans les obligations civiles. 4. éd. Paris (LGDJ), 1949.

Richter, Wolfgang: Vertrags- und Deliktshaftung für Leistungsstörungen im Französischen Recht. Berlin. 1965. Diss.

Ripert, Georges: Bspr. Cass 27.07.25. D 1926, juris., S. 5.

Rittner, Fritz : Das Gemeinschaftsprivatrecht und die europäische Integration. JZ 1995, S. 849-858.

Rodière, René: Bspr. Cass civ. 23.07.46. D. 1947, juris., 3534.

Rodière, René: Etudes sur la dualité des régimes de responsabilité. JCP 1950, chron., 861 u. 868.

Rodière, René: Y a-t-il une responsabilité contractuelle du fait d'autrui. D 1952, chron., S. 79-84.

Rodière, René: Une notion menacée : la faute ordinaire dans les contrats. RTD civ. 1954, S. 201-227.

Rodière, René: Bspr. Cass, 2e, 19.11.64. RTD civ. 1965, S. 363f.

Rodière, René (Hrsg): Les effets du contrat dans les pays du marché commun. Paris (éditions A. Pedone). 1985

Rodière, René/Mercadel, Barthélémy : Droit des transports. Paris (Dalloz) 1990.

Rudden, Bernard: Le juste et l'inefficace pour un non-devoir de renseignements. RTD civ. 1985, S. 91-103.

Rouhette, Georges: La force obligatoire du contrat. Rapport français.In : Tallon, Denis/Harris, Donald : Le contrat aujourd'hui : comparaison franco-anglaise. Paris (LGDJ), 1987, S. 27-55. Bibliothèque de droit privé, Bd. CXCIV.

Ruhig, Hubert: Die Nebenpflichten im Schuldrecht. Diss. Hamburg, 1968.

Rust, Ulrich: Leistungs- und Schutzpflichten in der Gewährleistungshaftung. MDR 1998, S. 947-950.

Sainctelette, Ch.: De la responsabilité et de la garantie. Bruxelles (Bruylant-Christoph), Paris (Librairie A., Marescq Ainé), 1884.

Saint-Afrique, Jean Bernard de: Du devoir de conseil. Defrénois 1995, S. 913-926.

Saint-Jours: Manquement de l'employeur à son obligation de sécurité du travail et faute inexcusable. D 2002, jur. com., S. 2215.

Sales, Denis: Du déclin de la faute à la tentavie de bouc émissaire. Droit et Cultures 1996, S. 7-18.

Sarrut, Louis: Bspr. Cass. Civ. 21.11.1911 et 21.04.1913. D 1913, juris., S, 249-257.

Savatier, René: Traité de la responsabilité civile en droit français. 2. éd. Paris (LGDJ) 1951. 2. Bde.

Savatier, René: Bspr. Cass civ. 13.05.1955. D 1956, juris., S. 53f.

Savatier, René: Les contrats de conseil professionnel en droit privé. D 1972, chron., S. 137-152.

Savatier, René: La théorie des obligations en droit privé économique. 4. éd. Paris (Dalloz), 1979.

Savaux, Eric: La fin de la responsabilité contractuelle ? RTD civ. 1999, S. 1-26.

Siber, H.: Planck's Kommentar zum BGB. 4. Aufl. Berlin (J. Guttentag, Verlagsbuchhandlung), 1914. II. Bd, 1. Hälfe.

Schiemann, Gottfried: Das allgemeine Schädigungsverbot: „alterum non laedere", JuS 1989, S. 345-350.

Schlechtriem, Peter: Vertragsordnung und außervertragliche Haftung. Frankfurt a.M. (Alfred Metzner Verlag), 1972. Arbeiten zur Rechtsvergleichung, Bd. 54.

Schlechtriem, Peter: Vertragliche und außervertragliche Haftung. In: Gutachten und Vorschläge zur Überarbeitung des Schuldrechts. Hrsg. v. Bundesminister der Justiz. Köln (Bundesanzeiger), 1981, S. 1592-1679.

Abgekürzt: Schlechtriem, Gutachten.

Schlechtriem, Peter: The Borderland of Tort and Contract – Opening a New Frontier. In: Cornell international Law Journal, 1988, S.467-476.

Schlechtriem, Peter (Hrsg): v. Caemmerer/Schlechtriem Kommentar zum Einheitlichen UN-Kaufrecht. München (Beck), 1990.

Schlechtriem, Peter: Schutzpflichten und geschützte Personen. In: FS Medicus. Hrsg. Volker Beuthien u.a. Köln (Heymanns), 1999. S. 529-542.

Schlechtriem, Peter: Schuldrecht. Allgemeiner Teil. 4. Aufl. Tübingen (Mohr) 2000.

Schlechtriem. Peter: Abstandnahme vom Vertrag. In: Basedow, Jürgen (Hrsg.): Europäische Vertragsrechtsvereinheitlichung und deutsches Recht. Tübingen (Mohr Siebeck), 2000, S. 159-177.

Schmidt, Christine: Risikostrukturen des Überweisungsverkehrs im französischen Recht. Berlin (Duncker & Humblot), 2001. Untersuchungen zum europäischen Privatrecht, Bd. 7.

Schmidt, Eike: Zur Dogmatik des §278 BGB. AcP 170 (1970), S. 502-533.

Schmidt, Eike: Nachwort zu Jhering CIC/Staub pVV. Bad Homburg, 1969.

Schmidt, Scalewski, Joanna: La force obligatoire à l'épreuve des avant-contrats. RTD civ. 2000, S. 25-46.

Schmoll, Andrea: Die außervertragliche Haftung von Host- und Access-Providern in Frankreich. K&R 2001, S. 568-571.

Schnur, Wolfgang: Leistung und Sorgfalt. Tübingen (Mohr Siebeck), 2001. Jus privatum 61.

Schünemann, Wolfgang: „Reflexschäden" und positive Vertragsverletzung – OLG Stuttgart NJW 1984, 1904. JuS 1984, S. 927-930.

Schünemann, Wolfgang: Die positive Vertragsverletzung – eine kritische Bestandsaufnahme. JuS 1987, S. 1-9.

Schur, Wolfgang: Leistung und Sorgfalt. Tübingen (Mohr Siebeck), 2001. Jus Privatum Bd. 61.

Schwark, Eberhard: Kaufvertragliche Mängelhaftung und deliktsrechtliche Ansprüche. AcP 179 (1979), S. 57-84.

Schwenzer, Ingeborg: Sachgüterschutz im Spannungsfeld deliktischer Verkehrspflichten und vertraglicher Leistungspflichten. JZ 1988, S. 525-531.

Schwerdtner, Peter: Positive Vertragsverletzung. Jura 1980, S. 213-222.

Schwintowski, Hans-Peter: Auf dem Wege zu einem Europäischen Zivilgesetzbuch. JZ 2002, S. 205-211.

Sériaux, Alain: Droit des obligations. 2e éd. Paris (PUF) 1998.

Sériaux, Alain: L'avenir de la responsabilité civile – quels fondements. RCA 2001, hors série juin, S. 58-62.

Seube, Alain: Die culpa in contrahendo. In: Regeln über den Vertragsschluss im französischen und deutschen Recht. S. 105-119.

Souchon, Christine: Rapport national France. In : Les effets du contrat dans les pays du marché commun. S. 41-73.

Sonnenberger, Hans Jürgen: Neue Wege der Produzentenhaftung im französischen Recht. In: FS Steindorf. Hrsg. v. Jürgen F. Baur, Berlin (Walter de Gruyter), S. 777-798.

Sonnenberger, Hans Jürgen: Treu und Glauben – ein supranationaler Grundsatz. In FS Odersky. Hrsg. Reinhard Böttcher u.a., Berlin, New York (Walter de Gruyter) 96. S. 703-721.

Sonnenberger, Hans Jürgen: Der Ruf unserer Zeit nach einer europäischen Ordnung im Zivilrecht. JZ 1998, S. 982-991.

Sonnenberger, Hans Jürgen: Leistungsstörung, positive Forderungsverletzung und Beweislast – rechtsvergleichende Bemerkungen. In: FS Medicus. Hrsg. Volker Beuthien u.a., Köln (Heymanns) 1999, S. 621-636.

Sonnenberger, Hans Jürgen/Autexier, Christian : Einführung in das französische Recht. 3. neubearb. Aufl. Darmstadt (Wiss.Buchges.) 2000.

Sonnenberger, Hans Jürgen: L'harmonisation du droit des contrats est-elle nécessiare ? – Le pour et le contre. In : ERA-Forum 2002, S. 62-67.

Soustelle, Philippe: Bspr. Cass, 1re, 23.01.96. D 1997, juris., S. 571-574.

Stark, Boris: Domaine et fondement de la responsabilité sans faute. RTD civ. 1958, S. 475-515.

Stark, Boris: Observations sur le régime juridique des clauses non-responsabilité ou limitative de responsabilité. D 1974, chron, S. 157-165.

Stark, Boris/Roland, Henri/Boyer, Laurent: Droit civil des obligations. 2. Contrat. 6. Aufl. Paris (Litec), 1998.

Staub, Hermann: Die positiven Vertragsverletzungen. Berlin 1904.

Steinmeyer, Heinz-Dietrich: Deliktische Eigentumsverletzung bei weiterfressenden Mängeln an der Kaufsache. DB 1989, 2157-2162.

Stoffels-Munck: L'abus dans le contrat: essai d'une théorie. Droit & patrimoine. Sept. 2000, S. 16-18.

Stoll Hans: Die Beweislastverteilung bei positiver Vertragsverletzung. In FS v. Hippel. Hrsg. v. Josef Esser/Hans Thieme, Tübingen (Mohr), 1967, S. 517-559.

Stoll, Hans: Haftungsverlagerung durch beweisrechtliche Mittel. AcP 176 (1976), S. 145-196.

Stoll, Hans: Tatbestände und Funktionen der Haftung für culpa in contrahendo. In FS v. Caemmerer. Hrsg. v. Hans Ficker, u.a., Tübingen (Mohr). 1978, S. 435-474.

Stoll, Heinrich: Abschied von der Lehre von der positiven Vertragsverletzung. AcP 136 (1932), S.257-320.

Stoll, Heinrich: Die Lehre von den Leistungsstörungen. Tübingen (Mohr), 1936.

Strauch, Dieter: Rechtsgrundlagen der Haftung für Rat, Auskunft und Gutachten. JuS 1992, S. 897-902.

Strätz, Hans-Wolfgang: Über sog. „Nachwirkungen" des Schuldverhältnisses und den Haftungsmaßstab bei Schutzpflichtverstößen. In: FS Borsch. Hrsg. v. Walter Habscheid, u.a., Bielefeld (Ernst und Werner Gieseking), 1976, S. 999-1013.

Strebut, Dietrich von: Aufklärungspflichten und Haftungsrisiken von Finanzdienstleistern. ZIP 1992, S. 1698-1706.

Stürner, Rolf: Der Anspruch auf Erfüllung von Treue- und Sorgfaltspflichten. JZ 1976, S. 384-392.

Summers, Robert: Contract and related obligation. St. Paul, 1987.

Tallon, Denis: Les rèmedes. Le droit français. In : Denis Tallon/Donald Harris (Hrsg.): Le contrat aujourd'hui: comparaisons franco-anglaises. Paris (LGDJ), 1987, Bibliothèque de droit privé, t. CXCVI, S. 271-298.

Tallon, Denis/Harris, Donald (Hrsg.): Le contrat aujourd'hui: comparaisons franco-anglaises. Paris (LGDJ), 1987, Bibliothèque de droit privé, t. CXCVI.

Tallon, Denis: L'inexécution du contrat : pour une autre présentation. RTD civ. 1994, S. 223-238.

Tallon, Denis: Pourquoi parler de faute contractuelle. In : FS Cornu. Hrsg. v. Jean Beauchard, /Pierre Couvrat, Paris (PUF) 1994, S. 429-439.

Tchendjou, Marius: La faute extra-contractuelle. GP 2000, chron. S. 614-623.

Tchendjou, Marius: L'alourdissement du devoir d'information et de conseil de professionel. JCP 2003, S. 1089-1096.

Teichmann, Arndt: Nebenpflichten aus Treu und Glauben. JA 1984, S. 545-548 u. S. 709-714.

Tempel, Otto: Inhalt, Grenzen und Durchführung der ärztlichen Aufklärungspflicht unter Zugrundelegung der höchstrichterlichen Rechtsprechung. NJW 1980, S. 609-617.

Terré, François/Simler, Philippe/Lequette, Yves: Droit civil. Les obligations. 7. Aufl. Paris (Dalloz) 1999.

Thibierge, Catherine: Libres propos sur l'évolution du droitn de la responsabilité. RTD civ. 1999, S. 561-584

Thiele, Wolfgang: Leistungsstörung und Schutzpflichtverletzung. JZ 1967, S. 649-657

Thiemann, Rudolf: Culpa in contrahendo – ein Beitrag zum Deliktsrecht. Gelsenkirchen (Verlag D. Mannhold), 1984. Juristische Schriften. Bd. 28.

Tilch, Horst/Arloth, Frank (Hrsg): Deutsches Rechts-Lexikon. 3. Aufl. München (Beck), 2001.

Tunc, André: Force majeure et absence de faute en matière contractuelle. RTD civ. 1945, S. 235-259.

Tunc, André: Les obligations de sécurité de l'établissement de bains maures, du transporteur et du grand magasin. RTD civ. 1961, S. 670-671.

Tunc, André: L'obligation de sécurité du remonte-pente. RTD civ. 1964, S. 305f.

Tunc, André: L'obligation de sécurité du dentiste. RTD civ. 1964, S. 96-98.

Tunc, André: La responsabilité civile. 2e éd. Paris (Economica), 1989.

Tunc, André: Evolution du concept juridique de responsabilité. Droit et cultures 1996, S. 19-29.

Ulmer, Peter: Die deliktische Haftung aus der Übernahme von Handlungspflichten. JZ 1969, S. 163-174.

Ulmer, Peter: Vom deutschen zum europäischen Privatrecht. JZ 1992, S. 1-8.

Vasiliu, Constantin: La portée de la responsabilité contractuelle dans le transport des voyageurs. Paris (Recueil Sirey), 1925. Thèse.

Veaux, Daniel: Droit à réparation. In : Jurisclasseur Droit civil, responsabilité civile, fasc. 175. 1991.

Veaux, Daniel: Responsabilité de l'entreprise de conseil . CCC 1992, chron. 1.

Viney, Geneviève: Le déclin de la responsabilité individuelle. Paris (LGDJ), 1965.

Viney, Geneviève: La responsabilité: conditions. Traité de droit civil. Hrsg. v. Ghestin. Paris (LGDJ), 1982.

Viney, Geneviève: Bspr. Cass, ass. plén., 12.07.1991. JCP 1991, juris. 21743.

Viney, Geneviève: Responsabilité civile. Chronique. JCP 1993, chron. 3664, S. 144-150.

Viney, Geneviève: Introduction à la responsabilité. 2 éd. Paris (LGDJ), 1995, Traité de droit civil sous la direction de J. Ghestin.

Viney, Geneviève: La naissance de l'obligation de sécurité. Rapport de synthèse. GP 1997, chron., S. 1212-1218.

Viney, Geneviève/Jourdain, Patrice: Les conditions de la responsabilité. 2. éd. Paris (LGDJ) 1998. Traité de droit civil de J. Ghestin.

Viney, Geneviève: De l'utilité ou de l'inutilité de la responsabilité contractuelle. JCP 1999, juris., 147, S. 1183 n° 2.

Viney, Geneviève: La responsabilité contractuelle en question. . In : Etudes offertes à Jacques Ghestin: Le contrat au début du XXIe siècle. Hrsg. v. Goubeaux, Gilles et autres. Paris (LGDJ), 2001, S. 921-947.

Viney, Geneviève/Jourdain, Patrice: Les effets de la responsabilité. 2e éd. Paris (LGDJ), 2001.

Viney, Geneviève: Rapport de synthèse. RCA 2001, hors série, juin, S. 82-88.

Viney, Geneviève: Exécution de l'obligation, faculté de remplacement et réparation en nature en droit français. In : Marcel Fontaine/Geneviève Viney (Hrsg.): Les sanctions de l'inexécution des obligations contractuelles. Paris/Bruxelles (LGDJ/Bruylant), 2001, S. 167-203.

Vollmer, Lothar: Haftungsbefreiende Übertragung von Verkehrssicherungspflichten. JZ 1977, S. 371-376.

Wagner, Gerhard: Das Zweite Schadensersatzrechtsänderungsgesetz. NJW 2002, S. 2049-2064.

Wagner, Gerhard: Schuldrechtsreform und Deliktsrecht. In: B. Dauner-Lieb u.a. (Hrsg.): Das neue Schuldrecht in der Praxis. Köln (Heymann) 2003, S. 203-223.

Weitnauer, Hermann: Culpa in contrahendo. In: Regeln über den Vertragsschluß im französischen und deutschen Recht. Gemeinsames Seminar der Juristischen Fakultäten von Montpellier und Heidelberg. 1985, S. 71-86 15.

Wertheimer, Frank/Eschbach, Martin: Positive Vertragsverletzungen im Bürgerlichen Recht und im Arbeitsrecht. JuS 1987, S. 605-611.

Westermann, Harm Peter/Bydlinski, Peter: BGB-Schuldrecht. Allgemeiner Teil. 4. Aufl. Heidelberg (C.F. Müller-Verlag) 1999.

Westermann, Harm Peter: Erman BGB Handkommentar. 11. Aufl. Köln (Dr. Otto-Schmidt Verlag), 2004.

Westermann, Harm Peter (Hrsg.): Das Schuldrecht 2002. Stuttgart u.a. (Richard Boorberg), 2002.

Wicher, Reinhard: Zur Frage der Haftung für fehlerhafte Leistung. AcP 158 (1959/60), S. 297-392.

Wiedemann, Herbert: Schadensersatz und Freizeichnung in Allgemeinen Geschäftsbedingungen und Individualverträgen. In: M. Habersack u.a. (Hrsg.): Festschrift für Peter Ulmer. Berlin (de Gruyter), 2003, S. 1273-1289.

Witz, Claude/ Wolter, Gerhard: Vertragliche oder deliktische Haftung im Rahmen von « Vertragsgruppen » (groupe de contrats) in Frankreich. ZEuP 1993, S. 592-598.

Witz, Claude: Plaidoyer pour un code européen des obligations. D 2000, chron., S. 79-83.

Wolf, Ernst: Rücktritt, Vertretenmüssen und Verschulden. AcP 153 (1954), S. 97-144.

Zimmermann, Reinhard: Konturen eines Europäischen Vertragsrechts. JZ 1995, S. 477-491.

Zimmermann, Reinhard: Die „Principles of European Contract Law", Teil I. ZEuP 1995, S. 731-734.

Zimmermann, Reinhard: Die "Principles of European Contract Law", Teil I und II. ZEuP 2000, S. 391-393.

Zimmermann, Reinhard: Schuldrechtsmodernisierung. In: Wolfgang Ernst/Reinhard Zimmermann: Zivilrechtswissenschaft und Schuldrechtsreform. Tübingen (Mohr Siebeck), 2001, S. 1-24.

Zöller, Richard u.a.: Zivilprozessordnung. 23. Aufl. Köln (Otto Schmidt), 2002.

FSC
www.fsc.org
MIX
Papier | Fördert gute Waldnutzung
FSC® C083411

Kolibri 360 GmbH
Ferdinand-Jühlke-Straße 7
99095 Erfurt, Deutschland
produktsicherheit@kolibri360.de

Druck:
CPI Druckdienstleistungen GmbH
im Auftrag der
Kolibri 360 GmbH
Ferdinand-Jühlke-Str. 7
99095 Erfurt